ギネス世界記録 2021

最も速い電動アイスクリームバン

2020年3月17日、発明家のエド・チャイナ（イギリス）は、イギリス、ノース・ヨークシャーにある飛行場で、エドズ・エレクトリック・アイスに乗って最高時速118.964kmに達したことが承認された。この車はもともと、ディーゼルエンジンだったが、のちにエドが電気駆動へと改造した。

目次

最も売れている年鑑本『ギネス世界記録』の2021年版である本書には、数千もの最新記録が掲載されているよ！ 本書は全12章に分かれている。このなかで君は、最も予想外で、最も驚異的で、最も感動的な偉業を目にするだろう。そして我々は、君自身の記録への挑戦を応援するよ。

日本版オリジナルページ

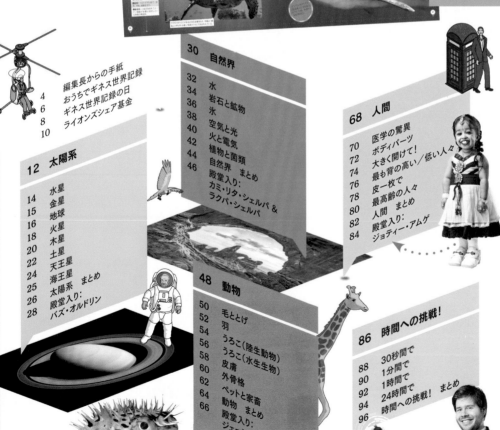

「動物」の章（48〜67ページ）では、世界の動物について興味深い事実を紹介する。今年は動物の「うろこ」にスポットを当て、彼らの毛皮やとげ、皮膚について解説しているよ！

殿堂入り
注目を集める12人が、ギネスワールドレコーズの殿堂入りをはたした。そのなかには、探検家ヴィクター・ヴェスコヴォ、霊長類学者ジェーン・グドール、環境活動家グレタ・トゥーンベリ、そして風変わりなあの一家（210ページ）もいるよ。

本書には、記録達成者たちの驚くべき写真が満載だ。世界的な写真家チームが撮影した、これまでに君が目にしたことのない写真も掲載されている。

部屋にいながら宇宙を旅しよう！ ギネスワールドレコーズは、太陽系の惑星について最新の発見を紹介するよ。

木星

太陽系最大の惑星

（木星パネル内の解説テキスト）

JUPITER

SATURN

拡張現実（AR）で惑星を見よう！

ARの専門家であるPeapodicityとタッグを組んで、ギネスワールドレコーズは「太陽系」の章（12〜29ページ）に無料アプリで命を吹きこんだよ！
以下の手順で、アプリをダウンロードしよう。

- 「AugmentifyIt®」を App Store（iOS）、Google Play（Android）、Amazon Appstore から無料でダウンロード。
- ダウンロードしたアプリを開いて、カメラで右の AR カードをスキャンしてね。
- 数秒後、画面のなかに3Dの天体模型がポップアップするよ。
- もっと知りたいときは、peapodicity.com（英語）をチェックしてね。

本書のあちこちに、ひと口サイズの豆知識が掲載されているよ！

時間への挑戦！

『ギネス世界記録』に名前をのせたければ、「時間への挑戦！」の章（86〜97ページ）を見てみよう。格闘家のクリスとリサ・ピットマン夫妻（上写真）は▶1分間に片手で割った松の板最多数をそれぞれ達成しているが、この記録はとても難しい。代わりに、30秒から1日で挑戦できる記録と、そのヒントを紹介するよ。

続きは公式ホームページで！

このマークを見つけたら、ギネスワールドレコーズの公式ホームページで動画が見られるよ！ guinnessworldrecords.jp/2021
わたしたちのデジタルチームが、驚くべき記録保持者たちの選りすぐりの動画を公開している。記録達成のようすを見るチャンスをお見逃しなく！

本書は、インターナショナル版を日本語に翻訳したものです。都合上、約95％に縮小しています。

ほぼ100％

大きさが知りたい？ 「ほぼ100％」アイコンがついている写真は、ほぼ実寸サイズだ。「最も大きい」や「最も小さい」記録保持者の実際の大きさが見られるよ。

Fischer's-フィッシャーズ-インタビュー
「最大の鬼ごっこ」
1万908人でギネス世界記録を達成

YouTubeのチャンネル登録者数650万人以上、メインチャンネルの動画総再生回数100億回以上を誇るYouTuber、Fischer's-フィッシャーズ-が2019年9月16日、集まったファンとともにギネス世界記録「最大の鬼ごっこ」を達成した。その参加人数は、従来のアメリカでの記録2,202人を大幅に上回る1万908人！ 今回、記録達成について、インタビューにこたえてくれた。

©UUUM

——記録達成おめでとうございます。従来の記録を大幅に上回る大記録ですね。

シルクロード 挑戦するからには、現在の世界記録を超えるのは、正直、当たり前と思っていました。1万人鬼ごっこという響きも良かったので、1万人は集めたいなと思って、企画しました。

——実際に挑戦してみていかがでしたか。

シルクロード まず会場の広さに驚きました。30人ぐらいすぐにつかまえられると思っていましたが、足の速い精鋭たちが集まったのか、みんな速くて一斉に逃げる。全然つかまえられませんでした。大型の魚がイワシを追う映像がありますが、フィッシャーズという名前のとおり、本当に魚になったような感覚を味わいました。でも、しんどかったですね。

僕らは必死に追いかけて参加者をつかまえていたのですが、メンバーでザカオだけ黒いTシャツを着ていて、参加者にしか見えずに、うしろから近寄って「元気？」という感じで一番多くつかまえていましたね。

ザカオ 確かに炎天下の広大な公園で、自分が走ることによりすごい人数が動き回る光景が面白かったです。

モトキ よく晴れて暑かった！ すぐつかまえるつもりだったけど参加者も全力！ やってみると全然つかまらない。みんなで遊ぶ鬼ごっこは楽しかった！

——会場では、子どもに後ろからあおられたりしていましたね。動画から楽しさが伝わってきます。

シルクロード 僕らは地元にいてもあんな感じです。小学生から「一緒に遊ぼうよ」と言われ、時間を忘れて遊んでしまったりしています。参加者の数と会場の規模に最初はびっくりしましたが、始まったら、意外とみんないつもどおりでした。

——なぜ今回、ギネス世界記録にチャレンジしようと思ったのですか。

シルクロード 『ギネス世界記録』の本が学校の図書室に必ず置いてあり、みんな読んでいました。バランスボールの記録が載っていたら、それに乗り続けた秒数に挑戦してみようといって、実際に本に載っている記録にチャレンジする遊びが流行っていました。子どもの頃から親しんでいたこともあって、いつかギネス世界記録をとりたいと思っていたのです。僕らはアスレチック鬼ごっこといって、実際に鬼ごっこを動画で撮影したりしていたので、「最大の鬼ごっこ」への挑戦は僕ららしくて良かったと思っています。

世界最多の10000人鬼ごっこ
ギネス世界記録™認定なるか!?

嘘だろおおおおおお！

世界最多の10000人鬼ごっこ
ギネス世界記録™認定なるか!?

世界最大の鬼ごっこ

——今回の挑戦に向けて準備したことはありますか。

シルクロード 挑戦が決まってから結構ノリノリで、「調整しようぜ」といって、何の調整かわからないですけど、走ったり、アスレチックの撮影を多めにしました。でも、何の意味もなかったですね（笑）。YouTuberは、動画の編集ばかりの地味な生活をしていますからね。当日は暑さもあって、ステージの裏ではみんなクーラーの前に群がっていました。

ただ、怪我のないように、参加者の方への安全面での配慮やアナウンスには気を

Fischer's-フィッシャーズ-

スポーツマンからダンサー、歌い手、クリエイター、社会人までそれぞれの個性光る仲良し7人からなる思い出系ネットパフォーマンス集団。ラジオやTVドラマ、映画など、活躍の場を広げている。2019年には、日本人YouTuberとして初めて「Streamy Awards」を受賞した。

「10000人で鬼ごっこしたら最多人数で世界1位になったゾォォォ！！」（https://youtu.be/bGU52Mj52Zo）には、大阪の万博記念公園東の広場で繰り広げられた、真剣な鬼ごっこの動画が収められている。チャレンジ当日は、ギネス世界記録公式認定員、証人、240人以上の監視員などが立ち会った。

©UUUM

©Fischer's-フィッシャーズ-

遣いました。

マサイ 「どんな風に追いかけようかな？」とか考えていました。鬼ごっこ用に体を鍛えたりとかはしてないです。そのまま挑もうと思って！

また、準備や企画の構成などはすべてシルクひとりで進んでいて、「1万人で鬼ごっこしてギネス世界記録をとりたいんだー！」くらいしか聞いてなかったので、こんなにも大勢のスタッフさんが動いていたとは思いませんでした。改めてとんでもない企画でした。

——将来、YouTuberになりたい人、ギネス世界記録にチャレンジしたい人にアドバイスをお願いします。

シルクロード できるかできないかはさておき、まずはやってみるのが大事かなと思います。僕らもYouTubeを登録者数が伸びる、伸びないに関係なく、まずやってみた結果が今に至っています。今でも『ギネス世界記録』の本を読んで、「これいけるな」と思ったものは、自分でやってみたりしています。実際にやってみると、全然だめだったりするのですが、攻めている感じが楽しい。日常でのチャレンジの積み重ねが成長につながると思っています。これは何も子どもに限った話ではありません。大人でも同じです。先日もBMXや抜刀術に挑戦してきました。とにかく抵抗感をもたず、新しいことにチャレンジする。すると、どんどん楽しくなってくるのですよね。

ンダホ 何事も続けてみる、挑戦してみることの延長線上に記録などが待っていると思います！ 何事も興味があればまずやってみること、楽しむ心があればなんでもできると思うのでその気持ちを大切にしてもらえたらいいなと思います！

シルクロード 今回の挑戦では、年齢を問わず、いろいろな方が参加できるようにしたいと考えて、車いすの方にも参加いただけました。体を動かすことで、老若男女、いろいろな方と盛り上がれて、本当に良かったです。また、最初にステージに出ていって、スモークが晴れた瞬間に、たくさんの人が待っていてくれた、あの景色は忘れられないですね。僕らだけでは実現できなかったことなので、改めて参加者の方、スタッフを含めたすべての方に感謝しています。

ギネスワールドレコーズジャパン10周年

世界記録を集めた本書『ギネス世界記録』の誕生は今から66年前。世界記録を認定している組織、ギネスワールドレコーズの日本支社は2010年に設立され、今年で10周年を迎えた。ここでは世界に影響を与えた日本からの素晴らしい記録、日本オフィス、公式認定員の仕事内容について紹介するよ。

2012年、ギネスワールドレコーズジャパンは、日本の地域活性化をサポートする『町おこしニッポン』プロジェクトをスタート。このプロジェクトは、日本の豊かな自然や文化が反映された四季折々における記録挑戦が特徴である。

2017年に宮城県亘理町で行われた「同時にイチゴ狩りをした最多人数」（1,141人）は、東日本大震災後に再建されたハウスが記録挑戦の舞台となり、全国にその復興を伝える一端を担った。「最多人数で踊る盆踊り」は、たびたび挑戦が行われ、現在の世界記録は、2017年に八尾河内音頭まつりで達成された2,872人。収穫祭の秋に多く行われてきたのは、自慢の米や具材を使ったおにぎりに関する挑戦。2019年に大分県玖珠町で達成されたのは、地元の玖珠米を使って行われた「最も長いおにぎりの列」（153.59m）だ。寒い冬には、雪を使った挑戦が多数実施され、中でも「スノーマンを作る挑戦」は一面雪だるまが立ち並ぶ壮観な景色となる。現在の世界記録は、2015年に北海道で達成された2,036体。これは、テレビ東京『不便な便利屋』というドラマの中で、実際に行われた町おこしのための記録挑戦だ。

日本には技術を生かした世界記録も数多く、超電導リニアは山梨リニア実験線を時速603㎞で走行し、「最も速い磁気浮上式鉄道」に認定された。日本の宇宙探査機「はやぶさ2」は小惑星に

「1時間で作るスノーマン（雪だるま）の数」では、ボランティア市民とドラマ出演者が力をあわせて雪だるまをつくった。

ギネスワールドレコーズジャパン株式会社代表 石川佳織メッセージ

「ギネスワールドレコーズジャパンは、ロンドン本社、ニューヨーク支社に続く3番目のオフィスとして、2010年に設立されました。『自身の可能性を追求する人々の刺激となること』を目的に、日本から世界一へ挑む方々へ挑戦の舞台を提供するとともに、世界一を発掘する活動を行ってきました。10年間で挑戦された記録は、得意なことを突き詰めた個人の記録や、団結力を示した学校での記録、地域活性のための町ぐるみでの挑戦や、技術力を駆使した企業による記録など、様々です。多様な偉業がギネス世界記録として日本から世界に向けて発信されていきました。そして時代の変化とともに記録も進化し、現在ではオンラインでの記録挑戦も増えています。今後も『Officially Amazing』をモットーに、活動をしていきたいと思います」

「初めてロボットがスタッフとして働いたホテル」。フロントでは多言語対応のロボットがチェックインとチェックアウトの手続きをする。

「最新年間で最も多くのプレーンフィナンシェを販売した会社」として6年連続世界一認定を受けている。2017年には喫茶併設の銀座メゾン アンリ・シャルパンティエでも認定証の贈呈式が行われた。

「最高齢のプロフェッショナルクラブDJ」DJ SUMIROCKの世界記録認定時の年齢は、なんと83歳113日だ！

プリンは「1分間に犬が前足でキャッチした最も多いボールの数」のほか、「ボールに乗った犬が10m進む最速記録」（9秒45）ももっている。

探査車が着陸した最多回数を誇っている。2012年に東京都墨田区にオープンした東京スカイツリーの高さは634m。中国広州市の広州塔（600m）を抜いて、最も高いタワーに認定されている。2015年にハウステンボスにオープンした「変なホテル」は「初めてロボットがスタッフとして働いたホテル」と認定され、ロボットがスタッフとして活躍している。

日本には、個人や動物の記録もたくさん。「最も高いモヒカン刈りスパイク」（1.23m、2014年4月23日当時）の渡辺一祐、「最高齢のプロフェッショナルクラブDJ」のDJ SUMIROCK（1935年1月27日生まれ）は、国内外で話題となった。「1分間に犬が前足でキャッチした最も多いボールの数」は、日本に住むビーグル犬プリンが14個という記録を達成した。

ブランドでは、2013〜2018年に、アンリ・シャルパンティエが「最新年間で最も多くのプレーンフィナンシェを販売した会社」として6年連続で世界記録に認定（最新記録2,908万9,988個販売）。2019年にはプレイステーションが「史上最も売れた家庭用ビデオゲームコンソールブランド」（4億5,019万台）として世界記録に認定された（J-11ページ）。

遊び心にあふれた日本オフィスを紹介

ギネスワールドレコーズジャパンのオフィスにようこそ。ここではいろいろな記録を精査・認定。セミナーや認定式なども開催されている。

日本オフィスでは記録保持者を招いて、セミナーなども実施。

入口では史上最も背の高い犬（オス）のゼウスの原寸大パネルがお出迎え。

日本オフィスの会議室はブルー、グリーン、オレンジとカラフルに色分けされている。写真はグリーンの会議室。

会議室には、史上最も背の高い男性、ロバート・ワドロー（76ページ）の靴のレプリカが飾られていた。靴のサイズは47cmだ。

会議室の壁には、存命中の最も背の高い男性（身長251cm）スルタン・コーセン（76ページ）のシルエットが！

公式認定員のお仕事を拝見！

ギネス世界記録の公式認定員は、記録を精査・認定する大切な役割をはたしている。今回は公式認定員を務める藤渕文香の作業内容と認定道具を紹介！

記録挑戦の会場では、ギネス世界記録の歴史の紹介、結果発表、そして記録達成の場合は認定証の贈呈を行う。

「公式認定員の仕事は、公正にジャッジすることが大事です。本心では、皆さんの努力が実り、記録の達成を願っていても審査は公正でなくてはいけません。記録の発表の際は、みなさんドキドキされて、世界記録が認定されたときは、飛び跳ねて喜んでいただけます。そんな笑顔の瞬間に立ち会えるのが公式認定員の仕事の魅力です」

ギネスワールドレコーズは英語を共通言語としている。海外のスタッフとのオンライン会議も英語だ。

世界記録を達成したことを証明する公式認定証を準備するのも、認定員の大事な仕事だ。

現場には必要に応じて計測するスタッフの立ち合いもあるが、メジャーやカウンター、ストップウォッチなどを携帯している。

STEM①：科学

日本では、2020年度からプログラミング教育が小学校で必修化された。海外では早くからSTEM教育に力を入れている。STEMとはScience:科学、Technology:テクノロジー、Engineering:工学、Mathematics:数学のこと。ギネス世界記録にもSTEMに関連した記録がたくさんあるよ。

最も高く飛んだ発泡錠剤ロケット
製薬大手バイエルは、大学生同士が化学、物理、工学の技能を戦わせ、ロケットの設計と打ち上げを競う大会を主催している。最も高く飛んだ発泡錠剤ロケットの高度は269.13m。ブリガムヤング大学（BYU）ロケットリー（アメリカ）によって、アメリカ、フロリダ州メリット島のケネディー宇宙センターの見学施設で、2018年12月12日に達成された。大会は、市販されているキットや電気式の打ち上げシステムが使用できないなど、ルールが決められている。

レーザーで割った最も長い風船の列
一列に並べた風船をレーザーで割った最大の個数は200個。イギリス、ボアハムウッドの『イッツ・ノット・ロケット・サイエンス』という科学とテクノロジーのテレビ番組が2016年1月23日に達成した。このとき使われたのは、ネオジムをドープ（添加）したイットリウム・アルミニウム・ガーネットレーザーというものだった。

最大の物体落下慣性実験
『ライブ！ウィズ・ケリー・アンド・ライアン』は、ケリー・リパとライアン・シークレストが司会を務める、アメリカで放映されているテレビのモーニングショーだ。ケリーとライアンは、卵を落とすチャレンジのことを聞き、ボブ・プラグフェルダーとともに世界記録に挑戦。このチャレンジは、まず水を入れたコップの上に皿などを置き、その上に筒を立てる。筒の上に、卵やピンポン玉などを置き、皿などを水平に叩いたり、ひっぱったりして、筒を弾き飛ばして、卵をコップに落とす実験だ。ケリーたちは、138個の卵を無事に落下させることに成功。卵はこの後、慈善事業に寄付された。

最も大きい象の歯磨き粉
マニュアル・ド・ムンド（ブラジル）は2019年12月5日、ブラジル、サンパウロ州タボアン・ダ・セーハにあるベレアドール・ジョゼ・フェレス市営スタジアムで、最も大きい象の歯磨き粉275.91㎥を達成した。象の歯磨き粉とは、過酸化水素水を使って何リットルもの無害な泡を作り出す、子どもたちに大人気の科学実験だ。マニュアル・ド・ムンドは、YouTubeで最も登録者が多いポルトガル語の科学と技術のチャンネルの記録保持者でもある。登録者数は1,200万人以上にのぼる。

STEM②：テクノロジー

『ギネス世界記録』では毎年、最先端の装置や技術にまつわる世界記録を紹介している。162ページから始まるテクノロジーの章もチェックしよう。

最も多くの無人航空機を同時に動かした記録

同時に飛ばした無人航空機（ドローン）の最大数は2,066機だ。2018年7月15日、アメリカ、カリフォルニア州フォルソムで、インテル（アメリカ）が達成した。これはインテルの創設50周年を記念して実施された記録で、すべてのドローンはコンピュータで制御され、音楽に合わせて感動的な空中バレエを舞った。

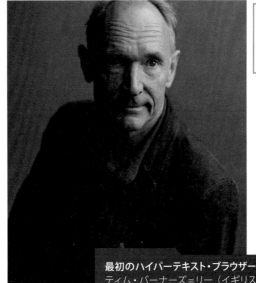

写真：ロイター／アフロ

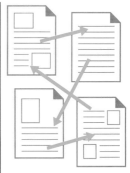

最初のハイパーテキスト・ブラウザー

ティム・バーナーズ＝リー（イギリス）は、1990年からハイパーテキストとワールド・ワイド・ウェブ（WorldWideWeb）の開発に取りかかり、1991年夏にはインターネット上で使えるようになった。文章と文章が「リンク」でつながっていて、クリックすれば、別の文章に飛ぶことができる。バーナーズ＝リーは、1989年に、このような文章を網目状にリンクさせて人々の知識を結合させるアイデアを提案していた。

地下におけるLEDスクリーン最大ディスプレー

Osaka Metro（大阪市高速電気軌道株式会社）は、2019年12月1日から御堂筋線梅田駅で、LEDモニター「Umeda Metro Vision（ウメダメトロビジョン）」の放映をスタートさせた。縦3.997m×横40.004m、面積159.89m²のMEGAモニターは、地下空間で最大のLEDスクリーンに認定された。

ルービックキューブを解く最速ロボット

ルービックキューブを最も早く解けるロボットは「Sub1 Reloaded」で、記録は0秒637。アルバート・ビア（ドイツ）が製作し、2016年11月9日、ドイツのミュンヘンで開かれた電子機器の見本市で披露した。コンピュータがキューブの2方面からの映像を受け取り、各ピースの色を特定すると、トム・ロキッキが超高速解法として実装したヘルベルト・コチャンバの「2相アルゴリズム」を使い、解き方を計算。計算結果はマイクロコントローラー・ボードに送られ、高性能ステッピングモーターにより、ルービックキューブの面を回す仕組みだ。

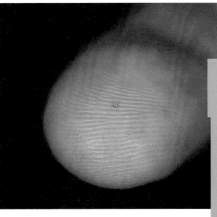

最も小さい市販のイメージセンサー

市販されているイメージセンサーの中で最も小さいものは、オムニビジョン・テクノロジーズ（アメリカ）が製造しているOV6948で、大きさは0.575mm x 0.575mm x 0.232mm。オムニビジョンOV6948は、歯科、動物医療、IoT、工業、ウェアラブル、犯罪科学など、様々な分野への応用が考えられている。

STEM③：工学

3Dプリントされたオフィスビル、最も長く回った機械式コマなど、工学分野はチャレンジの宝庫だ。

初めて3Dプリントされたオフィスビル

初めての3Dプリントによるオフィスビルは、2020年2月20日、アラブ首長国連邦、ドバイのドバイ未来基金が達成した。このオフィスをプリントしたのは、高さ6m、長さ36.57m、幅12.19mの3Dプリンター。すべての部材がこの巨大なセメント・プリンターでつくられ、現地で組み立てられた。プリントにかかった時間は17日間。組み立ては2日間だった。

最も長く回った機械式コマ（試作品）

フィアレス・トイズとニムロッド・バック（ともにイスラエル）、ブレイキング・トイズ（アメリカ）が共同開発した電動コマ「LIMBO」が27時間9分24秒回り続け、最も長く回った機械式コマ（試作品）に認定された。このコマは、最初は手動で回さなければならないが、電動で回り続ける。2018年6月18日からイスラエルのテルアビブで実施された記録挑戦は、長時間回り続ける電動コマを商品化するためのクラウドファンディングとして行われ、27時間を超えたところでコマを意図的に止めて終了となった。サイズがコンパクトであることと、電力消費量が最小限に保たれているため、最大30時間回り続けることも可能だ。

紙飛行機による最長飛行距離

最も遠くまで飛んだ紙飛行機の距離は69.14m。ジョー・アヨーブと紙飛行機のデザイナー、ジョン・M・コリンズ（どちらもアメリカ）が、2012年2月26日、アメリカ、カリフォルニア州ノースハイランズにあるマクレラン空軍基地（上写真）で達成した。この飛行機は1枚のA4サイズの紙から折られたもので、ジョン・M・コリンズが考案したものをジョー・アヨーブが投げた。この紙飛行機は「スザンヌ」と呼ばれ、折り方とテープの貼り方が動画で公開されている。それによると、スザンヌは下記のステップで折られている。

ステップ1：紙を平らにのばし、右上の角を左側の長い辺に合わせて斜めの折り目を付ける。辺同士がぴったりそろうように、定規などで折り目をしっかりと付ける。折り目を開き、反対の左上の角を右の長い辺に合わせて、同じように折り目を付ける。

ステップ2：右の長い辺を、左上の角から出ている斜めの折り目に合わせる。飛行機ができあがったときに紙の端が重なって厚くならないよう、1mmほど折り目の手前に合わせる。曲げた部分全体をきっちり折る。反対の左の長い辺で、同じ手順を繰り返す。できるだけ左右対称になるように。両方の折り目を開き、改めて折り直す。

ステップ3：上の辺を、斜めの折り目の下の端を結んだ線に合わせて下に折る。紙が重なった部分は、できるだけ平らになるように保つこと。

ステップ4：左右の斜めの長い折り目に沿って、右上の角を中央に向けて折る。左側も同じように折る。両方を開き、改めて両側を紙の左右中央でそろうように、同時に折る。

ステップ5、6：中央の線で裏側に折り畳む。まずは、先端をきっちり三角に折ってから、後ろの「尾羽」を合わせる。長い辺同士がぴったりそろい、角と角が正確に重なっているのを確かめたら、すべての折り目を強く抑えて、きっちりと折り目を付ける。折り目がずれないようにクリップで留めておく。

ステップ7：先端から3mmほど上のあたりを少し折り、下に重なっている紙がずれないように親指でしっかりと抑える。上の辺を右下（機尾）の角に向けて折り、翼をつくる。紙を裏返し、同様にして反対側の翼も折る。機首部分の折り目が平らになるように、しっかりと押し潰す。

ステップ8：飛行機をクリップでしっかりと固定し、テープで飛行機を補強していく。使うテープは幅25mm、長さ35mmぐらいにテープカッターで切ってから、ギザギザ部分を切り落として長さ30mmにして、図のように切り分けて貼っていく。

ステップ9：テーブルの角を使って、テープをしっかりと貼り付けて平らにし、折り目を今一度きっちりと折る。翼の後端は165度、翼の中央の角のある部分で155度、機首で165度が理想的。

折り方の詳細はコリンズの著書『世界チャンピオンの紙飛行機ブック』（オライリー・ジャパン）に掲載されている。通常の飛行機は揚力などが考慮されて翼の形が決まっているが、コリンズは同書の中で紙飛行機は「薄いものが勝つ」と述べ、実際の飛行機と異なることを解説している。また、折り方、投げ方、使用する紙、折る場所なども紙飛行機の性能に影響すると述べている。

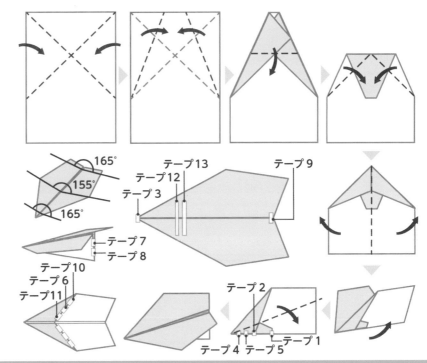

テープ1、2	2mm×30mm（半分を片側に貼り、折り返して反対側に巻き付けて貼る）
テープ3	4mm×6mm（機首の先端に巻き付けて貼る。長さ30mmから6mmに切り分けた残りは、4、5で使用）
テープ4、5	4mm×12mm（半分を片側に貼り、折り返して反対側に巻き付けて貼る）
テープ6	2mm×30mm（半分に切って、左右の翼に貼る）
テープ7、8	2mm×30mm（半分を片側に貼り、折り返して反対側に巻き付けて貼る）
テープ9	2mm×6mm（長さ30mmから6mmに切り分けた残りは、10で使用）
テープ10	2mm×24mm（半分に切って、左右の翼に貼る）
テープ11	2mm×30mm（半分に切って、左右の翼に貼る）
テープ12、13	残りのテープを切り分けて使用

（Daily Mail Online「How to fold a record-breaking paper plane: Maker reveals aerodynamic secrets - and offers $1,000 to anyone who can fly his design further than him」をもとに作図）

STEM④：数学

記憶力や計算など、人間や機械が限界に挑んだチャレンジもギネス世界記録ではポピュラーだ。ここでは、数学にまつわる世界記録を紹介。

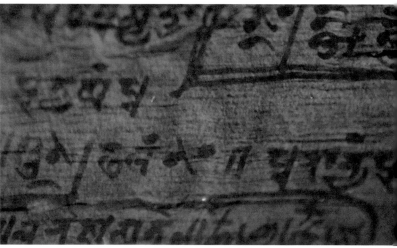

最も古いゼロ
ゼロ（0）を最初に使ったのは、紀元前300年ほどのバビロニア人とされている。10や100の中の0のように、プレースホルダーとして使われた。インドのバクシャーリー写本（右写真）には、黒いドットでゼロの記号が記されている。「何もない」ことを示す数学的値としてゼロが最初に登場した文献は、インドの数学者であり天文学者でもあったブラフマグプタが628年に著した『ブラーマ・スプタ・シッダーンタ』だ。

写真：PA Images/アフロ

$4=2+2$ $6=3+3$ $8=3+5$ $10=3+7$
$12=5+7$ $14=3+11$ $16=5+11$ $18=5+13$
$20=3+17$ $22=3+19$ $24=5+19$ $26=7+19$
$28=11+17$ $30=11+19$ $32=13+19$ $34=5+29$
$36=7+29$ $38=7+31$ $40=11+29$ $42=11+31$
$44=7+37$ $46=17+29$ $48=19+29$ $50=19+31$
$52=11+41$ $54=17+37$ $56=19+37$ $58=17+41$
$60=17+37$ $62=19+43$ $64=23+41$ $66=$

最も長く解かれていない数学問題
1995年に約360年間解かれることのなかった「フェルマーの最終定理」が証明された後、現在最も長く解かれていない数学の問題は、ロシアの数学家クリスティアン・ゴールドバッハが1742年に提唱した「ゴールドバッハの予想」だ。これは、3よりも大きい偶数は、すべて2つの素数（必ずしも異なる数とは限らない）の和で表すことができるというもの。この予想の証明または反証に成功した人物は、これまで現れていない。

提供：Science Photo Library/アフロ

1枚の紙を折った最多回数
1枚の紙を半分に折り、さらに半分に折っていくと、8回以上はもう折れなくなると一般に信じられている。2002年1月27日、アメリカ、カリフォルニア州ポモナの高校生ブリトニー・ガリヴァンは、1枚の紙を12回折ることに成功した、最初の人物になった。使用されたのは1,219mのトイレットペーパー。この挑戦に先立ち、ガリヴァンは折り方の基準と、折り数を制限する根本的な幾何学上の現象を特定した。彼女は、一方向に折るときと、反対方向に折るときの方程式を導き出した。この2つの数式から、必要な紙の長さ、紙の厚さ、紙の可能な最小幅、可能な折り数の関係がわかった。これは彼女の著書で詳しく説明されている。

最大のマルチナンプレ・パズル

最大のマルチナンプレ・パズルは、株式会社タイムインターメディア、株式会社すうがくぶんか、和から株式会社、株式会社ドワンゴにより2018年10月7日に数学の祭典「MATH POWER 2018」にて達成された。この巨大ナンプレは、前年の同イベントで使用したものを更に上回る、合計280グリッドで構成された。ナンプレは、3×3のブロックに区切られた9×9の正方形に1〜9までの数字を入れるパズルゲームだ。

最大のメンガーのスポンジ

最も大きいメンガーのスポンジは一辺が1.9m。2019年5月10日、南アフリカ共和国、ケープタウンのブロンバッハ・アンド・アソシエーツによって達成された。この挑戦は、南アフリカのケープタウンにあるツァイツ博物館で行われた。レベル3のメンガーのスポンジで、45人の小学生と、15人の大学生、そして2人のプロジェクト責任者がその幾何学形状を作り上げた。出っ張りのある厚紙の正方形1万8,048枚を、3万6,096本の輪ゴムでつなぎ合わせている。メンガーのスポンジは、一部が全体と自己相似となるフラクタル図形を三次元にしたものだ。立方体をしており、各面の中央に正方形の穴がある。残りの部分を正方形に区分し、それぞれの中央にも正方形の穴を開ける。これを無限に繰り返して作られる。

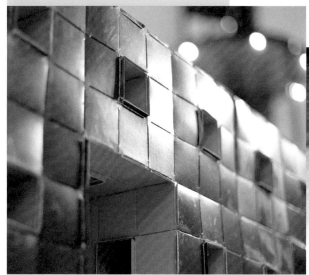

日本のキャラクター&ゲーム

漫画とアニメーションの長い歴史を誇り、ゲーム業界でも長きにわたり確固たる地位を保つ日本には、エンターテインメント界の象徴的存在があふれかえっている。記録更新においてはリアルもフィクションも関係ない。ただ一番でありさえすれば!

© 長谷川町子美術館

**最も長く放映されている
テレビアニメ番組**
1969年10月5日に放送が開始された『サザエさん』(フジテレビ)は、今日までの50年間にわたり、様々なエピソードを放映してきた。この人気アニメは、女性漫画家の先駆けであった長谷川町子(1920〜1992年)が描いていた同名の四コマ漫画をアニメ化したもの。東京で暮らす家族の日常を、フグ田サザエを中心に描いている。初回から主人公の声を演じてきた加藤みどりは、息子のタラオ役の貴家堂子とともに、最も長くテレビアニメシリーズにおいて同じ役を演じ続ける声優としての記録を保持している。

**インスタグラムのフォロワー数が
最も多いゲームクリエイター**
ゲームクリエイター小島秀夫は独立後、第一作目の『DEATH STRANDING』でも熱烈なファン層を積み上げ、同タイトルの発売日2019年11月8日時点でインスタグラムのフォロワー数は88万8,539人にのぼった。小島は、いろいろな場所の旅行の写真、映画や本に関連する写真、自宅や海外でのクリエイター仲間との自撮り写真などをよく投稿している。

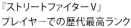

**『ストリートファイターV』
プレイヤーでの歴代最高ランク**
格闘ゲームのコミュニティー「昇竜拳」によると、2020年3月4日時点で、"ときど"こと谷口の『ストリートファイターV』(2016年、カプコン)の通算スコアが33万5,813点に達した。谷口は『ストリートファイター』のⅣとⅤで、「豪鬼」というキャラクター(右画像)の名手として最もよく知られている。彼は、格闘ゲーム全般にわたり最も強く、影響力も高いことから神格化された5人のプレイヤー「格ゲー五神」の一人に数えられている。

史上最も売れた家庭用ビデオゲームコンソールブランド
1994年、最初のソニー・プレイステーション(PS)が日本の店舗に並んで以来、このゲーム界の巨人はとどまることなく発展を続けてきた。VGチャーツのデータによると、2019年11月の時点でソニーは、PS、PS2、PS3、PS4を4億5,019万台売り上げた。プレイステーションの最新版PS5は、2020年11月に発売予定。

これまでのところ、ソニーのプレイステーションの中で最も人気が高かったのはPS2。この機種だけで1億5,700万台の販売が記録され、最も売れたゲームコンソールとなった。

オークションにて落札された最も高額なポケモンのトレーディングカード

ピカチュウの生みの親、にしだあつこがデザインしたトレーディングカード「ポケモンイラストレーター」が、2019年10月23日、アメリカ、ニューヨーク市で開かれたワイス・オークションにて、19万5000ドル（約2,125万円）で落札された。このカードは、1998年にイラストコンテストの賞品として39枚だけ作られたうちの1枚だ。

オンライントレーディングカードゲームを同時に同一会場でプレイした最多人数

2020年1月25日、千葉県で開かれた『RAGE Shadowverse 2020 Spring』に参加したゲーマーの総数は6,086人だった。2016年にCygamesより配信されたモバイルゲーム『Shadowverse』の王者を目指して対戦を繰り広げるeスポーツ大会で"ねぎま選手"が大会を制した。

ニンテンドーeショップでゲームタイトルをリリースし続けた最多連続週数

2019年8月30日の時点で、株式会社ハムスターは、ニンテンドーeショップに131週連続で、つまり約2年半の期間を休みなく、毎週新作ゲームをアップロードしている。すべて『アーケードアーカイブス』シリーズとして、『ドンキーコング』（1981年）、『忍者くん 魔城の冒険』（1984年）、『忍者龍剣伝』（1988年）といったクラシックアーケードゲームを復刻したもの。

モバイルゲームにおけるライセンスド漫画キャラクター最多数

友情・努力・勝利！体感プチプチRPG『ジャンプチ ヒーローズ』（2018年、LINE）には、2019年12月2日の時点で、476の漫画キャラクターが勢ぞろいしている。その中には、ベストセラー漫画週刊誌『少年ジャンプ』（集英社）から生まれた『ドラゴンボール』の主人公、悟空などの有名キャラクターも顔を出している。『ジャンプチ ヒーローズ』のプロデューサー、白井雄一朗は、LINEを代表してギネス世界記録の認定証を受け取り、よろこびの表情を浮かべた。

一人の声優によりモバイルゲームに提供されたセリフの最多数

松岡禎丞は、スマホRPG『ダンまち〜メモリア・フレーゼ〜』（2018年、WFS）の主人公、ベル・クラネルの声を演じている。大森藤ノによって書かれた小説『ダンジョンに出会いを求めるのは間違っているだろうか』を原作とするこのゲームで、松岡は合計1万175本のセリフを録音している。

驚くべき偉業の数々

ここで紹介するのは、長年の鍛錬や信念がなせる技、大勢の人たちの協力、熟練のプロによる専門技能により昨年達成された記録の数々だ。

200人のバケツリレーで100リットルの水を運ぶ最速タイム
株式会社創英コーポレーションの従業員は2019年、アメリカ、ハワイに社員旅行をした際に、自分たちの手で記録を更新しようと決意。200人のチームを組み、100リットルの水をひとつのプールから別のプールへ、わずか3分29秒51で移動させた。この記録は9月22日、ホノルルにあるアラモアナ市立公園で達成された。

空気吸引で缶を頭につけた最多数
2019年9月1日、東京都の菅野俊一は、頭に9本の缶をくっつけた。菅野は中学生のころに、缶を頭につけられることを発見していたが、2016年に頭に8つの缶をくっつけたジェイミー"キャンヘッド"キートンの動画を見て、記録挑戦に向けて訓練を開始した。

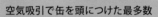

スマートフォンによる中継を行った最高到達高度
2019年6月24日、日清食品はバーチャルYouTuberの輝夜月と協力し、「日清焼そばU.F.O.」の容器に固定されたディスプレイに映し出されるパフォーマンスをスマートフォンで撮影し、ライブストリーミング配信した。スマートフォンと焼そばの容器は、どちらも成層圏気球に吊り下げられ、モンゴルの上空3万260mの高度まで上昇した。

同一雑誌の表紙をデザインした最長期間
佐々木多利爾は、1986年1月に初めて『コロコロコミック』の表紙デザインを行ってから、今日に至るまで同雑誌の表紙デザインを担当している。2020年7月15日の時点で、佐々木は34年と213日間、表紙デザインを手掛けた。

三角コーンを頭にのせた最多数
2019年、横田圭祐は日本テレビの「24時間テレビ」の放送中に、福島県双葉郡にあるサッカー施設"ヴィレッジ"にてこの記録を更新した。彼は35個の三角コーンを頭の上にバランスをとりながらのせて、10秒以上保持することに成功した。

『カードキャプターさくら』コレクションの最多数

しらほしなつみは、幼いころから『カードキャプターさくら』の大ファン。2019年5月19日の時点で、東京都の自宅に集められたこの有名な少女漫画に関連する記念品のコレクションは、テレビ、映画、ビデオゲームなどのスピンオフ作品のものも含め1,709点に達した。この中には、オリジナルのコミック本のほか、箸やベッドシーツなどあらゆるものが含まれている。

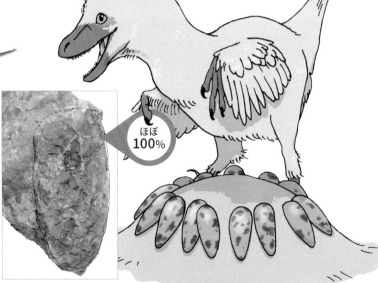

最も高い畳タワー

2019年9月28日、解体・リサイクル業者リバイブは、数々の記録を更新してきたチェリー吉武と協力して、中京テレビの音楽フェス「GOJISAT. ROCK WAVE 2019」にて畳を積み重ねた高さの記録更新に挑戦した。畳タワーに使われた畳はおよそ300枚。高さは8.22mに達した。

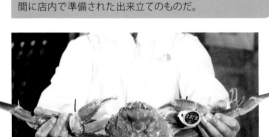

8時間以内に最も多く売れたカレーパンの数（単一会場）

2019年5月12日、神奈川県相模原市にある人気ベーカリー「パンパティこむぎのおはなし」が8時間に5,947個のカレーパンを売り上げた。当日販売された牛肉ゴロゴロカレーパンとステーキカレーパンはどちらも記録挑戦の間に店内で準備された出来立てのものだ。

最も小さい非鳥類型恐竜卵化石

「ヒメウーリサス・ムラカミイ」と呼ばれるとても小さな獣脚類の恐竜の巣の化石が、兵庫県丹波市付近で行われた発掘調査で発見された。その中には45×20mmの卵も見つかった。2020年5月23日に学術誌『クリテイシャス・リサーチ』に掲載された論文によれば、この卵の重さはわずか9.9gだったと推定される。

ほぼ100%

セリで落札された最も高額な蟹

水産物販売業のかねまさ・浜下商店は2019年11月7日、鳥取県にて五輝星松葉ガニを500万円（税抜き）で競り落とした。重さ1.24kgのこのカニは、カニ漁が解禁された初日に水揚げされ、東京都銀座にあるレストランに買い取られたという。

筑波大学・兵庫県立人と自然の博物館提供
復元画：長手彩夏

巨大なもの&長いもの

昨年も日本の団体や個人から、挑戦の規模の大きさや、イベントの参加人数の多さで印象に残る記録がたくさん打ち立てられた。ここでは最大と最長に関する最新の記録を紹介しよう。

最長の小型四駆自動車模型レーストラック
2019年11月3日、木村鋳造所の社員が自社技術を生かし、静岡県伊豆市の天城ドーム内に発泡スチロール製のミニ四駆コースを組み立てた。これまでの記録の2倍以上となる全長3,191.58mに及ぶコースを、手のひらサイズのミニ四駆が走り抜けた。

人文字でバットとボールを作り出した最多人数
2019年10月26日、「高校野球発祥の地」として知られる大阪府豊中市の豊中ローズ球場にて963人の参加者がバットとボールを人文字で表現した。企画をまとめたのは建設会社の奥アンツーカ株式会社と、豊中市屋外体育施設指定管理者の奥アンツーカ・とよすぽグループ。参加者は色のついたポンチョを着て、絵を描き出した。

車で作った最大の言葉
日本全国で中古車販売店を展開する株式会社IDOMは2019年8月10日、554台の自動車を使って店名である「Gulliver」の文字を作り上げた。当日は千葉県野田市に約300名のカスタマーと社員が集まり、軽自動車から輸入車など様々な車種の自動車を配置し、見事記録に認定された。

最も長いポスターの列
2019年8月21日、全日本柔道連盟は、世界中の柔道家の写真を掲載したポスター2,019枚を一列に並べて披露した。この記録挑戦は、東京都千代田区の日本武道館で開催された「2019世界柔道選手権東京大会」を宣伝する目的で行われた。

最長の登り窯
1996年から2018年の間に陶芸家の今井理桂が製作した、全長103.59mの登り窯は、現役で使われているものの中で最長だ。52の焼成室を有するこの窯は、青森県黒石市の山の斜面にあり、2019年8月9日に世界記録に認定された。

登り窯は、坂のいちばん下の火室から立ち上る熱で、その上の焼成室に収めた器を焼く。器が窯のどの位置に置かれていたかによって、焼き上がりの特徴が大きく違ってくる。

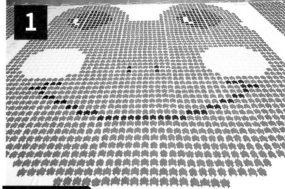

1

『ワンピース』コレクションの最多数
眞田佳和は2001年から『ワンピース』に関するあらゆるものを収集し、神奈川県の自宅は獲得した宝物で埋め尽くされている。『ワンピース』の日である2019年7月22日の時点で、コレクションは5,656点を数える。

折り紙で作った最大の展示
折り紙発祥の地である日本が折り紙に関する記録をリードしていると聞いても、驚きはしない。2019年9月16日、「日本ホスピタル・クラウン協会」が「ベッドの上でも世界一」と題して全国の病院に呼びかけ、闘病中の子どもたちが制作した3,542個の折り紙のカエルを神奈川県立こども医療センターに展示した（写真1）。そのおよそ2カ月後の11月23日、本田技研工業（株）'19向陽会は埼玉県和光市で開催した秋祭りにて、5,178個の折り紙の自動車を集めて展示した（写真3）。最近では2020年5月11日、福島県のトヨタクラウンアリーナにて、地元ボランティアが9,600個の折り紙のメダルを展示した（写真2）。これは東日本大震災9周年を追悼して開かれたコミュニティーイベントの催しの一環だった。

2

最大の畳部屋
富山県射水市にある浄土真宗親鸞会館は、2019年9月23日、最大の畳部屋として世界記録に認定された。畳部分の面積は2,964㎡。この講堂は法話を聞くための部屋だが、総面積は約4,000㎡。大型スクリーンを演壇の上部に配し、最新の音響システムを備えている。

折り紙の自動車は、秋祭りを訪れた人たちが折ったもの。3,000人の来場者があった。

3

みんなで挑戦

ギネス世界記録の更新を目指す人たちを大勢集めることでのみ、達成できる記録もある。ここに紹介する記録は、たくさんの人たちが、ひとつの目標に向かって力を合わせ、達成したものだ。

8時間で作った「たねダンゴ」の最多数（チーム）
2019年9月29日、神奈川県横浜市のサカタのタネが開催したイベントで、ボランティアにより総計1万3,224個の「たねダンゴ」が作られた。直径およそ5cmのダンゴの中には、ホソバウンランやヤグルマギクなどの種が入っている。その後このダンゴは、神奈川県内の市民公園や緑地などに植えられた。

最大の付箋モザイク（イメージ）
2019年8月29日、巨大な新聞の1面が、小学生らによって色のついたポスト・イットだけを使って作られた。大きさは548.57m²。日本新聞協会が「子どもの夢や未来の可能性を広げ、応援すること」を目指して実施した。

最大のテルミンアンサンブル
2019年9月14日、マトリョミン・アンサンブルMable and Daは、兵庫県神戸市のKIITO（デザイン・クリエイティブセンター神戸）に289人のマトリョミンというタイプのテルミンの演奏者を集め、記録挑戦のために編曲されたベートーベン作曲「歓喜の歌」を演奏した。不思議な音色のこの電子楽器テルミンは、アンテナの周囲の空中に手を動かして音階を調節しながら演奏する。

同時にかるた遊びをした最多人数
2019年10月27日、うつのみや百人一首市民大会実行委員会と宇都宮ブランド推進協議会は、市民大会開催25周年の節目を記念して、ギネス世界記録に挑戦した。この大会には子どもから大人まで総勢701人が参加し、1時間11分にわたり和歌のかるた遊びを楽しんだ。

同時に鉄板焼きを作った最多人数
群馬県伊勢崎市で開かれた「いせさきもんじゃチャレンジフェスティバル2019」にて、地元で親しまれている「いせさきもんじゃ」を277人が作り、「同時に鉄板焼きを作った最多人数」の記録に認定された。各参加グループには、あらかじめ刻んだ野菜と生地が渡され、1台のコンロが割り当てられた。挑戦の終わりには、すべてのもんじゃ焼きが平らげられたことは言うまでもない。

ここで使用されたかるたは、宇都宮城5代城主宇都宮頼綱（蓮生）とゆかりのある小倉百人一首に基づくものだ。

折り紙で作った最大の言葉
東京都渋谷区の加計塚小学校は、創立100周年を記念して職員と生徒で8,888個の折り鶴を折り、それを並べて学校の名前を作り上げた。2019年11月14日に行われた記録挑戦の日、生徒たちは自分の鶴に未来の夢を書き込んだ。

リレー形式で動画を撮りあった最多人数
2019年10月5日、化粧品ブランドの花王AUBEは、東京都渋谷区にて新製品「ブラシひと塗りチーク」の宣伝用にこの動画リレーを企画した。276人の参加者は、まず隣の人がこのブラシでメイクする様子を動画に撮影し、次に自分がメイクする様子を次の人に撮影させるという具合に、動画撮影をリレーさせていった。

単一の穴掘りチャンピオンシップに参加した最多人数
2020年は、成田ゆめ牧場の穴掘り大会の開催20周年だった。2020年2月に開かれたこのイベントでは、1,452人の参加者が、機械を使わずにどれだけ深い穴が掘れるかを競った。メインのイベントでは30分間、最大6人チームで穴を掘る競技が行われた。穴や土の造形による面白さや美しさを競うユーモア部門もある。

ランニングマンダンスを同時に踊った最多人数
2019年10月10日、愛知県の日進中学校の生徒たちは、チーム対抗競技を数分間休戦して、この記録に挑戦した。660人の生徒は10秒以上、同じ振り付けのダンスを踊り、2018年にメキシコシティーで出された記録を更新した。

最大の坐禅レッスン
2019年11月30日、東海管区曹洞宗青年会は、愛知県名古屋市にて大きな坐禅レッスンを開催した。総勢817人が、手や目の置き方、坐禅中の心のあり方など、坐禅の基本を習いに集まった。

ギネス世界記録では、ランニングマンダンスを「両足で足踏みをしながら両手はポンプを押すように上下させ、体の残りの部分は動かさない」運動と規定している。

世界に誇る日本ブランド

日本の消費者は、世界記録を保持する製品やブランドに接する機会に恵まれている。新鮮なミルクのデザート、焼ビーフン、強力な瞬間接着剤から、さらには黄金のお風呂まで!

この風呂桶は、ヨーロッパの街並みを再現したテーマパーク、ハウステンボスの温泉施設に置かれている。

1時間で最も多く売れたクリーミーデザートプディングの数

兵庫県神戸南京町にある神戸ミルク店舗では、2019年12月7日、生杏仁プリンを1分間あたり38本以上、1時間で総計2,310本を売り上げた。このおいしいデザートには、神戸の山間に広がる緑豊かな六甲山の牧草で育った牛の新鮮な六甲山麓牛乳が使われている。

最大の黄金風呂

2019年4月22日、重さ152.4kgの黄金で作られたバスタブを、長崎県佐世保市のハウステンボスが公開した。この黄金風呂は、ハウステンボスの温泉施設のリニューアルに合わせて登場した。価格は8億円。職人たちは8カ月をかけて、緻密に計算されたハンマー使いで400万回叩いて成形していった。

一般消費者向け瞬間接着剤最長寿ブランド

「アロンアルフア®」ブランドの瞬間接着剤は、2019年9月8日時点で48年間販売が続いている。これは東亞合成が製造するシアノアクリレート系接着剤で、日本で成功した後に、Krazy® Glue（クレイジーグルー）の名でアメリカに進出した。この記録は、ビジネス・コンサルティング企業イプソスの調査結果に基づく。

最大のスピリットベースRTD飲料ブランド（最新年間販売数量）

スピリットベースRTD飲料のトップに立つのは、サントリーの「-196℃」ブランドだ。2018年の推定販売数量は2億4,351万4,600リットル。サントリー社独自の"-196℃製法"による、まるごと果実を凍結したおいしさが特長である。

最も長く販売されている焼ビーフンブランド

「ケンミン焼ビーフン」は60年間販売され続けている。米粉からできているビーフンは、戦後すぐの日本ではまだあまりなじみがなかったが、ケンミン食品を創業した高村健民は、めんに最初から味をつけた初めてのビーフンを開発し、フライパン一つで、誰でも簡単に美味しくビーフンを食べることができる画期的な商品を生み出した。

1960年に誕生した「ケンミン焼ビーフン」は油で揚げていないため、健康を意識する人にも最適。

世界に誇る日本のアーティスト

スポーツ、ポップミュージック、アニメ、映画にかかわらず、日本人によるパフォーマンスがポピュラー・カルチャーに比類ない影響を与え、世界の人たちを楽しませている。ここでは、そんなスーパースターたちの最上級の記録を紹介しよう。

最も売れたアルバム（単年）
日本のボーカルグループ、嵐のベストアルバム『5x20 All the BEST!! 1999–2019』は、2019年に330万枚が売れた。64曲を収めたCD4枚組のこのアルバムは、2019年6月26日に発売され、7月8日の時点でオリコン年間アルバムランキング1位となった。発売後1週間で130万枚以上が売れている。

日本のチャートにおいてシングル1位獲得最多連続年数
堂本光一と堂本剛のKinKi Kidsは、日本の音楽チャートにて24年間連続でナンバーワン・シングルを記録している。最新のナンバーワンヒットは2020年6月17日にリリースされた『KANZAI BOYA』だ。彼らはまた、「日本のチャートにおいてデビュー時から最も多く連続でNo.1を獲得しているシングル数」の記録も保持している。

同じ声優による同一俳優への吹替え映画の最多数
声優の石丸博也は、映画スター、ジャッキー・チェンの日本語吹き替え版キャストとして公認されている。2020年1月17日時点で石丸は、1975年の『ジャッキー・チェンの秘龍拳／少林門』から2020年1月20日に日本公開となった『ナイト・オブ・シャドー 魔法拳』まで、ジャッキー・チェンの映画77本の日本語吹き替えを行った。

最長のシャウト（個人）
2019年8月24日、福澤朗は東京都港区のテレビ東京にある防音室で1分1秒53の間、叫び続けた。この記録に認定されるためには、少なくとも80dbの音圧を維持しなければならず、フリーアナウンサーの福澤は2回目の挑戦で記録が達成された。

©テレビ東京

©テレビ東京

サッカーボールをターゲットにヘディングして入れた最長距離
サッカー元日本代表の中澤佑二は2019年7月18日、東京都世田谷区にて15.1m離れた目標にヘディングでサッカーボールを命中させた。"ボンバー"のニックネームで親しまれた中澤は日本代表として1999年から2010年にかけて110試合に出場し、17ゴールを決めている。

1分間にペアでキスをした最多数
お笑い芸人のチェリー吉武と白鳥久美子は2020年8月8日、「同一司会者によるトーク番組の最長放送」の記録を持つテレビ番組『新婚さんいらっしゃい！』内でオンライン結婚式を行い、2人で世界記録に挑戦。1分間にペアで277回キスをする記録を打ち立てた。桂文枝が司会を務める同番組は2020年で50周年を迎えた。

チームが1時間にプレイしたスピードプールの最多フレーム数（USテーブル）
スピードプールは、テーブル上のすべての的球をできるだけ早くポケットに落とすビリヤードの種目。2020年2月19日、東京都渋谷区のBAGUS（ビリヤード場）で、バグース所属の5選手とお笑い芸人のじゅんいちダビッドソンが順番にプレイし、60分以内に27フレームを記録した。

編集長からの手紙

世界で最も並外れた業績の数々を満載し、最も並外れた状況下で編集された
『ギネス世界記録2021』へようこそ。

最も売れている年鑑本の67冊目となる『ギネス世界記録2021』を印刷に回そうとしたそのとき、新型コロナウイルス感染症の影響で世界は大混乱に陥った。ロックダウンが長期化し、わたしたちはギネスワールドレコーズの歯車を回し続ける方法を再考し、"ニューノーマル（新しい日常）"への迅速な適応を迫られた。

この1年で世界中から3万2,986件の申請があったが、昨年の同時期より2,000〜3,000件少ない。それでも毎日、約90件に目をとおすことになる。ロックダウンされようと、人々の記録更新への欲求が消えることはなかったのだ。

『ギネス世界記録2021』のテーマは「ディスカバー・ユア・ワールド（あなたの世界を発見しよう）」だ。

番組『ブルー・ピーター』
最も長く続く子ども向け雑誌のテレビ番組（2019年10月で61年）が2019年9月5日、『ギネス世界記録2020』を宣伝してくれた。番組中、司会者のリッチー・ドリス（写真右）はゴールキーパーの服に着替える最速時間40秒16を、マジシャンのマーティン・リーズは1分間に当てた最多カード数（手品）18枚を達成した。

番組『コール・ザ・ミッドワイフ〜ロンドン助産婦物語』
このドラマの2019年のクリスマススペシャル放送に『ギネス世界記録』が登場。1964年版（左写真）を受けとったレジー・ジャクソン（ダニエル・ローリー、上写真右から2番目）は、最も長い紙のチェーンをつくろうと試み、コミュニティがひとつになる。

受賞歴のあるイラストレーター、ロド・ハントに依頼したところ、驚きの表紙ができあがった。

全12章のすべてを、テーマの"発見"を意識しながら構成した。最初は太陽系（12〜29ページ）で、スマートフォンやタブレットで楽しめる無料の拡張現実（AR）アプリと連動している。家にいながら太陽系発見のバーチャル旅行に行けるぞ。専用アプリ「Augmentifylt®」については、3ページをチェックだ！

各章の最後では、月面を歩いたバズ・オルドリン（28〜29ページ）、エベレスト登山家カミ・リタ・シェルパとラクパ・シェルパ

番組『ブリテンズ・ゴット・タレント』
ITVのスター発掘番組でコリン・サッカリー（1930年3月9日生まれ）が優勝。2019年9月20日、彼は89歳195日で『ラヴ・チェンジズ・エブリシング』をリリースし、デビューアルバムを発売した最高齢の人物になった。

番組『ストリクトリー：イット・テイクス・ツー』
2019年10月18日、BBCの番組『ストリクトリー・カム・ダンシング』のプロダンサー14人が、30秒間でのボタフォゴダンスステップ最多回数に挑戦。グラツィアーノ・ディ・プリマ（イタリア）が90回成功させた。

番組『ガジェットショー』
2019年11月12日、テクノロジー番組『ガジェットショー』の第400回放送で、リモコンカーによる最長ランプジャンプの40.21mを達成した。モデルカーをつくったのはチーム・アソシエイティッド RC8 T3.1eで、ジョン・ハウエルズが操縦。左写真は認定書を手にした番組司会者のオルティス・デレイだ。

（46〜47ページ）、深海探検家ヴィクター・ヴェスコヴォ（160〜161ページ）など、ギネス世界記録の殿堂に加わった先駆者たちに会える。環境活動家のグレタ・トゥーンベリ（142〜143ページ）、**最も背が低い女性**ジョティー・アムゲ（84〜85ページ）、体操界を揺るがしたシモーネ・バイルズ（242〜243ページ）なども待ち構えている。

ゲーマーたちは、新たに設けられた178ページから始まるゲームの章へ。主要8ジャンルを網羅しつつ、Speedrun.com協力の特集もある。

こうした挑戦者たちはもちろん、コンサルタントの幅広いネットワークなしでは、この本は成り立たない。ボドリアン図書館の地

テレビ番組『スクランブルド！』

2020年3月4日、CITVの土曜朝の番組で、司会者のロビン・リッチフォードとケリー・ボインがチームとなり、**1分間で人につけた最多バッジ数**の25個を達成。新人のロビンがケリーにバッジをつけた。家でできる1分チャレンジについて、詳しくは91ページを見てね。

図の専門家スチュアート・アクランド、ウォーリック大学でアメリカ国家安全保障が専門のクリストファー・モラン博士、考古学の専門家アレクサンドラ・ジョーンズ博士らには今回初めて加わってもらった。コンサルタント全員に感謝申しあげたい。

この本の制作に協力してくれた全員に、あらためてありがとう。そしてなにより、動乱とロックダウンにもかかわらずOfficially Amazingであり続ける、すべての記録更新者たちに感謝したい！

Craig Glenday（署名）

クレイグ・グレンディ
編集長

ラジオ局キャピタルFM

2019年10月25日、朝のラジオ番組の司会者ソニー・ジェイが**1分間に歌詞から当てたジャスティン・ビーバーの曲最多数**の22曲を記録。共同司会者のローマン・ケンプとヴィック・ホープも記録保持者で、ジェイもついに"GWRクラブ"に加わった。

出版社トゥインクル

教育教材出版社トゥインクルが2019年11月7日、慈善団体BBCチルドレン・イン・ニードのために、イギリス、サウスヨークシャー州シェフィールドで**最多人数による歌リレー（複数曲）**384人を達成した。各自が歌詞の1ワードだけを歌って順番につなぎ、計4曲歌った。

ウェールズの奇跡

2020年、ギネスワールドレコーズはウェールズのテレビ局S4Cと協力、3月1日の聖デイヴィッドの日にウェールズ各地で7つの記録が更新された。スウォンジーの国立ウォーターフロント博物館ではクロッグダンサーのテューダー・フィリップスが、**1分間にかかと合わせジャンプで消した最多キャンドル数**55を達成 ❶。ニッキー・ウォルターズは**ナローボートを50m牽引した最速時間（女性）**1分35秒53を達成した ❷。会場のランゴレン運河のポントカサステ水路橋は、地上38.4mの**最も高い場所にある航行可能な運河水路橋**だ。アベリストウィス遊歩道では、**最も長い人間アーチリレー**164組を達成 ❸。S4Cのリアーナ・ローレンとアラン・ウィリアムズ（上写真）も加わった。ポートメイリオンではフリースタイルフットボーラーのアッシュ・ランダルが、**30秒間で最多ニーキャッチ数**23回、**1分間でボールをコントロールするトリック"ホットステッパー"最多**56回 ❹の記録を達成した。

ラジオ局ファン・キッズ・レディオ

2019年8月8日、ラジオ局の司会者たちが4つの記録を更新。左からダン・シンプソンの**1分間に歌詞から当てたテイラー・スウィフトの曲最多数**（27）、コナー・ナイトの**1分間にチームバッジから当てたサッカーチームの最多数**（28）、ショーン・ソーンの**1分間に『マインクラフト』でつくった最長階段（コンソール）**（28ブロック）、ベックス・リンゼイの**1分間にタイトルから当てたヤングアダルト作家の最多人数**（32）。

おうちでギネス世界記録

2020年、新型コロナウイルス感染症の発生で生活が激変し、かつてないほど長い時間を家で過ごすことになった。そんな状況でも、人々は記録更新の手を休めない。そして、挑戦者がいる限り、ギネス世界記録は記録認定の方法を必ず見つけ出すだろう。

ギネス世界記録では、常に人々が世界一になる新しい方法を模索している。新型コロナウイルス感染症の発生で、これが"おうちでギネス世界記録"プロジェクトと、SNSを通じて記録挑戦を行える#GWRchallengeに発展した。毎週、新しい挑戦種目が登場し、動画で認定される。また、ロックダウンの期間中、ジョー・ウィックス、"キャプテン・トム"・ムーア、最高齢の男性ロバート・ウェイトンらに、バーチャルに公式認定証の授与を行った。

右ページを見てもらえればわかるとおり、わたしたちはTikTokに進出し、最前線で戦う医療従事者たちをたたえる、スターたちの記録更新コンサートも楽しんだ。1955年の初版以来、『ギネス世界記録』は現実の世界を反映しながら常に変化をしており、今回の世界的な危機においても、記録挑戦の場を絶やさないように最善を尽くすつもりだ。詳しくはguinnessworldrecords.jp/records/GWR-at-home/GWRchallengeを見てほしい。

#GWRchallenge
家で過ごすオンライン視聴者たちに勧めているのが、週替わりの記録挑戦（guinnessworldrecords.jp/records/GWR-at-home/GWRchallenge）だ。さっそくオンライン記録保持者になった人々を紹介しよう。

❶ ヴィカス・サイニ（インド）：靴下10足を履く最速時間 – 9秒23
❷ ジェド・ホッキン（オーストラリア）：30秒間でトイレットペーパーを使ったリフティング最多回数 – 84回
❸ ジェシー・ホーン（アメリカ）：10個の缶でピラミッドをつくる最速時間 – 3秒09

子ども向け挑戦
大人と同じ土俵で競い合わない形の挑戦を提供するため、若い世代向けの記録を新たにつくる予定だ。さっそく、さまざまなアクティビティに挑戦できる20タイトルを用意している。子ども向けのホームページも改訂したので、詳しくは kids.guinnessworldrecords.com（英語）を見てほしい。写真はそれぞれ、**20個のレゴ®ブロックを直角に積み上げる最速時間**と、**目隠しでつかんだぬいぐるみ最多数**の、ふたつのカテゴリーだ。

まずはこうした挑戦から、ギネス世界記録への冒険を始めてみてはどうだろうか？

YouTubeで最も多く視聴された
フィットネスワークアウトのライブストリーミング

体形維持もオンラインの時代だ。ジョー・"ザ・ボディ・コーチ"・ウィックス（イギリス）がフィットネスレッスンを毎日配信したところ大人気となり、2020年3月24日の回は100万人近い人々が視聴した。写真は、『ギネス世界記録』編集長クレイグ・グレンディによるバーチャル認定証授与式のよう。

最高齢の男性

ロバート・ウェイトン（イギリス、1908年3月29日生まれ）もバーチャル認定証を受けとった一人だ。2020年3月30日、イギリス、ハンプシャー州アルトンで112歳1日であることが確認された※。
残念ながら認定証を直接渡すことができず、ビデオで祝いの言葉を伝えたところ、認定証に感謝する録音メッセージが届いた。

※2020年5月28日、ウェイトン氏は逝去されました。ご冥福をお祈りいたします。

リモート音楽フェスティバルに出演した最多ミュージックアクト

2020年4月18日、非営利団体 Global Citizen とWHO（世界保健機関）が、オンラインコンサート「ワン・ワールド：トゥギャザー・アットホーム」を共催。発起人のレディー・ガガ（左下写真）、ローリング・ストーンズ、エルトン・ジョン、テイラー・スウィフト、コールドプレイのクリス・マーティン（右下写真）を含む72組が参加した。8時間で、新型コロナウイルス感染症対策支援金1億2,790万ドル（約138億424万7,000円）が集まった。

編集長がTikTokに
登場

ギネスワールドレコーズのTikTokフォロワー数は800万。2020年4月1日、TikTokの教育サービスEduTokの一環として、クレイグ・グレンディがライブ配信でオンラインクラスを担当。ギネスワールドレコーズの歴史や、家での記録挑戦などについて語り、質問も受けつけた。

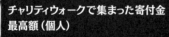

チャリティウォークで集まった寄付金
最高額（個人）

2020年4月30日現在、"キャプテン・トム"・ムーアがイギリス、ベッドフォードシャー州マーストン・モルテーヌの自宅にある長さ25mの庭を往復することで集めたNHS（イギリス国民保健サービス）への寄付金は4,082万ドル（約44億570万2,600円）以上。彼に関するほかの記録については、80ページで。

"キャプテン・トム"は100歳の誕生日を迎えた4月30日に、これまでの功績を認められ、名誉大佐の称号を与えられた。

ギネス世界記録の日

毎年、世界中の何千もの人々が「ギネス世界記録の日」の一環として、さまざまな驚きのチャレンジを試みている。2019年、わたしたちは初めて、「スピリット・オブ・アドベンチャー（冒険精神）」というテーマをかかげた。

ギネス世界記録の日は2005年、『ギネス世界記録』が**最も売れている年鑑本**になったのを記念して始まった。毎年、チャリティ募金や仲間との交流、そして純粋に楽しめる機会を提供しているが、2019年のギネス世界記録の日には、冒険精神を体現した記録更新者たちが誕生した。

キリマンジャロに登った最高齢

ギネス世界記録の日に最初に紹介されたのが、2019年7月18日、アフリカで最も高い山のキリマンジャロ（5,895m）に89歳37日で登頂した、アン・ロイモア（アメリカ、1930年6月11日生まれ）だ。アンは7月12日に出発し、山頂に到達、9日後にベースキャンプに戻った。

▶ ジェットスキーによる 最長の外洋の旅（援助なし）

ルーカス・デル・パソ・カノバス（スペイン）は2019年9月18日〜10月2日、ポルトガルのサグレスからイタリアのサプリまで3,602kmの距離を、ヤマハVXデラックスで移動した。ブルーフォーグリーンというプロジェクトの一環で、旅の途中で見つけた海ゴミを拾った。ジェットスキーが排出した二酸化炭素を相殺するため、集まった募金は植樹にも寄付された。

▶ タンデム式自転車で最速の世界一周 （男性）

ロイド・エドワード・コリアーとルイス・ポール・スネルグローブ（ともにイギリス）は、ふたり乗り自転車に乗って世界を281日と22時間20分で巡った。2018年8月7日にオーストラリア、アデレードを出発し、2019年5月16日に帰還した。

▶ 電動スクーターでの最長の旅

64日間かけて、宋健（中国）は電動スクーターで1万87.2kmの距離を移動した。黒竜江省撫遠を出発し、中国を東から西に旅して、2019年9月7日に新疆ウイグル自治区カシュガルに到着した。自身が2018年に達成した前記録の2倍近い距離だ。

ハーレム・グローブトロッターズ

1926年に結成、**バスケットボールチームとしてプレーした主権国数最多101カ国**の記録をもつグローブトロッターズ。2019年のギネス世界記録の日、ロシェル・"ワム"・ミドルトン（アメリカ、左下写真）は**▶1分間に目隠しでのバスケットボール8の字ドリブル最多**の63回をアメリカ、アリゾナ州プレスコットバレーで達成。チームメイトのクリス・"ハンドルズ"・フランクリン（アメリカ、右下写真）は**▶膝をついた後ろ向きシュート最長**の19.39mを成功させた。

▶ カヌーを引いた 5kmの水泳最速

元イギリス海兵隊のニック・ワトソン（イギリス）は50歳の誕生日を祝い、アラブ首長国連邦、ドバイで息子のリオが乗るカヌーを引っぱりながら、5kmを2時間42分48秒で泳いだ。ニックは障害者との統合を促進するチーム・エンジェル・ウルフに参加、**10km**の記録も達成している（6時間6分52秒）。

チーム名のグローブトロッターズ（世界的旅行家）は本当かもしれないが、出身はニューヨーク市のハーレムではなく、イリノイ州のシカゴだ！

▶ 400mの目隠しローラースケート最速（女性）

オジャル・スニル・ナラバディ（インド）は2019年11月14日、インド、カルナータカ州フブリで、目隠しでローラースケートに乗り400mのコースを51秒25で完走した。

スポーツスタッキングをする最多人数（複数の場所）

世界スポーツスタッキング協会（アメリカ）は毎年、ギネス世界記録の日にイベントを開催している。2019年には、20カ国の63万8,503人が参加した。

オーシャンズセブンを制覇した最高齢

オーシャンズセブンは世界の七海峡の遠泳のこと。エリザベス・フライ（アメリカ、1958年10月28日生まれ）は2019年8月25日、イギリスの北アイルランドとスコットランドの間にある35kmのノース海峡を11時間13分11秒で泳ぎ、60歳301日で完泳。上写真左はギネス世界記録の日、**最高齢女性**と**全体**のふたつの認定証を受け取るエリザベス。

▶ 1時間に片足でサイクリングした最長距離

マーク・ニューマン（イギリス）は2019年11月14日、イギリス、イースト・サセックス州ブライトンのプレストン公園自転車競技場で20.345kmを1時間で走行。もう片方の足はペダルに触れない状態だった。

この日はほかにも、**1時間に手を使わずペニーファージング（旧型自転車）で進んだ最長距離**の26kmをニール・ロートン（イギリス）が達成するなど、3つの記録が生まれた。

隣り合うアメリカの48の州をヘリコプターで巡る最速の旅

ヨスケ・チャトマレーラト（タイ）は2019年9月25日〜10月7日、ヘリコプターを操縦し、隣り合う48の州（ハワイとアラスカをのぞく全州）の上空を12日と14時間59分で巡った。最初の3日間で雷雨、もや、向かい風をすべて経験した！

リレー形式による縄跳び二重跳びの最多人数

プロ縄跳びプレーヤーの生山ヒジキと月島第二小学校は、東京都中央区でリレー形式による縄跳び二重跳び188回を成功させた。同校では教育の一環として、ギネス世界記録の日の縄跳びを推奨している。

▶ 最も速いボディコントロールジェットエンジンパワースーツ

アイアンマンを地でいくリチャード・ブローニング（イギリス）は2019年11月14日、フライングスーツを操縦してイギリス、イースト・サセックス州ブライトンビーチ上空を飛び、時速136.89kmを記録した。2017年のギネス世界記録の日に達成した記録は、時速51.53km。足のフィンで安定化を図るなど、技術を向上させたことで、高速を実現できた。

スーツから出る火花は、あくまでも演出用だ。靴に点火装置を仕込んでいる。

スーツの名前はダイダロス。ロウと羽で翼をつくって空を飛んだ、ギリシア神話の登場人物の名前にちなんでいる。

ライオンズシェア基金

2018年6月に設立されたライオンズシェア基金は、国連がサポートするプロジェクトであり、広告・メディア産業による自然への取り組みを推奨している。多くのグローバルブランドに並んで、ギネスワールドレコーズはこの呼びかけに賛同し、支持を表明した。

「TはタイガーのT」。イギリスの学校や家で学んだおなじみの表現が、今後なくなってしまうかもしれない。現在、本、テレビ、広告に登場する野生動物たちが、絶滅の危機に瀕しているからだ。そこで、オーストラリアの映画監督クリストファー・ネリウスとロブ・ガルツツォは、広告主たちが未来の野生スターたちを守るべき時期がやってきた、と声を上げた。このプロジェクトの仕組み

はシンプルで、広告やブランディングに動物を用いる企業は、キャンペーンのためのメディア予算の0.5％を基金に寄付するというもの。少額に聞こえるかもしれないが、広告の20％に動物が登場していることを考えると効果は大きい。国連開発計画（UNDP）が管理するライオンズシェア基金は「自然が繁栄する世界」をめざしており、放棄ペットの支援、100万ヘクタール

の荒野を確保、約4,000頭にまで減った野生のトラの保護が目下の目標だ。すでに25を超えるパートナーがこの取り組みに参加しており、未来の世代も、AからZまでのすべての動物と共存できることを期待している。

1955

2021

ライオンズシェア基金は動物と生息地保護のため長期計画を立てており、世界記録をもついくつかの種に対して、すでに良い効果をもたらしている。

ギネス世界記録と動物の関係

『ギネス世界記録』は、65年前の初版（上写真上）から多くの動物を紹介してきた。動物の記録がなくなってしまったら、とてもさびしいことになってしまうだろう。以下に紹介するのは、危機に瀕して国際自然保護連合（IUCN）のレッドリストに記載されている、記録達成動物たちの一部だ。ライオンズシェア基金とギネスワールドレコーズとのコラボレーションについて、詳しくはHPをチェック！
guinnessworldrecords.com/2021（英語）

①モザンビーク、ニアッサ国立保護区のレンジャーたちに、密猟阻止に役立つ新しいデジタル通信機器が届けられた。彼らは当初予定されていた保護区のゾウだけでなく、絶滅が危惧されている**最も狩り成功率が高い捕食動物**リカオン（*Lycaon pictus*）を含む、すべての野生動物たちを守っている。

②サンゴ礁は、地球上で最も生物多様性のある生態系のひとつだ。ライオンズシェア基金は海洋生物が豊富な東南アジアの "コーラル・トライアングル" など、海洋地域の研究を積極的に行っている。

ギネス世界記録を達成しながらも絶滅の危機にさらされる野生動物

最も原始的なクマ
ジャイアントパンダ
（*Ailuropoda melanoleuca*）
保全状況：絶滅危惧II類

最高齢の陸上動物
アルダブラゾウガメ（*Aldabrachelys gigantea hololissa*）のジョナサン
保全状況：絶滅危惧II類

最も大きい陸上動物
アフリカゾウ（*Loxodonta africana*）
保全状況：絶滅危惧II類

自然分布域が最も小さい脊椎動物
デビルズホールパップフィッシュ
（*Cyprinodon diabolis*）
保全状況：絶滅危惧IA類

▶**最も速い陸生生物（短距離）**
チーター（*Acinonyx jubatus*）
保全状況：絶滅危惧II類

デイヴィッド・アッテンボロー卿が語る、分かち合いが大切な理由

動物学者、環境活動家として有名なデイヴィッド・アッテンボロー卿（イギリス）は、**最もキャリアの長いテレビ司会者**であり、初仕事は1953年の番組『アニマル・ディスガイズ』（BBC、イギリス）。67年後の今も現役で、2019年にはBBCのシリーズ『セヴン・ワールズ、ワン・プラネット』を担当した。

現在94歳のデイヴィッド卿の辞書に「引退」の文字はなく、2020年にはインドの動物に関する映画『ワイルド・カルナータカ』のナレーションを担当。また、WWF（世界自然保護基金）製作の新作ドキュメンタリー『ア・ライフ・オン・アワー・プラネット』に出演、作品は今年後半に劇場公開とNetflixでの配信が予定されている。

デイヴィッド卿はライオンズシェア基金も全面的に支援しており、初代特使も務めている。

「国際社会は2015年、持続可能な開発目標17項目（SDGs）を採択しました。今や広告主たちは、ライオンズシェア基金をとおして、広告における動物のあり方に関する意識を少し変えることで、持続可能な開発目標を達成する真の機会を手にしたのです。すべてのブランドとすべての最高経営責任者の方々にお願いです。この革新的プロジェクトにぜひご参加ください。地球上の生息地、動物、野生生物を保護するのに役立つことでしょう」と、デイヴィッド卿は切実に訴えている。

> すべてのブランドとすべての最高経営責任者の方々は、この革新的プロジェクトにぜひご参加を。

最も希少なオウム
アオコンゴウインコ（*Cyanopsitta spixii*）
保全状況：野生絶滅

◀**最も背の高い動物**
キリン（*Giraffa camelopardalis*）
保全状況：絶滅危惧II類

③ライオンズシェア基金はスマトラサイ（**最も小さなサイ科動物**）や、**最も大きな樹上性哺乳類**のオランウータンといった絶滅の危機に瀕した種の避難場所として、インドネシア、スマトラ島のルスル自然地域の熱帯雨林地帯を購入した。

④ジャガー・コリドー・レガシー・パートナーシップとの協力で、ライオンズシェア基金は南アメリカにある**最も大きな湿地**パンタナルで進む生息地分断化の解消方法を模索している。ジャガー（*Panthera onca*）はトラ、ライオンに次いで3番目に大きい野生のネコ科動物であり、パンタナルに生息する種は**最も大きなジャガー亜種**だ。

▶**最も大きいゲノム（全遺伝情報）**
メキシコサンショウウオ（＝ウーパールーパー）（*Ambystoma mexicanum*）
保全状況：絶滅危惧IA類

◀**最も大きい野生のネコ科動物**
トラ（*Panthera tigris*）
保全状況：絶滅危惧IB類

最も北にすむペンギン
ガラパゴスペンギン（*Spheniscus mendiculus*）
保全状況：絶滅危惧IB類

最も大きい霊長類
ヒガシローランドゴリラ（*Gorilla beringei graueri*）
保全状況：絶滅危惧IA類

太陽系

太陽

太陽系の中心に位置するのは、わたしたちが太陽と呼ぶG型主系列星である。太陽は恒星として特に際立ったものではないが（**最大の恒星**である、たて座UY星は太陽より少なくとも1,500倍大きい）、それでも**太陽系最大の天体**であり、これに次ぐ木星の1,000倍以上の質量がある。太陽系のすべての惑星が太陽を中心に公転しており、太陽系に関するさまざまな記録を見るうえでの出発点は当然、太陽がふさわしい。

太陽

太陽系の中心に位置する恒星。地球の約33万倍の質量をもつ高温プラズマの球体で、その質量は太陽系全体の総質量の約99.86%にあたる。

銀河核からの距離
2.46×10^{17}km（2万5766光年）

赤道直径
139万1,016km

質量
1.98×10^{30}kg

表面重力
274.0 m/s^2

自転周期
609時間7分
（25.3日；緯度により異なる）

公転周期
2億3000万年
（銀河核に対して）

太陽

惑星を3Dで見よう

携帯電話やタブレットを使えば太陽系の全惑星が拡張現実（AR）で見られるアプリを、ギネスワールドレコーズのパートナーであるPeapodicityが制作。無料のアプリ「AugmentifyIt®」でそれぞれの写真カードをスキャンすれば、惑星（太陽は恒星）が2Dから3Dに変わるよ！

目次

水星

太陽系で最小の惑星

直径が4,879kmと、大西洋の幅と同じくらいの水星は、太陽系のほかのどの惑星よりも小さいばかりか、太陽系で最大の2つの衛星（ガニメデとタイタン）よりも小さい。しかし、小さいながらも水星の質量は大きく、太陽系では地球に次いで密度が高い惑星でもある。

最も短い1年

水星は、太陽からの平均距離5,790万kmで太陽を公転する**太陽に最も近い惑星**であり、公転速度が時速17万496kmと**最速の惑星**でもある。87日21時間で太陽を一周する。

最大の惑星核

学会誌『ジオフィジカル・リサーチ・レターズ』（2019年3月15日）に発表された論文によると、水星の核は惑星全容積の85%を占め、直径は約4,000kmである。

最初の水星探査機

2011年3月18日、NASAの探査機メッセンジャーが、水星周回軌道に入った初めての宇宙探査機となった。2004年に打ち上げられ、水星周回軌道に入るのに7年間で6回ものスイングバイを要した。同機は水星周回軌道上で4年以上活動し、惑星の観測を続けた。

最も軌道離心率の大きい惑星

水星は軌道離心率（0に近いほど円軌道、地球は0.01）が0.205である。水星は太陽に最接近する近日点距離が4,600万km、最も離れる遠日点距離が6,981万kmという軌道をとる。

水星からきた最初の隕石

NWA 7325隕石は、2012年にモロッコで発見された。水星が起源と考えられる初の隕石で、化学組成の分析結果は水星の地質環境と合致する。この隕石は45億6000万年前のものと推定されている。

最初の水星地形図

2016年5月6日、NASAは、水星の地表面の3D地図を公開。2011年から2015年の間にNASAの探査機メッセンジャー（右上写真）が撮影した10万枚以上の画像をもとにつくられた。上の地図において、黄色は標高の高い箇所を表す。

水星で最大の衝突盆地

カロリス盆地は、38〜39億年前に、幅が少なくとも100kmある物体が水星に衝突して形成された。カロリス盆地は、探査機マリナー10号（**水星の初フライバイ**を1974年に成功）によって初めて写真が撮影された。さらに探査機メッセンジャーにより詳細に地図化され、直径1,550kmと測定された。

水星	
太陽に近い水星は、月の大きさほどの、クレーターと岩石ばかりの世界だ。太陽からの焼けつくような熱と放射線のせいで、生命が存在する可能性はまったくない。	
太陽からの平均距離	5,790万km
赤道直径	4,879.4km
質量	3.301×10^{23}kg
表面重力	$3.7\ \mathrm{m/s^2}$
自転周期	58日15時間
公転周期	87日21時間
衛星の数	0

水星

水星の自転と1日のサイクルは一致しない。水星は1自転するのに約58日かかるが、夜明けから次の夜明けがくるまで176日かかる。

金星

太陽系で最も暑い惑星

金星地表の平均温度は、鉛なら溶け出し、木材だと一瞬で燃え尽きる溶鉱炉なみの473℃だ。分厚く、二酸化炭素に富んだ金星の大気は、強力な温室効果を生み出し、金星の夜側から熱が放出するのを妨げている。

地球から最も輝いて見える惑星

金星は、月をのぞけば夜空で最も明るい天体だ。昔から「明けの明星」「宵の明星」の別名がある。天文学での視等級はマイナス4.14で、これは木星の3倍以上の明るさだ。

金星で最初に感知された稲妻

1975年10月26日、旧ソ連の探査機ベネラ9号が、金星の夜側に一連の明るい稲妻を感知した。1978年12月25日、同じく旧ソ連の探査機ベネラ11号の着陸機が、最初に観測された地球外雷鳴となる82デシベルの雷音を2回記録している。

最も酸性度の高い雨

金星の大気にうずまく雲は凝縮した硫酸でできている。この雲から降る雨は、pH値は、

金星上で最長時間存続した宇宙船

探査機ベネラ13号の着陸船は、とても過酷な金星の大気中では30分ほどしかもたないと予想されていた。しかし1982年3月1日に着陸した同機は、深海潜水艇なみの頑丈な設計により、127分間データを送信し続けることができた。

地球以外の惑星の表面から撮影した最初の写真

旧ソ連のベネラ9号搭載の着陸船が、1975年10月22日に金星に着陸した直後に地表のパノラマ写真を撮影した。この写真から、金星地表での視界は約100mあり、ひどい曇りの日の地球と同程度の光があることが確認され、科学者たちを驚かせた。

マイナス1.2まで低くなることもあるが、焼けつくような低空の大気中で蒸発して、地表まで達することはない。

地球型惑星における最大雲量

金星の地表は、常に雲の層で完全におおわれている。これに対して、地球の雲は地表の67％前後をおおっている。

最長自転周期

金星は、243日かけて自転軸を一周する。しかし、金星は公転とは逆方向に自転するので、夜明けから次の夜明けまでは116日と、自転周期よりも短くなっている。

金星で最も高い山

スカディ山は、金星のイシュタル大陸に位置する標高1万1,520mの山である。

金星

無人探査ミッションが26回成功しているにもかかわらず、地球に最も近い惑星である金星は、窒息しそうな厚い大気の下に、多くの謎を隠している。

太陽からの平均距離	1億820万km
赤道直径	1万2,103km
質量	4.86×10^{24} kg
表面重力	8.87 m/s^2
自転周期	243日
公転周期	224日13時間
衛星の数	0

金星

金星最大の衝突クレーター

金星の北半球に位置するミードは、直径約280kmの複数リング構造の浅い衝突クレーターだ。金星地表には多くのクレーターがあるが、2km以下のものはない。これは、小さい隕石がみな、金星の厚い大気中で燃え尽きるためだ。

地球

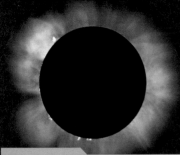

る。そのような超大陸が初めて形成されたのは約31億年前。**最も新しい超大陸**であるパンゲア大陸は、約3億年前に大陸地殻が南半球に集まることで形づくられ、1億7500万年ほど前に分離し始めた。

最も長く続いた氷河時代

22億9000万年前から22億5000万年前の間、地球は地表のほとんどが氷におおわれ、厚さは最大1kmにまでなった。

観察した皆既日食最多数

グレン・シュナイダーとジョン・ビートル（ともにアメリカ）は、地球から見た月の視直径のなかに太陽がすべて隠れる皆既日食を35回観察している。ふたりによる最新の皆既日食観察は、2019年7月2日にイースター島に向かう特別便の飛行機からのものだった。

最も長もちの宇宙ステーション

ISS（国際宇宙ステーション）に居住可能空間が最初に完成したのは2000年10月19日で、19年と54日後の2019年12月12日現在も運用中だ。建設が今も続行中のISSには、その後も乗組員と資材が配備され続けており、**宇宙空間に人間がいる最長期間**も19年と42日間になっている。

最大の岩石惑星

地球の直径は1万2,742kmで、質量は約5.972×10^{21}トン。1,500個の活火山がある**最も地質活動が活発な太陽系の惑星**でもある。太陽の周りを平均約1億5,000万kmの距離で公転しており、日光は約8分間かけて地球上のわたしたちのもとに届く。

太陽系最大のクレーター

月裏側の南半球極地に位置する巨大な南極エイトケン盆地は、直径約2,500kmで、深さ最大13kmの**最も深い衝突クレーター**でもある。1959年に旧ソ連の探査機ルナ3号が**月の裏側の最初の写真**を撮影するまで、まったく存在が知られていなかった。

地球の最も長い1日

月の重力によって、地球の自転は1世紀あたり約0.0018秒ずつ遅くなっていて、1日はほんの少しずつ長くなっている。地球の最も長い1日はいつも今日だ。

最初の超大陸

地球の地質を長い時間で見ると、大陸同士が移動して結合することがあるのがわか

惑星に対する最大の衛星

月の直径は3,474kmと地球の27%で、年齢は約45億1,000万歳。太陽系のなかで惑星に対する最大の衛星となっており、人類が訪れた地球以外の唯一の天体だ。月面に降りたことのある人物は12人で、**月面上にいた最後の人間**となったアポロ17号司令官のジーン・サーナン（アメリカ）が月面を離れたのは、1972年12月14日だった。

英語で地球を意味する"アース"という名称は、約1000年前から使われており、古英語やゲルマン祖語に由来する。

月に置かれた最初の彫像

「フォーレン・アストロノート」は、ベルギーの芸術家ポール・ヴァン・ヘイドンクが制作した高さ8.5㎝のアルミニウム製の彫像だ。1971年8月2日グリニッジ標準時0時18分、デイヴィッド・スコットとジェームズ・アーウィンが着地した月面のアペニン山脈にあるハドリー山に置かれた。

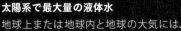

太陽系で最大量の液体水

地球上または地球内と地球の大気には、推定13億6,162万510km³の水がある。そのうち約99.2％が海洋、塩水湖、帯水層などの塩水だ。

地球にある淡水は、ほとんどが永久凍土、氷河、氷帽などに凍ったままで、液体水に占める割合は全体の0.8％しかない。

最大の淡水水域は、地球上の全淡水量の約68％を占める2,400万km³が含まれる南極氷床だ。

最も密度の高い惑星

地球の平均密度は、水の5倍以上に相当する1m³あたり5,513kg。

ほぼ100%

地球最大の液状体

地球の硬い内核①は、液状の外核②におおわれ、厚さは2,259km、容積は1.719×10¹¹km。大部分が鉄とニッケルからなり、地球の全質量の約29.3％、全容積の16%を占める。

地球内部の最も大きい部分はマントル③で、地球の全容積の84%を占める。厚さは地殻④の直下から外核までの2,900kmだ。

地球最大の衝突クレーター

地球上に確認されている約200個の衝突クレーターのなかで最も大きいのは、南アフリカ、ヨハネスブルク近郊にある直径が推定250～300kmのフレデフォート・クレーター（写真内、左上）だ。約20億年前に、小惑星か彗星が地球に衝突してできた。

地球全体が完全に丸く撮影された最初の写真（人間による撮影）

最後の有人月探査となったアポロ17号のミッションは、太陽が背後となる位置関係での航行となったため、人類が地球公転軌道の外側から地球全体を初めて見る機会になった。月へ向かう途中の1972年12月7日、アポロ17号の乗組員は地球から約4万5,000kmの距離から、「ザ・ブルー・マーブル」として知られる地球のイメージを写真にとらえた。

地球

地球は太陽系で5番目に大きい惑星で、太陽に3番目に近い惑星だ。表面の70%をおおう水および生命の存在が唯一確認されている天体だ。

太陽からの平均距離	1.49×10⁰ km
赤道直径	1万2,742 km
質量	5.972×10²⁴ kg
表面重力	9.80665m/s²
自転周期	24時間
公転周期	365.25日
衛星の数	1

地球

地球の海洋は、この惑星の水全体の97%を含んでいる。海洋の平均の深さは4㎞だ。

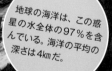

火星

の通信リレー基地となることだ。

火星に着陸した最初の着陸機
1971年12月2日、旧ソ連の探査機マルス3号搭載の着陸機が火星に着陸したが、地表での運用開始後わずか20秒で、データ送信は途絶えてしまった。

火星に最初に着陸を成功させた着陸機は、カメラと科学機器を搭載した探査機バイキング1号の静止着陸機で、1976年7月20日に火星に着陸した。ミッションを遂行し、7年と85日間運用された。

最も探査回数の多い惑星
2020年1月6日現在、部分的にでも成功した火星への無人探査ミッションの回数は合計25回で、軌道周回に入れた探査機が14、地表に降りた着陸機は9になる。いくつかのミッションでは火星の重力圏まで到達したが、データを送れずに失敗に終わっている。

惑星に最も近い衛星
火星からわずか5,981kmの軌道を回る不規則な形のフォボスは、クレーターにおおわれた暗い衛星で、火星の重力にとらえられた小惑星だと考えられている。100年ごとに平均1.8mずつ火星に引き寄せられ、いずれは火星に衝突する。

地球以外の惑星を周回した最初の宇宙船
1971年11月14日、探査機マリナー9号は協定世界時0時17分39秒に始まった15分におよぶ軌道投入噴射により火星軌道に入った。

最も長く使われている火星軌道周回機は、2001年10月24日に火星軌道に入ったNASAの探査機マーズ・オデッセイで、2020年1月6日現在で計18年と74日間、火星を回り続けている。同機の機能のひとつは、火星の表面に降りた着陸機のため

火星最大の衝突盆地
火星の南半球にあるヘラス盆地（別名：ヘラス平原）は、直径が2,299km、深さは火星のゼロ標高から測って7.15kmになる。右上の地図の赤い円は、この小惑星衝突の痕跡が、北アメリカ大陸と比べていかに大きいかを示している。

火星
太陽からの距離が4番目の惑星で、冷たく埃っぽい大気の薄い世界が広がっている。「赤い惑星」と呼ばれるのは、火星の土壌に含まれる酸化鉄特有の色によるもの。

太陽からの平均距離	2億2,800万km
赤道直径	6,779km
質量	6.4171×10^{23}kg
表面重力	3.71m/s²
自転周期	24時間37分22秒
公転周期	1.88年
衛星の数	2

パーサヴィアランス
NASAの最新の火星探査車パーサヴィアランスは、2020年7月30日に打ち上げられた。2021年2月18日に火星のジェゼロ・クレーターに着陸予定だ。パーサヴィアランスは、重さ900kg超、全長3mのキュリオシティを抜いて**最大の惑星探査車（ローバー）**になる。

最大の砂嵐

火星では、地表全体をおおう惑星規模の砂嵐が不定期に発生して何カ月も続くことがあり、火星で使用する機器を設計する技術者にとって大変な問題を引き起こしている。2018年に起きた砂嵐では、探査車オポチュニティが失われた。

太陽系で最も高い雲

2006年8月、ESA（欧州宇宙機関）の探査機マーズ・エクスプレスが、火星地表上空90〜100kmで二酸化炭素の氷晶からなる薄い雲を観測したことが発表された。

地球以外の惑星で発見された最初の洞窟

2007年3月に公開された、マーズ・オデッセイから送信された火星のアルシア山側面の画像で、円形の穴を7個確認できた。地下の溶岩洞の天井が崩れてできた地下洞窟への入り口と考えられている。

最大の火星隕石

約300万年前に起きた小惑星の衝突により火星から飛び出した重さ18kgの破片が、1962年10月3日になってナイジェリア、ザガミ付近の野原に衝突。危うく直撃を逃れた農民によって、この「ザガミ隕石」は深さ0.6mのクレーターのなかで発見された。

火星地表での最速走行記録

火星にそれぞれ2004年1月4日と25日に着陸した、NASAの双子の火星探査車スピリットとオポチュニティの最大速度は秒速5cmだ。しかし両車には、地表走行する上で周囲の状況分析のため数秒ごとに停止する、危険回避ソフトウェアも組みこまれていた。

2005年、探査車スピリットは、太陽光発電パネルに積もった埃で発電量が下がっていたが、つむじ風が埃を吹き飛ばし回復した。

太陽系で最も高い山

オリンポス山の頂上は、ふもとからの高さが25kmもあり、エベレストの標高の3倍近い高さだ。火山の噴火により生じた何千回もの溶岩流でつくられた楯状火山で、非常になだらかな斜面があり、裾野の幅は高さの20倍以上にもなる。

木星

太陽系最大の惑星

木星の赤道直径は13万9,822kmで地球の11倍、質量はほかの太陽系の惑星すべての質量を合計したものより2倍以上大きい。地球から旅立った宇宙船は、木星の強力な重力を利用するスイングバイで、宇宙のさらに遠くへと飛ぶことができる。

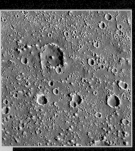

最も多くのクレーターがある衛星

氷が多い衛星カリストの地表は、全面的に衝突クレーターでおおわれている。そのほかの地質作用の痕跡がないことから、太陽系で最も古い天体地表の可能性が高い。カリストは、木星の4つのガリレオ衛星のなかで最も外側を公転し、イオ、ガニメデ、エウロパとともに、ガリレオ・ガリレイが1610年に発見した。

1日が最も短い惑星

木星の自転周期は9時間55分29秒69で、地球の半分以下しかない。

最も強い磁場

木星の磁場は、地球の3,000倍弱の強さがあり、雲の一番上から数百万km上空の宇宙まで続く。この磁場は、木星内部の深さ5万5,000kmにまで達する**最大の金属水素の海洋**が発生させる。海洋の水圧は**地球海洋最深点**のチャレンジャー海淵の3,600倍にあたる400万バール（4億キロパスカル）にもなる。

太陽系最大の衛星

ガニメデの平均直径は5,262.4kmで、惑星である水星よりも大きく、太陽系で9番目に大きい天体だ。また、自分の磁場をもつ唯一の衛星でもある。

最大数のトロヤ群をもつ惑星

2019年12月10日現在、木星の公転軌道

木星
太陽に5番目に近い惑星の木星は、主に水素とヘリウムからなる巨大なガス天体である。厳しい環境で人間は生きられないが、その衛星では話は違うかもしれない。
太陽からの平均距離 7億7,800万km
赤道直径 13万9,822km
質量 1.8982×10^{27}kg
表面重力 27.79m/s^2
自転周期 9時間55分29秒69
公転周期 11年314日
衛星の数 79

木星

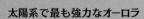

太陽系で最も強力なオーロラ

木星のオーロラは、地球で観測される電圧の10倍から30倍に相当する400キロ電子ボルトにまで電圧が上がる。木星の強力な磁場によってプラズマ化された分子が木星の大気に高速で突入することでつくられ、それらの分子が木星の両極近くにある原子と衝突して発光が起きる。

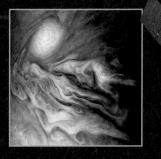

太陽から最も遠くまで行った
ソーラーパワーが動力源の宇宙船

NASA の探査機ジュノーは、木星軌道周回中に太陽からの距離が最長8億1,662万kmにまで達する。カメラのジュノーカムが撮影した木星の画像（左上と右上写真）は、市民科学者のジェラルド・アイヒシュテットとショーン・ドランが木星地表上にうずまく雲と嵐を強調するために色を目立たせたもの。

上に7,284個ほどの小惑星、トロヤ群が発見されている。海王星は23個、火星は9個が確認されているのに対して、地球と天王星はそれぞれ1個だ。

最も多くの宇宙船が訪れた
外惑星

木星にはこれまで9つの無人宇宙船が訪れている。探査機パイオニア10号が1973年12月3日に**木星への初めてのフライバイ**を行い、1974年にはパイオニア11号が、1979年には探査機ボイジャー1号と2号がこれに続いた。探査機ユリシーズは1992年と2004年の2回木星への長距離フライバイを達成し、探査機ガリレオは木星を1995年から2003年までの間ずっと軌道周回していた。また探査機カッシーニ・ホイヘンスと探査機ニュー・ホライズンズが木星をスイングバイに使っている。直近で木星を訪れたのは、2016年7月4日に木星の軌道に入った探査機ジュノーだ。

太陽系で最も火山活動の活発な天体

NASA の探査機ボイジャー1号が1979年に撮影した木星の衛星イオの写真に、地表から数百km上空の宇宙まで噴き上がる火山プルーム（上写真の丸部分）が写っていることが確認された。
イオの火山活動は、木星、イオ、近隣のエウロパの間の引力が引き起こすものだ。イオには、地球の活火山すべてを合わせた以上の熱量を発する**太陽系で最も強力な火山**ロキ・パテラがある。この山には、面積1万km²以上の巨大なカルデラがあり、溶岩で定期的に満たされる。
2001年8月6日、イオを近接フライバイ中のNASAの探査機ガリレオが、**計測された最も高い火山噴火**である、高さ500kmの火山プルームのなかを通過した。

太陽系最大の高気圧

木星の南半球にある大赤斑は巨大な嵐で、19世紀の報告記録からは、かつて幅が4万kmもあったと推測される。その後かなり縮小して、最新の詳しい観察（2017年、ハッブル宇宙望遠鏡による）では幅1万6,350kmにまで縮んだことが確認された。

記録された太陽系最大の天体衝突

1994年7月16日から22日の間、シューメーカー・レヴィ第9彗星の破片20個以上が木星に衝突。爆発の衝撃がTNT換算で約600万メガトン相当と最大だった"G破片"は、木星雲頂の上空3,000kmまで暗いキノコ雲（下写真）を立ち上げた。

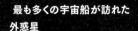

土星

最も密度の低い惑星

土星は、最軽量の元素である水素とそれに次いで軽量のヘリウムで主に構成されていて、平均密度はわずか687kg/㎥だ。これに比べ、たとえば一般的な水の密度は997kg/㎥である。低い密度と超高速な自転の組み合わせによって、土星は極直径が赤道直径の90%しかない、**最も球形でない惑星**になっている。

土星の環に見える暗い隙間は、天文学者ジョヴァンニ・カッシーニの名をとり"カッシーニの間隙（かんげき）"と呼ばれている。

土星

見事な環をもつこの巨大ガス惑星は、太陽系で2番目に大きい惑星である。記録的な数の衛星があり、なかには生命を維持できる可能性があるものもある。

太陽からの平均距離
14億2,600万km

赤道直径
11万6,464km

質量
5.68319×10^{26}kg

表面重力
10.44m/s²

自転周期
10時間40分

公転周期
29.44年

衛星の数
82

土星

ち

最長期間の軌道上からの外惑星調査

探査機カッシーニは、1997年10月15日に打ち上げられ、2004年7月1日に土星周回軌道に入った。巨大ガス惑星とその衛星を13年と76日間にわたって観察したあと、2017年9月15日に土星軌道から離れた。

また、探査機に搭載されていた地表探査機ホイヘンスは、2005年1月14日、土星の衛星タイタンに着陸、**最も遠隔での軟着陸**に成功した。

最も高いアイ・ウォール（台風の目の壁）

土星の南極点周辺は、巨大な雲のうずまきにおおわれている。アイ・ウォールは2006年10月11日に探査機カッシーニにより初めて観測され、それを形成する雲は高さが35〜70kmの間と計測された。追加の観察で、この嵐が**土星表面の最高温地点**であることもわかっているが、その理由はまだ不明だ。

最多の衛星数

2019年10月7日、国際天文学連合の小惑星センターが、土星を周回する衛星を新たに20個認定して、総数を82個とした（確認されている木星の衛星は79個）。上のイメージ画像は新たに認定された衛星を発見したカーネギー研究所のチームが作成したもので、82個の衛星すべての軌道が見られる。

太陽系で最大の環

土星周囲の広範な環の総質量は約1,540京kg。これは太陽系のほかのどの惑星の環よりも大きいが、これらの氷や宇宙塵からなる円盤は土星を周回する物体の総質量のごく一部しか占めていない。衛星タイタンだけで、土星の環よりも質量が約8,700倍大きい。

土星で最大の衛星

直径5,149kmのタイタンが土星の衛星のなかで最大だ。密度の高い大気の下には、地球と似た活発な水分循環系の世界が広がっている。地球との違いは、非常に寒いタイタン（マイナス176℃）では作動流体が水でなくメタンで、メタンの雲から降った雨がメタンの川、湖、海へと注ぐ。知られている地球外最長の川はタイタンのヴィド・フルミナで全長412km。深い渓谷の間を流れて、メタンの海であるリゲイア海に流れこむ。

最も長く続いた雷雨

探査機カッシーニは多くの雷雨を調査した。なかでも2009年1月半ばから8カ月間以上最も長く続いた雷雨では、ほぼ常に落雷が起きていた。

最も遠い惑星の環

フェーベ環は、土星の表面から約1,295万km上空にある、視認がほぼ不可能な宇宙塵の環である。流星衝突により形成されたこの環は、2009年に発見された。

土星に最も近い衛星

ムーンレット（極小衛星）S2009/S1は、土星の雲の一番高いところから約5万6,700km上方、B環中を軌道としている。直径わずか300mで、2019年12月現在で確認されている土星の最も小さい衛星でもある。

太陽系で最大のヘキサゴン（六角形）

土星の北極は全長2万9,000kmにおよぶ六角形の雲におおわれている。この特徴がどのようにつくられたのかは不明で、研究が進むにつれて謎は深まっている。2005年、研究者たちは土星で記録された最高気温マイナス122℃を南極上空で観測（赤外線画像、右上）、同じく北極上空でも温度の急上昇を観測したことを発表した。

最も分厚い大気をもつ衛星

土星で最大の衛星タイタンの表面気圧は144キロパスカルと、地球よりも40％以上高い。密度の高い大気と弱い重力の組み合わせにより、タイタンでは飛行に必要なエネルギーは極めて小さい。

最小の球形天体

太陽系で20番目に大きい衛星のミマスは、直径わずか396.6km。その大きさにもかかわらず、みずからをほぼ球形状に引き留めておけるだけの重力をもつ。

太陽系で最も背の高い尾根

2004年12月31日、探査機カッシーニによる土星の衛星イアペトスの観測で、高さ約20kmの巨大な尾根が発見された。

ひとつの衛星上にある間欠泉（ガイザー）最多数

衛星エンケラドスの南極には、氷の地殻に深いひび割れ（右の写真参照）があり、そこに点在する間欠泉が表面下の海から水を汲み上げ宇宙に放出する。探査機カッシーニはエンケラドスに23回のフライバイを行い、その間に収集されたデータから研究者は間欠泉101個を確認し、それ以上に存在すると推測している。

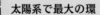

エンケラドスのプルームが放出した氷の結晶が広がり、土星のE環を形成した。

天王星

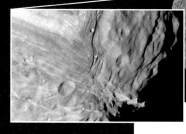

太陽系最長の昼夜

自転軸が極端に傾いているため、天王星の両極地域は交互に太陽とほとんど正対する形になる。これは両極とも、天王星の84年間という長い公転周期中、42年間日光を浴び続けたあとに42年間闇に包まれ続けることを意味する。

天王星への最初の接近通過

1986年1月24日、NASAの宇宙探査機ボイジャー2号が天王星の雲頂上空8万1,500kmにまで接近した。ボイジャー2号は天王星に達した唯一のロボット探査機である。

ボイジャー2号は1977年8月20日、ボイジャー1号は9月5日に打ち上げられた。両機の長期ミッションは、大型外惑星である木星、土星、天王星、海王星の近くを通過することにあった。2012年8月25日、ボイジャー1号は**太陽系を離れた最初の探査機**となり、2019年12月13日現在で太陽から221億km離れた**最も遠方にある人工物**である。

自転軸が最も傾いている惑星

天王星は、公転軌道に対して自転軸が97.77度傾いている。これに比べ、地球の

太陽系で最も高い崖

天王星の衛星ミランダは、奇妙な地質特徴が数多く見られる地表をもっている。なかでも最も目立つ地形は、高低差が20kmもある巨大なヴェローナ断崖で、これはアメリカ、アリゾナ州にあるグランド・キャニオンの崖よりも10倍以上高い。

自転軸の傾きは現時点で23.5度だ。この天王星の極端な傾きを天文学者たちは、おそらく太陽系が形成された初期に地球サイズの惑星と衝突したせいだと推測している。

平均大気温度が最も低い惑星

1986年1月、ボイジャー2号が天王星でマイナス224℃を計測した。海王星よりも16億2,000万km太陽に近い天王星だが、惑星核が相対的に海王星より冷たいため、ふたつの惑星の平均気温はほぼ似通っている。天王星は、仮説上の衝突により、かなりの熱とエネルギーを失ったのかもしれない。

天王星	
	天王星は、太陽系にあるふたつの天王星型惑星のうちの、最初のひとつだ。太陽系で隣り合う木星と土星よりも重たい成分で形成された、冷たい惑星だ。
太陽からの平均距離	2.87×10^9km
赤道直径	5万724 km
質量	8.68103×10^{25}kg
表面重力	8.87m/s²
自転周期	17時間14分
公転周期	84年6日
衛星の数	27

天王星

天体望遠鏡で発見された最初の惑星

1781年3月13日、イギリスの天文学者ウィリアム・ハーシェルが、イギリス、サマセット州バースの自宅の庭で、のちに惑星と認定され天王星と名づけられる"星"を観察した。天王星は裸眼での観察が可能なため、ハーシェル以前にも多くの人々が観察していたと考えられる。

天王星最大の衛星

天王星の27の衛星のうち最大であるチタニアは直径1,578kmで、天王星から平均距離43万5,000kmの軌道を公転する。1787年、ウィリアム・ハーシェルが発見した。探査機ボイジャー2号の送信画像から、衝突クレーターや全長約1,490kmのメッシーナ谷などがある地表の姿が明らかになった。

ハーシェルの助手を務めた妹のカロラインは、王立天文学会のゴールドメダルを受賞した最初の女性。

海王星

太陽系で最も遠い惑星

太陽から最も遠い惑星は海王星である。太陽系の中心から44億9,800万kmの距離にある海王星は、太陽の周りを時速1万9,566kmの速度で164年288日かけて1周する。初めて観察されたのは1846年だが、それ以前にその存在は数学的に予測されていた。

海王星への最初の接近通過

1989年8月25日、探査機ボイジャー2号が天王星からの3年半にわたる航海の末、海王星の北極の雲頂から4,800kmの距離に最接近した。1977年に地球を出発してからいずれかの惑星に同探査機が最も接近したのはこのときだった。

惑星から最も離れた衛星

海王星の第13衛星のネソは、2002年8月14日に初めて観測され、2003年に正式に認定された。海王星から平均距離4,837万kmの公転軌道を、9,374日かけて1周する。ネソの直径は、約60kmである。

最も高い窒素間欠泉

探査機ボイジャー2号が、1989年に海王星最大の衛星トリトンと接触したとき、カメラが窒素ガスと雪からなる間欠泉の噴

太陽系で最速の風

NASAの探査機ボイジャー2号が1989年に、凍ったメタンガスの雲を地表上で吹き運ぶ時速2,400kmの風を海王星で観測した。これは地球上での推定最高風速だった、1999年にアメリカ、オクラホマ州の竜巻で計測された時速約486kmの約5倍の風速である。

ひとつの探査機が訪問した最多の惑星

NASAの宇宙探査機ボイジャー2号は1977年に打ち上げられ、1979～89年の間に木星、土星、天王星、海王星のガス状巨大外惑星4つすべてを訪れている。ボイジャー2号は2018年11月に太陽系を離脱して、星間空間へと突入した。

最大の逆行軌道衛星

海王星の最大衛星であるトリトンは、直径が2,706kmで、主惑星の自転と逆方向に公転する逆行軌道をとる。この珍しい逆行軌道から、トリトンがかつてはカイパーベルト天体であったのが、海王星の重力につかまり衛星となったことが示唆されている。

出活動を発見した。トリトンの薄い大気中を高さ8kmにまで噴き上がる噴出は、衛星地表の直下にある氷状の窒素が弱い太陽光で温められて起こると考えられている。

最も互いに接近している衛星

衛星同士の最接近は、海王星のふたつの小さな衛星であるナイアドとタラッサにより約5日ごとに起きている。より海王星に近い内側にあるナイアドは、タラッサよりも海王星の周りを速く公転している。ナイアドがタラッサを追いぬくたびに、ふたつの衛星は3,540kmの距離にまで近づく。

最も極端な楕円軌道を回る衛星

海王星の3番目に大きい衛星ネレイドは、平均軌道離心率が0.7507で、その極端な軌道は、海王星から137万2,000kmの距離にまで近づいたあとに965万5,000kmの距離まで遠ざかっていくものだ。ネレイドは、1949年にオランダ系アメリカ人の天文学者ジェラルド・カイパーにより発見された。

海王星	
既知の最も遠隔の惑星である海王星は、地球に比べて30倍ほど太陽から遠い。大気は、メタン（海王星の色が青い理由）、水素、ヘリウムからなる。	
太陽からの平均距離	4.498×10^9km
赤道直径	4万9,244km
質量	1.0241×10^{26}kg
表面重力	11.15m/s²
自転周期	16時間
公転周期	164年288日
衛星の数	14

海王星

まとめ

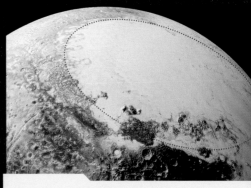

小惑星上で撮影された最初の画像

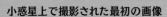

2018年9月22日協定世界時2時44分、JAXA（宇宙航空研究開発機構）の小惑星探査機はやぶさ2から前日に射出された探査車が、小惑星162173リュウグウ上から撮影した画像の送信を開始した。上の大きな写真はリュウグウの岩が多い地表のクローズアップ、右上写真の白い斑は太陽光である。

確認された。ダクティルと名づけられた衛星の平均直径は、わずか1.6kmしかない。

彗星の最大発生源

海王星軌道の向こう側に、数千億個もの彗星核からなる球形状の天体群オールトの雲がある。太陽から3,000億km離れた地点から、その先の星間空間へと遠く広がるオールトの雲は、太陽系の内側に

冥王星最大のクレーター

冥王星北半球のスプートニク平原（上写真の赤い円内）の面積は約1,050×800km。アメフト競技場の90倍以上の、幅10kmもある天体の衝突で誕生した。窒素の氷が占める明るい表面の滑らかさは、1000万年前以降に形成されたことを示す。

小惑星への初めての着陸

探査機NEARシューメーカーが、2001年2月12日に小惑星433エロスに着陸している。

エロスは、**最初に発見された地球近傍小惑星**だ。1898年に天文学者のカール・グスタフ・ヴィット（ドイツ）とオーギュスト・シャルロワ（フランス）が、それぞれ発見した。エロスの変則的な軌道は、平均して火星の軌道の内側にあるが、ほかの小惑星や惑星よりも地球に接近することがある。その名は、ギリシア神話の愛の女神にちなんでいる。

衛星をもつ最初の小惑星

NASAの探査機ガリレオは、木星に向かう途中の1993年に小惑星243イダをフライバイした。1994年の映像解析により、長軸直径59.8kmのイダには衛星があることが

彗星表面から送信された最初の画像

2014年11月12日、着陸機のフィラエが67P/チュリュモフ・ゲラシメンコ彗星に着陸。機体はななめになり、太陽の影に入ったので、360度のパノラマ撮影はできなかった。2014年11月13日に公開された画像はフィラエの2台のカメラ画像を組み合わせたもので、着陸地点のわきにある崖と機体の一部が映っていた。

飛来するほとんどの彗星の発生源と考えられている。

地球の最も小さい準衛星

準衛星とは、ある惑星から離れすぎない形で自分も太陽を周回するが、衛星のようには完全に惑星の重力にとらわれていない天体のことだ。2016年4月27日、アメリカ、ハワイ州ハレアカラに設置されたパンスターズ1望遠鏡により、幅40〜100mほどの小さな小惑星が発見された。469219Kamo`oalewaと名づけられたその天体は、現在までに発見された地球の5番目の準衛星だ。太陽の周囲を1年かけて周回し、半年間は地球を追う形で、あとの半年は地球を導く形で地球も周回する。

初めての女性だけの宇宙遊泳

2019年10月18日、NASA宇宙飛行士のジェシカ・メイア（下写真左）とクリスティーナ・コック（ともにアメリカ）が、ISS（国際宇宙ステーション）の故障した外部充電装置を交換するために宇宙遊泳した。7時間23分後に故障した部品をもってエアロックに戻ってきた。

宇宙遊泳をした最初の女性は、1984年7月25日にサリュート7号宇宙ステーションの船外に出た旧ソ連のスベトラーナ・サビツカヤだ。

環をもつ最も小さい天体

直径が248kmの小惑星10199カリクローの周囲をふたつの独立した環が回っているのが、ヨーロッパ南天天文台（ESO）により発見され、詳細が2014年3月26日に『ネイチャー

メイアとコックは、船外活動中に、**最初の宇宙遊泳**を行ったアレクセイ・レオーノフ（ロシア）に敬意を表した。

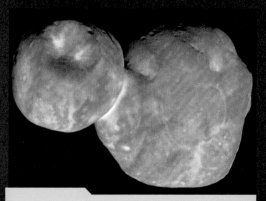

探査された太陽系で最も遠い天体

2019年1月1日協定世界時5時33分、宇宙探査機ニュー・ホライズンズが、カイパーベルトにある小惑星アロコスに接近。探査機が送信したアロコスに関する50ギガビット分のデータのうち最初の画像データから、アロコスが長径31kmの"接触二重小惑星"だとわかった。

誌に掲載された。ESOは2013年6月3日、カリクローがその前を通過すると予測されていた恒星 UCAC4 248–108672に望遠鏡を向けた。すると、小惑星が恒星の発する光を遮るのが地球上の7つの地点で見られたが、輝度が短時間低下するのも同時に2度観察された。これはのちに、カリクローの周囲を回る環であることが確認された。

探査機が周回した最小の天体

2018年12月31日協定世界時19時44分、NASA探査機オシリス・レックスが8秒間スラスターを点火して、小惑星101955ベンヌの周回軌道に入った。ベンヌは質量7,320万トン、両極間直径は510m。

最大の金属質小惑星

太陽を回る小惑星帯（メインベルト）のなかに位置する小惑星16プシケは、外形が279×232×189kmほどで、レーダー観察によって90%が鉄で構成されているとみられる。2017年1月、NASAは将来の鉱物採掘に期待がかかるプシケへの探査ミッションを承認した。

最も近い太陽系外の惑星

2016年8月24日、太陽系外の恒星プロキシマ・ケンタウリを周回する惑星が発見されたことが発表された。地球から4.224光年ほど離れた惑星プロキシマ・ケン

アロコス

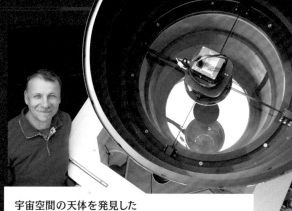

宇宙空間の天体を発見した最初のアマチュア天文学者

2019年8月30日、ゲナディ・ボリソフ（ウクライナ/ロシア）が、初めて確認された恒星間彗星2I/ボリソフ彗星（右下写真）を、クリミア、ナウチニで自作の65cm望遠鏡で発見した。ボリソフは、クリミア天体物理天文台に勤めるエンジニアだ。

タウリbは、地球と大きさがほぼ同じで、チリ、ラ・シラにあるESOの直径3.6mの天体望遠鏡などの機器により存在が確認された。プロキシマ・ケンタウリは、太陽をのぞけば地球に最も近い恒星だが、それでもボイジャー1号くらい高速の探査機でも、到達するのに7万3000年ほどかかる。

① ② ③ ④ ⑤

準惑星

太陽系にある準惑星は5つ。**最大の準惑星**は冥王星①で、平均直径が約2,376km、**衛星を最も多くもつ準惑星**でもある（カロン、ヒドラ、ニクス、ケルベロス、ステュクスの5つ）。冥王星より直径は小さいが、1.66×10²²kgと**質量が最大の準惑星**はエリス②。**氷粒からなる環が確認された最初の準惑星**ハウメア③は、高速自転により楕円形の形状をしている。マケマケ④も、太陽系最初期に誕生した冷たい天体が存在する、海王星の先のカイパーベルトにある。**最小の準惑星**ケレス⑤は、火星と木星の間の**小惑星帯最大の天体**だ。

準惑星とは、球形になるだけの重力をもつ質量がありながら、その軌道からほかの天体を排除するほどの質量はない天体だと定義されている。

殿堂入り：バズ・オルドリン

探検の歴史において、初の有人月面着陸をとげた者はわずかしかいない。1969年、ふたりのアメリカ人宇宙飛行士が地球以外の大地を踏んだ。バズ・オルドリン博士と月着陸船操縦士のバズ・オルドリン博士である。

バズ・オルドリンは初の有人月面着陸をとげたアポロ11号の搭乗員だ。ニール・アームストロング船長と月着陸船操縦士のバズ・オルドリン博士である。

NASAに入る前のバズはアメリカ空軍のパイロットで、博士号も取得している。1966年にジェミニ12号で初めて宇宙飛行を行い、3年後には月に向かって飛び立った。

1969年7月20日協定世界時20時18分。バズとアームストロング、コリンズを乗せたアポロ11号は月面に着陸。アームストロングが7月21日協定世界時2時56分、月面に歴史的な第一歩を記したあと、ふたりは2時間以上サンプルを採集していた。これはどれほど荒涼とした風景はなかった。そしてとても寒かった。暗い空、太陽光が照らす地形。そしてとても寒かった。

バズは振り返りと返っていると述べている。

7月24日、地球に英雄として無事帰還した。しかしバズは、生命もない。大気もない。地球に英雄として無事帰還した。しかしもっと探検したいというバズの意欲は衰えしをしらない。バズは「探検するのをやめるな、人は消えゆくしかないという。

バズが月にいくことは生まれたときからの宿命だったのかもしれない。母親マリオン・オルドリンの旧姓は"ムーン"だったのだ！

DESTINATION MARS

The Moon was Apollo 2 land on the Moon which touched down on 20 July 1969 (EDT). On board the *Eagle Lunar Module* were Neil Armstrong and Buzz Aldrin, who subsequently became the first humans to walk on the Moon, while Michael Collins remained in orbit in the Command Module

OFFICIALLY AMAZING

次世代宇宙開拓者たちのために、バズは地球と火星との間の輪送システムの開発を長年にわたり手がけている。バズの考えるシステムとは、両惑星の航路を、効率的なシステムは、両惑星の航路を、効率的なシステムは、両惑星の航路を、ほとんど使わず循環するという大限利用するループ状の宇宙船団が実質的に燃料をほとんど使わず循環するというものだ。

"バズ"というニックネームは、彼の姉が"ブラザー"を"バザー"と言い間違えたことに由来している。

1998年、バズはロシアの砕氷船に乗組員として加わり北極点に到達している。氷上で食事をとり、思いつきで始まったテンプトボールの試合にも参加した。その2年前には、フランスの小型潜水艇ノティール号で北大西洋で沈んだタイタニック3,810mまで潜航して、号を探検している。

1：月面上のバズ。撮影はニール・アームストロング。
2：ホログラムのバズが、VRで火星の人類移住地を案内する。
3：1966年11月13日、ジェミニ12号のミッションで命綱つき宇宙遊泳中に、バズが船外で最初のセルフィーを行う。
4：アポロ11号の3人の乗組員：左からニール・アームストロング、マイケル・コリンズ、バズ・オルドリン。
5：2016年、バズは86歳で最高齢南極到達者および最高齢両極到達者になった。

太陽系の殿堂入りの記録をチェック！
www.guinnessworldrecords.jp/2021

アポロ11号ミッションでは、マイケル・コリンズ（写真中央）が司令船コロンビア号の操縦を担当して、コリンズは月面には降りていない。

29

自然界

最も密集した砂岩柱

中国、湖南省北西部にある張家界国家森林公園には、3,100本以上の天然の石英質砂岩柱が、1km²あたり平均37.5本と密集して立ち並ぶ。1,000本以上は高さが最低でも120m以上あり、そのうち45本は300mの高さでそびえ立つ。この地形は、主に冬に氷が膨張するいっぽうで、春に植物が成長して浸食することにより形づくられたと考えられている。

その自然の美しさだけでなく、この公園には**最も高い歩道橋**である高さ260mの張家界大峡谷ガラス橋と、▶**最も高い屋外エレベーター**である高さ326mの百龍エレベーターもある。これはイギリス、ロンドンの高層ビル、ザ・シャードよりも高い。

張家界国家森林公園は、147カ所あるユネスコ世界ジオパークのひとつで、2004年にユネスコから認定されている。

目次

張家界の風景は、映画『アバター』（アメリカ、2009年）で衛星パンドラのハレルヤ山の着想になった。

水

最も塩分濃度の高い湖

エチオピア、アファール州ダナキル低地にあるガエテイル池は、塩分濃度が43.3％と、死海の2倍近くある。

ダナキル低地は、世界で最も乾燥して暑い地域のひとつである。

最も深い川

アフリカの10カ国を流れるコンゴ川は、2008年7月の計測で、最深部は少なくとも深さ220mあることがわかった。

アフリカには**最長の川**もある。全長6,695kmのナイル川はブルンジからエジプト沿岸の地中海に注ぎこむ。

最大の高酸性湖

インドネシアのジャワ島にあるイジェン複合火山の火口湖は、面積0.6k㎡、最大深度200m、容積2,750万㎥。湖水はpHが限りなく0に近く、金属を溶かすほどだ。酸素を多く含む空気にふれると硫酸ガスが電気のような青い炎を発し（左下写真）、ガスの一部は溶融硫黄として凝縮する。

アルカリ度の最も高い湖

ケニアとタンザニアにまたがる大地溝帯には、水温が50℃、pHが10〜12と肌に火傷をおわせるほどの塩水がみられる。これほどの腐食性は、炭酸ナトリウム、塩素、近くの火山から出るリンが濃縮していることから生まれる。ナトロン湖（下写真）の濃い赤色は、この高アルカリ環境で繁殖する藻の色素からくるものだ。

最も標高の低い川

ヨルダン川の河口は海抜マイナス430m地点にあり、**最も標高の低い露出水域**である死海へと注ぐ唯一の大きな水源である。

最も密集した間欠泉（ガイザー）

イエローストーン国立公園は、大部分がアメリカ、ワイオミング州にあり、500個の間欠泉を含めた1万以上の地熱の現象を見ることができる。

代表的なものが、高さ91.4m以上まで噴出する**最も高い間欠泉**のスチームボート・ガイザーだ。2019年には48回噴出して、年間の最多噴出記録を更新した。

最大の温泉（表面積）

フライパン湖（別名：ワイマングの大釜）は、面積が約3万8,000m²の天然温泉湖で、平

最も標高の高い川

"川のエベレスト"として知られるヤルンツァンポ川は、中国、チベット自治区のアングシ氷河のふもと、海抜約6,020mからチベット高原を東へと流れ、**最も深い渓谷**であるヤルンツァンポ大峡谷を経てからインドへと入り、以後はブラマプトラ川と呼ばれる。

最も横幅のある滝

ラオスのメコン川にあるコーンパペンの滝の全幅は10.78kmと、**海洋で最も深い地点**であるチャレンジャー海淵の深さとほぼ同じだ。この滝は、いくつもの急流と滝からなり、そのなかで最大のものは21mの高さがあり、多数の小さな島々と岩の露頭の合間を縫うように流れている。

探検された最長の水面下洞窟

2019年、動物学者スティーヴ・バックシャルは、イギリスのBBCの番組『アンディスカバード・ワールズ』で、一流のダイバーたちを率いてメキシコのユカタン半島にあるサック・アクトゥン水中洞窟を探検した。洞窟は、2019年7月現在で全長が371.95kmあることが確認されている。彼は、このときの体験をギネスワールドレコーズに語ってくれた。

この洞窟は、あなたがこれまで探検してきた洞窟と比べてどうでしたか？
これまでにも訓練を重ね、多くの洞窟にダイブしてきましたが、新しい洞窟を探検するのは、さらに上の達成感を得ましたね。

どんな環境でしたか？
光がありません。水温は比較的安定している

ので快適ですが、長距離のダイブになったり動きを止めたりすると、とても冷たく感じるようになります！

細い通路で一時的に身動きできなくなったときには何を考えましたか？
「パニックになるな！」でした。

どんな野生生物を見ましたか？
予想していたよりも、ずっと多くの生物を見かけました。暗闇のなかにワニ、カメ、エビ、ワラジムシなどがいました。新種のものは見つけられませんでしたが、ある洞窟には数千匹もの盲目の洞窟魚がいました。

この地下洞窟は、これまであなたが探検したほかの"アンディスカバード・ワールズ"と比べてどうでしたか？
これまでどんな人間も行ったことのない場所にいる。そう思うとすごいことでしたね。

均水温は50〜60℃。ニュージーランドのワイマング火山渓谷のエコー火口にある。

初めて観測された"巨大波"

前後の波よりも極めて大きい、予測不可能な"巨大波"が初観測されたのは、1995年1月1日。高さ25.6mの波が北海のドラウプナー石油掘削プラットフォームを襲ったときだ。

最大落差（階段状）の滝

南アフリカ共和国のドラケンスバーグ山脈にあるトゥゲラ滝は、地球上で2番目に落差のある滝で、5段階の層にわたって合計948m落下する。

最大落差の滝は、ベネズエラのケレパクパイ・メル（別名：エンジェル・フォール）で、最大落差は979mと計測されている。

最大の海面下の滝（容積）

3.5kmもの落差があるデンマーク海峡の海面下の"大滝"は、毎秒約500万m³もの水を放出している。冷たい水の分子は動きが活発ではないうえに密度が高いため、温かい水の下へと潜りこみ、海底に向かって瀑布のように流れ落ちる。

最も高温な海洋

インド洋は、海面の最低温度が約22℃で、東側では28℃まで上がることもある。面積は7,355万6,000km²で地球表面の約20%を占めるが、冷たい北極海と直接つながっていないので、水温が一年中、高く保たれる。

最も縮小した湖

ウズベキスタンとカザフスタンの国境にあるアラル海は、かつて地球上で4番目に大きい淡水湖だった。しかし、旧ソ連が水源の川を灌漑用水にしたことで、1960年から約50年間でアラル海の表面積は6万7,499km²から1万317km²へと85%も縮小した。湖底の大部分は砂漠化したが、カザフスタンがダムを建造して、アラル海北部の水位を上げている。

1960　2011

最大降雨量[*]

96
時間
4,936 mm
2007年2月24〜27日、インド洋、レユニオン島

72
時間
3,930 mm
2007年2月24〜26日、インド洋、レユニオン島

48
時間
2,493 mm
1995年6月15〜16日、インド、チェラプンジ（ソーラ）

24
時間
1,825 mm
1966年1月7〜8日、インド洋、レユニオン島

1
分間
31.2 mm
1956年7月4日、アメリカ、メリーランド州ユニオンビル

降雨量の記録は、降雨量計と計測時間が正確かどうか確認するために詳しく調べられる。上記の記録のうち3つがインド洋のレユニオン島で記録されているが、これは島の山と谷が急勾配を形成することによって、多くの降雨量とアヴァラスの名で知られる激しい暴風雨をもたらすからだ。

コーンパペンの滝は、モンスーンの季節には、増水したメコン川のなかに完全に埋没して消えてしまう。

*出典：この降雨量記録は、WMO（世界気象機関）認定のもの

岩石と鉱物

最も標高の高いテーブルマウンテン

ベネズエラとガイアナ、ブラジルの国境にまたがるロライマ山は、標高2,810mの砂岩台地だ。南アメリカ北部に特有なテーブル状台地（メサ）の一種であるテプイの、最も代表的なひとつである。現地先住民のペモン族は、テプイを神の棲み家だと考えている。

ロライマ山は、アーサー・コナン・ドイルの小説『失われた世界』のモデルになったと考えられている。

最大のアメジストの晶洞（ジオード）

アメリカのスクールバス2台分とほぼ同じ重さで約13トン、全長は3人掛けのソファよりも長い、アメジストで縁どられた巨大な石が、ウルグアイで発見された。現在は中国、山東省平邑の天宇自然博物館で展示されている。この博物館には重さ225kg、全長1.03mの最大のトルコ石もある。

月面上最古の地球岩石は、2019年3月に明らかになった。『アース・アンド・プラネタリー・サイエンス・レターズ』誌に発表された研究は、1971年にアポロ14号のミッションで採取された40億1100万年前の珪長岩の塊に焦点をあてている。石英、ジルコン、長石という構成と酸素含有量の高さは、この岩石が地球上で生まれたことを示している。

最も深い渓谷

中国、チベット自治区のヤルンツァンポ大峡谷は、最も深い場所で、深さ5,382mある。これはアメリカ、アリゾナ州のグランド・キャニオンの最深部の3倍以上も深い。"川のエベレスト"として知られる最も標高の高い川であるヤルンツァンポ川が、この峡谷を流れている。

最古の岩石

オーストラリア、西オーストラリア州のジャックヒルズ地域で発見されたジルコンの破片は44億〜43億年前のものと推定されている。幅が人の髪の太さほどのこの結晶は "岩石" とはみなされないが、より古い石塊の破片と考えられる最も古い地球の破片だ。正確な年代については意見が分かれるが、これに決着をつけようとした2014年の研究では、43億7400万年前（誤差±600万年）のものと判定されている。これだと地球自体よりわずか1億6000万年だけ若い計算だ。

最古の岩石は、カナダ、ケベック州のハドソン湾沿岸のヌブアギトゥク緑色岩帯から採取され、アイソトープ法で42億8000万年前と判定された基盤岩だ。

1カ所における天然橋の最大数

1971年に開設された、アメリカ、ユタ州のアーチーズ国立公園は、90㎝以上の間隔で並ぶ2,000個以上の砂岩できた園内の天然橋からその名前をとっている。最長のものは、全長が88.3mのランドスケープ・アーチで、北アメリカ最大だ。

最大の単独洞窟（表面積）

マレーシアのサラワクチャンバーの推定表面積は、15万4,530m²。

最も背の高い火成岩柱

アメリカ、ワイオミング州にあるデビルスタワーは、周囲の平原より178m高い。この石柱は、噴火した地下マグマが冷えて固まることで生まれた。5000万年以上をかけて周囲の軟らかい堆積岩が浸食され、硬い火成岩が残った。

最大のキャノンボール・コンクリーション

キャノンボール・コンクリーションとして知られる球状の岩は、数百万年前に埋まった化石や貝殻からできた方解石などの鉱物により、軟らかい堆積物が固められることで形づくられた。最大のものは6mになり、アメリカ、カンザス州ミネアポリスのロックシティ公園（上写真）で見ることができる。

最大の迷子石

迷子石とは、氷河の流れにより場所を移した岩石のことだ。現在カナダのアルバータ州にあるオコトクス迷子石は、全長41m、幅18m、高さ約9m。重さは1万6,500トンと推定されている。

最長期間の有人月探査をしたアポロ17号は、地球に一度にもち帰られた最大量の月面物質110.4kgを運んだ。

2019年10月、最初のダイヤモンドのなかにある
ダイヤモンドの発見がロシアから伝えられた。

最も硬い鉱物

炭素と同素体のダイヤモンドは、"引っか
くこと"で比較するモース硬度が10で、
最も硬い鉱物である。モース硬度は絶対
値でなく、ダイヤモンドは硬度1と最も軟
らかい鉱物である滑石より実際には約
700倍も硬い。ダイヤモンドは10億年以
上前に地球のマントル内の莫大な熱と
圧力により形づくられ、その後火山の隆
起により地表に押し出された。

カットされていない最大のヒスイ

重さ577トンの軟玉ヒスイが、1992年7月、
カナダ、ユーコン準州で発見された。所有
者はユーコン・ジェイド社（カナダ）。

カットされていない最大のルビー

ラジブ・ゴルチャ（インド）所有のルビーが、
2009年6月3日に重さ21.95kg、外寸31×
16.5×14cmと計測された。

カットされていない最大の琥珀

ジョゼフ・ファム（シンガポール）が所有する
琥珀が2017年2月26日、国際琥珀協会の
会員たちにより、重さ50.4kgと計測された。

カットされていない最大の
ゴシェナイト（無色ベリル）

ウィン・キアット・チャン（シンガポール）所
有のベリルが2018年3月13日に1.3kgと計
測された。

ナンガ・パルバットとエベレストが現在の速度のまま隆起し
続けると、約20万年後に前者が最も高い山になる。

最速で成長する山

パキスタンにある標高8,126mのナンガ・パルバットは、ヒマラヤ山脈の最西にあり、毎年約
7mm隆起している。これは約5000万年前にヒマラヤ山脈を生み出したユーラシアとインド
の両大陸プレートの衝突が現在も続いているからだ。この山より約1,450km東にある最も
高い山エベレストも隆起し続けているが、こちらは毎年約4mmのペースでしかない。

最大の単独洞窟（容積）

中国、貴州省の紫雲格凸河穿洞国立公園にある格必河洞窟の一部である
苗洞は、容積がイギリスのウェンブリー・スタジアムの約10倍の1,078万㎥。
2013年に、イギリス人が率いる地質学チームによって3Dレーザースキャン地
図がつくられた。苗洞には、高さ45mの最も高い石筍（せきじゅん）もある。

最も背の高い一枚岩の花崗岩

アメリカ、カリフォルニア州ヨセミテ国立公園にあるエル・
キャピタンは、高さがカナダ、トロントのCNタワーの2倍
にあたる1,095mで、頂上部は海抜2,307mになる。こ
の一枚岩は、約1億年前にできたと推定されている。

氷

以前の記録は、南極大陸のドームCで採掘され2004年に発表された74万年前の**最古から連続する氷床コア**がもっていた。

流れる速度は遅くなった。

最も分厚い氷

南極氷床は、アデリー海岸南方のアストロラーベ氷底盆地で厚さ4,897mと測定されている。これは**南極大陸で最も高い山ヴィンソン・マシフの標高4,892m**を超える。盆地名の由来は、フランス南極遠征（1837〜1840年）の旗艦アストロラーベ号から。

氷河が溶けて起きた最大の洪水

1996年9月末から10月半ばにかけて、アイスランド最大の氷帽であるヴァトナヨークトル氷河の下で、グリムスヴォトン火山が噴火した。その結果、最大時にはオリンピックの競泳プール約18個分にあたる毎秒約4万5,000㎥もの氷水が放出された。1918

最古の氷床コア

氷河から採掘した氷のサンプルである氷床コアからは、地球の気候変動に関する多くのことが明らかになっている。2017年8月15日、南極大陸で270万年前の気泡を含む"青い氷"の破片が発見された。"青い氷"は、氷河上に降り積もった雪が圧縮されることで青みがかって見える。こうした"青い氷"は雪面のすぐ下の浅い場所で発見されることが多い。

最大の熱帯氷河

コロプナ氷帽は、2017年に表面積が44㎢だった。コロプナも、従来の記録を保持するケルカヤ氷帽もペルーのアンデス山脈中にあり、ともに面積が縮小中だが、縮小速度はコロプナのほうが遅い。

記録史上最大の氷山

1956年11月12日、USSグレイシア号の乗組員が南極海のスコット島西方で、推定面積がベルギーよりも大きい3万1,000km²の平板状の氷山を目撃した。氷山は長さ335km、幅97kmにもおよんだ。

最も高速で移動する氷河

ヤコブスハブン氷河（グリーンランド語でセルメック・クジャレック）は、2004年8月に1日で45m移動したことが報告されている。この高速の移動は、グリーンランド西岸のディスコ湾に温かい海洋水が流れこんだのが原因と考えられている。氷河はその後、2013年の極端な寒さの影響などで

年に、アイスランドのもっと小さい氷帽ミールダルス氷河の下で起きた火山噴火では、毎秒40万m³になる氷水が放出された可能性がある。

最大の氷河上湖

南極大陸東部のアメリー棚氷の上には、毎年夏に表面の雪と氷が溶け、大きな凹地に水が貯まり、湖ができる。この湖は、南極の真夏にあたる2017年1月には面積が

最も高い場所にある氷河

ネパール北東部のクーンブ氷河は、標高が海抜約8,000mにまで達する。全長17kmのクーンブ氷河は、エベレストとローツェ・ヌプツェ山嶺にはさまれたウェスタン・クウム渓谷の氷と積雪が源になっている。

❶ A68A 氷山
❷ ウェッデル海
❸ 海氷
❹ 南極半島

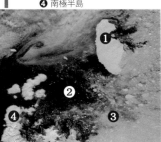

人工衛星が測定した最大の氷河

2017年7月、南極半島のラーセンC棚氷から、ニューヨーク市の7倍の面積にあたる氷の塊が分離した。A68と名づけられた氷山は、すぐにA68AとA68Bにさらに分かれ、より大きいA68Aは2020年2月7日現在でNOAA（アメリカ海洋大気庁）国立アイスセンターが、全長82km、幅26kmと計測している。

A68は、最初にラーセンC棚氷から分離したときに、重さが約1兆トンあったと推定される。

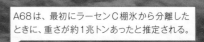

初のナイアガラの滝アイスクライミング

2015年1月27日、過激な冒険家のウィル・ガッド（カナダ）は、アメリカとカナダの国境にあるナイアガラの滝の、半分凍ったホースシュー滝のアイスクライミングに成功した。その直後に、彼のパートナーのサラ・フニケン（カナダ）が女性初の記録を達成した。

あなたがアイスクライミングに惹かれた理由は？

父とロッキー山脈（アメリカ）を登って育ち、アイスクライミングは16歳のときに始めました。普通は上を歩くのでさえ危険な氷が、すごく面白くなるところが気に入りました！

ナイアガラの滝を登るうえで一番大変だったことは？

許可証、安全計画、装備をすべて準備するのに2年かかりました。アイスクライミングについては、氷の質はどうかなど未知の部分が多くありました。わたしたちにとっても大きな飛躍となる挑戦で、安全かつ適切に実行するため、慎重に計画する必要がありました。氷は、主に流水のしぶきからできるので非常にもろく、とくに注意が必要でした。

パートナーのサラとともに歴史をつくった気持ちは？

最高でした！　パートナーと一緒に大きな夢を実現するのは特別ですね。

ナイアガラの滝以外で最も難しかったアイスクライミングは？

おそらく、これもしぶきが氷になるヘルムケン滝（カナダ、ブリティッシュ・コロンビア州）でしょうか。この種の氷を安全に登る方法を学んだのはその滝でした。

誰でもアイスクライミングはできますか？

階段をある程度上り下りできれば、誰でも氷を登れます。わたしがしているのは、このスポーツの最先端ですが、基本的なレベルではそう難しくないのです。アイスクライミングはとてもクールなんですよ！

次の挑戦はなんですか？

数カ月したらまたアフリカに行って、キリマンジャロの頂上に残る最後の氷を登ります。新しい計画や探検したい場所は常に出てくるので、もっともっといろいろなことをやってみたいと思っています！

電は、過冷却水（0℃未満の極小水粒）が雲のなかに浮かぶ氷の結晶に付着することでつくられ、やがて重くなって地上に降りだす。

ほぼ100%

最も重い雹（ひょう）

WMO（世界気象機関）によれば、1986年4月14日、バングラデシュ、ゴパルガンジ地域は最大1.02kgにもなった雹に見舞われ、92人の死者が出たことが報告されている。上のほぼ実物大の写真は、2010年7月23日、アメリカ、サウスダコタ州ビビアンで880gと記録された、西半球で最も重い雹である。

71.5km²にまで達した。

最も大きい氷底湖は、東南極氷床の下方3.7km地点より深くにあるヴォストーク湖で、総面積は約1万4,000km²、深さは少なくとも100mにおよぶ。

最も深い永久凍土層

永久凍土は、地球地表の約15％を占める。最大の永久凍土層はロシア、シベリアにあり、土壌が深さ約1km地点に至るまで常に凍ったままだ。

この凍った土壌は、古代の有機物を"冷凍保存"している。2018年6月、ロシア、ヤクーチアのバタガイ低地で発掘された古代馬 Lenskaya から**最古の液状血液**が採取されている。この馬は、4万2000～4万1000年前に生きていたと推定されている。

初めて撮影されたブライニクルの形成

2011年、BBCの番組『フローズン・プラネット』の制作班が、南極のマクマード入江の海氷の下に"ブライニクル"がつくられていくのを記録した。ブライニクルとは、超低温な高塩分濃度の水が降下したときに形成される空洞の氷柱だ。

最も南にある地表に露出した活火山

南極大陸で2番目に背の高い火山であるエレバス山は、ロス島の南緯77.5度にある標高3,794mの成層火山だ。幅500mの主要火口には、表面直径が推定40mの、**最も南にある溶岩湖**（レイ湖と呼ばれることも）がある。

南極氷床は、定義上は砂漠でもある。年間降雨量が、わずか50mmしかないのだ。

37

空気と光

最も高い高度で起こる大気現象

オーロラ（極光）は、地球の地表上空の約400km地点周辺で起きる発光現象だ。極域周辺で最もよく見られ、太陽風の電離（プラズマ化）した粒子が地球の大気圏上層の粒子と衝突することで発生する。

最大の蒸気リング

イタリアのシチリア島にあるエトナ山は、直径約200mの蒸気リングを噴出する。この輪は、形状を10分ほど保って噴火口の1,000m上方まで上る。この現象の正確な原因はわかっていない。

地球上で最も速いジェット気流

ジェット気流は、大気圏上層の高速な風の流れだ。1905年以降の高層気象観測データによれば、最速のジェット気流は、2004年2月5日に鳥取県米子市付近の上空、気圧250ミリバール（高度約1万400mに相当）で計測された秒速115.7m。近年の気候変動によりジェット気流は強まっている可能性があり、長距離飛行にはより有利な環境になっている。

PM2.5汚染レベルが最悪の都市

WHO（世界保健機関）の2018年度報告では、インド、カーンプルは、2016年の大気中のPM2.5レベルがWHOの基準値の17倍以上、$1m^3$あたり173マイクログラムに達した。

最も冷たい雲頂

2019年11月30日、協定世界時4時21分、南極上空と北極上空を結ぶ軌道を周回するNOAA（アメリカ海洋大気庁）の人工衛星20号が、太平洋西部で当時まだカテゴリー（訳注：ハリケーンの強さの階級）1だった令和元年台風第28号の雲頂を、放射線温度計でマイナス109.35℃と計測。そのときの雲頂は地上1万9,500m前後と推測された。

最小のオゾンホール

2019年9月8日、NOAAとNASAは、南極大陸上空のオゾン層に空いた穴が1982年の観測開始後最小となる1,640万km^2に達し、縮小し始めたと発表した。オゾンホールはその後の2カ月間でさらに1,000万km^2にまで縮んだ。

大気中の二酸化炭素濃度の年間最高レベル

WMO（世界気象機関）「温室効果ガス年報」によると、大気中の二酸化炭素濃度がそれまでの最高だった2017年から、2018年にはさらに0.57％上昇して年間平均濃度が407.8ppmに達し、産業革命以前の1750年に比べて147％増になった。先行調査速報によれば、2019年には409.5ppmになる見こみである。

最長の単独の雲

"モーニング・グローリー"は、オーストラリアのカーペンタリア湾でよく見られる逆回転雲で、全長1,000kmになることがある。
最も背の高い雲は積乱雲で、熱帯地方では高さ2万mになる雲が観察されている。
最も高所にある雲は夜光雲で、地上から約80km上方の大気中で形成される。

観測史上最高風速

1996年4月10日、オーストラリア、西オーストラリア州の沖合バロー島にある観測所が熱帯性低気圧オリビア発生時に時速408km

ハリケーン・ハンターとしての最長キャリア

86歳の気象学者ジェームズ・マクファデン博士（アメリカ）は、NOAAにて、2019年9月22日の熱帯性低気圧ジェリーへの観測飛行の時点で、52年と352日間 "ハリケーン・ハンター" として働いている。

2019年のハリケーン・ドリアンへの観測飛行について聞かせてください。

ドリアンはその年最悪のハリケーンで、アメリカ、フロリダ州東部沿岸の島々に大きな破壊をもたらしました。わたしのドリアンへの最後の観測飛行は、風速が時速209〜251kmになる、とても厳しい状況のなかで実施されました。地上でドリアンに見舞われた人たちは、さらに大変でした。

観測飛行した最も強いハリケーンはどれでしたか？

最も恐ろしかったのは1989年のハリケーン・ヒューゴでした。サファ・シンプソン・ハリケーン・スケール最強のカテゴリー5で、時速321kmを超える風と激しい乱気流に見舞われました。エンジンが一時故障して、機体の制御をパイロットがとり戻すまで、緊張した瞬間もありました。

飛行中に重大な問題が発生したことは？

2007年2月に大西洋上空を夜間飛行中に、立て続けにエンジンが3つ故障しましたが、3つともクルーが再起動に成功したので基地まで帰還できました。

ハリケーンは年々強大化していますか？それは気候変動が原因でしょうか？

要因は複雑なので、すべてを気候変動のせいにするのは注意すべきですが、地球の気温上昇がハリケーンを強くする誘因になっていると思います。

ハリケーン・ハンターになるには何が必要でしょうか？

機転を利かせ、安全を心がけること。そうでないと、危険な目にあいます。

今後も飛行ミッションに出ますか？

2022年には、新しい高高度用ジェット機のガルフストリーム550がハリケーン観測用に導入されます。それまで現役でいるのも悪くないかもしれません。

最大の太陽の暈（かさ）（ハロ）の観測

1999年1月11日、南極点で少なくとも24種類の太陽の暈が観測できた。太陽の暈とは、太陽の光が大気中の氷晶で屈折して、太陽の周囲に明るい光輪が生じる光学現象だ。光輪は太陽を中心にした半径22度領域で最も明るく、これを内暈（22度ハロ）と呼ぶ。

を計測。

推定上の最高風速は、オクラホマ大学の科学者が、1999年5月3日にアメリカ、オクラホマ州ブリッジクリーク付近を襲った竜巻の風速を移動観測レーダーで計測した数値から、時速486km（誤差±32km）と計算している。

24時間での最多竜巻数

アメリカ南部で4日間にわたって大発生した嵐の間、WMOが2011年4月27〜28日の24時間で、207個の竜巻を観測した。それらの竜巻で、300人以上が死亡し、損害額は110億ドル（約8,778億7,700万円）に達した。

ひとつのハリケーンが生んだ最多竜巻数は、2004年9月15〜17日にかけてカリブ海でハリケーン・アイバンが記録した119個。

最大の竜巻は、2013年5月31日にアメリカ国立気象局がアメリカ、オクラホマ州エル・リーノでドップラー・レーダーを使って計測した直径4.18km。

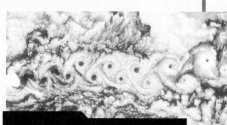

最長の雲列

2001年6月に、ノルウェー、ヤンマイエン島上空に漂う雲の渦が約300kmにわたって広がった。この雲列は、気流が孤立した島や山とぶつかったときに生まれる海洋性層積雲が、平行に立ち並んだものである。

ダストストーム（砂塵嵐）の最大発生源

ボデレ低地は、サハラ砂漠南端のふたつの山岳地帯に位置する。この地域を吹き抜ける風は毎年100前後の砂塵嵐を発生させ、地表の堆積物を巻き上げて、1日あたり70万トンほどの砂塵を大気へ放っている。上写真はモロッコ、サハラ砂漠のシェビ砂丘を吹き抜ける砂塵嵐。

最凶のダストデビル（塵旋風）

ダストデビルとは、暑く乾燥した地表で立ち上がる渦巻き状の突風だ。ダストデビルにより死者が出た記録は、アメリカでの2例だけで、2003年に男性、2008年に女性が死亡している。

最も長時間観測できた虹

2017年11月30日、台湾、陽明山にかかった虹が、中国文化大学（台湾）の大気科学部の研究チームにより、8時間58分にわたって観察された。季節性モンスーンの風が海から運んだ水分によって生まれたものと推測されている。

最も長く続く非熱帯性の雷雲

スーパーセルは、回転する大型上昇気流（メソサイクロン）の周囲に形成される強力な雷雲で、降雨、雹、強風を伴い、数kmの幅で数時間も継続することがある。スーパーセルの約30%が竜巻を生み、アメリカ、グレートプレーンズの"竜巻街道"でよく発生する。

平均的な大きさの積乱雲は、エアバスA380旅客機とほぼ同じ重さだ！

火と電気

約3万℃まで上昇する。これは、太陽の可視表面や地球の内核の約5倍の温度だ。

最も遠くまで走った稲妻

ひとつの稲妻が走った最長の距離は、確認されているもので321km。2007年6月20日、協定世界時6時7分22秒にアメリカ、オクラホマ州中部で東から西へと水平に発生した稲妻だ。WMO（世界気象機関）の委員会が、VHFラジオ受信機で感知して、稲妻が5秒7続いたと認定している。

2016年9月にWMOは、**最も長く続いた稲妻**の新記録を発表。2012年8月30日、フランス南東部の上空、雲と雲の間で水平方向に200km走った稲妻が、7秒74の間続いたと認定。平均的な稲妻は0.2秒ほどしか続かない。

最も長く続く火事

地下の石炭層に火がつくと、非常に遅い速度で燃える。オーストラリア、ニューサウスウェールズ州にあるウィンジェン山（通称"燃える山"、上写真）の地下火災は、約6000年前に始まったと考えられている。石炭層の露出部分に落雷して火事が発生したと推測されている。

最大の溶岩湖

コンゴ民主共和国にある楯状火山ニーラゴンゴ山には、火口に幅約250mの溶岩湖がある。ニーラゴンゴ山は、1882年以降少なくとも34回噴火していて、1977年1月10日の噴火では、二酸化ケイ素（シリカ）含有率が低く流動性の高い溶岩が、**最速の溶岩流**となる時速60〜100kmで山の側面を流れ落ちた。

最大の活火山

アメリカ、ハワイ州のマウナ・ロア山は、全長120km、幅50kmのなだらかなドーム型で、5,125km²を固まった溶岩がおおう。総体積は4万2,500km³で、84.2％が海面下にある。最後に噴火したのは1984年だ。

火山からの最大排出熱量

2015年1月28日、『ジオフィジカル・リサーチ・レターズ』誌は、地球の最も活動が激しい95の火山を英米の地球物理学者チームが分析した論文を掲載。NASAの地球観測衛星が2000〜14年までの間に計測した気温変化データをもとに、ハワイのキラウエア火山が9.8×10^{16}ジュールの熱エネルギーを放出したと計算。この熱量はニューヨーク市の6カ月分の電力を供給できる。

地球で最も高温の場所

落雷した周辺の空気は、ほんの一瞬だけ

最も長く継続して炎上中のメタンクレーター

1971年から燃え続けているダルヴァザ・クレーターは、トルクメニスタン、カラクム砂漠にある天然ガス田のなかに位置する。掘削機械が地下の空洞に達したため地面が崩落してできたと考えられている。メタンガスの大規模な流出を防ごうとクレーターに点火して早期の鎮火を期待したが、今も燃え続けている。幅約69m、深さ30mの通称"地獄の門"の底まで探検した人物がひとりだけいる（右ページ参照）。

最も一般的な雷光

稲妻の90％は、雷が地上に落ちずに雲内だけで放電する幕電だ。

最も北方での雷光

2019年8月9〜13日、NWS（アメリカ国立気象局）が北極圏内としては異例な一連の雷雨を観測。最も北方で起きた雷は、8月13日、協定世界時9時26分に、北極点からわずか52kmの北緯89.53度地点で発生した。

観測記録された最初の火災竜巻

山火事は、"火災竜巻"の名で知られる渦巻き状の火炎煤煙を放つ、火災積乱雲を発生させることがある。火災竜巻は、地表から雲底まで上昇せずに短期間に終わる火災旋風より、はるかに強力だ。

2003年初頭、オーストラリアの首都キャンベラ近郊で森林火災が発生し、レーダー観測と撮影された画像から、2003年1月18日にブリンダベラ国立公園内で火災竜巻が

最大の山火事（複合）

2019年の半ばから、これまでにない高温と長期に続く干ばつにより、オーストラリア南東部は国レベルでも記録的な森林火災に見舞われた。しかし、歴史上最大の複合山火事（一地域で同時に起こる一連の山火事）は、1974〜75年の夏にオーストラリア中央部の面積約1億1,700万ヘクタールに燃え広がった（左写真）ものだと思われる。イギリス、フランス、イタリアを合わせた面積にあたる、大陸の約15％分の低木地帯が焼失した。

2カ月後、煙が山火事としては異例の高度2万3,000mまで達したことをISS（国際宇宙ステーション）の機器が検知した。

発生したのが確認された。時速約30kmで進み、ピーク時には底の幅が約0.5kmにわたった竜巻は、自動車を動かし、家屋の屋根を吹き飛ばすほど強力だった。

確認できる最古の山火事

確認できる証拠のある最も古い山火事は、現代よりも酸素濃度が高かった約4億1900万年前のシルル紀で発生したものだ。カーディフ大学地球海洋科学部の研究チームが、2004年4月、イギリス、シュロップシャー近郊の岩石中から出土した、炭化した小さな植物の立体的な化石を分析。おそらく落雷で発生した山火事により燃焼した古代の木炭を発見した。

最大の森林火災（単独）

最大の森林火災のひとつとされているのが、次の例だ。1950年6月1日にカナダ、ブリティッシュ・コロンビア州で発生したチンチャガ火災は、すぐに大きく広がって隣接するアルバータ州にまで拡大。10月31日になって雨と寒さのおかげでようやく鎮火したが、それまでに面積約120万ヘクタールの森林が焼失した。

最も高い火山溶岩噴泉

溶岩噴泉は、噴煙柱とは異なり白熱した溶岩が間欠泉のように激しく噴出する。1986年11月に伊豆大島の三原山が噴火した際には、**最も高いビル**であるアラブ首長国連邦のブルジュ・ハリファの高さ2倍相当の火口上空1.6kmまで溶岩が噴き上げられた。

山火事による成層圏への煙の最大噴出

2017年8月12日、カナダ、ブリティッシュ・コロンビア州とアメリカ、ワシントン州を大規模な森林火災が襲い、下部成層圏に約10万〜30万トンもの煙のエアロゾル粒子を放出した。この太平洋岸北西部の大火事により、上空に火災積乱雲が5つ同時に発生し、それらの雲は高度1万2,000mにまで達した。

最も強力な落雷

通常の落雷（ネガティブ）は、雷雲下層のマイナスに帯電した電子が地表に移動するが、プラスの電子の移動による落雷（ポジティブ）もある。ポジティブの落雷は落雷全体の5%に過ぎず、ネガティブの落雷より10倍ほど強力になることもあり、30万アンペア程度の電流を生み出した落雷の威力が、10億ボルトに達することがある。

山火事で発生した上空最も高い雲

山火事から生じる高熱が、強力な上昇気流を生んで水蒸気と灰を大気へと運び、火災積雲をつくることがある。火災積雲は、高度約1万mの下部成層圏まで達することもある。火災積雲よりも強力なのが、高度1万6,000mを超すこともある火災積乱雲だ。

ダルヴァザ・クレーターの底を最初に探検した人物

2013年10月6日、カナダの冒険家ジョージ・コウロニスが、燃え続けるダルヴァザ・クレーター（左ページ参照）の底まで到達。コウロニスは、アルミ製の断熱スーツとケブラー樹脂製のハーネスを装着して、ガスクレーターの底まで降りて岩のサンプルを採取した。

「青天の霹靂（へきれき）」とは、晴れていても、もとの雷雲から何kmも離れた地点に落ちる落雷のこと。

このページの背景イメージは、2019〜20年にオーストラリアで発生した山火事を撮影したものだ。

2020年1月現在、オーストラリアの山火事で、少なくとも1,030万ヘクタールが破壊された。

植物と菌類

ほぼ
100%

ンテンにあるマルール国有林には、965ヘクタールをおおうオニナラタケ（*Armillaria ostoyae*）が存在しており、この個体は2400～8650歳と推定されている。

最小の種

ほかの植物に根を張る着生種のラン科植物は、1gあたり9億9,200万個にもなる、ほこりのような小さい種をつくりだす。種には栄養が含まれていないので、繁殖するには、ある種の菌類と共生する必要がある。そのためには数百kmもの距離を移動しなければならないこともあるが、風が分散させるには最適の軽さである。

花をつける最小の植物

ミジンコウキクサ属（*Wolffia*）は、長さ1mm未満、幅0.3mm未満の、根がない水生植物で、池沼や小川に生息する。ミジンコウキクサの花は**最も小さい実**をつけ、これが植物本体の大部分を占める。なかでも*Wolffia angusta*の果実は、直径わずか0.25mmで重さは約70マイクログラムしかない。

最大の生物（面積）

アメリカ、オレゴン州東部のブルー・マウ

最大のスイレン

アマゾン盆地の浅い淡水湖やバイユー（小川）原産とするオオオニバス（*Victoria amazonica*）は、浮葉が幅3mにも達し、それを水中から支える茎は7～8mにもなる。

最も成長が早い植物

タケ亜科（*Bambusoideae*）の1,400ほどの

ほぼ
100%

最小のスイレン

スイレン属の*Nymphaea thermarum*の葉は、幅がわずか10～20mm。園芸家カルロス・マグダレーナが2009年11月にイギリス、ロンドンのキュー王立植物園に貯蔵してあった種子の発芽に成功し、絶滅から救った。

種は、毎日91cm、すなわち時速0.00003kmの割合で成長する。これは人間の毛髪が伸びるスピードより1,800倍以上も早い。

最大の胴回りをもつ樹木

メキシコ、オアハカ州にある樹齢2000年のメキシコラクウショウ（*Taxodium mucronatum*）である「トゥーレの木」は、2005年に樹医ロバート・ヴァン・ペルトが測定したときに、胴回りが約36.2m、高さが35.4mあった。

最も成長が早い海洋植物

オオウキモ（*Macrocystis pyrifera*）は、茎状部がより太陽光の多い海面近くに届くと、1日の成長率が最大50cmまでになる。ある個体が60mと計測された、**最長の海藻**でもある。太平洋岸の岩が多い浜辺で見ることができる。

オオウキモには根がないが、周囲の海水から栄養分を吸収し、ほふく枝と呼ばれる根に似た構造でみずからを岩に固定する。

大きく育て！

▼最大の単生花

2020年1月、インドネシア、西スマトラ州で111cmの花をもつラフレシア・アルノルディイ（*Rafflesia arnoldii*）が発見された。この種は悪臭があることから、ギネス世界記録をもつ別の花（下参照）とともに「死体花」と呼ばれる。

▶最大の種

オオミヤシ（*Lodoicea maldivica*）の種は、全長は50cm、重さはココナッツ16個分にあたる25kgにまで達することがある。実の成長は遅く、6年かけてようやく成長しきることさえある。

▲最大のホコリタケ

温帯の草地や落葉樹林に生息するジャイアント・パフボール（*Calvatia gigantea*）は、楕円形の子実体が直径1.5m、重さ20kgにまで育つこともある。晩夏から秋に、実のなかで胞子を成長させる。

▶◖最も背の高い花

ルイス・リカルディエロ（アメリカ）が育てたショクダイオオコンニャク（*Amorphophallus titanum*）が、2010年6月18日、アメリカ、ニュー・ハンプシャー州ギルフォードのウィニペソーキー植物園で公開中に高さが3.1mと計測された。ショクダイオオコンニャクは、◖**最も臭い植物**としても知られ、「死体花」のあだ名がある。

タマゴテングタケ中毒の解毒剤は未開発だが、アザミの一種からつくられる薬に期待が高まっている。

にわたる遺伝子研究によって、セコイアが**最大の植物ゲノム**をもつ種であることも2019年4月に確認されている。DNAの基本構成要素である塩基が26.5ギガベースペア（265億塩基対）と、人間のゲノムのほぼ9倍にもなる。

最も背の高い熱帯樹は、マレーシア、サバ州にあるイエローメランチ（*Shorea faguetiana*）で、100.8mと2019年4月に確認された。木の全質量のうち95％が幹に集中していると推定されている。

最も毒性の強い菌類

タマゴテングタケ（*Amanita phalloides*）は、菌類による中毒死の原因の90%になっている。乾燥時の毒素成分量は7〜9mgで、人間にとって致死量となるアマトキシン類が5〜7mgと推定されているのと比べても、とくに強力な毒性だ。この毒は調理をしても消えず、食べれば肝臓と腎臓を破壊する危険が高い。

最も分厚い樹皮

樹齢を重ねるにつれ、ジャイアントセコイア（*Sequoiadendron giganteum*）の樹皮は25〜121cmの間にまで生長する。この巨木は、アメリカ、カリフォルニア州シエラネバダ山脈に生息している。

最も背の高い樹木

2017年現在、「ハイペリオン」と名づけられたセコイア（*Sequoia sempervirens*）が115.85mと計測されている。この巨木は、2006年8月25日にアメリカ、カリフォルニア州レッドウッド国立州立公園でクリス・アトキンスとマイケル・テイラー（ともにアメリカ）により発見された。発見当時の計測では115.24mだったが、2017年の計測により記録が115.85mに修正された。5年間

最大のシダの葉っぱ

オーストラリアに生息するナンヨウリュウビンタイ（*Angiopteris evecta*）は、高さ3m、葉は8mを超えることがある。この種は東南アジアでも見られるが、最大の個体はオーストラリア、クイーンズランド州で発見されたと報告されている。

最速の捕食植物

タヌキモ属（*Utricularia*）のなかで水生のものは、捕虫嚢を使って昆虫や小型の甲殻類、小さいオタマジャクシなどを捕食する。そのなかでもイヌタヌキモ（*Utricularia australis*）は、最速で5.2ミリ秒、通常9ミリ秒ほどで獲物を捕まえることが記録されている。それに比べて、ハエトリグサ（*Dionaea muscipula*）は獲物を感知してからハマグリ形の葉が閉じるまでに100ミリ秒ほどかかる。

最速の陸生捕食植物は、オーストラリア南部に生息するドロセラ・グランデュリゲラ（*Drosera glanduligera*、左上写真）で、ハエやアリなどを75ミリ秒以内に捕まえることができる。素早い動きをする長い突起で昆虫を粘着性のある腺毛に向けて"放り投げ"、そこで消化して自分のなかにとりこむ。

単葉とは、ひとつながりの一枚の葉身からなる葉っぱである。対して複葉とは、葉身が複数の小葉に分かれている葉っぱである。

最大の単葉の葉っぱ

1966年にマレーシアのサバ州で発見されたインドクワズイモ（*Alocasia macrorrhiza*、写真は別の個体）は、単葉全長が3.02m、表面積が3.17m²あった。

最大の複葉の葉っぱは、インド洋のマスカリン諸島に自生するラフィアヤシ（*Raphia farinifera*）と南アメリカおよびアフリカに自生するヤシの一種 *Raphia taedigera* で、複葉はともに全長20mにまで達し、葉と幹をつなぐ小葉柄も4mほどある。

まとめ

最も高い砂丘（独立）
中国北部のバダインジャラン砂漠の巨大砂丘群は、高さ480mにもなると計測されている。砂丘の下の岩盤の構造とこの砂漠の砂は、水分含有量が多く砂粒が崩れにくいため、ここの砂丘は高くなりやすい。2018年12月には気温がマイナス25℃まで下がり、砂漠のあちこちに雪が積もるという珍しい光景が現れた。

最古のスターダスト
2020年1月に、太陽系誕生前の70億年前の宇宙塵（スターダスト）が見つかったと発表された。これは、1969年にオーストラリアに衝突したマーチソン隕石に含まれていた希少な"プレソーラー粒子（太陽系誕生前の宇宙塵）"を科学者たちが分析し、宇宙塵が宇宙線にどれだけの時間露出されていたのかを計算することでわかった。

最古の化石化した森
2009年にアメリカ、ニューヨーク州カイロ近郊の採石場で発見された化石化した木の根が、約3億8600万年前のデボン紀中期のものと測定されている。デボン紀は、恐竜が登場する1億5000万年ほど前の、森林が地球上に広がった地球史上の転換期だ。この研究は2019年12月19日、『カレントバイオロジー』誌に掲載された。

最も熱産生が大きい植物
熱産生とは生物が熱をつくる能力の度合いだが、植物は一般的に低い。植物の熱産生には、以下のものがある。
・花全体のなかで最大の熱産生量をもつのはショクダイオオコンニャクで、34.53ワットのエネルギーを生む。
・*Arum concinnatum* の雄花は、夜間に1gあたり0.43ワットのエネルギーを生み、質量比では植物最大の熱産生量となる。
・周囲の環境との温度差では、野生のザゼンソウ（*Symplocarpus foetidus*、下写真）が周囲の空気より25.6℃も温度が高くなることが計測されており、積もった雪を溶かすのに十分な熱量だ。

真珠層でできていない最も大きな真珠
真珠層（真珠母ともいわれる）とは、軟体動物の一部が分泌する光沢物質で、これが真珠に輝きを与えるが、真珠層ではなく光沢がより少ない別の炭酸カルシウムでできた真珠もあり、それらは珍重される。なかでも最も重いのが、この宝石のために金のタコの台座をつくらせたアブラハム・ライス（カナダ）所有の"ギガ・パール"だ。この真珠は2019年8月20日に、重さ27.65kgと認定された。

最古の菌類
コンゴ民主共和国で発見されたドロマイト頁岩（けつがん）から採取した菌類の微化石サンプルは、約8億1000万〜7億1500万年前のものと測定されている。幅5マイクロメートルほどの炭素質の細い繊維状からなる。この発見は2020年2月に発表された。

地球温暖化は進行し続けている
地球の平均気温は、過去10年常に上昇し続けており、2019年には史上**最も暑い月**（下参照）も記録した。この年、6カ国でその国における史上最も暑い日が記録された（右のグラフ）。地球で最も寒い地域でも、温暖化の影響がみられる。南極北部の調査基地で得られたデータによれば、2020年2月6日に18.3℃が記録された（現在承認待ち）。南極の最高気温の従来記録は2015年3月に記録された17.5℃だった。

インド 51.0℃	ラージャスターン州 ファローデイ 5月30日
フランス 46.0℃	エロー県 ヴェラルグ 6月28日
ドイツ 42.6℃	ニーダーザクセン州 リンゲン 7月25日
ベルギー 41.8℃	フラームス＝ブラバント州 ベガイネンデイク 7月25日
オランダ 40.7℃	北ブラバント州 ギルゼ・エン・レイエン 7月25日
イギリス 38.7℃	ケンブリッジシャー州 ケンブリッジ 7月25日

最も暑い月
NOAA（アメリカ海洋大気庁）が2019年8月15日に国立環境情報センターを通じて発表した気温分析によれば、2019年7月が史上最も暑い月だった。この月の平均気温は、20世紀全体の平均気温15.7℃よりも0.95℃高く、1880年に気象データが記録されるようになってからの140年で最も暑い7月となった。
最も暑い10年は2010〜2019年で、20世紀の平均気温より0.80℃も高かった。

"バーナム"（右ページ参照）は**最大の糞石コレクション**の一部。2015年に1,277個だった太古の糞の数は現在7,000個台に増加した！

マルハム洞窟は、約7000年前に雨水が地表からひびを通じて浸透し、死海へ続く水の流れを岩塩のなかにつくったことで生まれた。

このような形になるには、結晶化が途中でさえぎられ、小さいダイヤモンドの周囲にもろい別種類の石が一度つくられ、その後大きいダイヤモンドができたあとにその石が分解された可能性がある。

ほぼ 100%

最初のダイヤモンドのなかにあるダイヤモンド

2019年10月、二重構造のダイヤモンドがロシア東部で採掘された。大きいダイヤモンドは0.62カラットで幅4.9mm、小さいほうは0.02カラットで幅わずか2.1mm。"マトリョーシカ・ダイヤモンド"の愛称を得た。

最長の塩の洞窟

イスラエルのソドム山の地下にある全長約10kmのマルハム洞窟は、2019年3月28日に最長の塩の洞窟と認定された。2年間の調査の末にエルサレム・ヘブライ大学（イスラエル）が発表した内容によると、洞窟内の最も大きい単独の空間は全長5.6kmもある。

最高年間平均海水温度

NOAAによると、2019年に海面下深さ2,000mまでの地球の海洋は、1981～2010年の平均に比べ水温が0.075℃上昇した。これは、地球温暖化でエネルギー量の吸収が228ゼタジュール増えたことによる。海洋の温暖化は、サンゴの白化の主な原因にもなる。2019年には、**最も南にあるサンゴ礁**の白化が報告された。オーストラリアのロード・ハウ島の沖合、タスマン海の南緯31.53度に位置する岸に近い場所では、サンゴの90%近くが影響を受けている。

陸上で最も標高の低い地点

NASAの「ベッドマシン南極」計画は、南極氷床の下にある岩盤の正確な地図を作製するというものだ。2019年12月の報告によれば、南極東部のデンマン氷河の下には、海抜マイナス3,500mまでに至る、氷で埋まった溝があり、これまで考えられていたよりも2,000m深かった。これは**最も標高の低い露出した地表**である死海（右参照）の沿岸よりも8倍以上深い。だが、**海洋で最も深い地点**である太平洋海底のチャレンジャー海淵へは、さらに深く潜らなければならない。

最も深い超塩湖

イスラエルとヨルダン国境にある死海の深さは306m。海抜マイナス430mにある、**最も標高の低い露出水域**でもある。塩分濃度は通常の海水よりも約10倍高い。

▶ 肉食動物が遺した最大の糞石

肉食獣による最大の糞石（化石化した大便）は、中心線沿いの長さが67.5cm、幅は最大15.7cmと、2020年3月2日に確認された。この巨大な排泄物は、2019年夏にアメリカ、サウスダコタ州バッファロー付近の個人の牧場で発見され、現在糞石収集家ジョージ・フランドセン（アメリカ、右写真）が所有している。この糞石はティラノサウルスの化石を1902年に初めて発掘した古生物学者バーナム・ブラウンにちなみ"バーナム"と名づけられた。太古の生物が遺した排泄物の化石は、はるか昔の絶滅動物の行動範囲や習性を教えてくれ、未消化の食事の痕跡も彼らの食性について貴重な情報を提供してくれる。

そのサイズ、発見場所、高い骨成分含有量から、"バーナム"はティラノサウルスが排泄したものだと推測される。

ほぼ 100%

自然界

殿堂入り：
カミ・リタ・シェルパ

エベレスト（ネパール語ではサガルマータ）を征服することは多くの者にとって一生に一度の挑戦である。しかし数少ない限られた者にとって、一度ではけっして満足できない。登山家カミ・リタ・シェルパ（ネパール）ほど、それがあてはまる者はいない。

地球で最も高い山である標高8,848mのエベレストは、2019年5月21日、カミ・リタは24回目の登頂に成功し、自身のもつギネスワールドレコーズを更新した。中国チベット自治区の国境にまたがるエベレストは、ネパールと自分の達成したことを誇りに思うと彼はぼくたちの文化のためにもという。「家族の登頂のためにも、国のためにも、24歳のときで24回目の登頂に成功したことを誇りにしている。

カミ・リタがエベレストに初登頂したのは1994年、24歳のとき。その後K2やアンナプルナなどの手強い山にも挑戦している。今はガイドとして働き、彼はその後もここまで案内を務めてシェルパとしてここまでギネスワールドレコーズにも挑戦してきた者のなかには、同じくギネス国録、に殿堂入りした者もいる。

カミ・リタからのアドバイスは「登山の知識コースに殿堂入りは「登山の知識をたくさん身につける。高い標高に順応させておくこと。とにかく安全を心がけること」。

1：カミ・リタが、2018年5月16日にエベレスト登頂を達成し、エベレスト登山最多回数記録。2018年5月20日、彼の日焼けした頂22回目を達成し、エベレストに凱旋に単独で立つ。ネパール、カトマンズに凱録に単独で立つ。

2：2018年5月20日。彼の日焼けした、英雄として迎えられる。カトマンズ旋し、英雄として迎えられる。カトマンズ国ベレスト登頂後のエベレスト登頂後、ネパール国旋に飛行機で移動したカミ・リタ。

3：2019年の24回目のエベレスト登頂したカミ・リタ、ネパール国ンスに飛行機で移動し、首都の街を車でパレードした。

カミ・リタが24回目のエベレスト登頂をはたしたのは、驚くべきことに、彼が23回目の登頂をしたわずか6日後だった！

1

2

3

ラクパ・シェルパ

ネパールの登山家ラクパは、2000年に初めてエベレストを登頂した。「ずっと夢でしたし、キネスワールドレコースに彼女は語っている。「これまでの人生において、ずっと無理だといわれ続けてきましたが、実現できてきたのです。

頂上にたどり着いたときにはチャンピオンになった気分でしたが、その登頂によりたしはエベレストを登頂してネパール人ラクパはエベレストを登頂してネパール人女性として初めてのネパール・シェルパは1993年に下山中に死亡）。女性となった（パサン・ラムー・シェレスト登山最多回数（女性）記録をその後彼女は、自身のもつエベ9回にまで伸ばしている。レスト登山最多回数（女性）記録を2018年5月16日の登頂で

ラクパが生まれたのは、田部井淳子（女性）を達成しラクパの意思のがエベレスト初登頂（女性）を達成した2年前の1973年。ラクパの長女を出産強さは群を抜いている。エベレストをしたのがわずか8カ月後にもエベレストを登頂登頂し、次女を妊娠2カ月中にも登頂したのち、次女を妊娠し、女性登頂し、次女を妊娠しているのだ。ラクパは、登頂しているのだ。ラクパは、女性登山家が男性登山家になんら劣らないことを証明している。

「友人や家族は、わたしをとても応援してくれている。心配もするけれど、わたしが登山するのを止められないことを知ってくれている」

"雲の上に顔を出す登山をしている" とき以外には、アメリカを本拠地にしているラクパは、将来の登山遠征の資金づくりの助けとなるように、近所の雑貨店で働いたり、皿洗いをしたり、できる仕事ならなんでもすることにしている。

GUINNESS WORLD RECORDS
CERTIFICATE
The most ascents of Everest
by a woman was achieved by
Lhakpa Sherpa (Nepal),
who successfully climbed the
8,848-m-high (29,029-ft) summit
of Everest on for the sixth time on
11 May 2006
OFFICIALLY AMAZING

1：2016年5月20、7度目のエベレスト登頂を達成したラクパ。その10年前の6度目の登頂を達成後に一度引退していたが、エベレスト頂の魅力を忘れられず戻ってきたのだ。国際エベレストデーの

2：2018年5月29日。ラクパとカミ・リタ・シェルパ。

3：2019年4月。アメリカ、コネチカット州で集会で顔を合わせるラクパと娘のシャイニー。彼女（右写真左）とビサー（右写真右）と、ある授賞式にて。ほかに息子二人がいる。

動物

最も背の高いキリン

フォレストと名づけられた12歳のキリン（*Giraffa camelopardalis*）は、頭にある骨の突起の先までの高さが5.7mある。クインズランドのオーストラリア動物園で2019年12月4日に確認された。アフリカの乾燥したサバンナが原産のキリンは、最も背の高い動物で、オスの成獣は一般に4.6〜5.5mに達し、生まれたばかりの子どもでも1.8mと、成人男性ほどもある。

写真はフォレストと、仲間のキリンのケビン、ハンセン。オーストラリア動物園は、テレビの自然保護活動家のインスタグラム娘ビンディと、アーウィン家が所有する。一家の最多フォロワー数の記録をもち、2020年3月4日現在、333万4,904のフォロワーがいる。

これほど背が高くても、キリンは人間と同じく首の骨が7個しかない！

毛ととげ

最も高齢のコウモリ

ロシア、シベリアの洞窟で2005年に発見されたブラントホオヒゲコウモリ（*Myotis brandtii*）には、1964年の足輪がつけられており、少なくとも41歳だった。このコウモリは非常に小さく、体重は5～7gしかない。小さい種ほど短命という哺乳類の常識と正反対だ。このコウモリは、計算よりも10倍近く長生きしたのだ！

最も長い毛

動物界で毛の長さを争っているものがいくつかある。馬の尾、ジャコウウシ（*Ovibos moschatus*）の外毛、キリン（*Giraffa cameloparadalis*）の尾の房（虫から身を守るために使われる）などだ。しかし、最も長い毛の記録をもつ動物は、実はヒト（*Homo sapiens*）だ。2004年5月8日に計測したとき、謝秋萍（中国）の髪の毛の長さは5.627mあった。

最も細い動物の毛

チベット高原固有種のチルー（*Pantholops hodgsonii*）の毛は、最も細い天然繊維で

最も大きなヤマアラシ

北アフリカのアフリカタテガミヤマアラシ（*Hystrix cristata*）は、尾をのぞいた体長が約90cmある。白と黒のしま模様が入ったとげは、ケラチンでできた硬い外側の層をもち、先端がとがった特殊な毛である。ヤマアラシは危険を感じると、とげを逆立てて身を守る。

ある。柔らかい下毛は直径7～10マイクロメートルで、平均的なヒトの毛の1/10ほどだ。チルーからつくられる毛織物シャトゥーシュの取り引きが原因で、数は大きく減ってしまった。

最も長いひげ

鰭脚類（アザラシ、アシカ、セイウチ）は哺乳類で最も長いひげ、つまり洞毛をもつが、ナンキョクオットセイ（*Arctocephalus gazella*）をしのぐものはない。オスで一般に35cmの長さがあるが、メスでは13～22cmと短くなる。1968年に『ブリティッシュ・アンタークティック・サーベイ・サイエンティフィック・リポーツ』誌に記載された、サウスジョージア島のオスには48cmのひ

最も珍しい大型類人猿

2017年に初めて新種として正式に認定されたタパヌリオランウータン（*Pongo tapanuliensis*）は、絶滅寸前のリストに入っている。インドネシアのスマトラ島北西部に生息する唯一の群れの数は800頭に満たない。スマトラオランウータン（*P. abelii*）とは別種である。

毛の解剖学

乳腺とともに毛は、ほとんどの哺乳類を定義づける特徴だ。主にタンパク質の一種ケラチンでできている（羽や角と一緒）が、毛にはとげを含めさまざまな形状がある。

❶毛球：毛の生きている部分で、ここから毛が生える。

❷毛幹：毛髄質、毛皮質、毛小皮（キューティクル）の3層からできている。

❸皮脂腺：皮脂を分泌して皮膚の湿度を保つ。

❹汗腺：体温調節を助ける。汗腺がない動物は、舌を出して荒い息をする、泥のなかで転がるなどして、身体から熱を放射する。

❺立毛筋：寒いときや緊張したときに毛（鳥肌）を立たせる筋肉。

❻血管

❼神経

❽皮下脂肪

最も多くのひげがある鰭脚類

ひげは感覚器官としてはたらくように進化した特殊な毛で、すべての哺乳類（単孔類とヒトをのぞく）にある程度は見られるものだ。セイウチ（*Odobenus rosmarus*）には顔にとげのようなひげが400～700本あり、密生した口ひげのようになっている。平均の長さは8cmだが、太さは人間の髪の毛の30倍太い3mmだ。

セイウチはひげを使って薄暗い海底の二枚貝を探りあてる。そのひげは貝をミリ単位の差で区別できるほど敏感だ。

最も小さな霊長類

1992年にマダガスカル西部で発見されたマダムベルテネズミキツネザル（*Microcebus berthae*）は、最も小さい霊長類だ。全長は21㎝で、50％以上が尾である。成獣の体重が30.6gで、プラムの半分ほどの重さだ。

偽物の毛

▶ "最も毛深い" 甲殻類

イエティロブスター（*Kiwa hirsuta*）は、南太平洋の熱水噴出孔に生息している。長いはさみと短い胸脚はブロンドの剛毛におおわれている。

◀ "最も毛深い" カエル

ケガエル（*Trichobatrachus robustus*）のオスの後ろ脚と腹に生えている毛のように見えるものは、皮膚の集まりだ。

▶ "最も毛深い" 魚

"最も毛深い" 魚の候補者のひとつがカエルアンコウ（*Antennarius striatus*）で、小さな突起はサンゴや海藻にまぎれるために役立つ。

げがあった。左右のひげの端から端までは106.5㎝だった。

最も北にすむ有蹄類

高緯度地方の寒い気候で生きていくには、毛皮が欠かせない。有蹄類のなかでは、カナダとグリーンランドの北極圏、北緯83度に見られるジャコウウシ（*Ovibos moschatus*）が最も北にすむ。ジャコウウシは二重の毛をもち、マイナス40℃の寒さに耐える。毎年生え変わる下毛はキヴィアックの名で知られ、羊毛の8倍温かいといわれている。また外側の保護毛は動物界で最も長いもののひとつであり、脇腹の部分では60㎝に達することもある。

最も北にすむクマ

ホッキョクグマ（*Ursus maritimus*）は縮小が続く北極の海氷の上に生息し、その範囲は北緯65〜85度だが、2001年8月5日には北緯89.775度を泳いでいる成獣が見つかっている。北極点から約24㎞は、最北のクマの目撃記録だ。

大型肉食動物のホッキョクグマは、クマのなかで **最も効率的な断熱性のある毛**をもち、極寒の環境に対応できる。**最も脂肪が多い餌**であるアザラシを食べてたくわえた厚さ10㎝の皮下脂肪層に加えて、2層になった毛が保温のために重要な役割をはたす。

最も北にすむウサギ

90種ほどいるアナウサギ、ノウサギ、ナキウサギ（ウサギ目）のなかで、ホッキョクウサギ（*Lepus arcticus*）は最も北に見られる。その生息域はグリーンランド最北端の北緯89度にまでおよぶ。冬は白色、夏は灰褐色の毛におおわれる。

最も密な毛皮

北太平洋の極寒の海に耐えられるように、ラッコ（*Enhydra lutris*）には1㎝²あたり最大16万本の毛が生えている。ただし、身体の部位によって密度は異なる。イエネコの腹部に生える毛は1㎝²に1万8,500本だ。この毛が断熱性のある空気の層を身体の近くにとらえ、皮下脂肪の代わりになる。

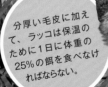

分厚い毛皮に加えて、ラッコは保温のために1日に体重の25％の餌を食べなければならない。

羽

1980年の5羽のうち、メスは"オールドブルー"
という名前の1羽しかいなかった。

ほぼ100%

体長との割合で
最もくちばしが長い鳥

ベネズエラからボリビアにかけてのアンデス山脈に見られるヤリハシハチドリ（*Ensifera ensifera*）は、10.2cmのくちばしをもち、尾羽をのぞく身体より長い。

尾羽の先からくちばしの先までで25cmを超えるこの鳥は、**最も長いハチドリ**でもある。

羽をもつ最初の動物

2000年6月、2億2000万年前の動物の化石から、"最初の羽"を発見したと科学者たちが発表した。ロンギスクアマ・インシグニス（*Longisquama insignis*）と名づけられたその動物は、背中にある突起が中空であるなど、現代の鳥の羽に見られる特徴を備えていた。この生物は、最初の鳥が現れる7500万年前にいたと思われる。

羽をもつ史上最大の動物は、恐竜のユウティラヌス・フアリ（*Yutyrannus huali*）だ。ティラノサウルス・レックス（*Tyrannosaurus rex*）の先祖で、糸状の羽毛におおわれ、全長9.1m、体重は約1,400kgあった。2012年4月に公式に記載されたこの恐竜は、中国北東部の義県層の化石床で発見された約1億2500万年前のものだ。

琥珀のなかで発見された最初の恐竜の尾

2016年12月8日、中国地質大学が率いる科学者チームが、2015年に発掘し、なかに羽が保存された琥珀のサンプルの分析結果を公表。9900万年前から白亜紀中期の恐竜の尾羽とされた。

琥珀に閉じこめられた最も古い羽の新たな候補が、2019年12月10日、『ネイチャー・コミュニケーションズ』誌で明らかにされた。約1億年前のものとされるミャンマー産琥珀ふたつに、恐竜の羽毛などが含まれていた。

最も目覚ましい
鳥類の復活

1980年には、南太平洋の固有種チャタムヒタキ（*Petroica traversi*）は、5羽の個体しか残っていなかった。2015年11月現在、成鳥は289羽まで増えた。この鳥の目覚ましい復活は、「交差哺育法」という画期的な技術による。これは、卵とひなを近い種に与えて抱卵・養育させるものだ。

最も翼開長が長い
フクロウ

ユーラシアワシミミズク（*Bubo bubo*、右写真）とシマフクロウ（*B. blakistoni*）のメスの成鳥は、翼開長が最大2mに達することがある。ユーラシアワシミミズクは**最も大きなフクロウ**でもある。平均体長が66〜71cm、体重は最大4kgで、クロウタドリ（*Turdus merula*）の40倍も重い。

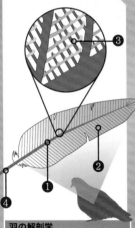

羽の解剖学

くちばしや爪のように、鳥の羽も軽くて丈夫なケラチンでできている。柔らかい綿毛のような羽毛は保温の役割をする。硬く長い羽は空を飛ぶために使われる。

❶羽軸：中心の軸で、ここから羽枝が対になって生える。

❷羽枝：羽軸から生える平行の枝で、まとまって「羽弁」を形づくる。

❸小羽枝：ひとつひとつの羽枝から出る突起。小さなフックがついており、隣りあった小羽枝をつなげる役割がある。

❹羽柄：中空の軸で、羽を鳥の身体とつないでいる。

ニシツノメドリの
最も大きなスーパーコロニー

アイスランド南西沖のヴェストマンナエイヤル（ウエストマン諸島）には、4〜8月の繁殖期の間、約83万対のニシツノメドリ（*Fratercula arctica*）がいる。この数は、使用中と思われる巣穴の数を調べてニシツノメドリの個体数を推定したもので、全世界のニシツノメドリの約20％にあたる。

ニシツノメドリは羽づくろいをするときに、尾の近くにある腺から分泌される油を羽に塗りつけ、防水している。

最も長い鳥の羽

1972年に計測されたとき、窪田正が所有するオナガドリ（*Gallus gallus*）の尾筒は10.6mあった。

オナガキジ（*Syrmaticus reevesii*）の中央尾羽は2.4mを超えることがあり、**最も長い野鳥の羽**である。この鳥の尾羽は**最も小さいインコ**の体高の30倍ある。アオボウシケラインコ（*Micropsitta pusio*）の成鳥はわずか8cmで、重さは単3型乾電池の半分しかない！

最も密度の高い羽

この記録は長い間、1cm²あたり11〜12本の羽をもつコウテイペンギン（*Aptenodytes forsteri*）のものとされてきた。陸上では羽毛は逆立ち、空気を捕えて断熱する。生息地である南極では、気温がマイナス40℃以下に下がるので、これが欠かせない。水中では羽毛を寝かせて、マイナス1.8℃の冷たい水の侵入を防ぐ。これに異を唱えた科学者は、新たな候補としてムナジロカワガラス（*Cinclus cinclus*）をあげているが、現在調査中だ。

最も大きなクジャク

マクジャク（*Pavo muticus*）は東南アジア原産である。オスは、尾筒を含めると体長3mにまで成長することがある。尾筒自体の長さは1.6mに達する。オスのなかでも最大の個体は、現生の飛ぶ鳥で最大のもののひとつだ。

最も重いオウム

カカポ（*Strigops habroptila*）は、野生では現在ニュージーランド沖の3つの小さな島だけで見られる。オスはメスより大きく、成長すると最大4kgになる。

ニュージーランドの南島で2008年に発掘されたふたつの脚の骨の化石から、**史上最も重いオウム**はヘラクレス・インエクスペクタトゥス（*Heracles inexpectatus*）であると確認された。その体重は6.96kgで、カカポの約2倍、体高は約1mと推定される。右上のシルエットは、それぞれの鳥と成人男性を比較したものだ。

最も強い猛禽類

メスのオウギワシ（*Harpia harpyja*）は、自分と同じかそれ以上の大きさの動物（最大9kg）を狩ることができる。獲物にはナマケモノやホエザルなども含まれ、これらは**最大のワシの獲物**たちである。メスのすねは子どもの手首くらいの直径があり、爪の長さは12.5cmほどある。

最も背が高い飛ぶ鳥

ツル科のなかでも、シロエリオオヅル（*Antigone antigone*）のような大型のものは、成人男性ほどもある体高1.8mに達する。この鳥はインド亜大陸、オーストラリア北部、東南アジア原産である。

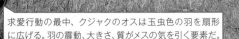

求愛行動の最中、クジャクのオスは玉虫色の羽を扇形に広げる。羽の震動、大きさ、質がメスの気を引く要素だ。

うろこ（陸生動物）

ワニの皮骨は、装甲の役割をはたすだけでなく、体温調節も助けている。

最も古い陸を歩く魚

うろこは古代の爬虫類とその現代の子孫すべてを定義する特徴であり、それには十分な理由がある。四肢動物は、水中から陸上の環境に移動した硬骨魚類から進化したのだ。

陸を歩く能力をもった最初の魚は、約3億7500万年前、現在のカナダ北極圏に生息していた肉鰭類の一種、ティクターリク・ロゼアエ（*Tiktaalik roseae*）である。その胸びれには、魚には見られないが四肢動物には存在する原始的な手根骨がある。

最も大きなトカゲ

コモドドラゴン（*Varanus komodoensis*）はインドネシアのひと握りの島、主にコモド島に生息する。オスの平均体長は2.59m、体重は79〜91kgである。

現生動物で最も大きな爪

オオアルマジロ（*Priodontes maximus*）の第3指の前爪は、長さ20.3cmまで成長することがある。南アメリカ原産のこの動物は、爪でアリ塚を掘り返す。硬い甲羅は、皮骨と呼ばれる骨のようなうろこからできている。

ワニの最も新しい種

ニューギニアワニ（*Crocodylus novaeguineae*）は、1928年に正式に記載されたが、そのなかにふたつの種がいると主張する科学者もいた。身体の構造などの要素を研究した結果、ついに2019年9月、ホールズ・ニューギニアワニ（*C. halli*）が別種として認められた。

最も広く分布するヘビは、セグロウミヘビ（*Hydrophis platurus*）だ。

最も長い爬虫類

東南アジア、インドネシア、フィリピンに生息するアミメニシキヘビ（*Malayopython reticulatus*）は全長6.25mを超えることがある。

最も短い爬虫類はマダガスカルに生息するミニマヒメカメレオン

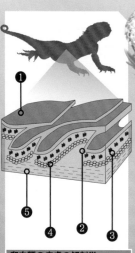

爬虫類の皮膚の解剖学

うろこでおおわれた皮膚は鎧であり、爬虫類が乾燥した環境で生き抜くための保水層でもある。しかしうろこは爬虫類だけにあるものではない。多くの哺乳類、両生類、昆虫もこの機能をさまざまな形で進化させてきた。

❶うろこ：防御と水分の保持の役割をする硬い板状の外装。

❷ヒンジ：表皮のなかにある、うろこの間の柔軟な部分。

❸色素胞：色素を含んだ細胞で、爬虫類の多様な色彩のもと。

❹皮骨：うろこを補強するケラチンでできた骨性の沈着物。多くのトカゲ、カメ、ワニに見られる。

❺真皮：うろこの下にあり、神経と血管が通っている皮膚の層。

最も広く分布する陸生ヘビ

陸にすむヘビで最も自然の生息域が広いのは、ヨーロッパクサリヘビ（*Vipera berus*）だ。その東西の範囲は、イギリスからロシア東部のサハリン島まで約8,000kmにおよぶ。この毒ヘビは、北はスカンジナビア半島、北極圏に200kmも入ったロシア、コラ半島、南はバルカン半島にまで生息する。

最も取引量が多い野生哺乳類

センザンコウ科（*Manidae*）のうろこは毛や角と同じ材質のケラチンでできていて、捕食者から身を守るのに役立っている。危険が迫ると、センザンコウは背中を外側にしてボールのように身体を丸め、下腹を守る。

残念なことに、この防御手段がセンザンコウの減少の原因となっている。国際自然保護連合によれば、2000〜2013年の間に100万頭を超えるセンザンコウが違法に取り引きされた。一部の文化では、うろこが伝統薬として珍重され、また簡単に捕るので食用として狩られている。

センザンコウの英語名「パンゴリン」は、マレー語で「丸まるもの」を意味する「ペングリン」からきている。

最も遅い昆虫の羽ばたき

キアゲハ（*Papilio machaon*）は1分間に300回羽ばたく。1秒間にわずか5回だ。チョウやガの羽の"粉"は、実際は鱗粉という小さなうろこが格子状になったもの（右上写真）。

（*Brookesia minima*）、ミクロヒメカメレオン（*B. micra*）、マウント・アンバー・リーフ・カメレオン（*B. tuberculata*）の3種で、成体のオスは鼻先から総排泄腔までの体長が14mmにしかならない。

最も重い爬虫類は、東南アジアとオーストラリア北部に生息するイリエワニ（*Crocodylus porosus*）だ。大型のオスの重さは1,200kgにもなる。

ガの最も大きな科

ヤガ科（*Noctuidae*）は世界中に分布し、現在科学的にわかっているもので3万5,000種以上いる。しかし、前翅の上側が保護色

になっていて、見つけるのが難しいため、まだ正式に発見されていない種が数多い（6万5,000種いるかもしれない）。

最も大きなヤモリ

ニューカレドニアのツギオミカドヤモリ（*Rhacodactylus leachianus*）は、尾を含めると全長36cmに達する。チビヤモリ属（*Sphaerodactylus*）は**最も小さなヤモリ**だ。鼻先から総排泄腔までの測定値16～18mmという記録が、ドミニカ共和国のアラグアヤモリ（*S. ariasae*）とバージン諸島のバージン・アイランズ・ドワーフ・ゲッコー（*S. parthenopion*）にある。

ほぼ100%

最も小さなカメ

南アフリカのシモフリヒラセリクガメ（*Chersobius signatus*）は甲長6～9.6cmと非常に小さく、岩の割れ目に隠れることができる。ほかのすべてのカメと同様、この小さなシモフリヒラセリクガメにも2種類のうろこがある。皮膚にある細かいうろこと、甲羅を包むケラチンでできた鱗板だ。

このヘビの尾にある発音器官は、死んだ皮膚でできた中空のケラチンの節がいくつも重なったものだ。

トカゲの最も大きな属

2020年2月8日現在、アノールトカゲ属（*Anolis*）には436種が知られている。南北アメリカ大陸原産のアノールは樹上性のトカゲだ。オスにはそれぞれの種に特有の、色がついた大きな喉袋があり、メスへの求愛行動に使われる。

最も大きなヘビ属は、143種いるサンゴヘビモドキ属（*Atractus*）だ。

最も重い毒ヘビ

アメリカ南東部に生息するヒガシダイヤガラガラヘビ（*Crotalus adamanteus*、上写真）は、体重6.8kg、長さ1.83mに達する。最も重い記録は15kg（人間の赤ん坊の4倍）、長さ2.36mだった。これに匹敵する種はサハラ以南のアフリカに生息するガボンアダー（*Bitis gabonica*）で、1973年に記載された標本は体重が11.3kgあった。

最も長い毒ヘビは、インドと東南アジア原産のキングコブラ（*Ophiophagus hannah*）だ。一般に成体は長さ3.7～4mに成長する。

うろこ（水生生物）

歴史的には、ヨーロッパオオナマズ（*Silurus glanis*）が**最も大きな淡水魚**だった可能性がある。ハシナガチョウザメも候補だったが2020年に絶滅した。

ピラルクーの鎧のような頑丈なうろこは、ピラニアの攻撃にも耐えられる！

認された最も長寿の淡水魚は、ビッグマウスバッファロー（*Ictiobus cyprinellus*）である。これはアメリカ中部とカナダ南部のミシシッピ川とハドソン湾の集水域を原産地とする、コイ目の魚だ。標本の年齢は、耳石をとり出して年輪を数えることで算出できる。ビッグマウスバッファローの386例のサンプルにおいて、複数の例で群れの90％が80歳以上であり、以前推定されたこの種の年齢の上限26歳を大幅に上回っていた。5つの標本は100歳を超えていて、最も長寿のものは112歳だった。

最も大きな淡水魚

この記録タイトルの候補は、何を基準とするかによって何種かいる。南米アマゾン川流域のピラルクー（*Arapaima gigas*、上写真）は体長4.5m、体重200kgにまで成長する。メコンオオナマズ（*Pangasianodon gigas*、左写真）やインドシナのパンガシウス（*Pangasius sanitwongsei*）はもっと重く、どちらも300kg台だが、体長は3mにしかならない。

最も新しい現生のサメ

2019年6月18日の『ズータクサ』誌によ

最も大きなモササウルス

モササウルスは有史以前の水生トカゲで、白亜紀（9400万〜6600万年前）の終わりまで海の食物連鎖の頂点にいた。最も大きなものは、ハイノサウルス・ベルナルディ（*Hainosaurus bernardi*）の15mから、モササウルス・ホフマニ（*Mosasaurus hoffmanni*）の18mまでの間と推定される。現生のウミヘビのように、すべてのモササウルスは皮膚にうろこがあったと考えられている。小さな稜鱗（隆起のあるうろこ）は水の抵抗を抑えると同時に光の反射を減らし、狩りのときのカモフラージュに役立っていたと考えられる。

最も長寿の淡水魚

『コミュニケーションズ・バイオロジー』誌2019年5月号の報告によれば、年齢が確

小歯状突起の解剖学

サメ、ガンギエイ、エイの皮膚には小さな楯鱗があり、紙やすりのような手触りだ。「皮歯」とも呼ばれる防御構造は、さまざまな場面で水中での抵抗を減らす役目もはたす。

❶皮歯：歯のような構造をもつV字型のうろこ。
❷エナメル質：硬い表面の層。
❸象牙質：エナメル質の下にある丈夫な石灰化した組織。
❹髄腔：うろこの中心部で、血管、神経、組織を含む。
❺基底板：小歯状突起をコラーゲン繊維で皮膚に固定している骨質の構造物。

最も多様に生物発光する脊椎動物

外洋にすむ条鰭類の最大80％は、自分で光を放つことができる。驚くべきことに、その発光能力は少なくとも27回、独自に進化した。下写真のナガムネエソ（ムネエソ科）をはじめ、発光能力をもつこれらの魚の多くは、海洋の中深層（トワイライト・ゾーン）、深さ200〜1,500mに生息する。

ムネエソ科の魚のうろこは、光を反射せず散乱させ、暗い深海で捕食者から見つかりにくくしている

カメによる最も長い潜水

アカウミガメ（*Caretta caretta*）のメスの成体が2003年2月、チュニジア沖の地中海で10時間14分潜水した。エクセター大学（イギリス）のアネット・ブロデリック博士が率いる研究者チームが時間を記録した。

ウミガメはうろこのある丈夫な皮膚をもち、甲羅は「鱗板」と呼ばれる硬い角質のうろこでおおわれている。

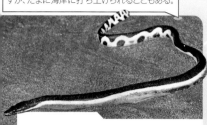

セグロウミヘビは生涯のほとんどを外洋で過ごすが、たまに海岸に打ち上げられることもある。

最も広く分布するヘビ

セグロウミヘビ（*Hydrophis platurus*）ほど、広い範囲にすむヘビはいない。この種は東南アジアから、オーストラリア、アメリカ・カリフォルニア州、南米エクアドルまで、太平洋とインド洋の熱帯域に生息する。海中の外部寄生虫がとりつく場所を減らすため、そのうろこには重なりがない。またこのヘビは陸のヘビよりも頻繁に脱皮する。招かれざる客をとりのぞくためだ。

ると、最も近年に記述されたサメの現生種はアメリカンフクロザメ（*Mollisquama mississippiensis*）だ。2010年2月にメキシコ湾で捕獲された体長14.2cmの若いオスは、フクロザメ属の種ではふたつ目の発見

シーラカンスのうろこの内部構造は、圧力に応じて自動的に変化するため、スマートマテリアルにたとえられる。

最も新しく記載された
現生シーラカンスの種

ラティメリア・メナドエンシス（*Latimeria menadoensis*）は1999年に正式にシーラカンスの種として認められた。現存するシーラカンスは、1938年に記載されたL. カルムナエ（*L. chalumnae*）1種だけだった。もっと前には、こうした原始的な魚は6500万年以上前に絶滅したと考えられていた。

となる。ほかのすべてのサメと同じように、フクロザメは全身のほとんどを小歯状突起（左ページ参照）と呼ばれるV字型の楯鱗でおおわれている。

最も大きな捕食魚

ホホジロザメ（*Carcharodon carcharias*）は体長4.3〜4.6m、体重は一般に520〜770kgになる。状況証拠によれば、なかには6mを超えるものもいる。これは小型トラックよりも大きい。

最も大きな遡河魚（そかぎょ）

淡水で生まれて幼魚のときに海へ下り、淡水に戻って産卵する魚を、専門的には遡河魚と呼ぶ。このような魚で最も大きなオオチョウザメ（*Huso huso*）は、平均体長2.3m、体重65〜130kgになる。

最も重い硬骨魚

マンボウ属の成魚は体長が平均1.8m、体重がおよそ1,000kgになる。最も重い標本は、1996年に千葉県鴨川沖で捕獲されたウシマンボウ（*Mola alexandrini*）で、体重が2,300kg、全長が2.72mあった。

最も大きなブダイ

カンムリブダイ（*Bolbometopon muricatum*）は、体長1.5m、体重75kgに達する。カンムリブダイ属の唯一の種であり、インド洋と太平洋に生息する最大の草食魚である。ブダイは鮮やかな色と、オウムのくちばしのような癒合した歯で知られている。

最も大きな魚

プランクトン食のジンベエザメ（*Rhincodon typus*）は大西洋、太平洋、インド洋の温かい海域で見られる。これまでに調査されたものは、体長4〜12mが普通で、9mのときに性成熟に達することが一般的に知られている。しかし、この見つかりにくい魚の評価は研究ごとに大きく違っている。記録にある最も大きな標本は、2001年5月8日にインドのグジャラート沖、アラビア海で捕獲されたメスで、報告によれば18.8mだった。

ジンベエザメの背中側にある白い線と斑点のパターンは、各個体に特有のものだ。

皮膚

ハダカデバネズミと呼ばれているが、ひげと、全身に細かい感覚毛がある。

的に透明で、心臓、肝臓、腸が見えるものがいる。背中の黄緑色の色調と合わせて、透明の皮膚は葉の上にとどまっているとき、極めて効果的なカモフラージュになる。

最も大きなカエル
カエルとヒキガエルの主な違いのひとつが皮膚だ。カエルの皮膚は一般に湿っていてなめらかだが、ヒキガエルの皮膚はたいてい乾いてごつごつしている。平均体長30cmのゴライアスガエル（Conraua goliath）は、最大のカエルの種だ。

最も長生きのげっ歯類
アフリカのハダカデバネズミ（Heterocephalus glaber）は飼育下で最長31年生きる。野生では、東アフリカの乾燥した草地の地下の巣穴にすんでいる。生息地の気温が非常に高いため、このげっ歯類は毛を必要としない。

最も猛毒の頭足類
ヒョウモンダコ（ヒョウモンダコ属）の一種は、唾液腺からテトロドトキシンという強い神経毒を分泌する。1匹で人間の大人を麻痺させ、あるいは殺すことさえできる量の毒をもつ。ヒョウモンダコは噛むこともあるが攻撃的ではなく、皮膚の模様を輝かせて相手に警告し、追い払うほうを好む。オーストラリア、日本、東南アジアの一部の沿岸で見られる。

最も厚い皮膚
ジンベエザメ（Rhincodon typus）の背中の皮膚は厚さ10cmにもなり、うろこの下にはゴムのような組織があって、シャチなどの捕食者から身を守っている。また、背筋をピンと伸ばすことで皮膚をさらに硬くすることができる。**最も厚い皮下脂肪**をもつ動物はホッキョククジラ（Balaena mysticetus）で、ところにより40cmになる。

最も透明な両生類
中南米の熱帯雨林原産のグラスフロッグ（アマガエルモドキ科）には、腹部が部分

皮膚の解剖学
毛、とげ、羽毛、うろこなどでおおわれていても、すべての脊椎動物には皮膚がある。皮膚には防御、体温調節、感覚器官の機能がある。カエルのような両生類は、皮膚はむき出しで半透性があり、空気や水を交換できる。両生類のなかには、餌の無脊椎動物から獲得した毒をもつものがいる。

❶表皮：皮膚の表層は非常に透過性が高く、水や電解質を通すことができる。
❷色素胞：色素を含み、光を反射する細胞。
❸毛細血管：酸素と栄養分を血液から体組織に運ぶ細い血管。
❹毒腺：すべてのカエルにあるが、ほとんどは捕食者を撃退するほど強いものではない。
❺粘液腺：粘液は水分を閉じこめ、カエルを湿った状態に保ち酸素の吸収を助ける。

最も猛毒のカエル
モウドクフキヤガエル（Phyllobates terribilis）の毒はLD$_{50}$（半数致死量）が体重1kgあたり0.2マイクログラムである。バトラコトキシンという毒素は、14マイクログラムで70kgの人間に致命的となりうる。コロンビア西部の熱帯雨林に固有のこのカエルは、体長が4〜6cmあり、**最も大きなヤドクガエル**である。

科学者は、カエルやヒキガエルを扱うときに医療用手袋をする。服に付着した石けんカスなどが、それらにとって有害だからだ。

最も猛毒の魚
フグの仲間には神経毒テトロドトキシンをもつものがいるが、強さは種により異なる。口から摂取した場合、わずか16mgで70kgの人間が死亡することがある。注射なら2mg未満だ。危険を感じると、フグは体を膨らませてとげを逆立て、敵を撃退する。
最も小さなフグはインド南西部に生息するアベニーパファー（Carinotetraodon travancoricus、右上写真）で、体長3.5cmしかない。

ほぼ100%

最もねばねばしたサンショウウオ
アメリカ各地の森林地帯原産のノーザンスライミーサラマンダー（Plethodon glutinosus）は、皮膚から分泌される糊のような粘液からその名がついた。この物質は非常に粘着力があるので、捕食者は口がくっついて開かなくなってしまう。

ほぼ100%

デンキウナギは実際にはナイフフィッシュの一種で、ナマズの近い親戚だ。

生息する。長さ約20cmのその体は、柔らかく半ゼラチン質で、耳のようなふたつのひれから名前がついた。

最も大きなカワイルカ

生まれたばかりのイルカには数本のひげがあるが、1週間ほどで抜け、ほかの海洋哺乳類同様に流線型で滑らかな皮膚の体になる。皮膚の下の脂肪層は断熱材の役割をはたす。最も大きな淡水イルカは、南アメリカのアマゾン川とオリノコ川にいるアマゾンカワイルカ（*Inia geoffrensis*）だ。

オタマジャクシとカエルの最も大きなサイズ差

南アメリカ原産の

最も長い距離を滑空する両生類

トビガエルのなかには、足にある大きな膜を使って、15mも滑空したと報告される種がいる。写真はワラストビガエル（*Rhacophorus nigropalmatus*）で、足先にはとくに大きなふくらみがある。

Pseudis 属の7種はアベコベガエルと呼ばれているが、それには理由がある。幼生が親より3倍から4倍も大きいのだ。オタマジャクシは最大16.8cmになるが、変態の過程で驚くほど縮んでしまう。成長したカエルでも6.5cm以下だ。

最も数の多いコンドル

戦略的な目的で皮膚をむき出しに進化させた動物もいる。全世界に約450万羽いるヒメコンドル（*Cathartes aura*）だ。頭と首に毛がないのは、血まみれの死骸を食べるとき羽毛が汚れるのを防ぐためだ。羽毛がないことは体温の調節にも役立っている。

最も強い電気を発する動物

デンキウナギ（デンキウナギ属）は中南米の熱帯の河川が原産だ。2019年9月に『ネイチャー・コミュニケーションズ』誌に掲載された研究によれば、知られている現生3種のうち、*E. voltai* は長さ1.2mのメスの場合、最大860ボルトと最も強い電気を発生させる。この魚は、体内にある3対の器官で発電する。論文の筆頭著者のひとりウィリアム・クランプトン博士（上写真）は、ギネスワールドレコーズに対して、大きさと発電能力は関係ないと語った。「デンキウナギは、最小でも2mと非常に大きくなるが、こうした大物はたいてい、もっと小さなものより電圧が低い」

最も大きな滑空する哺乳類

アジアの森林で見られるムササビ（ムササビ属）は、尾を含めた全長が1.1mにまで成長する。ムササビは、脚と胸の間にある毛におおわれたパラシュートのような膜で滑空する。450mを飛んだという記録がある。

南アメリカやオーストラリア（ここでは移入種）に生息するオオヒキガエル（*Rhinella marina*）は **最も大きなヒキガエル** だ。ある標本は、1991年の計測時に体長が38cmあった。

最も深いところに生息するタコ

ダンボオクトパス（ジュウモンジダコ属）は水深4,865mほどの海底近くに

最も小さなサイ

スマトラサイ（*Dicerorhinus sumatrensis*）は、体長2.3～3.2m、肩高1.1～1.5m、体重最大2トンだ。2019年、マレーシアでは、パーム油プランテーション開発のための森林破壊が原因で絶滅している。ゾウやカバとともに、サイはかつて厚皮類に分類されていた。皮膚のしわは水分をとらえ、暑い地域でこうした動物たちが体温を適度に保つのに役立っている。

下の図はスマトラサイとシロサイ（*Ceratotherium simum*）の比較だ。シロサイは **最も大きなサイ** で、体長4.2m、肩高1.85m、体重は約3.6トンある。

外骨格

腹足類(巻貝)の大部分は、殻が右巻きである。

最も古い外骨格

化石記録が残る最も古い動物は、約5億5800万年前にさかのぼり、すべてディッキンソニア(*Dickinsonia*)のような軟らかい身体の海洋生物だった。防護力の高い、硬い表層の発達が始まるのは、それから800万年後のことだ。進化上、わかっている限りで、優位となる硬い表層をもつ最初の動物は、エディアカラ紀後期の海の生物クロウディナ(*Cloudina*)だ。おおまかに外骨格または殻と表現される石灰化した身体の外側部分は、炭酸カルシウムでできており、円錐を高く積み重ねたような形をしている。クロウディナの軟らかい部分は今のところわかっていない。そのような組織は化石になりにくいからだ。クロウディナの化石は、スペイン、ナミビア、ウルグアイ、アメリカ、中国、南極、ロシアなど世界各地で見つかっている。

最も古い三葉虫

"外骨格"戦略を次の段階に移したのが、節足動物だ。節足動物には昆虫類、クモ形類、甲殻類が含まれ、いずれもなんらかの形の外骨格をもつ。

地球上に最初に出現した節足動物のひとつが5億4000万〜5億2000万年ほど前の三葉虫(*Trilobita*)だ。すでに絶滅し、現生の最も近い親戚はカブトガニである。いっぽう、**最も古いクモ形類**がサソリの一種

最も大きな陸生巻貝

シエラレオネで1976年6月に採集されたメノウアフリカマイマイ(*Achatina achatina*)は、最大に伸びきったときの全長が39.3cm、殻の長さが27.3cmあった。重さは900g。イギリス、イースト・サセックスのクリストファー・ハドソンに飼われていた。

*Parioscorpio venator*で、約4億3600万年前のものだ。『サイエンティフィック・リポーツ』誌に2020年1月に記載されたが、このサソリが陸生か、海生か、両生だったかはわかっていない。

最も小さなサソリ

サソリは現在、外骨格をもつことでとくによく知られた動物のひとつだ。サソリの仲間で最も小さいものはミクロブツ

ほぼ100%

外骨格の構造

動物には部分的に外骨格をもつものがいる。たとえば節足動物では、よく「殻」と呼ばれている。外骨格は繊維性のキチン質でつくられている。
❶上クチクラ:ろうを含み保護の役割をする表層。
❷外クチクラ:中間層。
❸内クチクラ:高度にキチン化された内層。
❹ヘリカルナノファイバー:外骨格の強靭さは、合板の木目のようなキチンとタンパク質の層がねじれながら積み重なった内部構造によるもの。

最も危険なウニ

インド太平洋のラッパウニ(*Toxopneustes pileolus*)は繊細に見えるが、強烈な攻撃力をもつ。硬い殻はとげとハサミのような器官におおわれ、毒を放出する。この毒は強い痛みに加え、平滑筋にも作用するようで、呼吸困難や麻痺につながることがある。

最も高い密度で生息するカニ

2015年の最新の調査で、合計3,800万匹のクリスマスアカガニ(*Gecarcoidea natalis*)が、インド洋にある135km²のクリスマス島と隣のココス諸島に生息していることがわかった。これは1km²あたり約28万匹のカニがいることになる。しかし、アシナガキアリ(*Anoplolepis gracilipes*)が侵入してから、この数は激減している。2017年、研究者はアシナガキアリを食べるハチを導入して、減少を食い止めようとした。

年に1度、クリスマスアカガニは繁殖のため、海岸へ向けて大規模な移動を始める。

最も大きなシードラゴン

ウィーディーシードラゴン（*Phyllopteryx taeniolatus*）は、口先から尾の先端までの長さが45cmに達することもある。ほかの多くの魚とは異なり、シードラゴンの仲間にはうろこがない。代わりに、骨のような外骨格でおおわれている。

もあり、なんと12倍の差がある。メスは幼形成熟で、成虫になってもイモムシのような姿をしている。オスとは違って、メスはとげに縁どられた装甲板を身にまとう（頭部がとくに目立つ）ため、太古の三葉虫に似ている。この昆虫の一般名はここからきている。

最も新種のシードラゴン

『ロイヤル・ソサエティ・オープン・サイエンス』誌の報告によれば、ルビーシードラゴン（*Phyllopteryx dewysea*）は2015年に

最も水中生活に適応したクモ

ミズグモ（*Argyroneta aquatica*）は一生のほとんどを水中で過ごす。このクモは脚にある疎水性（水をはじく性質）のある毛に気泡を集めて水中にドーム型の巣をつくり、住めるようになるまで大きく膨らませる。

ス・プシルス（*Microbuthus pusillus*）で、全長1.3cmほど。この種は紅海沿岸で見られる。

最も重いサソリは西アフリカに生息するダイオウサソリ（*Pandinus imperator*）で、重さは最大60gになり、体長は13〜18cmだ。サソリを紫外線の下に置くと、鮮やかな青緑色に発光する。これは外骨格の外側の層にある蛍光物質によるものだ。

最も大きなクモ

クモは聴毛と呼ばれる細長い毛におおわれているが、やはり外骨格をもつ。成長して外骨格が小さくなると、それを脱ぎ捨てる。これが脱皮として知られるプロセスだ。最も大きなクモは、ルブロンオオツチグモ（*Theraphosa blondi*）。待ち伏せて獲物を狩るクモで、脚を広げた幅は28cmに達する。主にスリナム、ガイアナ、フランス領ギアナの沿岸部の熱帯雨林に見られる。

最も差が大きい甲虫の性的二形

インドと東南アジアに生息するサンヨウベニボタル（*Platerodrilus*属）のなかには、オスとメスの差が非常に大きなものがいる。オスは普通の甲虫の姿で、体長5mmほどしかない。いっぽうメスは60mmに達すること

正式に新種として登録された。体の形はウィーディーシードラゴン（左上コラム参照）に似ているが、最も見分けやすい特徴は色で、赤にピンクの縞模様が入っている。ルビーシードラゴンはわかっている範囲では、西オーストラリア州沖にだけ生息している。

最も小さなカブトガニ

マルオカブトガニ（*Carcinoscorpius rotundicauda*）は円形の甲羅をもち、直径は最大で15cmだ。インドと東南アジア全域の海岸林、干潟、海岸に生息する。カブトガニは、古代の節足動物の一族、剣尾目の最後の生き残りで、太古のウミサソリに最も近い。

最も大きなアンモナイト

1895年にドイツで発見されたパラプゾシア・セッペンラデンシス（*Parapuzosia seppenradensis*）というアンモナイトの不完全な化石は、直径が1.95mで、完全な形であれば2.55mと推定された。アンモナイトはイカやタコの親戚で、殻のなかにすんでいる。現在、最も近い外見をもつ親戚はオウムガイ（オウムガイ科、右写真）。

ほぼ100%

最も身体の長い甲虫

中南米の熱帯雨林に生息するヘラクレスオオカブト（*Dynastes hercules*）は全長44〜172mmで、その大半を角のようなハサミが占めている。この非常に強い昆虫に、ふさわしい名前といえる。抵抗試験では、体重の850倍の力に耐えられることが証明されている。

ヘラクレスオオカブトの鞘ばね（硬いはねのおおい）は、湿度が高くなると色が黄色や緑色から黒色に変わる。

ペットと家畜

イヌがスケートボードでくぐり抜けた最も長い人間のトンネル

斉藤マリエの愛犬、大ちゃんという名前の5歳のブルドッグは、2017年9月17日、東京都千代田区で33人の足の間をスケートボードでくぐり抜けた。

ネコの記録は13人で、ロバート・ドルウェット（アメリカ/オーストラリア）が飼っているベンガルのブーマーが、2017年2月9日にオーストラリアで達成した。

▶ **イヌによる人間を足がかりにしたジャンプ10回の最速タイム**

2019年5月12日、イギリス、ハートフォー

ドシャー州ネブワースで開催されたドッグフェストで、ジャック・ラッセル・テリアのリトル・ジョーは、レイチェル・グリルス（イギリス）を足がかりにしたジャンプ10回を9秒843で行った。

同じイベントで、ナーラは飼い主のニッキ・ハインドソン（イギリス）とともに、**イヌによる1分間で最も多くの「おすわり」**の記録、35回を達成した。

▶ **最も背が低い馬（オス）**

ミニチュア・アパルーサのボンベルの肩までの高さは56.7cmと、2018年

ドッグジャンプで最も遠くに飛んだイヌ

2019年9月22日、ローレル・ベーンケ（アメリカ）の愛犬で4歳のウィペット、サウンダーズは、アメリカ、カリフォルニア州サンタローザのマイケル・エリス・ドッグトレーナースクールで、プラットホームからプールに11.02m飛んだ。ノース・アメリカ・ダイビング・ドッグズが記録を認定した。

▶ **最も背の高い馬**

2010年1月19日、9歳だったベルジャン種のビッグジェイクは、蹄鉄なしで体高が210cmあった。アメリカ、ウィスコンシン州ポイネットのスモーキーホロー農場で計測された。全盛期には、ビッグジェイクは1日に干し草1ロールと穀物をバケツ2杯食べた。今は引退生活を楽しんでいる。

最も多様なダンスの動きができる鳥

ポップソングに合わせて踊るキバタンのスノーボールの動画を研究者が分析したところ、ヘッドバンギング、ヘッドシェイキング、フットリフティング（上写真）など、14の異なる動きが確認された。アイリーナ・シュルツ（アメリカ）に飼われているスノーボールのお気に入りの曲は、クイーンの『地獄へ道づれ』などだ。

▶ **30秒間で最も多く「ハイタッチ」をしたネズミ**

2019年10月5日、ゴールデンサイアミーズラットのフランキー（右写真）はイギリス、ハートフォードシャー州ワトフォードで、ルーク・ロバーツ（イギリス）と30秒間に28回、左右の前足で代わる代わるハイタッチをした。

フランキーの兄弟のフレディ（左写真）は、▶ **ネズミによる30秒間で最も多くの輪くぐり8回**を2020年1月5日に達成。

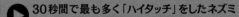

最も多くのイヌによるコンガライン

2019年12月8日、ドイツ、トーデンビュッテルで、アレクサ・ラウエンブルガー（ドイツ）は4本足の友人たち8匹（エマ、ジェニファー、ケイティ、マヤ、ナーラ、サブリナ、サリー、スペッキー）によるコンガラインを率いた。これは、アレクサと父ウォルフガングがこの日更新したイヌの芸に関する5つの記録（下参照）のひとつだ。まだ12歳だが才能あるトレーナーのアレクサは、これまでにドイツ、イギリス、アメリカのテレビに出演した。

アレクサと父のウォルフガング・ラウエンブルガーは2019年の12月8日、才能あるイヌたちとともに、イヌの芸の記録をほかにも4つ達成している。

▶イヌの後ろ足二足歩行10m最速タイム：エマとウォルフガングによる3秒05。

▶イヌの後ろ歩き5m最速：ジェニファーとアレクサによる6秒73。

▶イヌによる30秒間で最多の回転数：マヤとウォルフガングによる43回。

▶イヌによる後ろ足でのハードル5台越え最速：エマとアレクサによる5秒66。

4月24日にポーランド、ウッチのカスカダ厩舎で認定された。飼い主はカタジナ・ジェリンスカ（ポーランド）。

最も身体が長いイエネコ

チンチア・ティニレロとエドガー・スカンドゥッラ（ともにイタリア）が飼っているメインクーンのバリヴェルは、2018年5月22日の計測で、鼻から尾の先まで120cmあった。2010年8月28日に認定された史上最も身体が長いイエネコもメインクーンで、ロビン・ヘンドリクソンとエリック・ブランズネス（ともにアメリカ）が飼っていた全長123cmの「スチューイ」だった。

最大規模のヤギのヨガ教室

2019年9月14日、デビーとロブ・キャントン（ともにアメリカ）は、アメリカ、フロリダ州ソノトサッサにあるグレイディ・ゴート・ファームのヤギと一緒に、501人を集めたヨガ教室を開催した。最大規模のイヌのヨガ教室は、2016年1月17日、リンク・アセット・マネジメント社（香港）の主催で270匹が参加して香港で行われた。

ウサギのジャンプ5回最速タイム

2020年1月18日、ペネロペは5台のハードルを4秒816で跳んで、イギリス、サウス・ヨークシャー州ドンカスターで開催された小動物ショーでギネス世界記録を達成した。飼い主はこの競技の愛好者ニコル・バレット（イギリス）。

最も角の先端の間隔が広い雄牛

ポンチョ・ヴィアと名づけられた7歳のテキサスロングホーンの角は、両端の間隔が3.23mある。ポンチョ・ヴィアはアメリカ、アラバマ州グッドウォーターの牧場でポープ家の人々に育てられた。飼い主いわく「大きくて優しい性格」で、好物はリンゴ、ニンジン、マシュマロだ。

2019年現在、最も角の先端の間隔が広い雌牛はアメリカ、テキサス州の「3S ダニカ」で、2.65mだ。

最も角が長いヤク

20歳になるチベット原産のヤク、ジェリコの湾曲した角は、2018年12月23日の計測で、両側を合わせて3.23mあった。ジェリコはアメリカ、ミネソタ州ウェルチで、ヒューとメロディー・スミス（ともにアメリカ）に飼われている。メロディー（写真）によれば、ジェリコは大人しい性格で、人が上に乗ることができるという。

まとめ

最も近年に絶滅した魚

中国のハシナガチョウザメ（*Psephurus gladius*）は最大級の淡水魚で、少なくとも体長3m、体重300kgにまで成長する。長く伸びた鼻先がこの種の特徴だ。2020年1月、中国水産科学研究院と国際自然保護連合のチョウザメ専門家は、この魚の絶滅を公式に宣言した。2005～10年の間に、乱獲と生息地の喪失が原因で絶滅したとみられる。このような記録がさらに増えないように、ギネスワールドレコーズはライオンズシェア基金と提携している。

> シープドッグ、家畜、サラブレッドは、イギリスの伝統的な農村オークションにかけられる。その多くは今も古い通貨単位のギニーで売買される。

最も高価なシープドッグ

エマ・グレイ（イギリス）が育てた2歳半のボーダー・コリー、メーガンは、2020年2月21日、イギリス、ノース・ヨークシャー州のスキプトン・オークション・マートで、2万4,361ドル（約267万9,000円）で落札された。

▶ 飼育下で最高齢のナマケモノ

ポーラという名のフタユビナマケモノ（*Choloepus didactylus*）は、ドイツにあるハレ動物園で1971年9月25日、少なくとも2歳から暮らしており、2019年10月11日現在、48年と16日たった。動物園は、2019年6月14日をポーラの50歳の誕生日とした。

最も速く走るアリ

北アフリカのサハラギンアリ（*Cataglyphis bombycina*）は、全速力で走ると1秒間に移動する距離は85.5cmと自分の体長の108倍になる。ウサイン・ボルト（ジャマイカ）と比較すると、**100m最速記録**の9秒58は、1秒間に移動した距離は彼の身長の"たった"5.35倍だ。

哺乳類で最も速く動く筋肉

研究から、ドーベントンコウモリ（*Myotis daubentonii*）は喉にある超速筋を毎秒200回伸縮させる（200ヘルツ）ことがわかった。これは、人間のまばたきを制御する眼輪筋（**最も反応の速い人間の筋肉**）の約20倍速い。コウモリはこのように喉頭を高周波振動させることで、音波の反響を利用し、獲物に狙いを定めている。

飼育下で最高齢のゴリラ

ニシローランドゴリラ（*Gorilla gorilla gorilla*）のファトゥは1959年5月からベルリン動物園で暮らしており、動物園が誕生日に定めた2020年4月13日で63歳になった。ファトゥにはライバルがいた。アメリカ、アーカンソー州リトルロック動物園のトルーディ（1956年6月生まれと推定）で、2019年7月23日に死亡した。

記録上最も長く単独行動しているイルカ

アイルランド、ケリー州ディングル半島沖にすむ、ファンギーと呼ばれるバンドウイルカ（*Tursiops truncatus*）は、少なくとも37歳だ。鯨類保護団体マリーン・コネクションが、群れに属さず単独行動するクジラとイルカに関する世界中の記録を調査した2019年の報告によれば、ファンギーが初めて姿を見せたのは1983年だった。

> 年齢が正確にわかっている最高齢のゴリラはコロで、アメリカ、オハイオ州のコロンバス動物園で2017年1月17日に60歳と26日で死んだ。

スズドリの甲高い叫びは約1.6km先からも聞こえ、杭打ち機に相当する騒音レベルだ!

最大のティラノサウルス・レックスの骨格

2019年3月、このタイトルに新たな候補が現れた。それが「スコッティ」(上写真と下のシルエット)だ。このT・レックスは、サイズを調査したアルバータ大学のW・スコット・パーソンズ博士(上写真)によれば、体長13m、体重約8,870kgだった可能性がある。しかし、スコッティは65%しか残っていない。**最も完全なT・レックスの骨格**は、1990年に発見されスコッティと似た大きさの「スー」だ。

史上最も大きな淡水カメ

約1300万〜700万年前の中新世に、スチュペンデミス(*Stupendemys geographicus*)は生息していた。最大の標本はセダン車と同じ大きさで、体長4m、体重1.25トンになる。これは現在**最も大きな淡水カメ**、絶滅寸前のシャン

ハイハナスッポン(*Rafetus swinhoei*)の5倍の重さだ。スチュペンデミスは、現在のコロンビアやベネズエラの湖や川にすんでいた。

最も指の多い霊長類

マダガスカル島の固有種である夜行性キツネザル、アイアイ(*Daubentonia*

madagascariensis)は、「擬似母指」が一対余分にあり、全部で12本の指がある。これは以前、肉の突起だと思われていたが、詳しく分析したところ骨と軟骨からできていることがわかった。研究結果は2019年10月21日に、『アメリカン・ジャーナル・オブ・フィジカル・アンスロポロジー』誌で発表された。

最も大きな鳴き声の鳥

ギアナ、ベネズエラ、ブラジル北部の熱帯雨林に生息するスズドリ(*Procnias albus*)のオスが求愛行動で発する鳴き声が録音され、1mの距離で125.4デシベルの音量があることがわかった。その鳴き声は大きいほど短くなる傾向がある。この発見は2019年10月21日に『カレント・バイオロジー』誌に発表された。

▶ 飼育下の母親と野生の父親の間に生まれた最初の双子パンダ

2018年7月25日、中国、四川省のパンダ保護研究センターで、16歳の草草(ツァオツァオ)に和和(フーフー)と美美(メイメイ)が生まれた。双子は、草草が一時的に野生に放されていたときに出会った野生のジャイアントパンダ(*Ailuropoda melanoleuca*)との間に生まれた。

最も高価なハト

2019年3月17日、「ハトのルイス・ハミルトン」と称賛されたアルマンドという名前のハトが、PIPAオンライン・オークション・ハウスを経由し141万7,650ドル(約1億5,453万7,600円)で売却された。このハトは、ハト愛好家ヨエル・フェルスホート(ベルギー)が売ったハトのなかの1羽である。5歳のアルマンドは優秀な血統のレース鳩で、直近の3レースで優勝し、最近になって引退した。

自動撮影カメラによる最大規模の野生動物調査

2018〜19年、インドで4回目のトラ(*Panthera tigris tigris*)の調査が行われた。141の調査地の2万6,838カ所にカメラが設置され、12万1,337km²におよぶ地域をカバーした。カメラは野生動物を3,485万8,626枚記録し、そのうち7万6,651枚がトラだった。このプロジェクトは国家トラ保護局、インド野生生物研究所、州林務職員、環境保護NGOの監督のもと行われた。

2018年の調査の結果、トラの個体数は2,967頭で、2014年の調査から33%の増加という、希望がもてるものだった。

和和と美美は現在、パンダ保護研究センターで暮らしている。上の写真は、同施設で動物管理主任のフェン・リーと一緒に撮影したもの。

殿堂入り：ジェーン・グドール

霊長類学者で環境保護活動家のジェーン・グドール博士（イギリス）は、生涯をチンパンジー（*Pan troglodytes*）の研究に捧げた。国連平和大使でもある彼女の声は、今も地球環境問題の基準であり続けている。

2020年7月14日、ジェーンのゴンベ渓流国立公園で始めたプロジェクトが60周年を迎えた。（現在のゴンベ渓流チンパンジー保護区）。人類学者のルイス・リーキーに出会い、助手を務めることになったジェーンは、タンザニアの自然環境のなかで最も長期にわたる野生霊長類研究となった。貯金をして夢のケニア旅行を計画していたのは、そのときだ。

● 最も長期にわたる野生霊長類研究

数カ月かかったが、チンパンジーの信頼を得て、間近で観察できるまでには、ジェーンが、人間がそこにいることを確信できるような餌を捨てていなかっただけ。自然に振る舞う（ゴリラ）のような餌を与えるという考えを捨て去った。ジェーンは森の茎や木の小枝を使って道具をつくり、使うことができることを見つけた。使うことだけは知っているが、気にしていない動物は知っている、という。チンパンジーが道具を使うことを知られているのは、ひとつには森

人口の増加はチンパンジーに重大な脅威を突きつけている。ひとつには森林破壊、もうひとつは感染症で、後者は新型コロナウイルス感染症の パンデミックを見れば明らかだ。人間とチンパンジーが住む場所を共有する限りのことをしなければならない 人類である類人猿の未来を守るとともに、彼らのことをよりよく 理解するためにできることができる限りのことをしなければならない と、ジェーンは強調する。

[Mr. H] はジェーンと60カ国以上を旅してきた［下写真］で、30［Mr. H］。オリジナルは友人から贈られたものだ。ジェーンの価値のある研究年ほど前に友人から贈られたものだ、ジェーンの価値のある研究を購入したいという人、ジェーン・グドール。janegoodall.org に貢献したいという人は、寄付の方法を見てほしい。ネットショップで詳しい。

ゴールデンとグリッター姉妹（1998年7月13〜14日生まれ、写真は幼少期に母親と撮ったもの）は2018年11月8日現在、20歳117日で最も高齢のチンパンジーの双子である。

2019年、ジェーンは世界の「タイム」誌の「世界で最も影響力のある100人」に選ばれた。

1：ジェーン・グドール・インスティテュートのルーツ＆シュート・プログラムは、若者に対する環境教育を行っている。1991年にタンザニアで設立したこの構想は、現在では100カ国近くに広まっている。

2：2019年7月23日、サセックス公爵ヘンリー王子（当時）は、ウィンザー城でジェーンと彼のメンバーのチンパンジーとの関係は、人間と彼らが遺伝子にとどまらない共通点をもつことを示している。

3：ジェーンとジェーンのチンパンジーとの関係は、人間と彼らが遺伝子にとどまらない共通点をもつことを示している。

初めてゴンベに着いたとき、ジェーンはタンガニーカ湖の上の高台から、遠巻きにチンパンジーの集団に近づくことを許されたときをと述べている。毛づくろいをしているチンパンジーの集団だった瞬間だったと、人生で最も誇らしい瞬間だったと述べている。

動物の殿堂入りの記録をチェック！
www.guinnessworldrecords.jp/2021

人間

● 最も大きく開けられた口

パックマンもお手上げ！アイザック・ジョンソン（アメリカ）の上下の切歯の間隔は、9.34cm。野球のボールが楽々入る大きさだ。2019年4月15日、アメリカ、ミネソタ州ブルーミントンで、2015年のベアント・シュミット（ドイツ）の8.8cmを超える驚異的な記録が申請されたとき、アイザックはわずか14歳だった。

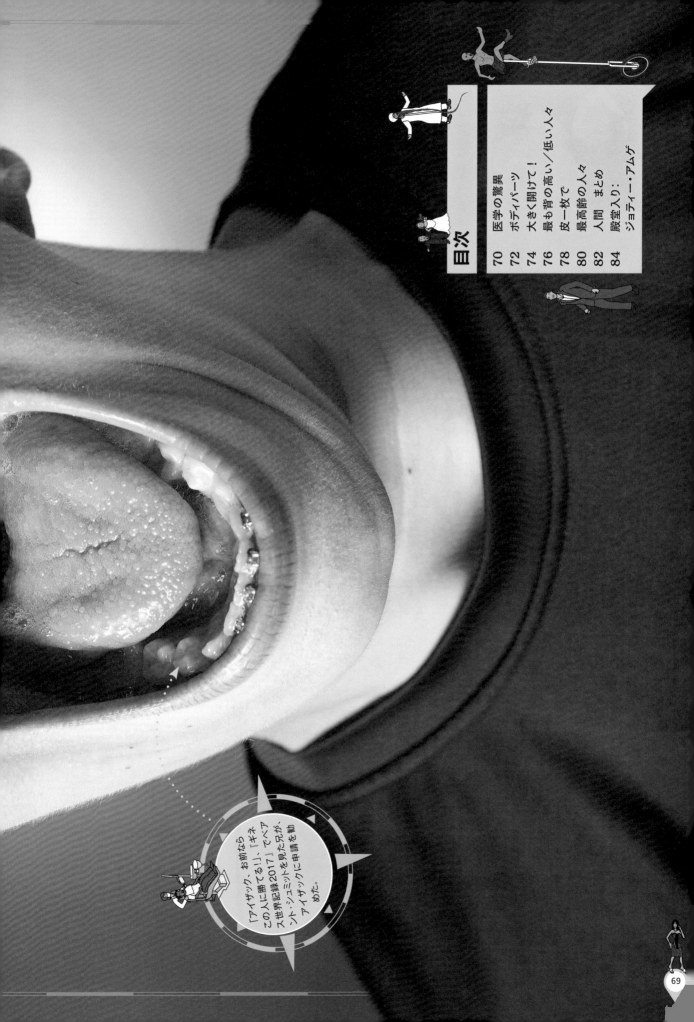

「アイザック、お前なら
この人に勝てるよ」。「ギネ
ス世界記録2017」でヘア
トン・シュミット兄た兄が、
アイザックに申請を勧
めた。

医学の驚異

出産した最も背の低い女性
身長72.39cmのステイシー・ヘラルド(アメリカ)は2006年10月21日、アメリカ、ケンタッキー州ドライリッジで初出産した。

手術に耐えた最多回数
チャールズ・ジェンセン(アメリカ)は、1954年7月22日から1994年末までに、基底細胞母斑症候群による腫瘍のために970回の手術を行った。

最年少の移植手術患者
1996年11月8日、アメリカ、フロリダ州マイアミにあるジャクソン小児病院で、生後わずか1時間のシャイアン・パイル(アメリカ)は、ドナーの心臓を移植された。

出産した最も体重の重い女性
アメリカ、ニュージャージー州に住むドンナ・シンプソンが、2007年2月に娘のジャクリーンを出産したときの体重は、241kgだった。オハイオ州のアクロンシティ病院で生まれた娘の体重は3.8kg、母親の体重の約1/60だった。

最も広い範囲の顔面移植
リチャード・リー・ノリス(アメリカ)はアメリカ、メリーランド州ボルチモアのメリーランド大学医療センターで、2012年3月20日までに36時間の外科手術を受けた。手術により、彼はあご、歯、舌などを含む、頭皮から首の付け根までの新しい顔を手に入れた。1997年に銃の事故により、彼はくちびる、鼻、あごの大部分を失った。2012年10月16日、彼は笑い、食事を味わうことができると報告された。

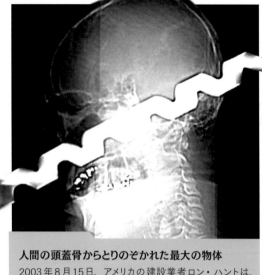

人間の頭蓋骨からとりのぞかれた最大の物体
2003年8月15日、アメリカの建設業者ロン・ハントは、回転している46cmのドリルの先端に頭から落下。ドリルは右目を通り抜け右耳の上の頭蓋骨を貫通したが、脳には突き刺さらずにすんだため、一命をとりとめた。

頭のなかに弾丸が入ったまま生きた最長時間
ウィリアム・ローリス・ペース(アメリカ)は、1917年10月、8歳のときに、テキサス州ウィーラーで、誤って銃で撃たれた。ペースは顔が変形し、右耳の聴力を失い、右目はほぼ失明した。2012年4月23日、103歳で亡くなるまで、弾丸は94年と少なくとも175日間、頭にとどまっていた。

胃から摘出された最も重いもの
2007年11月、アメリカ、イリノイ州シカゴのラッシュ大学医療センターで、4.5kgの毛髪球(毛玉)が18歳の氏名非公表の女性の胃から外科手術によってとり出された。

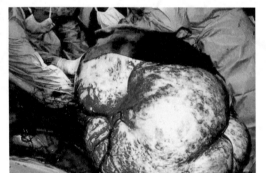

完全な状態で摘出された最大の腫瘍
1991年10月、重さ138.7kgの右卵巣の多嚢胞性の腫瘍が、アメリカ、カリフォルニア州のスタンフォード大学医療センターで氏名非公表の女性から摘出された。腫瘍は幅が91cmあり、手術には6時間以上かかった。

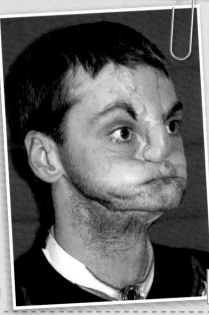

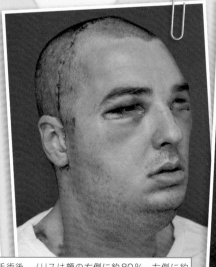

手術後、ノリスは顔の右側に約80%、左側に約40%の正常な運動機能を得た。

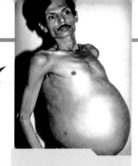

最高齢の寄生性（未発見の）双生児

サンジュ・バガット（インド）は36年間、胃が膨らんだ状態だった。1999年6月、腹部の肥大により横隔膜が圧迫され、息ができなくなった。手術により、彼のお腹で4kgに成長していた彼の双子が見つかった。

最年少での胆石と胆囊の切除手術

イシャニ・チョウドリー（インド、2019年2月9日生まれ）は2019年9月14日、インド、ラジャスタンで生後217日で手術を受けた。

最多の寄生虫除去数

1990年5月、静岡県の胃腸外科医院で、58歳の女性の胃から合計56匹の白い糸状の寄生虫がとり出された。それらはアニサキス・シンプレックスの幼虫で、最長17.27mmあった。

最速の自動車事故からの生還

1966年11月17日、アメリカの地上最速記録をもつレーサーのアート・アーフォンズが、時速約981kmのジェットエンジン車を運転中、右前輪が急に止まった。アートの

最初の頭蓋骨と頭皮の移植

がんの治療により、ジェームズ・ボイセン（アメリカ）は頭蓋骨の上部を失った。2015年5月22日、アメリカ、テキサス州のヒューストンメソジスト病院で15時間の手術によって、彼は部分的な頭蓋骨と頭皮の移植を受けた。

車はアメリカ、ユタ州ソルトレイクシティ近くのボンネビル・ソルトフラッツを1.6km以上も横転したが、彼は切り傷、あざ、摩擦による火傷しか負わなかった。

2008年、ジェイソン・マクヴィカー（カナダ）はバイクを時速391kmで走行中、同じくボンネビルにおいて制御できなくなった。彼は膝蓋骨（しつがいこつ）の骨折と擦り傷で病院に運ばれたが、その日に退院し、**最速のバイク事故からの生還**となった。

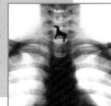

外科手術で除去された体内異物の最大コレクション

75年間のキャリアで、シュヴァリエ・キホーテ・ジャクソン（アメリカ）は患者の喉、食道、肺から2,374個の異物をとりのぞいた。それらは、アメリカ、ペンシルベニア州、フィラデルフィアのムター博物館のシュヴァリエ・ジャクソン体内異物コレクションに保管されている。そこには、子ども向けのオペラグラス、南京錠、ミニチュアトランペットなどが含まれている。

最も多くのハチに刺されて生還

ヨハネス・レルケ（ジンバブエ）は、1962年1月28日、ジンバブエ（当時のローデシア）、ワンキー郡グワイ川の鉱山で2,443匹のハチに刺された。針はすべてとりのぞかれ、数えられた。

最も長持ちの人工股関節

2019年6月28日の時点で、ノーマン・シャープ（イギリス）の左側の人工股関節は70年209日後も依然として健在だ。彼は1930年、化膿性関節炎で入院し、股関節を固定することで5年後には再び歩けるようになった。彼の左股関節は1948年12月1日に置き換えられた。

4カ所の心臓バイパス手術患者の最長生存記録

2019年9月19日の時点で、トム・E・ディフェンバッハ（アメリカ）は1976年12月9日にアメリカ、オハイオ州クリーブランドで心臓バイパス手術を受けてから42年284日間生存している。

最も長く生きた心臓移植手術患者のテッド・ノバコフスキ（アメリカ）は、1983年4月25日の手術後、34年261日間生き、2018年1月11日に亡くなった。

アメリカでは毎年30万件以上の人工股関節置換術があり、人工関節は少なくとも15年間はもつとされる。

最も高い位置からの生還

パラシュートなしで
1972年1月26日、ユーゴスラビア人の客室乗務員、ヴェスナ・ヴロビッチは、チェコスロバキア（現在のチェコ共和国）のスルブスカ・カメニツェ上空から1万160m落下した。

スキー競技で
1997年4月、アメリカ、アラスカ州バルディーズで行われた世界エクストリームスキー選手権でブリジット・ミード（ニュージーランド）は、垂直距離で約400m落下した。

エレベーターで
ベティ・ルー・オリバー（アメリカ）は1945年7月28日、エンパイアステートビルのエレベーターで75階分、300m以上を落下した。

エレベーター・シャフトで
スチュアート・ジョーンズ（ニュージーランド）は、1998年5月、ニュージーランド、ウェリントンにあるミッドランドパークのビルでエレベーターの昇降路を23階分落下。

幼児による
1971年3月27日、ギャリー・オーガー（カナダ）は生後わずか21カ月のとき、カナダ、オンタリオ州トロントで8階の窓から転落した。

ボディパーツ

▶ 最も多い手足の指

2014年11月11日、インド、グジャラート州ヒマットナガルにおいて、デベンドラ・スサール（インド）には28本の指（手足それぞれ14本ずつ）があることが確認された。大工である彼は、木材を切るときには特に気をつけているという。

最長の耳たぶ（伸張）

モンテ・ピアス（アメリカ）は、左の耳たぶを12.7cm、右を11.4cmの長さまで引き伸ばすことができる。引っぱられていないときの彼の耳たぶの長さは2.5cm以下だ。

最長のあごひげ（女性）

2011年4月8日、イタリア、ミラノで、ビビアン・ウィーラー（アメリカ、右上写真）のあごひげの長さは25.5cmと計測された。史上最長（女性）は、1884年の"マダムデヴィア"ことジャニス・デヴィア（アメリカ、左上写真）の36cm。

▶ 最も長い両手の指の爪（女性）

プロのネイリストであるアヤナ・ウィリアムス（アメリカ）は、爪を両手合わせて576.4cmまで伸ばしたことが、2017年2月7日に測定された。アヤナは20時間かけてボトル2本分のマニキュアを塗り、寝るときには枕の上で爪を休ませて保護する。

▶ 顔面のひげをすべて伸ばした最年少女性

はハルナーム・カウア（イギリス、右写真、1990年11月29日生まれ）。2015年9月7日に確認されたとき、彼女は24歳282日だった。

最長の鼻

2010年3月18日、メフメト・オジュレク（トルコ）の鼻は、鼻梁から鼻先までの長さが8.8cmと計測された。

史上最長の鼻の持ち主は18世紀のサーカス芸人、トーマス・ウェッダーズ（イギリス）で、鼻の長さが19cmに達したとされている。

2008年3月19日、イギリスの保険市場は、イリヤ・ゴート（オランダ）が最も高額な保険がかけられた鼻の持ち主だと報告。イリヤは、フランス、ボルドーのワイン生産者としての生計を守るため、自分の鼻に780万ドル（約8億620万4,100円）の保険をかけたのだ。

平均して足指の爪は月に約1.6mm、手指の爪は約3.5mm伸びる。

▶ 最もよく回る足

マックスウェル・デイ（イギリス）の右足は157度回転することが、2015年9月23日、イギリス、ロンドンで確認された。マックスウェルは、左足も143度回転させることができる。当時の記録保持者であるモーゼス・ランハムの写真を見た彼が、ギネスワールドレコーズのスタッフに、僕はもっとうまくできると話したことがきっかけだった。

最長の足の爪

1982年から91年までの間に、ルイーズ・ホリス（アメリカ）は足指の爪を合わせて220.98cmの長さに伸ばした。爪が地面に引きずられるのを防ぐため、彼女は底の厚さが7cmのつま先の開いた靴しか履くことができなかった。

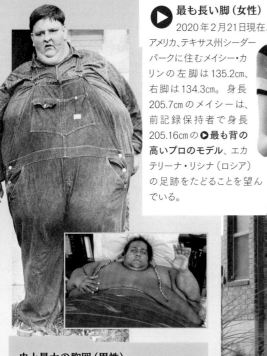

▶ 最も長い脚（女性）

2020年2月21日現在、アメリカ、テキサス州シーダーパークに住むメイシー・カリンの左脚は135.2cm、右脚は134.3cm。身長205.7cmのメイシーは、前記録保持者で身長205.16cmの▶最も背の高いプロのモデル、エカテリーナ・リシナ（ロシア）の足跡をたどることを望んでいる。

史上最大の胸囲（男性）

ロバート・アール・ヒューズ（アメリカ）の胸囲は315cmだった。ロバートは、1926〜58年の生涯の一時期には484kgと、世界で最も重い人物だった。

最も幅広のウエストの持ち主はウォルター・ハドソン（アメリカ、右上写真）だ。最高時の胴囲は302cmで、平均的な中年アメリカ人男性の3倍以上あった。

▶ 最も大きな足（女性）

2019年3月23日、イギリス、シュロップシャー州エルズミアにて、ジュリー・フェルトン（イギリス）の足は、右足32.9cm、左足32.73cmと計測された。身長195cmのジュリーの足は、16〜17歳ごろに現在のサイズに達したという。右足には彼女の好きなデイジーの花のタトゥがある。

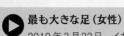

2019年、ジュリーは自分の結婚式のためにイギリスサイズ15（アメリカサイズ15.5、ヨーロッパサイズ49.5）の靴をあつらえた。

驚愕の人体解剖図：記録で見る人間の体

目の6つの筋肉は1日に10万回以上動く最も活動的な筋肉で、わずか0.1秒でまぶたを閉じる眼輪筋が最も反応の速い筋肉だ。

中耳のアブミ骨は、平均の長さがわずか3mmの最も小さい骨だ。

最大の静脈は下大静脈で、下半身から心臓に静脈血を運ぶ。成人の静脈の平均直径は約2cm。

最大の内臓は肝臓で、重さ1.5kg、長さ22cmに達することもある。最大の臓器は皮膚で、平均的な成人男性の皮膚の面積は1.5〜2㎡。

体細胞の最も速い新陳代謝は消化管の粘膜内層で起こり、細胞は3〜4日ごとに排出される。

指先は最も接触に敏感な部位だ。わずか2mm間隔のふたつの接触点を判別できる。

縫工筋は最長60cmもある、腰から膝下に走る最長の筋肉だ。

最も長い骨は大腿骨で、身長180cmの人なら50cmにも達する。

ふくらはぎは最も接触に反応しない部位で、指先の22.5倍の感度の低さだ。

DNAはヒトの細胞で最大の分子。まっすぐにしたら長さ2mになる。

最もまれな血液型はボンベイ型のサブタイプ（h-h）で、3人の記録があるのみだ。

ほぼ100%

ほぼ100%

大きく開けて！

歯こぼれ話

▶**オークションで落札された最も高額な義歯**
イギリスの元首相、ウィンストン・チャーチルの義歯が、2010年7月29日、匿名の入札者に2万3,700ドル（約208万円）で売却された。

◀**最高額の保険金がかけられた義歯**
アメリカの元大統領ジョージ・ワシントン（1732〜99年）の入れ歯には、1,000万ドル（約10億9,009万円）の保険がかけられている。

▶**最古の義歯**
エトルリア人の墳墓の発見により、現在のイタリア、トスカーナ州では、紀元前700年には部分入れ歯をつけていたことが判明した。

◀**最年少の総入れ歯**
ダニエル・サンチェス・ルイス（イギリス）は、無汗性外胚葉異形成不全症のため歯がまったくなかった。彼は2005年2月25日、3歳301日で総入れ歯となった。

▶最も大きく開けられた口

アイザック・ジョンソン（アメリカ）の上下の切歯の間隔は、9.34cm。14歳の彼は、『ギネス世界記録2016』で以前の記録保持者ベアント・シュミット（ドイツ）を見て「最も大きく開けることのできる口の持ち主」をめざすことにした。ベアントが前記録保持者JJ・ビットナー（アメリカ）に触発されたように！

▶最も長い舌

ニック・ストーベール（アメリカ）の舌は、先端から閉じた上唇の中央までの長さが10.1cm。「鼻だけじゃなく、ひじも舐められるよ。唯一の欠点は毎日、舌を磨くのに余分な時間がかかることくらいさ」と、画家であるストーベールは断言した。

最長の乳歯

2018年1月17日、アメリカ、オハイオ州コロンバスで、スコット・ボサートは10歳のカーティス・バディー（アメリカ）の2.4cmの乳歯（上写真）を抜いた。

抜歯された最も幅の広い人間の歯

2000年6月28日、9歳のシェーン・ラッセル（カナダ）の上あごから、幅1.67cmの中切歯が抜かれた。

親知らずが生えた最高齢の人物

ロバート・W・グレー（1922年12月13日生まれ）は、2017年8月23日にアメリカ、カリフォルニア州のサンノゼで、第3大臼歯（親知らず）が生えたことが確認されたとき、94歳と253日だった。

親知らずを抜いた最年少の人物はマシュー・アダムス（1992年11月19日生まれ）で、2002年10月24日に下あごの2本の親知らずをアメリカ、ミシガン州のミッドランドで抜いたとき、9歳と339日だった。

最強の咬合力

1986年8月、リチャード・ホフマン（アメリカ）は、アメリカ、フロリダ大学で2秒間で442kgの咬合力を記録した。

法歯学の最初の使用

遺体の身元が歯から特定された最初の記録は、紀元66年。ローマ皇后アグリッピナは、遺体の頭部を見て、歯の特徴からライバル

▲**最も貴重なグリルジュエリー**
2017年10月11日、アメリカ、カリフォルニア州ロサンゼルスにおいて、ポップ・メガスターのケイティ・ペリーは、「ダークホース」のミュージックビデオで100万ドル（約1億1,216万円）相当の歯にかぶせるマウスピース型ジュエリーをつけた。

口の歴史

紀元前2600年 **最初の歯科医**	*紀元前1700〜1500年* **歯科に関する最初の記録**	*紀元前700年* **最初の義歯**	*1530年* **最初の歯科医術の本**	*1780年* **最初の歯ブラシ**	*1790年* **最初の歯科用いす**	*1880年* **最初の歯磨き粉チューブ**
医師ヘシーレの墓には、「歯を扱う者のなかで最も偉大」という碑銘が含まれている。	エーベルス・パピルスは、歯の病気と歯の痛みの治療について、知られている限り最古の記述だ。	現在のイタリアにあった古代文明エトルリアでは、人間と動物の骨から義歯をつくっていた（右上参照）。	あらゆる種類の歯の疾患や慢性病についての小さな医学書が、アーツニー・ブッフレインによって記された。	ウィリアム・アディス（イギリス）が、最初の近代的な歯ブラシを製造した。彼は服役中、豚の毛と骨から最初の試作品をつくった。	ジョサイヤ・フラッグ（アメリカ）は、初めて歯の患者専用のいすを作成。最初のポンプ式油圧歯科用いすは1877年に発表された。	歯科医のワシントン・シェフィールド博士（アメリカ）は、折りたたみ可能な金属製のチューブを発明した。

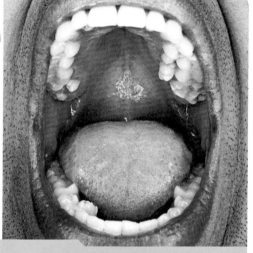

最大の歯の模型
2019年2月3日、高さ10.13m、幅5.86mの巨大な模型の歯が、インド、タミルナードゥ州のプドゥコッタイでひろうされた。G・ラジェシ・カナン医師（上写真）、デンタル・プライマリーおよびサンキュー歯科医院（すべてインド）の作品だ。

のロリア・パウリナであることを識別した。

一斉歯磨き最多人数（単一会場）
2019年11月7日、インド、オリッサ州ブバネシュワールで2万6,382人が同時に歯を磨いた。主催したのは公衆衛生歯科学会、カリンガ社会科学研究所、コルゲート・パルモリブ・インディア（すべてインド）。

歯でバランスをとった最重量
フランク・サイモン（アメリカ）は2007年5月17日、イタリア、ローマ

オークションで落札された最も高額な歯
元ビートルズのジョン・レノンの臼歯は2011年11月5日、カナダの歯科医マイケル・ズックによって3万6,857ドル（約294万1,400円）で落札。レノンはどうやら、虫歯のある茶色い歯を家政婦にプレゼントしていたらしい。

▶ **最も幅の広い舌（男性）**
2018年7月30日、アメリカ、カリフォルニア州ラ・カナダで測定されたブライアン・トンプソン（アメリカ）の舌の最大幅は8.88cm。
最も幅の広い舌（女性）は、アメリカ、ニューヨーク州のエミリー・シュレンカーで、最も広い部分が7.33cmある。

▶ **最も多い歯**
インドのベンガルールで2014年9月20日に確認されたビジェイ・クマール・ヴァ（インド）の歯は37本で、成人の平均より5本多い。いくつかの欠点があり、この歯のせいで、ヴァはしょっちゅう舌を噛むのだ。

で63.5kgの冷蔵庫を10秒、歯で支えた。

歯で引っぱられた最も重い道路車両
2015年1月7日、中国、江蘇省において、イゴール・ザリポフ（ロシア）はあごを使って、13.71トンのバスを5m動かした。

人間の歯の最大コレクション
イタリアの修道士で歯科医、ジョヴァンニ・バティスタ・オルセニーゴ（1837～1904年）は、1903年までの36年間で200万744本のヒトの歯を集めた。

▶ **最も幅の広い口**
"シキーニョ"ことフランシスコ・ドミンゴ・ホアキム（アンゴラ）の口は幅17cmで、飲み物の缶を横に押しこむのに十分だ。ギネスワールドレコーズの調査員が彼をネット上で最初に発見してから実際に見つけだすまでに、2年かかった。

ほぼ100%

"おそるべきアンゴラのあご"をもつシキーニョは、結合組織障害のためにくちびるを極端に伸ばすことができる。

1885年
最初の女性歯科助手
アメリカ、ルイジアナ州の歯科医C・エドムンド・ケルズは、マルビナ・クエリアを女性歯科助手として雇った。

1896年
最初の歯のレントゲン
ケルズは、生きている患者で歯科用の放射線撮影をした最初の医師でもある。

1927年
最初の電動歯ブラシ
エレクトロ・マッサージ・トゥースブラシ・カンパニーが最初のモデルを製作。1961年にはコードレスの充電式バージョンがつくられた。

最も背の高い人々

政治家

2019年10月4日、アメリカ、ノースダコタ州ビスマルクでジョン・ゴッドフリード（アメリカ）の身長は210.76cmと確認された。彼は大学卒業後、ドイツで6カ月間プロのバスケットボール選手としてプレイし、ノースダコタに戻ってからは2016年、州保険長官に選出された。

男性

2011年2月8日、トルコ、アンカラでスルタン・コーセンの身長は251cmと測定された。大きな体は脳下垂体の腫瘍によるものだが、2008年に手術で治療。史上最も背の高い男性は右の写真の人物。**最も背の高い女性**はシディカ・パービーン（インド）だ。2012年12月、医師により少なくとも233.6cmだと推定された。

家族

2019年10月13日、オランダ、ウエースプでゼグワーズ一家の父シュールト、母ヤネケ・ヴァン・ルー、息子のダーク、リンズ、シュールト・H（すべてオランダ）の平均身長は201.18cmと測定された。

双子（史上・男性）

一卵性の双子、ラニア兄弟（アメリカ、1969年生まれ）のマイケル（2018年死去）とジェイムズのそれぞれの身長は、223.5cmだ。

ティーンエイジャー（史上・女性）

アナ・ヘイニング・スワン（カナダ、1846〜1888年）の身長は17歳で241.3cmになっていた。1871年6月17日、アナは236.22cmのマーティン・バンビューレン・ベイツ（アメリカ、1837〜1919年）と結婚。ふたりの身長を合わせると477.52cmで、**史上最高身長の夫婦**だ。

女性（史上）

ズン・ジンリエン（中国、1964〜1982年）が亡くなったときの身長は246.3cmだった。両親はそれほど背が高くなかったにもかかわらず、彼女の身長は生後4カ月から加速度的に伸び、13歳のときには217cmあった。彼女は湖南省に住んでいた。

夫婦

スン・ミンミンと彼の妻スー・ヤン（ともに中国）の身長は、それぞれ236.17cm、187.3cmで、ふたりの身長を合わせると423.47cmになる。2009年の中華人民共和国全国運動会で、バスケットボール選手のスンはハンドボール選手のスーと出会い、2013年8月4日、北京で結婚した。

男性（史上）

1940年6月27日の最後の測定で、ロバート・パーシング・ワドロー（アメリカ、1918〜1940年）の身長は272cmだった。脳下垂体の過剰な活動の結果、高身長になった。ロバートの1日の最大エネルギー消費量は8,000カロリーで、21歳のときに記録された最大体重は222.71kgだった。

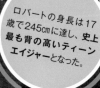

ロバートの身長は17歳で245cmに達し、**史上最も背の高いティーンエイジャー**となった。

ロバートは9歳のときには、身長180cm、体重77kgの父親を自宅の2階まで運び上げることができた。

プロのピアニスト（史上）

ミシェル・ペトルチアーニ（フランス、1962～99年）は、身長91cmのジャズ・ピアニストだった。骨形成不全症によって引き起こされた多数の骨折があったにもかかわらず、人気の演奏家となった。病気や彼の熱意を抑えることのできないフランスの権威あるジャンゴ・ラインハルト賞の受賞者のひとりとなった。

国籍
2016年7月26日の『デイリー』誌によると、グアテマラ人女性の平均身長は149.4cm、東ティモールの男性の平均身長は約160cmだった。

ともに76cm。彼らは1924年に帰化しアメリカ国民となり、マイク＆アイク・ロジャーズとしてサーカスで働いた。また、彼らは『オズの魔法使』（アメリカ、1939年）に、マンチキンの村人として出演した。

フランクの身長は、低身長症の原因でもある軟骨無形成症によるものだ。

バス運転手

2018年2月5日、イギリス、ウエストサセックス、チチェスターでフランク・ファイク・ハキーム（イギリス、イラク生まれ）は、136.2cmと測定された。彼はイギリスで2017年から運転手として働いている。仕事中は座席を前に引き、ハンドルを調整する必要があるが、バスを改造する必要はない。

最も背の低い人々

● 個人（史上）

2012年2月26日、ネパールのカトマンズのレインチャウルにあるCIWECクリニックで、チャンドラ・バハドゥル・ダンギ（ネパール、1939～2015年）の身長は54.6cmと測定された。

● 女性

2011年12月16日インド、ナグプールで、ジョティー・アムゲ（インド）の身長は62.8cmと測定された。史上最も背の低い女性は"プリンセス・ポーリン・マスターズ"（オランダ、1876～95年）。出生時の身長は30cm、9歳で55cm、体重はわずか1.5kgだった。アメリカ、ニューヨークで19歳で亡くなった。検死の際、身長は61cmだった。

双子（史上）

1901年にハンガリー、ブダペストで生まれたマティーナ家の双子、マチウスととベラ（1954年死亡）とベラ（1957年ころ活躍）の身長は、

● 夫婦

2016年11月3日、ブラジル、サンパウロのイタペヴァで、パウロ・ガブリエル・ダ・シルバ・バロスとカチウシリー・ホシノ（ともにブラジル）の身長は合計181.41cmと測定された。ふたりは2008年12月、ソーシャルメディアを介して出会った。

● 男性（歩行可能）

2020年2月29日、コロンビア、ボゴタで、エドワード・ニーニョ・エルナンデス（コロンビア、右写真）の身長は72.1cmと測定された。

2020年1月17日にカガンドラ・タパ・マガール（ネパール、右上写真）が亡くなり、2010年まで保持していた記録をとり戻した。

● 男性（歩行不可）

最も背の低い男性（歩行不可）は、2011年6月12日にフィリピン、サンボアンガデルノルテ州シンダンガンで、ジュンリー・バラウィン（フィリピン、1993年6月12日生まれ）の身長は59.93cmと測定された。

皮一枚で

「メ キシコのバンパイア（吸血鬼）レディ」として知られる
マリア・ホゼ・クリステルナは、弁護士から転向したタ
トゥの彫り師で、4児の母親だ。その極端な身体の改造
について、彼女は世界中を旅して話をした。

彼女は、14歳で初めてタトゥを入れ、現在計49
カ所を改造した◉最多の身体改造（女性）の
記録保持者。戦士であり強い女性の手本
であることを示すため、自己変革キャン
ペーンに乗り出した。

自分の肌を「カーペット」と呼び、タ
トゥは自伝を視覚的に表現する手
段だという。たとえば、顔の星は亡
くなった母親を表している。

額のサブダーマル（皮下）・イ
ンプラント。マリアによると女王
の王冠を表しているという

露出型チタン製の角インプ
ラント

4個の鼻の上のバー

左眉には10個
のピアス

淡い青色に着色
された目

左耳へとつながる
鼻輪

牙型のインプラント
は吸血鬼そのもの

右眉には9個のピアス

両方の耳たぶは拡張され
ている

下唇に3個の
ピアス

タトゥの範囲は
96%

サブダーマル・インプ
ラント

角型のサブダーマル・インプラント

両方の眉に合計37個のピアス

唇と口の周囲に111個のピアス

ロルフ・ブーフホルツ（ドイツ）は、身体改造の世界に君臨する王者だ。ITコンサルタントのロルフが身体改造を始めたのは比較的遅く、40歳の誕生日に初めてタトゥとピアスをした。以来、彼は全身を変身させ続けた。ロルフは現在、481個のピアス、35カ所のインプラントとそのほかを合わせて516カ所の身体改造を行っており、2012年12月12日に**最多の身体改造（男性）**と認定された。最も痛かったのは、手のひらのタトゥだそうだ。

20年間の絶え間ない身体改造をしても、自己改革の新しい課題と方法を探している。近年、彼は厳しい健康管理を行っており、2年間で4度、マラソンを完走した。

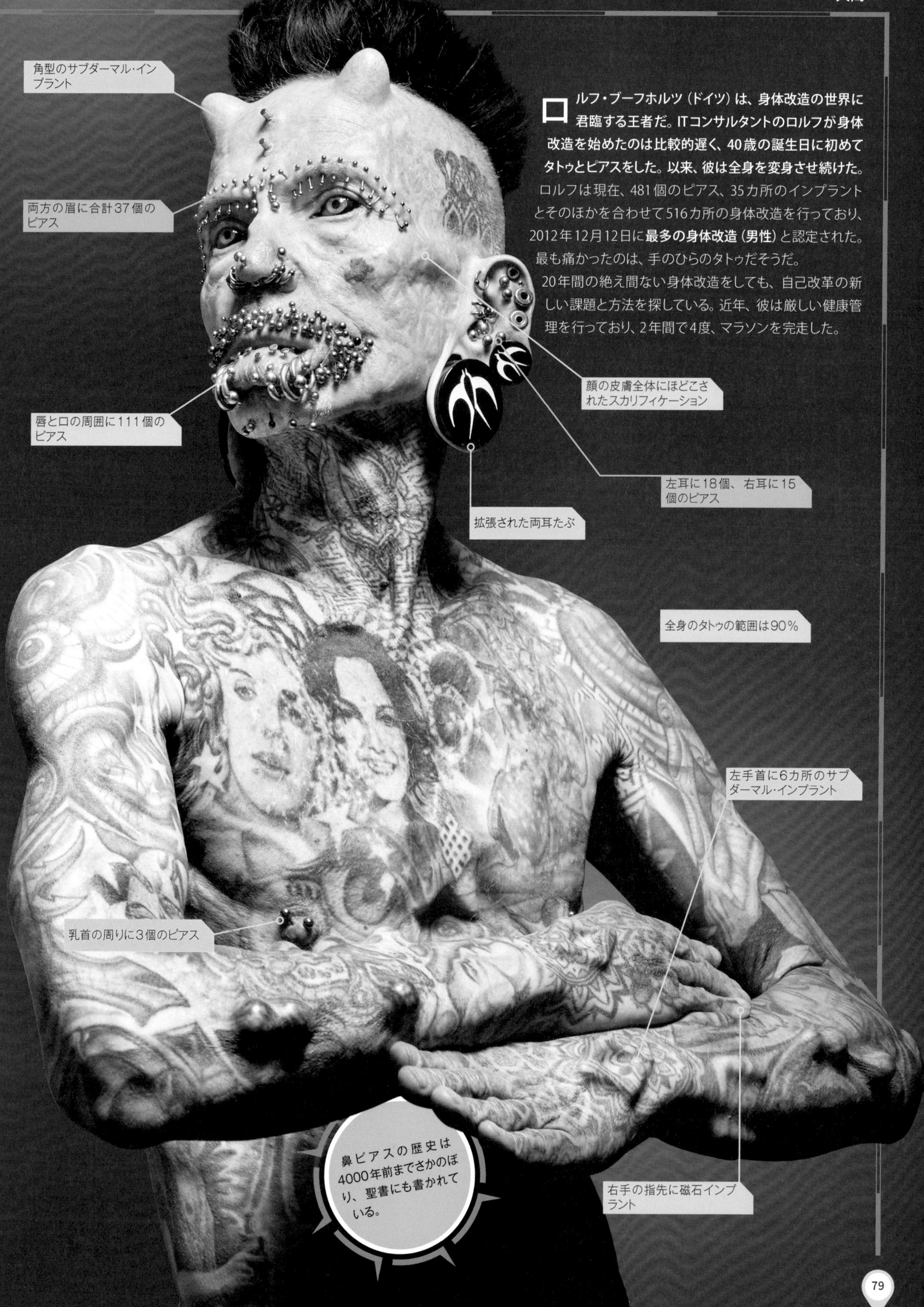

顔の皮膚全体にほどこざれたスカリフィケーション

左耳に18個、右耳に15個のピアス

拡張された両耳たぶ

全身のタトゥの範囲は90％

左手首に6カ所のサブダーマル・インプラント

乳首の周りに3個のピアス

鼻ピアスの歴史は4000年前までさかのぼり、聖書にも書かれている。

右手の指先に磁石インプラント

最高齢の人々

（個人）4,082万ドル（約44億570万2,600円）を集め、キャンペーンを終了した。

デビューアルバムを発売した人物
コリン・サッカリー（イギリス、1930年3月9日生まれ）は、ファーストアルバム『ラブ・チェンジズ・エブリシング』の2019年9月20日のリリース時、89歳195日だった。

手漕ぎボートで単独大西洋横断をした人物
グラハム・ウォルターズ（イギリス、1947年7月17日生まれ）は、カナリア諸島を出発

ゲーム動画投稿YouTuber
2019年11月25日の時点で、89歳280日の森浜子（1930年2月18日生まれ）は、自身のYouTubeチャンネル「ゲーマーグランマ」に動画を投稿した。チャンネル登録者数は40万人を超え、動画再生回数は1,900万回を記録している。

現在の君主
女王エリザベス2世（イギリス、1926年4月21日生まれ）は2020年に94歳を迎えた。誕生日の時点で1952年2月6日に王位を継承してから在位68年75日間となる最も長い在位の女王だ。彼女はサウジアラビアのアブドラ国王の死後、2015年1月23日に、88歳277日で最高齢の君主となった。

イギリス公式シングル・チャート第1位を獲得した人物
2020年4月30日、"キャプテン・トム"・ムーア（イギリス、1920年4月30日生まれ）は、マイケル・ボールとNHSボイス・オブ・ケア合唱団（ともにイギリス）がゲスト参加した「ユール・ネバー・ウォーク・アローン」で、ちょうど100歳で初登場1位を獲得した。同日、NHS（イギリス国民保健サービス）のためにチャリティウォークで集まった寄付金最高額

タンデムジャンプ（女性）
2019年8月15日、キャスリン・"キティ"・ホッジス（アメリカ、1916年4月9日生まれ）は、103歳128日で、アメリカ、ワシントン州スノホミッシュの上空3,048mに飛び出した。勇敢なセンテナリアン（100歳以上の人）は、ベルトを締める前に、緊張していないと断言し、「さあ、楽しみましょう！　ハレルヤ！」と叫んだ。

し、大西洋を漕いで2020年4月29日にアンティグア島へと到着したとき、72歳192日だった。グラハムは祖父の名前にちなんだジョージ・ギアリー号で航海した。

指揮者
フランク・エモンド（アメリカ、1918年5月21日生まれ）は、2019年5月27日、アメリカ、フロリダ州で開催されたペンサコーラ・シビックバンドのメモリアルデイコンサートにおいて、101歳6日で「星条旗よ永遠なれ」を指揮した。

ビューティーアドバイザー
広島県のポーラ鯉城ショップのビューティーディレクター（美容販売員）、福原キクエ（1920年3月31日生ま

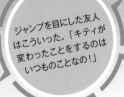

ジャンプを目にした友人はこういった。「キティが変わったことをするのはいつものことなの！」

自転車でイギリス縦断（女性）
メイヴィス・マーガレット・パターソン（イギリス、1938年5月24日生まれ、上写真左）は、イングランドのコーニッシュ海岸を2019年5月30日に出発し、6月22日、81歳29日でスコットランドのジョン・オ・グローツに到着した。

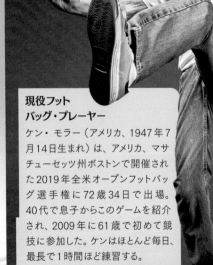

現役フットバッグ・プレーヤー
ケン・モラー（アメリカ、1947年7月14日生まれ）は、アメリカ、マサチューセッツ州ボストンで開催された2019年全米オープンフットバッグ選手権に72歳34日で出場。40代で息子からこのゲームを紹介され、2009年に61歳で初めて競技に参加した。ケンはほとんど毎日、最長で1時間ほど練習する。

た。最高レース速度は2015年、83歳のときの記録で時速504.54km。

兄弟

アルバーノ（1909年12月14日生まれ）とアルベルト（1911年12月2日生まれ）のアントラーデ兄弟（ポルトガル）の合計年齢は216歳230日。2019年4月2日、ポルトガル、アヴェイロで確認された。

バンド

2019年10月27日のギグで、ゴールデン・シニア・トリオ（2008年結成）の平均年齢は87歳132日だった。メンバーはビブラフォンの鍋島直昶（93歳166日）、ピアノの大塚善章（85歳254日）、ベースの宮本直介（82歳348日）。

歯科医

2020年2月26日時点で96歳278日の坂梨成次（1923年5月24日生まれ）は、東京都杉並区で週5日、患者を診ていた。史上最高齢の医師は、2001年5月に103歳で引退したレイラ・デンマーク博士（アメリカ、1898～2012年）。

新型コロナウイルス感染症から生き延びた最高齢患者は、スペイン、ジローナに暮らす113歳のマリア・ブラニャス（1907年3月4日生まれ）。

▶ 女性

田中カ子（1903年1月2日生まれ）は、2020年5月12日現在、福岡県において117歳131日だった。2020年1月、117回目の誕生日を祝った。彼女は現在、**存命中の最高齢の人物**でもある。**史上最高齢の人物**のジャンヌ・ルイーズ・カルマン（フランス、1875年2月21日生まれ）は1997年8月4日、122歳164日で死去した。

れ）は、2019年9月18日、99歳171日の時点で現役で働いていた。1960年にポーラ化粧品本舗に入社した彼女は、「365日のうち1日もメイクアップに手を抜く日はありません。外見を保つのはとても大事なことです」と語った。

全米ホットロッド協会（NHRA）予選通過者

ドラッグレーサーのクリス・カラメシネス（アメリカ、1931年11月11日生まれ）は、2019年10月12日、87歳335日でNHRAカロライナ・ナショナルズの予選ラウンドを通過し

▶ 男性

ロバート・ウェイトン（イギリス、1908年3月29日生まれ）は、2020年3月30日にイギリス、ハンプシャー州アルトンで、112歳1日と確認された※。2020年2月23日に渡辺智哲（1907年3月5日生まれ、下写真）が亡くなり、ロバートが最高齢となった。**史上最高齢の男性**は木村次郎右衛門（1897年4月19日生まれ）で、2013年6月12日、116歳54日で亡くなった。※2020年5月28日、ウェイトン氏は逝去されました。ご冥福をお祈りいたします。

▶ 夫婦

2019年12月27日の時点で、アメリカ、テキサス州オースティンのジョン・ヘンダーソン（1912年12月24日生まれ）と妻シャーロット（1914年11月8日生まれ）の合計年齢は212歳52日。彼らは1934年に出会い、1939年に結婚した。

長寿トップ10

#	名前	生年月日	年齢
1	田中カ子	1903年1月2日	117歳131日
2	リュシル・ランドン（フランス）	1904年2月22日	116歳91日
3	ジャンヌ・ボット（フランス）	1905年1月14日	115歳119日
4	中地シゲヨ	1905年2月1日	115歳101日
5	ヘスター・フォード（アメリカ）	1905年8月15日	114歳271日
6	アイリス・ウェストマン（アメリカ）	1905年8月28日	114歳258日
7	北川みな	1905年11月3日	114歳191日
8	テクラ・ユニーウィクス（ウクライナ）	1906年6月10日	113歳337日
=9	アン・ブラスレイター（オランダ）	1906年7月16日	113歳301日
=9	アイリーン・ダットン（アメリカ）	1906年7月16日	113歳301日

出典：Gerontology Research Group／
2020年5月12日現在／すべて女性

ロバートは2020年3月で112歳。現在イギリスで最高齢の女性、ジョアン・ホッカードと同じ日に生まれた。

まとめ

同じ誕生日の最多世代
6つの家族が、4世代で同じ誕生日の記録をもつ。このカテゴリーの最新の更新者は、2017年8月13日に生まれたロリ・ピーラー（アメリカ）で、母親（1980年）、祖父（1950年）、曽祖母（1926年）と誕生日が同じだ。

一家族で最も連続した男女交互の出産
アメリカ、イリノイ州のエーベルス家では、1955〜75年に男女交互に11人の子どもが誕生したことが、2018年2月23日に確認された。

初のスーパーセンテナリアンの母子
スーパーセンテナリアンとは、110歳以上の人のこと。1982年に112歳17日で亡くなったマリー・P・ロメロ・ジールク・コタ（アメリカ、1870年生まれ）の娘、ローザベル・ジールク・チャンピ

オン・フェンスターメーカー（アメリカ、1893年生まれ）は、2005年に111歳344日で亡くなった。

初めて成功した結合双生児の分離
スイスの外科医ヨハネス・ファティオは、1689年12月3日、スイス、バーゼルで3段階の手術を経て結合双生児を分離した。双子の女児、エリザベートとカトリーナは胸骨でつながっていた。ふたりは手術から完全に回復し、すぐに標準的な食事を与えられた。

最も背の低い競技ボディビルダー
ヴィンス・ブラスコ（アメリカ）の身長は127cm。彼は軟骨無形成症という手足の短縮を引き起こす病気をもって生まれた。幼少期に15回もの大きな外科手術に耐えたヴィンスは、その後、筋肉を鍛えるために重量挙げ選手になった。"ミニハルク"として知られる彼は、アメリカ、ペンシルベニア州で行われたアマチュアボディビル選手権のバンタム級でデビューをはたした。
ヴィンスは、地元の消防署でボランティアをすることもあり、**最も背の低い消防士**にもなった。

最も早産の双子
カンブリー（写真左）とキーリー・エウォルト（写真右、ともにアメリカ）は、2018年11月24日にアメリカ、アイオワシティのアイオワ大学病院・診療所で生まれた。在胎週数は22週間と1日（155日）、つまり125日の早産だった。この双子の女児の出産予定日は2019年3月29日だった。

最も早産の赤ちゃん
ジェームズ・エルジン・ギルは1987年5月20日、カナダ、オンタリオ州オタワでブレンダとジェームズ・ギル（全員カナダ）との間に生まれた。出産予定日より128日の早産だったジェームズの体重は、624g。

最もうるさいげっぷ
20年間「バーパーキング（げっぷ王）」として君臨するポール・フン（イギリス）は、2000年5月、耳を塞ぎたくなるようなげっぷで、最初の記録を達成した。2009年8月23日、イギリス、ウエストサセックス州ボグナーレジスで測定された公式記録は109.9デシベル。

最も軽い赤ちゃん
"セイビー"（アメリカ、プライバシー上の理由から実名は伏せられている）の、出生時の体重は245g。タイニスト・ベイビーズ・レジストリが承認した。リンゴとほぼ同じ重さの彼女は2018年12月、緊急帝王切開でアメリカ、カリフォルニア州サンディエゴのシャープ・メアリー・バーチ病院で生まれた。妊娠期間はわずか23週と3日だった。

ヴィンスは、体重をうまくコントロールするために、部分的なボディビルを始めた。

タトゥ施術の最長時間

タトゥアーティストのアレクサンドル・パコスティン（ロシア）は、2019年9月12日、ロシア、ヴォログダの彼のスタジオで60時間30分におよぶタトゥの施術を終えた。

同一アニメキャラクターの最多タトゥ

ニコライ・ベリャンスキー

最も背の高いNBAプレーヤー

2019年10月26日、ボストン・セルティックスでNBAデビューをはたしたタッコ・フォール（セネガル、下写真左）の身長は226cm。
史上最も背の高いNBAプレーヤーはゲオルゲ・ムレシャン（ルーマニア）とマヌート・ボル（アメリカ、スーダン生まれ）で、ともに231cm。

最大の手のティーンエイジャー

2019年12月12日、ドイツ、ベルリンで測定された17歳のラース・モッツァ（ドイツ）の巨大な手はそれぞれ、手首から中指の先までの長さが23.3cm。ラースは**最大の足のティーンエイジャー**でもあり、2018年11月19日に左足35.05cm、右足34.9cmと確認された。

（ロシア）は、ロシア、モスクワで、9時間半座りっぱなしでアニメ『リック・アンド・モーティ』（アメリカ）のキャラクター、リックのタトゥを52個入れ、2019年8月31日に確認された。

最も長生きの四肢まひ患者

ウォルター・ルイス（アメリカ、1940年9月17日生まれ）

は1959年、19歳のとき、自動車事故に巻きこまれ、まひ状態になった。アメリカ、ミシシッピ州ゴーティエに住む彼は、事故発生から60年115日となった2020年3月23日、最も長生きの四肢まひ患者と認定された。

記憶された最長の色順序

サブハッシュ・モジリ（インド）は、2019年6月12日にインド、ハイデラバードで、連続した170色を記憶することに挑戦した。参加者は、ランダムに表示される連続した4色を一定時間内に思い出さなければならない。さらなる驚くべき記憶力について、下の表で確認することをお忘れなく。

世界メモリースポーツ協会

1991年以来、WMSC（世界メモリースポーツ協会）は世界記憶力選手権を監督してきた。参加者は、限られた時間内にさまざまなカテゴリーの情報を記憶する能力をテストされる。

1秒間隔で読みあげた数字の記憶最多	547	リュー・ソン・イ（北朝鮮）
5分間で記憶した小数桁最多	616	ウェイ・チンウー（中国）
1時間で記憶した小数桁最多	4,620	リュー・ソン・イ
30分間で記憶した2進数の並び最多	7,485	リュー・ソン・イ
1時間で記憶したトランプ最多	2,530	キム・スリム（北朝鮮）
トランプカードひと組の並び順を記憶し思い出す最速時間	13秒96	ゾウ・ルージャン（中国）
5分間で記憶した歴史年号最多	154	プラティーク・ヤダヴ・イム・イグム（インド）
15分間で記憶した名前と顔最多	187	ヤンジンドゥラム・アルタンス（スウェーデン）
15分間で記憶した抽象画像最多	804	フー・ジアバオ（中国）
15分間に記憶した無作為な単語最多	335	プラティーク・ヤダヴ・イム・イグム

最も高いモヒカン

2019年9月20日、アメリカ、ミネソタ州パークラピッズのヘアサロンで認証されたジョセフ・グリサモア（アメリカ）のモヒカンの高さは108.2cm。ヘアスタイリストのケイ・ジェットマン（右写真右）がジョセフの母親ケイ（右写真左）と妻ローラに手伝ってもらって仕上げた。

フォールは、ボストン・セルティックス、メイン・レッドクローズと2way契約を結んでいる。上写真は、身長178cmのレッドクローズのチームメイト、トレモント・ウォーターズと。

ジョティーのすべての服と、ほとんどのジュエリーは、特注しなければならない。

殿堂入り：
ジョティー・アムゲ

かつて大きな夢を抱いた小さな女の子、ジョティー・アムゲは、ギネスワールドレコーズで最も輝くスターのひとりへと成長した。

ジョティーは1993年12月16日、インドのナグプールで生まれた。母ランジャナによると、ジョティーは5歳まで平均的な身長だったが成長が止まり、その後、低身長症と診断された。

18歳の誕生日の2011年12月16日、整形外科医によりナグプールにある専門病院を訪れ、●最も背の低い女性に認定された。身長62.8cmと測定され、性に認定された。

62.8cm

ギネスワールドレコーズファミリーの著名人のひとりとして、ジョティーは世界中を旅することができた。アメリカという大きな夢を実現することが背の低いのひとりとして、消火栓より背の低いというスケールの大きな夢を寄せた。2014年にはアメリカ、ニューヨーク市では大勢の人を引き寄せた。ストーリー)にて、ジョティーは大勢の人を引き寄え、ジョティーは最ジョティーはヒットドラマ『アメリカン・ホラー・ストーリー』でベティの役で出演。女優になる夢を叶え、女優としての役で出演。女優になる夢を叶え、も背の低い女優となった。

↪ 殿堂入りしたジョティーの記録についてはサイトもチェック！
www.guinnessworldrecords.jp/2021

1：●最大のアフロヘアの持ち主エイビン・デュ
ガ（アメリカ）とジョティー。背の最も低い男性だった
67.08cmのカガンドラ・タパ・マガール（ネ
パール）とともに脚光を浴びる。

2：●最も背の高い男性

3：251cmの●最も背の高い男性
であるスルタン・コーセン。ギザのピラミッドを
見学。

4：●最大の足の持ち主、ジェイ
ソン・オラッド・ロドリゲス・ヘルナ
ンデス（ベネズエラ）と。

ほぼ100%

ジョティー・アムゲの身長は、トルコの
巨人スルタン・コーセン（写真3）の
ほぼ1/4、ジェイソン・ヘルナンデスの
40.55cmの右足（写真4）の1.5倍、そして
君が今読んでいるこの本の約2倍の高さだよ！

1

2

3

4

時間への挑戦！

▶ 1分間に
フライングディスクで倒したロードコーン最多数

2017年10月11日、アメリカ、ニューヨーク市ブルックリンで、ブロディ・スミス（アメリカ）は、1分間にフライングディスクで13個のロードコーンを倒した。スターYouTuber（彼のチャンネル登録者数は220万人以上）のブロディは、同日、**1分間にフライングディスクで倒した飲料缶最多数**31本なども達成。

強い腕力と距離を正確に把握する能力は、ブロディの記録に挑戦する人々にとって不可欠だ。しかし、制限時間内で競うなら、別の緊張感が伴う。この章では、時間が迫っていても冷静な、さまざまな記録保持者に出会えるよ。また公式認定員が、自宅でできる5つの挑戦を紹介するよ。君は、公式にすごいと認められるかな？　さあ、時間と戦って確かめるときがきた。

"
自分の好きなこと
ができるなら、お金持
ちでいるよりも貧乏で
いることを選ぶよ。
"

30秒間で

シルビオ・ザッパ（イタリア）は、定期的に記録達成に挑戦しており（それを証明するギネス世界記録のタトゥが腕にある！）、なかでも一番に愛するのは、時間への挑戦だ。**30秒間で積み上げたサイコロ最多数**（38個）や**30秒間で立てた鉛筆最多数**（23本）など、30秒間で挑戦する記録タイトルを数多く保持している。パーソナルトレーナーのシルビオは、俊敏さと器用な手をもつため、ギネス世界記録の本でおなじみの顔となった。彼の記録に挑戦したいそこの君、長い道のりが待っているよ。手始めに、**30秒間で積み上げる缶の最多数**に挑戦してみよう。詳しくは右ページを見てね。

> 僕にとって記録更新の意味は、何をするにしても世界で一番になるために励むこと。記録更新は、趣味でなく仕事だね。

30秒間で積み上げたドミノ最多数

2013年4月28日、イタリア、ミラノで、シルビオは、30秒間にドミノ48個を積み上げた。またシルビオは、2012年12月11日、イタリア、ピオルテッロで、**5段のドミノピラミッド積み上げ最短時間**（右写真）を18秒40で記録した。

30秒間で顔に貼り付けた付箋最多数

2018年4月18日、シルビオは、30秒間で38枚の付箋を顔に貼り付けた。付箋は1枚ずつ、粘着部分を直接肌に貼る必要があった。挑戦終了後、10秒以上肌に貼り付いた付箋のみがカウントされた。

00:30

30秒間で積み上げる缶の最多数

30秒間で、できるだけ高く缶をピラミッド型に積み上げよう。心の準備はいい？ 時計が進んでいる間、手を安定させたまま挑戦できるかな？ 君の努力を正確に記録したければ、公式認定員アダムが紹介する以下のガイドラインにしたがってね。

・缶のピラミッドとは、缶を何段にも重ねてつくるもの。たとえば、4個、3個、2個、1個といったように、上にいくにしたがって缶の数を減らし、上部先端には1個の缶のみをのせ、側面が傾斜した形をつくる。

・使用する缶は、一般に市販されていて、蓋が開いていないものを使う。缶の直径は12cm以上、高さは16cm以上であること。

・挑戦に使用する缶の数に制限はない。

・この挑戦には片手しか使えない。もう片方の手は、挑戦の間、背中に回しておくこと。

・挑戦開始前までに、すべての缶を横向きにして、挑戦を行う地面またはテーブルの上に置くこと。

・挑戦に使う手は開いた状態で缶の横に置き、挑戦を開始すること。缶は1個ずつ積み重ねること。

・すべての缶は、上向きに積むこと。つまり、土台となる最初の段の缶の下部は、地面に接触し、2段目以降の缶の下部は、その下にある段の缶の上部と接触していること。

・挑戦終了直前には、段の一番上に缶1個のみを置き、必ずピラミッドの形状を完成させること。

・ピラミッドは、挑戦終了後から5秒以上倒れずに安定している必要がある。もしその間に1個でも缶が落ちてしまったら、挑戦は失格となる。

・挑戦中に手を止めたり、休憩をしたりしてもいいが、どんなことがあっても時計を止めてはいけない。

ガイドラインの詳細はこちらから。
guinnessworldrecords.jp/2021

慌てずにやろう！
この挑戦は、できるだけ早く積み重ねることが一番重要だが、挑戦終了後、ピラミッドが5秒間倒れずに自立していなければならないことを忘れないように。練習と準備をすれば、缶が安定する最良の構造を見つけることができるよ。たったの30秒しかないから、1秒1秒を大切に！

30秒間のヒーロー：
30秒間で達成した記録

片足に履いた靴下最多数
2017年10月10日、スロバキア、プーホフで、パボル・ダルティック（スロバキア）は、30秒間で右足に靴下を28枚履いた。チェリー吉武と肩を並べた前記録を2枚更新した。合計数にカウントされるためには、すべての靴下をくるぶしまで引き上げる必要があった。

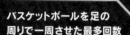

ローラースケートでの縄跳び最多回数
2019年5月19日、インド、デリーで、ゾラワール・シン（インド）は、30秒間で縄跳びを135回跳んだ。前年の自身の記録を3回更新した。ゾラワールは、**30秒間でダブル・アンダー・フロッグ最多回数**のギネス世界記録保持者でもある。

バスケットボールを足の周りで一周させた最多回数
2018年5月16日、メキシコ、ニコラス・ロメロで、ルイス・ディエゴ・ソト・ヴィラ（メキシコ）が、30秒間でバスケットボールを足の周りで一周させた回数は70回だった。ルイスは、ほかにも数々のギネス世界記録タイトルをもつ。

ストローで動かしたポップコーン最多数
2019年7月24日、イギリス、ランカシャー州のブラックプールにて、ルビー・フォザーギル（イギリス、写真左、ギネスワールドレコーズのアナ・オーフォードと）は、ポップコーンをストローで吸って、幅3cmの穴が空いた容器に25個入れた。

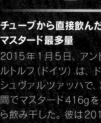

チューブから直接飲んだマスタード最多量
2015年1月5日、アンドレ・オルトルフ（ドイツ）は、ドイツ、シュヴァルツァッハで、30秒間でマスタード416gをチューブから飲み干した。彼は2019年8月8日、**200mlのマスタードを飲み干す最短時間**11秒79も達成。

1分間で

1分間もあれば多くのことができる。たとえば、エリ・ビショップ（アメリカ）は1,103回拍手することができる。また、ガバー・カルワイ・ガバー・アリ（エジプト）が67回の側転をしている間、三村大輔は348回縄跳びをした。テコンドーインストラクターのクリスとリサ・ピットマン（ともにイギリス、写真）は、鉄の拳でものを叩き割ることが好きだ。松の板割り（右下写真）には60秒しかかかっていないかもしれないが、この偉業を達成するためには何年ものトレーニングが必要だ。もし君が、少しでも体の負担が軽い記録に挑戦したければ、**1分間で最も多くのつまようじを折る**という記録はどうかな？　詳しくは右ページを見てね。

> わたしたちは、朝起きて、スーツを着て仕事にいくような普通の人間じゃないんだ。わたしたちは起きて、ものを壊すんだ！

1分間に片手で割った松の板最多数

2018年4月9日、イギリス、ケント州ブロムリーで、クリスが1分間に315枚の松の板を割ったのに対し、妻のリサは230枚で**女子**タイトルを獲得した。ふたりはテコンドーのインストラクターで、瓦割りのギネス世界記録保持者でもある。「でも、板を割るのはまた違う」「板のふちが尖っているから、手の骨を鍛える必要があるんだ。それを証明する傷跡があるよ！」とふたりはいう。

00:60

1分間で折ったつまようじ最多数

君の1分間スキルは、ギネス世界記録の歴史に名を残すことができるかな？　この新しい記録に挑戦して、1分間でできるだけ多くのつまようじを折ろう。
君の努力を正確に記録したければ、公式認定員のルーが紹介するガイドラインにしたがってね。

・市販のつまようじを使用すること。記録を申請するときに、つまようじの大きさと種類などの詳細も一緒に提出すること。

・事前につまようじをテーブルまたは平らな表面に並べておくこと。

・挑戦開始まで、挑戦者の両手の手のひらは下に向けた状態でテーブルの上に置かれている必要がある。それまではつまようじに触ってはいけない。

・デジタルストップウォッチを使用すること。

・3、2、1のカウントダウンの直後に挑戦を開始すること。

・つまようじは1本ずつ折っていくこと。

・つまようじは、手と指だけを使ってふたつに折ること（きれいにふたつに折れている必要がある）。

・1分間で、きれいにふたつに折られたつまようじのみがカウントされる。

・必ず記録挑戦を最初から最後まで録画すること。録画用カメラは、常に挑戦者にピントが合っている必要があり、できれば固定されているのが望ましい。

・挑戦の開始と終了の合図には、挑戦者が認識できる大音量のものを使うこと。

・記録挑戦には、ふたりの証人に立ち会ってもらうこと。

ここまで読んだ君は、つまようじ折り挑戦への準備は万端のはずだ！
ガイドラインの詳細と申請はこちらから。
guinnessworldrecords.jp/2021

注意事項！
この記録挑戦の注意点は、つまようじがきれいにふたつに折れていること。少しでもつながっていると最終合計数にカウントされない。必要であれば、途中で手を止めたり、休憩したりしてもかまわない（おすすめはしないけどね！）。一度開始したら時計は止められないよ。グッドラック！

垂直に積み上げられたドミノ最多数

2019年1月16日、イタリア、ミラノのロダーノで、シルビオ・ザッパ（イタリア）が52個のドミノをバランスよく垂直に積み上げた。シルビオはギネス世界記録最多保持者のひとりで、2017年12月に達成した自身の記録45個から7個多く更新した。

目隠しした状態で披露したマジックトリック最多数

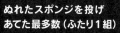

2019年5月29日、イギリス、ロンドンにあるギネスワールドレコーズの本社で、マジシャンのマーティン・リース（イギリス）は、目隠しした状態で1分間に24個のマジックトリックをひろうした。

ぬれたスポンジを投げあてた最多数（ふたり1組）

2019年2月5日、インドネシア、バリ島のヌサドゥアで、ビビン・ラーキンは、3m先のアシュリタ・ファーマン（ともにアメリカ）の顔に向かって76個のぬれたスポンジを投げつけた。ふたりは、ペアで行われるギネス世界記録を40以上保持している。

腕の周りを回転したディアボロ最多回数

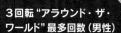

2019年5月2日、アメリカ、テネシー州ガトリンバーグで、ニールス・ドゥインカー（オランダ）は、71回ディアボロを腕の周りで回転させた。腕の周りを360度回転させたディアボロのみがカウントされた。

3回転"アラウンド・ザ・ワールド"最多回数（男性）

2018年9月30日、ノルウェー、オスロで、フリースタイルサッカー選手でトビアス・ベックスの名で知られるトビアス・ブランダル・バセット（ノルウェー）は、3回転"アラウンド・ザ・ワールド"のトリックを13回成功させた。

1時間で

どんな挑戦でも1時間挑み続けるには、体力だけでなく集中力も必要だ。アシュリタ・ファーマン（アメリカ）に聞いてみよう。200以上のギネス世界記録タイトルをもつ、ベテランの記録更新者は、数えきれないほどの時間を肉体的、精神的トレーニングに費やしている。**1時間に鼻で膨らませた風船最多数**（380個）や、**1時間に最多の水中スキューバ縄跳び回数**（1,608回）などの結果が、彼の努力を物語る。アシュリタを手本にして、君が初めてギネス世界記録を達成できるかどうか、右ページを見てみよう。

> 記録挑戦は、わたしにとって精神的な旅の一部になっている。練習そのものだけでなく、辛い目標に向かって自分が成長する姿を見るのも楽しい。

1時間で
テニスボールキャッチ最多回数
2015年7月21日、アメリカ、ニューヨーク市で、アシュリタは、1時間で1,307個のテニスボールをキャッチした。この挑戦は、アシュリタからわずか6m離れたテニス球出し機から放たれる、時速100kmのボールをキャッチするため、高い器用さと集中力が要求される。

01 HOUR

1時間にチームで倒すドミノ最多数

ドミノ倒しは子どもの遊びだが、時計がまわり、ギネス世界記録タイトルがかかっているときは違う。君と最大11人のチームメイトは、緊張せずに、この王道ゲーム、ドミノをうまく並べることができるかな？ 公式認定員クリステルが紹介するガイドラインにしたがってね。

・記録挑戦は最高12人までのチームで行われること。

・一般に市販されているどんなドミノを使ってもよい。ただし、サイズは39×19×7mm、またはそれ以上であること。

・挑戦開始前に、ドミノは横に倒した状態で平らな表面に置かれていること。

・挑戦開始と終了の合図は、参加者全員が認識できる大音量のものであること。

・挑戦中、すべてのドミノを一番狭い側面を下にして立て、蛇行または直線に並べること。

・ドミノの設置は1時間で完了し、制限時間後にドミノ倒しを実行すること。

・挑戦中、もしドミノが倒れてしまった場合、制限時間内であればいつでも並べ直すことができる。

・挑戦中に手を止めたり、休憩したりしてもいいが、どんなことがあっても時計を止めてはいけない。

ここまで読んだ君、ドミノ倒しに挑戦しよう！ 詳しいギネス世界記録のガイドラインを入手するために、今すぐ以下のWebサイトに登録しよう。
guinnessworldrecords.jp/2021

ドミノ倒し記録
2017年12月3日、H・フランク・キャリー高校（アメリカ）は、**ドミノ形式で倒したシリアルボックス最多数**（右写真）3,416個を達成。2018年1月26日、製菓メーカーのパーフェッティ・ヴァン・メレ（イギリス）は、**3分間にドミノ形式で倒したミントケース最多数（100人チーム）**1,365個を達成（左上写真）。2018年4月27日、レノボBT/IT（中国）は、**ドミノ形式で倒したラップトップ最多数**520個を記録した（下写真）。

丸太投げ最多数
2018年9月8日、ケヴィン・ファスト牧師（カナダ）は、カナダ、オンタリオ州で開催されたワークワース・フェアにて、ケーバーと呼ばれる丸太を122回投げた。ケヴィンは、怪力によるギネス世界記録タイトルを数多く保持している。

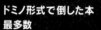

手を使わずペニーファージング（旧型自転車）で進んだ最長距離
2019年11月14日、ニール・ロートン（イギリス）は、イギリス、イーストサセックス州ブライトンのプレストン・パーク競技場で、1時間にペニーファージングで26kmの距離を移動した。

ドミノ形式で倒した本 最多数
2018年10月31日、ニュージーランド、クイーンズタウンで開かれた年次会議で、ケーマート・オーストラリアは、1時間に3,000冊の本を並べて倒した。

車いすで下りた階段最多段数
2019年3月27日、韓国、ソウルで、ハキ・アシェレー・ドク（イタリア、アルバニア生まれ）は、1時間に2,917段の階段を下りた。自身のギネス世界記録更新3度目となる。ハキは、2012年ロンドンパラリンピックで、アルバニアの代表選手として出場した。

ろくろで形づくった鉢 最多数（個人）
2019年11月14日、マイケル・ウェバー（アメリカ）は、アメリカ、ウィスコンシン州ニーナのサンセット・ヒル・ストーンウェアにて、ろくろで1時間に212個の鉢を形づくった。少なくとも600gの粘土の塊から鉢をつくりあげた。

24時間で

エヴァ・クラーク（オーストラリア）は、幼少期から身を粉にして厳しいトレーニングとボディー・コンディショニングにとり組んできた、別格のフィットネスの象徴だ。結果がそれを物語っている。エヴァの強い決意が、**24時間で懸垂最多回数（女性）** 3,737回や、**24時間でバービー最多回数（女性）** 1万2,003回など、持久力が求められる数多くの記録達成へと導いた。後者の記録は、リー・ライアン（イギリス）が保持する**男子**記録よりも2,000回近く多い。これらの24時間で行う挑戦は、エヴァがこれまでに挑戦したすべての種目のなかで、最も過酷だと感じているようだ。「挑戦開始から8時間くらいで、思考が混乱し始めるのよ」

> 女性たちは偉大なことを達成するために、互いに刺激し合っている。もし自分を疑っている女性がいたら、考えるのをやめて、ベストの自分になるための行動計画をつくろう。記録は破るためにある。自分を奮い立たせて、記録を破りにいこう！

24時間で胸立て伏せバービー最多回数（女性）

2018年2月23日、アラブ首長国連邦、ニューヨーク大学アブダビ校で、エヴァは、過酷な胸立て伏せバービーを5,555回達成した。この挑戦は、フィットネスチャレンジ中に行われ、エヴァは、集まった群衆や大学の参加者たちに励まされた。

24時間で拳腕立て伏せ最多回数

2014年2月1日、アラブ首長国連邦、アブダビのアル・ワーダ・モールにて、エヴァは、拳腕立て伏せを9,241回達成した。「このような肉体的な偉業に挑もうと勇気をもったのは、これが初めてだったわ。そして、このことが、ほかの数々のギネス世界記録への挑戦につながったの」とエヴァはいう。

24時間にチームでつくる最も長い紙のチェーン

君が、エヴァのようなアスリートでなくても、24時間で挑戦できる記録はたくさんあるよ。紙でつくるチェーンはどうかな？ この挑戦には、手先の器用さとスタミナが必要だ。公式認定員のトリップが紹介するルールにしたがってね。

・チームの人数は無制限のため、友達や家族の力を借りよう。

・チェーンを構成する紙の短冊は、最大で長さ46㎝、幅4.5㎝であること。

・短冊の端を、ホッチキス、両面テープ、または接着剤で止めて輪をつくり、その輪に別の短冊を通して同じように輪をつくる。この作業を繰り返して、連結された紙のチェーンをつくること。

・事前に、紙を短冊状にカットしておくことはできるが、連結はできない。すべてのチェーンは、挑戦中の24時間で連結されること。チームでの挑戦のため、同じ場所で、制限時間の24時間以内であれば、メンバー各自がそれぞれ短いチェーンをつくったあと、連結させてもよい。

・挑戦当日、挑戦者全員が、客観的な立場の立会人によって監視されること（たとえば、独立した幹事を任命し、挑戦場所がガイドラインに反していないかなどを監視する）。

・つなぎ合わせたチェーンの全長が測定されること。単に、短いチェーンの長さを掛け合わせて測定してはいけない。

詳しいガイドラインは以下の Web サイトに登録してチェックしてね。グッドラック！
guinnessworldrecords.jp/2021

つなぐことを考え中？

時間がある限り、君は驚くほど長いものをつくることができる…。ベン・ムーニー（イギリス、上写真）は、2017年、**最も長いペーパークリップチェーン**を記録。現在の記録は、イムラン・シャリフ（バングラデシュ）の2,527m。また、デイヴィス兄弟（イギリス、下写真）は、2018年12月1日、**トチの実の最長チェーン**を1万6,847個の実からつくった。

ポゴスティックで移動した垂直方向の最長距離

2019年3月23日、ニュージーランド、カイコウラで、リー・グリッグス（ニュージーランド）は、ポゴスティックでファイフ山を1,602m登った。メンタル・ヘルス・ファンデーション・オブ・ニュージーランドの支援のために挑んだ。

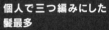

最多連続スクラブルゲーム

2015年4月13〜14日の間、イギリス、プリマスで、クレイグ・ビーバーズ（イギリス）は、ボードゲームのスクラブルを30回連続でプレイした。このイベントはナショナル・スクラブル・デイに行われ、スクラブル、マテル・UK、マインドスポーツ・インターナショナルが主催した。

個人で三つ編みにした髪最多

ヴァスギ・マニヴァンナン（インド）は、2019年6月7〜8日の間に、インド、チェンナイで、167人の髪を三つ編みにした。各モデルの髪を洗って乾かしてから、毛先2.5㎝未満を残して三つ編みにした。

個人で押した車いす最長距離

2014年6月29日、グラハム・インチリー（イギリス）は、人が乗った車いすを連続で161.61㎞押した。グラハムは、アソシエーション・オブ・ヤング・ピープル・ウィズ・MEとナショナル・オウスティック・ソサエティのための資金調達と広報活動を目的に記録に挑んだ。

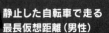

静止した自転車で走る最長仮想距離（男性）

2019年10月22〜23日、アメリカ、ネバダ州ラスベガスで、エド・ヴィール（カナダ）は、スプランク（アメリカ）が主催したイベントにて、952.12㎞の距離を静止した自転車で走行した。仮想自転車ズイフトが使われた。

まとめ

2分間から1年間、または生涯にかけてなど、ある特定のケースにおいて、わたしたちは、ギネス世界記録の標準時間単位以外の挑戦を審査することがある。たとえば、空中に放たれたペイントボールをつかんだり、一瞬でパンツをおろしたり、または、目にも留まらないくらいの速さで髪の毛を三つ編みにするなど、君の特技がなんであろうと、公式に素晴らしいと認められるかどうか試してみない？ 何から始めればよいかわからないという君のために、とっておきの挑戦を用意したよ。詳しくは右ページを見てね。

24時間で水中清掃に参加した最多人数（同一会場）

2019年6月15日、ディクシー・ダイバーズ（アメリカ）は、アメリカ、フロリダ州ディアフィールド・ビーチ・ピアの清掃を主催し、633人が参加した。環境を思いやるスキューバダイバーたちが、544kg以上のゴミを海から回収した。

1年間に自転車で走行した最長距離（WUCA承認済）

2016年5月15日から2017年5月14日の間に、アマンダ・コーカー（アメリカ）は自転車で13万9,326kmを走行。ワールド・ウルトラサイクリング・アソシエーションが承認。アマンダは、自転車で10万マイル最速タイム（WUCA承認済）の記録ももつ。

8時間に洗った皿最多数

2011年1月10日、ルイーズ・ドゥーイ（イギリス）は、イギリス、ロンドンにあるギネスワールドレコーズの本社に出向き、8時間に2,250点の食器を洗った。汚れた食器を同じ種類に分けて洗う必要があり、ディナー皿、ボウル、鍋、コップ、カトラリー450セットを洗った。

人生で骨折した最多回数

バイクの長距離ジャンプの先駆者である、イーヴェル・クニーヴェル（アメリカ、本名ロバート・クレイグ・クニーヴェル）は、1975年の終わりまでに、433回骨折した。1976年の冬、シカゴ・アンフィシアターでのテレビ撮影中に、サメだらけの水槽を飛び越えようとして重傷を負った。

３分間で膨らませた風船最多数

３分間で、多くの風船を膨らますことができる肺活量はある？公式認定員のクリスが紹介するガイドラインにしたがってね。

・挑戦は個人で行われること。

・風船は、一般に市販されている標準サイズのものを使い、詳細は記録と一緒に提出すること。膨らませた風船は、少なくとも直径20cm以上であること。

・すべての風船は、口で膨らますこと。ガスポンプやエアーコンプレッサーなどの、人工的な道具を使ってはいけない。

・３分間に、膨らませた風船が破裂、または縮んでしまっても、

風船を結んだ際に、最小限のサイズが満たされていれば、合計数にカウントされる。

・客観的なふたりの証人に立ち会ってもらう。

・風船が破裂、または、縮まる可能性があるため、証人は、風船が結ばれたらすぐに数を数えてサイズを測ること。

・挑戦中に休憩をとってもよいが、どんなことがあっても時計を止めてはいけない。

・挑戦開始と終了の合図は、参加者全員が認識できる大音量のものであること。

ルールについてはこれくらいにして、早速、風船を膨らまそう。詳しいギネス世界記録のガイドラインを入手するには、今すぐ以下のWebサイトを見てね。
guinnessworldrecords.jp/2021

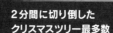

２分間に切り倒したクリスマスツリー最多数

2008年12月19日、ドイツ、ケルンにて、エリン・ラヴォイ（アメリカ）は、テレビ番組のチャレンジで、2分間に27本のクリスマスツリーを切り倒した。「木が大好き、でも木を切り倒すのも大好きなの」とエリンはいう。エリンは、クロスフィットの選手で、世界トップの木こりのひとりだ。

５分間に身体に貼り付けた付箋最多数

2014年2月2日、東京都で、お笑い芸人の出川哲朗は、『大！天才てれびくん』（NHK）の撮影現場にて、22人の子どもたちと司会者の協力を得て、674枚の付箋を自身の身体に貼り付けた。その3年前にイギリスで出された記録454枚を大きく更新した。

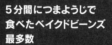

５分間につまようじで食べたベイクドビーンズ最多数

2018年12月6日、アメリカ、アイダホ州ボイシで、デイビッド・ラッシュ（アメリカ）は、つまようじで275粒のベイクドビーンズを飲みこんだ。ビーンズひと粒ずつ刺す必要があった。

▶ １時間で膨らませた風船最多数

2015年9月4日、アメリカ、コロラド州アレンスパークのワイルド・ベイスン・ロッジ＆イベント・センターで、ハンター・ユウェン（アメリカ、上写真）は、1時間で910個の風船を膨らませた。風船にまつわる、ギネス世界記録タイトルを獲得するための挑戦はたくさんある。2016年6月6日、アメリカ、ニューヨーク市で、アシュリタ・ファーマン（アメリカ）は、1分間に鼻で膨らませた風船最多数9個を達成した。

１年間に映画館で鑑賞した映画最多数

2017年3月23日から2018年3月21日までの間に、フランス、パリの映画館で、ヴィンセント・クローン（フランス）は、715本の映画を鑑賞した。お気に入りは『バック・トゥ・ザ・フューチャー』（アメリカ、1985年）。

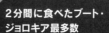

２分間に食べたブート・ジョロキア最多数

2018年2月4日、イタリア、タルクイーニアで、愛称 "ジャック・ペッパー" のジャンカルロ・ガスパロット（イタリア）は、恐ろしく辛い唐辛子のブート・ジョロキアを146.27g食べた。ジャンカルロは、アーゲンピックの唐辛子祭りでこの記録に挑戦した。

風船は、生分解性のものを使ってね。挑戦が終わったら、責任をもって処分しよう。

ガムの包み紙でできた最長のチェーン

2020年1月10日、アメリカ、バージニア州バージニアビーチで、ゲイリー・ダシュル（アメリカ）は、ガムの包み紙でできたチェーンを根気よく32.55kmの長さにつなぎ合わせた。ゲイリーは、258万3,335個の包み紙を使用して巨大なチェーンをつくりあげるのに、4万2,000時間以上を費やした。

このチェーンには、すべてリグレーのガムの包み紙が使われている。ゲイリーは、1895年の商品を含むリグレー関連グッズを集めている。

目次

平均的な速度でゲイリーのチェーンの長さを歩こうとすると、6時間半はかかるだろう！

巨大な果物と野菜

最も長いウリ類

2019年9月21日、スロベニアのモジリェで、全長3.954mのウリが記録され、グレート・パンプキン・コモンウェルスが認定した。このウリは、ゴラン・ラジッチ（セルビア）が栽培した。

最も長いパースニップ

栽培の達人、ジョー・アサートン（イギリス、左下の**最も長いカブ**も見て！）は、ウスターシャー州マルバーンで、2017年9月23日と24日の2日間にわたって開催されたカンナ・イギリス巨大野菜選手権で、全長6.55mのパースニップをひろうした。

同じイベントで、アサートンは6.7mの**最も長**

最も重い赤キャベツ

2018年9月29日、イギリス、ウスターシャー州マルバーンで開催されたカンナ・イギリス巨大野菜選手権で、23.7kgの赤キャベツが記録された。この巨大なアブラナ属の野菜は、栽培競技のベテラン、ティム・セント（イギリス）が栽培した。

円周が最も大きいオレンジ

2006年1月22日、オレンジが円周63.5cmと測定された。重さ2.27kgのこのオレンジは、アメリカ、カリフォルニア州フレズノのパトリックとジョアン・フィードラーの庭で育った。

最も大きいバナナの房

2001年7月11日、スペイン、カナリア諸島のエル・イエロ島で、重さ130kg、473本のバナナがなった房が記録された。このバナナは、カバナとテコロネ（ともにスペイン）が栽培し、フィンカ・エクスペリメンタル・デ・ラス・カルマスで収穫された。

最も重いジャック・オー・ランタン

2018年10月6日、アメリカ、カリフォルニア州で開催された第24回エルク・グローブ・ジャイアント・パンプキン・フェスティバルで、コサミス・コミュニティ・サービス・ディストリクト（アメリカ）は、重さ942.11kgのジャック・オー・ランタンをひろうした。

いダイコンを発表。園芸の才能がある彼は、**最も長いビートルート**（7.95m）と**最も長いニンジン**（6.24m）の記録保持者でもある。

最も長いアスパラガス

2004年10月2日、カナダ、オンタリオ州で開催されたポート・エルギン・パンプキンフェストで、ハリーとカーソン・ウィレムセ（ともにカナダ）は、全長3.51mのアスパラガスをひろうした。

最も背の高い芽キャベツ

2001年11月17日、アメリカ、カリフォルニア州のニューポートビーチで測定されたパトリスとスティーブ・アリソン（ともにアメリカ）の芽キャベツの高さは、2.8mにおよぶ。

最も重いグレープフルーツ

2019年1月19日、アメリカ、ルイジアナ州スライデルで記録されたダグラスとメアリー・ベス・マイヤー（ともにアメリカ）のホワイトグレープフルーツは、3.59kgだった。このグレープフルーツはあまりにも重すぎたため、成長の途中、専用のハンモックで支える必要があった。

畑の巨人

最も長いカブ
ジョー・アサートン（イギリス）のカブ4.064m。2019年9月28日、イギリス、ウスターシャー州マルバーンで。

最も重いセイヨウスグリ
グレイム・ワトソン（イギリス）のセイヨウスグリ64.83g。2019年8月6日、イギリス、ノース・ヨークシャー州で。

最も重いトマト
スティーブとジャンヌ・マーリー（ともにアメリカ）のトマト4.377kg。2019年9月20日、アメリカ、ニューヨーク州で。

最も重いピーマン
イアン・ニール（イギリス）のピーマン720g。2018年9月29日、イギリス、ウスターシャー州マルバーンで。

最も重いビートルート
フォーティ家（全員イギリス）のビートルート23.995kg。2019年5月23日、イギリス、グウェント州で。

園芸ヘビー級

果物／野菜	重量	栽培者	日付
リンゴ	1.84 kg	岩崎智里	2005年10月24日
ナス	3.06 kg	イアン・ニール（イギリス）	2018年9月29日
ブルーベリー	15 g	アグリコラ・サンタ・アズール・エス・エー・シー（ペルー）	2018年7月19日
マスクメロン	30.47 kg	ウィリアム・エヌ・マカスリン（アメリカ）	2019年8月5日
ニンジン	10.17 kg	クリストファー・クアリー（アメリカ）	2017年9月9日
カリフラワー	27.48 kg	ピーター・グレイズブルック（イギリス）	2014年4月21日
サクランボ	23.93 g	フルティコ・パタゴニア（チリ）	2019年2月1日
キュウリ	12.9 kg	デイビッド・トーマス（イギリス）	2015年9月26日
イチジク	295 g	ロイド・コール（イギリス）	2015年8月28日
ヒョウタン	174.41 kg	ジェレミー・テリー（アメリカ）	2018年10月6日
キャベツ	62.71 kg	スコット・ロブ（アメリカ）	2012年8月31日
ヒカマ（クズイモ）	21 kg	レオ・スティスナ（インドネシア）	2008年1月25日
ケール	48.04 kg	スコット・ロブ（アメリカ）	2007年8月29日
コールラビ	43.98 kg	スコット・ロブ（アメリカ）	2006年8月30日
リーキ（西洋ネギ）	10.7 kg	ポール・ロチェスター（イギリス）	2018年9月29日
レモン	5.26 kg	アハロン・シェモエル（イスラエル）	2003年1月8日
マンゴー	3.43 kg	セルジオとマリア・ソコロ・ボディオンガン（ともにフィリピン）	2009年8月27日
マロウ（ウリ科の野菜）	93.7 kg	ブラッドリー・ウルステン（オランダ）	2009年9月26日
タマネギ	8.5 kg	トニー・グローバー（イギリス）	2014年9月12日
パースニップ（根菜）	7.85 kg	デイビッド・トーマス（イギリス）	2011年9月23日
ナシ	2.94 kg	JAあいち豊田梨部会	2011年11月11日
パイナップル	8.28 kg	クリスティン・マッカラム（オーストラリア）	2011年11月29日
スモモ	323.77 g	南アルプス市JAこま野管内	2012年7月24日
ザクロ	2.60 kg	チャン・ユアンペン（中国）	2017年11月27日
ジャガイモ	4.98 kg	ピーター・グレイズブルック（イギリス）	2011年9月4日
カボチャ	1,190.49 kg	マシアス・ウィレミンズ（ベルギー）	2016年10月9日
マルメロ（西洋かりん）	2.34 kg	エドワード・ハロルド・マッキーニー（アメリカ）	2002年1月
ダイコン	31.1 kg	大野学	2003年2月9日
スカッシュ（カボチャの一種）	960.70 kg	ジョー・ジュトラス（アメリカ）	2017年10月7日
イチゴ	250 g	中尾浩二	2015年1月28日
ルタバガ（スウェーデンカブ）	54 kg	イアン・ニール（イギリス）	2013年9月28日
サツマイモ	37 kg	マヌエル・ペレス・ペレス（スペイン）	2004年3月8日
サトイモ	3.19 kg	フーディン・タイラオ・マウンテン管理委員会（中国）	2009年10月13日
カブ	17.78 kg	スコットとマーディ・ロブ（ともにアメリカ）	2004年9月1日
スイカ	159 kg	クリス・ケント（アメリカ）	2013年10月4日

すべて2020年1月12日現在の記録

最も大きいブドウの房

2018年8月4日、スペインのロス・パラシオス・イェ・ビジャフランカで、10.12kgのブドウの房が記録された。セバスチャン・ゴメス・ファルコン（写真右）とロス・パラシオス・イェ・ビジャフランカの農業代表団（ともにスペイン）が栽培した。それまでの記録は9.4kgで、1984年以来ずっと記録を守っていた。

ほぼ 100%

最も長いコジェット（ズッキーニ）

2014年8月28日、カナダ、オンタリオ州で測定されたジョバンニ・バティスタ・スコッツァファヴァ（イタリア）のズッキーニは、全長2.52mに達した。その長さは野球のバットの2倍以上になる。ジョバンニは、肥料は使用せず、たっぷりの水を与えたという。

最も重いネクタリン

2018年6月30日、キプロスのアイイオイ・ヴァヴァツィニアスで、エレニ・プルタコウ（キプロス）は、500gのなめらかな皮のネクタリンを栽培。エレニは、巨大ネクタリンの以前から、65年以上農業を続けていた。

最も重いセロリ
ゲイリー・ヒークス（イギリス）のセロリ42kg。2018年9月29日、イギリス、ウスターシャー州マルバーンで。

最も重いアボカド
ポキニ家（全員アメリカ）のアボカド2.55kg。2018年12月14日、アメリカ、ハワイ州カフルイで。

最も長い唐辛子
ユルク・ヴィースリ（スイス）の唐辛子50.5cm。2018年9月30日、スイス、ザンクト・ガレン州で。

最も重い唐辛子
デール・トーテン（イギリス）の唐辛子420g。2018年9月29日、イギリス、ウスターシャー州マルバーンで。

食べ物の偉業

最も大きいクリームムティー・パーティー

2019年10月23日、イギリス、ゲーツヘッドにあるセージ・ゲーツヘッドで、1,054人がスコーンやジャム、紅茶とともに、国営宝くじの創立25周年を祝った（上写真）。11月29日、中国、福建省のアモイで、北京・メルセデスベンツ・セールス・サービス（中国）が、1,088人にクリームティーをふるまい、記録を更新（左上写真）。

料理を続けた最長時間

シェフのラタ・タンドン（インド）は、2019年9月3日から7日の間、87時間45分料理し続けた。

最も長いティラミス

2019年3月16日、イタリア、ミラノでガルバーニ・サンタ・ルチア（イタリア）は学生と一緒に、全長273.5mのティラミスをつくった。

ラティーナでコンソルツィオ・セントロ・コマーシャル・ラティナフィオーリ（イタリア）は、チョコレートソースのかかった、重さ430kgのシューシクリームをつくった。

最も大きいシューシクリーム：

2019年9月15日、イタリア、

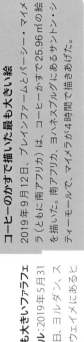

最も大量のマンゴーと餅

餅：2019年1月20日、タイ、バンコクでタイ国政府観光庁は、4.5トンのカオニャオ・マムアンを用意した。マンゴーと餅を使った、伝統的なデザートだ。

最も長いバゲット

全長132.62mのバゲットが2019年6月16日、イタリア、コモでできあがった。直立させるとピサの斜塔の2倍以上の高さになる。バゲットは、イタリア赤十字社のコモ・クローチェ・ロッサ・イタリアーナ・コミタート・ディ・コモ（イタリア）が募金活動の一環として製作した。

最も大きいミルフィーユ：

2019年2月23日、イタリア、トリエステでトリノ・デ・ロウバショッピングセンターは、デラとパスティッチェリア・ボン（すべてイタリア）とともに、重さ673.5kgのフランスの焼き菓子、ミルフィーユをつくった。

最も大きいサイヤインゲンのキャセロール

2019年11月20日、アメリカ、ニューヨーク市で、冷凍野菜ブランドのグリーン・ジャイアント（アメリカ）は、重さ457kgのキャセロールをつくった。キャセロールは、感謝祭でふるまわれる伝統的料理だ。その後、キャセロールは寄付された。

最も大きいガスパチョ：

2019年6月9日、スペイン、アルメリアで、ユニカ・グループ（スペイン）は、9,800Lのガスパチョ（野菜の冷製スープ）をつくった。

最も高さのあるチョコレートファウンテン

2019年4月11日、ヘルムート・ヴェニンツ（オーストリア）は、全長12.27mのチョコレートファウンテンを建設。オーストリア、アルハミのチョコレート工場、ヘルムッツ・プラリーネンウェルト（ブラウネ・ワールド）のオープン記念でつくられた。

ルドン・デッド・シー・リゾート＆スパ（ヨルダン）は、ひよこ豆とスパイスやハーブで、101.5kgのファラフェル（中東風コロッケ）をつくった。

最も大きいアーティチョークサラダ

2019年9月15日、ペルー、トルヒーリョで、サン・イグナシオ・デ・ロヨラ大学とダンパー（ともにペルー）は、784.53kgのアーティチョークサラダをふるまった。

最も大きいファラフェル：

2019年5月31日、ヨルダン、スウェイメにあるルドン・デッド・シー・リゾート...

コーヒーのかすで描いた最も大きい絵

2019年9月12日、ブレインファーム＆バーン・マイ・・・ラ（ともに南アフリカ）は、コーヒーかすで25.96m²の絵を描いた。南アフリカ、ヨハネスブルグにあるサントン・ティーモールで、マイラが4時間で描きあげた。

ファウンテンは、重さ約1トンのチョコレートの滝を支えている。

最も長い手打ち卵麺

2019年5月20日、東京都港区でシェフの黒田弘は、全長183.72mの麺をつくった。1時間かけて、生地を1本につながった麺にした。

3度目の挑戦でリアは、自身の最短時間の記録を食べる替えることができた。リアの戦略は"失敗"だった。

食べ物を完食した最短時間

●ホットドッグ1本：2018年12月13日、ミシェル・レスコ（アメリカ）は、手を使わずに21秒60で完食。

バナナ8本：2012年1月14日、パトリック"ディープディッシュ"ベルトレッティ（アメリカ）は、1分間でバナナ8本をむいて完食。

●ブリ

24日、ヴィニー・ディーゼル（オーストラリア）が28秒48で完食。

生のタマネギ1個：2013年12月31日、山口悠介が29秒56で完食。

●パスタ150g：2017年9月18日、ミシェル・レスコが26秒69で完食。

●ブート・ジョロキア3本：2019年1月26日、マイク・ジャック（カナダ）が9秒75で完食。

トースト1枚：2014年8月30日、アンソニー・ファルツォ（マルタ）が8秒47で完食。

キュウリ1本：2014年5月

●メープルシロップ1杯：2017年5月12日、ケヴィン"LAビースト"トラール（アメリカ）が、10秒84で飲み干した。

飲み物を飲み干した最短時間

コーヒー1杯：2019年8月8日、アンドレ・オルトルフ（ドイツ）が、4秒35で飲みみ干した。

●グレイビーソース1リットル：2018年4月25日、スティーヴン・ラッペル（アメリカ）が、1分12秒5で飲み干した。

水1リットル：2019年6月8日、アンドレ・フォーヒリアス（スウェーデン）が、56秒で飲み干した。

ぜい肉のない、素晴らしい早食い女性

リア・シャットキーヴァー（イギリス）は、負けず嫌いの早食いだ。下写真は、健康のため厳しいフィットネスに励む。記録挑戦の合間に、ギネス世界記録のタイトル獲得以上に、リアのハングリー精神をかき立てるものはない。2018年6月15日、チョコレート・オレンジ1個を食べる最短時間を1分5秒で達成。また2019年5月1日には、3つのピクルドエッグを食べる最短時間を7秒80で達成。さらに、2019年9月25日、●3つのミンスパイを食べる最短時間（52秒21）、●手を使わずにマフィンを食べる最短時間（21秒95）を達成。2019年11月28日、●ブトーを食べる最短時間（35秒26）も達成した。

103

高価な食べ物

ギネス世界記録のリッチなアラカルトをご賞味あれ。

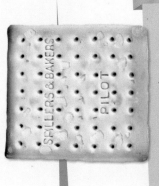

ビスケット

1912年4月に沈没した、不運な豪華客船タイタニック号の数奇ボートに備えてあったサバイバルキットのひとつ"パイロット"クラッカー。2015年10月、イギリス、ウィルトシャー州デバイザズのヘンリー・オルドリッジ・アンド・サンで開催のオークションで落札された。
2万3,064ドル(約279万1,700円)

スフレ

繊細な空気よりも軽いスフレを、ヘネシー・リシャールのコニャックでフランベし、金箔で装飾。アメリカ、ニューヨーク市のペトロシアンのペトロシアンで総料理長のリチャード・ファルザベとのペトロシアン・アレクサンドル・ペトロシアン(ともにアメリカ)が調理。
2,500ドル(約27万2,100円)

ホットドッグ

"ジュウウェバン"
食欲をそそるスモークチーズのソーセージ、タマネギ、マイタケ、和牛、フォアグラ、黒トリュフ、キャビアなどをはさんだブリオッシュのトーキョー・ドッグで。アメリカ、ワシントン州シアトルのトーキョー・ドッグで。
169ドル(約1万8,100円)

クラブケーキ

"プラチナ・クラブ・ケーキ"
黒トリュフ、プラチナ箔、プラチナパウダー、グラパガニ...ダー、ハーブなどを使った天下一品のパテ。アメリカ、サウスカロライナ州コロンビアのレストラン、ツイストで、ラザリウス・レイサット・ウォーカー(アメリカ)が調理。
310ドル(約3万3,200円)

チョコレート

"ラ・チュオルサ"
サフラン、砂糖漬けしたオレンジスライス、ベネズエラ産カカオ68%のチョコレートを使った夢のようなお菓子。スイスのアッティモ・チョコレート・チョコリッピが販売している。
1kgあたり8,072ドル69セント(約87万6,100円)

点心

具材にぜいたくに、サフラン、冬虫夏草、トリュフ、ブルーリーフゴールドを使用している。

ホンメイ・ジャン(中国)とケビン・ブルック(ドイツ)が調理した。
523ドル(約5万6,100円)

サンドイッチ

"最高のグリルチーズサンド"
ドンペリニヨンのシャンパンと金箔を使ったフレンチ・ブレッドの上には、白トリュフバターと希少なカチョカヴァロ・ポドリコ・チーズがのっている。アメリカ、ニューヨーク市のセレンディピティ3で提供された。
214ドル(約2万2,900円)

弁当

10種類の柔らかい和牛に白いごはん。生ワサビ、梨ソースの詰め合わせ。東京都渋谷のスターフェスティバル株式会社が販売する。
29万2,929円

ドリアン

手摘みの希少なカオニャオ・ドリアンは、タイのノンタブリーで開催されたキング・オブ・ドリアン祭りで、パ・トイ・ラン・ムー農園の経営者、マリヤン・ハン・チャイ・タイ（タイ）が販売。ドリアンは丹精こめて栽培されたが、匂いがきつい。なぜ"果物の王様"と呼ばれるのかは調べてみてね。

4万7,784ドル（約512万6,800円）

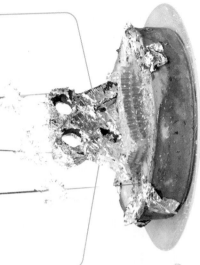

チーズケーキ

このデザートの材料は、水牛のリコッタチーズ、マダガスカル産バニラ、イタリア産白トリュフ、金箔などだ。アメリカ、ニューヨーク市のレストラン・シェフェレ、ラフエレ・ロンカ（イタリア（アメリカ））がつくった。

4,592ドル（約49万9,800円）

ピザ "24金"

世界中で好まれているピザに、インド産のイカスミとエクアドル産の金箔がのせられている。イギリス産のホワイトスティルトンチーズ、フランス産のフォアグラと黒トリュフ、カスピ海産のオシェトラとアルマスのキャビア 24金の金箔でトッピング。予約は2日前までに。アメリカ、ニューヨーク市のインダストリー・キッチンへ。

2,700ドル（約29万3,800円）

ミルクシェイク "ルーグス"

ジャージー牛の生クリーム、タヒチ産バニラアイスクリーム、デボンシャーの高級クロテッドクリーム、マダガスカル産バニラビーンズ、23金の食用金箔、ホイップクリーム、ルクレモース・バルディヴン（ロバのキャラメルソース）、ルクサルドのマラスキーノチェリー（リキュール）が使われている。スワロフスキー®とクリスタル・ニンジャが提携してつくり、アメリカ、ニューヨーク市のセレンディピティ3で販売されている。

100ドル（約1万800円）

トリュフ

2007年11月23日、イタリア、ピザでクリスティアーノ・サヴィーニ（ともにイタリア）が、重さ1.3kgの白トリュフを採取した。マカオのグランド・リスボア・ホテルで開催されたオークションで、スタンリー・ホー（中国）が妻をかいして電話で入札した。

33万ドル（約3,885万8,600円）

ハムの足 イベリアの"マンチャド・デ・ハブーゴ"

3年かけて飼育された豚からとれる特別な部位を、昔ながらの熟成倉庫で6年間熟成。骨付きか、骨なしの肉のかたまり、もしくは真空パック詰めした薄切りの肉を買うことができる。地元の職人がつくる、オークの木箱に入れられる。デエサ・マラドゥア（スペイン）が販売。

4,620ドル（約49万5,600円）

参加者最多人数

最大の音楽とダンス			
記録	人数	場所	日付
バーラタナチャン ダンス	1万 176人	インド、タミル・ナードゥ 州チェンナイ	2020年2月8日
バーラタナチャン ダンスレッスン	416人	インド、タミル・ナードゥ 州チェンナイ	2020年2月2日
ドラムによるクレッシェンド	556人	ロシア、サンクトペテルブルク	2019年5月26日
ラダキダンス	408人	インド、ラダック、ヘミス	2019年9月20日
馬頭琴合奏	2,019人	中国、吉林省松原市チェ ングオ	2019年7月13日
サンバダンスレッスン	643人	中国、香港	2019年5月19日
シューブラットラーダンス	1,312人	ドイツ、バイエルン州アントドルフ	2019年5月30日
歌のリレー （複数の曲）	384人	イギリス、サウス・ヨーク シャー州シェフィールド	2019年11月7日

一斉にスキューバダイビングをした 最多人数

2019年8月3日、インドネシア、北スラ ウェシ州マナドで、インドネシア・ウィメン ズ・オーガナイゼーションが主催した集団 スキューバダイビングに3,131人が参加。 ダイバーたちは、**水中で広げた最も大き い旗**1,014㎡を達成し、その2日前には、 **水中でつくる最も長い人間の鎖**を578 人で達成した。

最大の音楽レッスン

2019年5月15日、マレーシア、ジョホー ル州にあるSJKC・クオ・クアン2で、 2,869人の小学生が、ウクレレの初心者 向けレッスンに参加した。インストラクター のリック・チョの指導のもと、楽器の持 ち方や弦の弾き方を学んだ。人気の童 謡「ベイビーシャーク」を全員で演奏し、 33分のレッスンは終了した。

スマーフに扮して集まった最多人数

2019年2月16日、ドイツ、ラフリンゲンで、 ベルギーの人気コミックキャラクター「ス マーフ」のファン2,762人が集まり、町中を 青くした。記録を達成するために、参加者 は特有の赤や白の帽子に加え、青色の ボディーペイントや服を着る必要があった。 多くの参加者は、パパ・スマーフやスマー フェットなどに扮した。イベント は、デ・トラディションスヴェ ライン（ドイツ）が主催した。

人で描く最も大きい絵			
記録	人数	場所	日付
自転車	2,620人	ロシア、モスクワ	2019年7月13日
ハンバーガー	1,047人	スペイン、マドリード	2019年10月14日
雲	1,207人	中国、山東省、青島	2019年7月8日
指紋	800人	パレスチナ、ヘブロン	2019年10月14日
メープル・リーフ	3,942人	カナダ、オンタリオ州 クインテウエスト	2019年6月29日
ピースサイン	1,076人	インド、ケーララ州 ティルヴァナンタプラム	2019年10月2日
えんぴつ	761人	オーストラリア、ニューサウス ウェールズ州ライダルミア	2019年8月20日

2019年9月25日、 ハザ・アル・マンスーリ は国際宇宙ステーション に到着し、8日後に帰 還した。

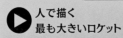

▶ 人で描く 最も大きいロケット

2019年11月28日、アラブ首長国連邦、 シャールジャで、PACE・グループ（アラブ首長国 連邦）は、最初に宇宙に行ったエミラティ（同国の国民）、 ハザ・アル・マンスーリの功績を祝うため、1万1,443人 の児童と職員でロケットを描いた。児童は5つの学校か ら招集され、21カ国を代表していた。

扮装して集まった最多人数			
記録	人数	場所	日付
花嫁	1,347人	スペイン、アリカンテ州ペトラ	2019年6月29日
済公	339人	中国、香港	2019年11月9日
かかし	2,495人	フィリピン、イザベラ州イラガン	2019年1月25日
魔法使い	440人	アメリカ、メリーランド州ナショナル・ハーバー	2019年1月5日
タータン柄を着用	1,359人	カナダ、オンタリオ州ケノーラ	2019年7月27日
最多人数			
同時に行った花束づくり	339人	アメリカ、ニュー・ハンプシャー州ニューポート	2019年9月7日
同時にいすのポーズ（ヨガ）	623人	中国、上海	2019年6月23日
同時に茶摘み	576人	岐阜県白川町	2019年7月7日
同時に行った手動草刈機での草刈り	564人	スロベニア、ツェルクノ	2019年8月12日
靴下人形を身につけた（1カ所）	628人	イギリス、ウェスト・ミッドランズ、バーミンガム	2019年6月3日
参加した最多人数			
数字で塗り絵	2,462人	アラブ首長国連邦、ドバイ	2019年10月17日
8時間でつくったレゴ®ブロック縮図都市	1,025人	中国、上海	2019年9月22日
ルービックキューブで描いた絵	308人	イギリス、ロンドン	2019年9月30日～10月2日
最大のレッスン			
考古学	299人	ウクライナ、リウネ州オストロフ	2019年10月10日
AIプログラミング	846人	アメリカ、テキサス州ダラス	2019年4月17日
生物学	5,019人	ブラジル、サンパウロ	2019年10月30日
書道	2,671人	中国、マカオ	2019年10月13日
エンプロイアビリティ（雇用適性）スキル	330人	イギリス、ロンドン	2019年10月30日
サッカー	835人	オーストラリア、ビクトリア州メルボルン	2019年10月26日
ガーデニング	286人	クウェート、クウェート市	2019年11月16日
洗濯	400人	インド、マハーラーシュトラ州ムンバイ	2019年5月17日
ソフトウェア	775人	メキシコ、ハリスコ州グアダラハラ	2019年4月23日
最大の…			
コーヒーの試飲	2,133人	ロシア、モスクワ	2019年9月7日
こおり鬼	2,172人	アメリカ、アリゾナ州フェニックス	2019年11月13日
ヒューマンノット	123人	韓国、チェジュ	2019年6月21日
レザータグ勝ち残りトーナメント	978人	アメリカ、ミシガン州ファーミントン	2019年8月25日
紙ボール戦	653人	アメリカ、ケンタッキー州モーガンタウン	2019年7月4日

最も長い人間マットレスドミノ

2019年8月6日、ブラジル、リオ・デ・ジャネイロで、グロボ・コミュニカサオ・イ・パティシフィコスとオルトボム（ともにブラジル）は、2,019人の人間マットレスドミノを開催。11分13秒で記録を更新した。

最大のオーケストラ

2019年9月1日、ロシア、サンクトペテルブルクで、8,097人の音楽家が集まり、ロシアの国歌を演奏した。ガズプロムズ・ファンド（ロシア）が主催したこのイベントには、全国から181のオーケストラと200の合唱団が集まった。演奏後、ロシアのサッカー試合が生中継された。

最大のメキシコ民族舞踊

2019年8月24日、メキシコ、ハリスコ州のグアダラハラにあるプラザ・デ・ラ・リベラシオンで、伝統衣装のチャロとカポラールを着た882人が、6分50秒の間ハリスコダンスをした。従来記録の457人からほぼ倍の数で更新した。主催者は、カマラ・デ・コメルシオとセルビシオス・ワイ・ツーリズモ・デ・グアダラハラ（ともにメキシコ）。

3つの巨大ロケットに搭載されたスペースシャトルが描かれている。

大きなもの

最も大きいゴルフクラブ

最も大きいカギ

最も大きい郵便受け

イリノイ州ケーシーからの **はがき**

小さな町の大きな記録

最も大きいロッキングチェアと木靴

最も大きいくま手

君もここにいたらなぁ！

最も大きいゴルフティー

最も大きい理髪店サインポール

OFFICIALLY AMAZING

THE WORLD'S LARGEST...
BARBER'S POLE

FIRST CLASS

最も大きいゴルフクラブ

9ホールをプレイする時間がある君。13.95mのケーシーサイズのクラブを忘れないで。このクラブを使えば、確実にボールを遠くへ飛ばすことができる。ただし、つかむことができたらの話だけどね！

最も大きいカギ

高さ8.58mでそびえ立つカギは、ジム・ボリンが所有するトラック、ジム・ボリン・シルバラードのカギをまねてつくられた。高さは、2階建てバスのほぼ2倍もある。カギの最大幅は3.47mもある。もし、ジムのトラックをカギと同じサイズに拡大すると、クルーズ客船クイーン・エリザベス2号の大きさになる。

最も大きい郵便受け

町の中心地を散策してみよう。長さ11.09m、高さ4.41mの超特大郵便受けがある。ほかの超大型作品と同様に、完全に機能しているよ。ポストの支柱に隠れている階段を探して、上ってみよう。開口部は、ケーブルワイヤーで操作でき、通りの反対側にある巨大なテーブルのかたまりを、鳥かごで見渡すことができるよ。

To...

(ロンドン、ギネスワールドレコーズ)

from...

イリノイ州ケーシー
アメリカ、62420

最も大きいロッキングチェア

大通りにそびえ立つこれは、高さ17.09m、幅9.99m、重さ20.9トンのスチール製のロッキングチェアだ。ヘッドレストには、"希望のハト"が彫られている。そして、その場所にいるなら、最も大きい木靴も見逃せない。(見逃せるはずはない!) 長さ3.5mある木靴のサイズ（海外のサイズ）は、靴のサイズ約390に匹敵する！

最も大きいくま手

我々ケーシーの住民は、農業の伝統に誇りをもっている。巨大なくま手は、そのものずばり、農具以外の何ものでもない。それを示せるのは、幅2.56m、長さ18.65m、のくま手は、通常の農具の10倍あり、長さボウリングレーンに相当する。リチャード・ファーム・レストランの外に展示されている。

MAIL

最も大きいゴルフティー

アメリカ、イリノイ州にある小さな町ケーシーには、とても大きなアトラクションがある。現在までに、11個のギネス世界記録タイトルを保持し、すべて地元の実業家ジム・ボリン（アメリカ）によって製作した。超大型作品の数々は、ゴルフ場にある巨大なゴルフティーだ。直径1.91m、シャフト径64cm、長さ9.37m。イエローパイン板のかたまりを、チェーンソーで削って形づくられた。

最も大きい理髪店サインボール

理髪が必要？全長4.46mのサインボールを目印にすれば。サインボールは、"小さな町の大きなもの"の実行委員会が構想した。この実行委員会は、住民やの市の職員たちが、次に手がける大型作品を決定する場になっている。

ケーシーの人口は3,000人に満たない。観光客の誘致のため"小さな町の大きなもの"の実行委員会が立ち上げられた。

靴

履物の偉業		
最速	タイム	記録保持者
木靴で走る100m最速	13秒16	アンドレ・オルトルフ（ドイツ）
ハイヒールで走る100m最速	13秒55	マイケン・シクラウ（デンマーク）
スキーブーツで走る100m最速	13秒85	アンドレ・オルトルフ（ドイツ）
スキーブーツで走る100m最速（女性）	16秒86	エマ・カーク・オデュヌビ（イギリス）
ローラースケートが付いたハイヒールで走る100m最速	26秒10	マラワ・イブラヒム（オーストラリア）
ビーチサンダルで走るハーフマラソン最速	1時間30分23秒	ラクシット・シェティ（インド）
スキーブーツで走るハーフマラソン最速	3時間7分35秒	エミリー・クルス（フランス）
ウェリントン・ブーツで走るマラソン最速	3時間21分27秒	ダミアン・タッカー（イギリス）
ビーチサンダルで走るマラソン最速	3時間42分29秒	バルディップ・シン・ミーナス（イギリス）
スキーブーツで走るマラソン最速	5時間30分27秒	ポール・ハーネット（イギリス）

2019年12月5日現在

最も大きいハイヒール：写真④

2019年4月20日、チュニジア、スファクスで、長さ3.96m、高さ2.82mのハイヒールがひろうされた。
チュニジアのこのハイヒールは一点ものだが、**最も高さがある市販用ハイヒール**が、2004年2月に販売された。ジェームズ・シエミオン（インド）がデザインした、極端な靴の靴底の高さは43cm、ヒールは51cmで、ボウリングのピンより高い！

最も高価なブーツ

2013年12月、アントワープのダイヤモンド会社、ダイアロウ／UNI-デザインとファッションブランド、A.F.ヴァンデヴォースト（ともにベルギー）は、サイズ6のアンクルブーツをひろうした。4.73kgの金と、合計1,550カラット分の3万9,083個の色彩豊かなダイヤモンドをあしらったブーツの値段は、310万ドル（約3億254万6,600円）。

最大のコレクション

▶**靴**：2012年3月20日に記録された、ダーリーン・フリン（アメリカ、上写真）の靴と靴関連品コレクション数は1万5,665点。
▶**スニーカー**：2012年5月17日、ジョディ・ゲラー（アメリカ）のスニーカーコレクション数は、2,388足（右上写真）。
コンバース：2012年3月8日、ジョシュア・マラー（アメリカ、右写真）のコレクション数は1,546足。

最も古い革靴

2008年、考古学者たちは、アルメニア東南部ヴァヨツ・ゾル地方にあるアレニ1洞窟内で、5500年前の革靴を発見した。1枚の革でつくられた長さ24.5cmの靴は、履く人の足に合うようにつくられている。

最も大きいハイキングシューズ：写真①

2006年9月30日、ドイツ、ハウエンシュタインでシュー・マルク（ドイツ）は、長さ7.14m、幅2.5m、高さ4.2mのハイキングシューズをひろうした。長さはミニクーパーの2倍にあたり、幅はロンドンTX4タクシーよりも広く、高さはルートマスターバスとほぼ同じ！ この巨大シューズは約1,500kgで、フォークリフトとほぼ同じ重さだ。長さ35mの靴ひもは、ストレッチリムジンの4倍近くもある！

最も大きいカウボーイブーツ：写真②

2008年1月24日、エチオピアのアディスアベバで、ベラシュー・トラ・ブタ（エチオピア）は、高さ2.5m、長さ2.38mの黒革のカウボーイブーツをひろうした。

最も大きいスニーカー：写真③

2013年4月12日、中国、香港で、エレクトリック・セッキー（香港特別行政区）は、長さ6.4m、幅2.39m、高さ1.65mのスニーカーをひろうした。

ポーツマン、チャック・テイラーは、初の運動靴のエンドーサー（著名人がブランド名を保証）となった。

▶最も重い靴での歩行

2010年11月18日、イギリス、ロンドンでアシュリタ・ファーマン（アメリカ）は、1足146.5kgの靴を履いて10m歩いた。

6年後の2016年12月4日には、イギリス、サフォーク州イプスウィッチで**1分間にスキーブーツを履いたまま縄跳びした最多数**（161回）も記録した。

8時間で磨かれた靴最多数

2016年6月1日、インド、インドラでヴィクラント・マハジャン（インド）は、1分間に平均2足のペースで、8時間に合計251足を磨きあげた。

2013年11月22日、東京都のアサヒ商店街で行われたイベントにおいて、**靴磨きした最多人数**800人が達成された。

最も規模の大きいウェリントン・ブーツレース

2014年5月11日、アイルランド、ケリー州キラーニーのグレンフレスク・GAAクラブ（アイルランド）で、3,194人がウェリントン・ブーツを履いて走った。

1996年10月12日、フィンランド、ハメーンリンナで、テッポ・ルオマ（フィンランド）は、**ウェリントン・ブーツを投げた最長距離**を63.98mで達成した。女性の記録は、1996年4月19日、サリ・ティルクコネン（フィンランド）が40.87mで達成した。

靴ひもを結ぶ最短時間

2018年5月27日、イギリス、ロンドンのウェストミンスター・マイルで開催されたギネス世界記録・ライブ！で、ジェーン・ピアース（イギリス）は、靴ひもを10個の穴に22秒83で結んだ。

オークションで落札された最も高額な靴

映画の小道具：『オズの魔法使』（アメリカ、1939年）のルビーの靴（上写真右上）が、2000年5月24日、アメリカ、ニューヨーク市のクリスティーズで、66万6,000ドル（約7,177万1,800円）で落札された。

スニーカー／トレイナー：2019年7月23日、アメリカ、ニューヨーク市のサザビーズでナイキ・ワッフル・レーシング・フラット"ムーン・シュー"（上写真左）が、43万7,500ドル（約4,735万5,200円）で落札。

スニーカー／トレイナー（使用済）：2017年6月11日、1984年のオリンピックでマイケル・ジョーダン（アメリカ）が履いた靴（上写真右下）が、オークションで19万372ドル80セント（約2,111万3,400円）で落札。

年代が直接わかる最も古い靴

1938年、オレゴン大学の考古学者、ルーサー・クレスマン（アメリカ）は、アメリカ、オレゴン州のフォート・ロック・ケーブで、いくつかの古代のサンダルを発見した。10足のサンダルは、1万500年～9300年前のものとわかった。ヤマヨモギでつくられたこの特徴的なサンダルは、北アメリカ先住民が履いていた可能性が高い。

4世紀の**最も古い靴下**は、エジプトの古代都市、オクシリンコスで発見された。

最も古い広告運動靴

1923年、アメリカの人

▶最も大きいカウボーイブーツの彫刻：写真⑤

2014年11月4日、アメリカ、テキサス州サン・アントニオのノース・スター・モールで、ボブ・"ダディ-O"・ウェイド（アメリカ、下写真）は、高さ10.74mのカウボーイブーツの彫刻を建設。このブーツは、鉄骨の表面をコンクリートとファイバーグラスの混合物でおおい、ダチョウの皮に似せてつくられている。

4

5

ブーツは元々、アメリカ、ワシントンD.C.のホワイトハウス付近にそびえ立っており、高さはホワイトハウスの半分にまで達していた。

コレクション

『アサシン クリード』の最大コレクション

2019年2月10日、イタリア、ナポリのポッツオーリで記録された、カルロ・プリスコ（イタリア）の『アサシン クリード』コレクション数は1,030点。

ピカチュウの最大コレクション

2019年8月7日、イギリス、ハートフォードシャー州ウェルウィン・ガーデン・シティで記録されたリサ・コットニー（イギリス）のピカチュウ関連グッズのコレクション数は1,293点。また、2016年8月10日、『ポケットモンスター』関連グッズの最大コレクション1万7,127点も記録した。

クジラ関連グッズの最大コレクション

2019年5月24日、アメリカ、マサチューセッツ州トップスフィールドで記録された、シンディ・マッキニス（アメリカ）のポストカード、服、マグネットなどを含むクジラ関連グッズのコレクション数は1,347点。
2019年1月31日、リトアニア、ヴィリニュスで記録された**イルカ関連グッズの最大コレクション**となる3,516点は、アウスラ・サルトニーテ（リトアニア）のもの。

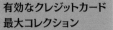

有効なクレジットカード最大コレクション

2019年8月28日、中国、広東省深センで記録されたジャン・シャンチェン（中国）のクレジットカードのコレクション数は1,562枚だった。ギネス世界記録のガイドラインにしたがい、各クレジットカードの限度額は少なくとも500ドル（約5万3,600円）あった。

レゴ®ミニフィギュアの最大コレクション

2018年12月1日、サンマリノ共和国で記録されたファビオ・ベルティーニ（イタリア）のレゴ®ミニフィギュアのコレクション数は3,310点。ファビオのコレクションは、すべてレゴ®セットの付属フィギュアで、一番古いものは1970年代。各フィギュアは、少なくとも1カ所がほかと異なる。

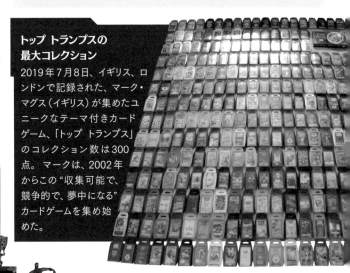

トップ トランプスの最大コレクション

2019年7月8日、イギリス、ロンドンで記録された、マーク・マグス（イギリス）が集めたユニークなテーマ付きカードゲーム、「トップ トランプス」のコレクション数は300点。マークは、2002年からこの"収集可能で、競争的で、夢中になる"カードゲームを集め始めた。

▶ 『スパイダーマン』の最大コレクション

2019年4月27日、アメリカ、カリフォルニア州バーバンクで記録された、トリスタン・マシューズ（アメリカ）の『スパイダーマン』関連グッズのコレクション数は3,089点。コミック以外に、フィギュア、ランプ、おぼん、ゲーム、衣類、さらにはスパゲッティの缶も含む。

トリスタンは、11歳のときに『ウェブ・オブ・スパイダーマン』第126号を読んで以来、熱狂的なファンだ。

サングラスの最大コレクション

2019年6月29日、カナダ、ブリティッシュコロンビア州バンクーバーで記録されたロリアン・キーナン（カナダ）のサングラスのコレクション数は2,174点。

ローリング・ストーンズの最大コレクション

2019年11月14日、イギリス、ロンドンで記録されたマシュー・リー（イギリス）のローリング・ストーンズのプログラムやポスターなどのコレクション数は2,789点。

『デジモンアドベンチャー』の最大コレクション

2019年5月3日、大阪府で記録された、イン・シー・イン

▶ ファンコ「POP！」のフィギュアの
最大コレクション

2018年12月15日、アメリカ、バージニア州ウィンチェスターで記録されたポール・スカルディーノ（アメリカ）のファンコ「POP！」のコレクション数は4,475体。これらのフィギュアは、コミックや映画、ゲームなどのキャラクターをもとにつくられている。ポールの最初のコレクションは、ホークアイとスパイダーマン（上写真）だった。

チャリティオークションで落札されたギターの
最大コレクション

2019年6月20日、アメリカ、ニューヨーク市のクリスティーズで、ピンク・フロイドのメンバーが所有するギター123点がオークションにかけられた。落札価格の総額は2,119万8,250ドル（約23億1,081万4,800円）。

（香港特別行政区）の『デジモンアドベンチャー』関連グッズの数は1万8,264点。

香水びんの最大コレクション

2019年9月13日、ギリシャ、ネオ・シキコで記録された、アンナ・レベンテリ（ギリシャ）の香水びんのコレクション数は5,410点。

『ワンピース』コレクションの最多数

2019年7月17日、神奈川県川崎市で記録された、眞田佳和の『ワンピース』関連グッズのコレクション数は5,656点。

▶ 『ドラゴンボール』
コレクションの最多数

2019年6月18日、東京都で記録された、内田斉の『ドラゴンボール』関連グッズのコレクション数は1万98点。

▶ 『ゴッド・オブ・ウォー』の
最大コレクション

2019年3月3日、メキシコ、サリスコで記録された、エマニュエル・モヒカ・ロザス（メキシコ）のビデオゲーム『ゴッド・オブ・ウォー』関連グッズのコレクション数は570点。彼が開発者のスタジオを見学した際に、ギネス世界記録の認定証が贈呈された。

オークションの目玉は、愛称"ザ・ブラック・ストラト"のフェンダー製ストラトキャスター。アルバム『狂気』（1973年）などで使用された。

フィットネス

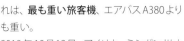

24時間で縄跳び最多数

2019年3月30日、アメリカ、ニューヨーク州ボイスビルで、セラ・ローザ・リガ（アメリカ）は、24時間で16万8,394回、縄跳びをした。

セラは、8時間で縄跳び最多数（7万30回）、12時間で縄跳び最多数（10万364回）も達成。彼女の跳躍は、総合格闘技のトレーニングで磨かれた。

木のポーズ最長時間（ヨガ）

2019年6月19日、インド、チェンナイで、M・カヴィタ（インド）は、ヨガの木のポーズを55分間維持した。これは軸脚に、もう片方の足を押しあててバランスをとり、両手はもち上げるか、または胸元で手のひらを合わせるポーズ。

プランクをした最多人数

2020年1月26日、インド、ムンバイで、バジャイ・アリアンツ生命保険（インド）は、2,471人を集めて、プランクを1分間行った。

24時間で最も重いデッドリフト

2019年10月26〜27日、クリス・ダック（イギリス）は、イギリス、ノーフォーク州ノリッジで、総重量48万kgをもち上げた。こ

れは、最も重い旅客機、エアバスA380よりも重い。

2019年10月12日、アメリカ、ミシガン州オウォッソーで、ケイシー・ランバート（アメリカ）は、1分間で最も重いオーバーヘッドスクワットを総重量2,125kgで記録した。これはバーベルを頭上にもち上げた状態で、スクワットを行う挑戦だ。

24時間で押した車最長距離（個人）

2019年4月27〜28日、フィットネスコーチ、トミスラフ・ルベンジャク（クロアチア）は、運転手をのせた740kgの車を106.93km押した。クロアチアの首都、ザグレブの33の道路を制覇した。

バランスボールの上を移動した最長距離

2018年8月14日、オーストラリア、クイーンズランド州キュペラ・クリークで、ニコラス・スミス（オーストラリア）は、バランスボールを並べた列の上を95.17m移動した。

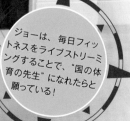

1分間で最多のランジ（女性）

2019年7月25日、アイルランド、ケリー州キャッスルアイランドで、サンドラ・ヒクソン（アイルランド）は、1分間に80回のランジを達成した。

ヒクソン一家は、これまでに10個のギネス世界記録タイトルを獲得している。

YouTubeで最も多く視聴されたフィットネスワークアウトのライブストリーミング

2020年の新型コロナウイルス感染症の流行を受けて、ジョー・"ザ・ボディ・コーチ"・ウィックス（イギリス）は、自宅から毎日、ワークアウトのストリーミング配信を始めた。2020年3月24日には、合計95万5,185世帯がリビングルームを走り回ったり、ジャンプしたり、ウサギ跳びしたりするジョーのエクササイズに参加した。

ジョーは、毎日フィットネスをライブストリーミングすることで、"国の体育の先生"になれたらと願っている！

走った。

クリスチャンは、6月に3つの物体をジャグリングしながら後ろ向きで**200m走最速記録**48秒83と、続いて同様の**400m走最速記録**1分48秒も達成した。

エベレストの高さに匹敵するまでボックスジャンプする最速記録

2019年11月29〜30日に、イギリス、ウェストサセックス州ボグナー・リージスで、ジェイミー・アルダートン（イギリス）は、最も高い山（8,848m）に匹敵する高さまで22時間18分38秒、箱に飛びのることを繰り返した。ジェイミーの挑戦により、2万7,119ドル（約295万6,200円）の寄付金が、地元のホスピスのために集められた。

3分間で逆立ち腕立て伏せ最多数（男性）

2019年6月27日、ロシア、モスクワで、ボディービルダーのマンヴェル・マモヤン（アルメニア）は、2.5秒に1回のペースで逆立ち腕立て伏せを73回達成した。

1分間で最多の片手片足腕立て伏せ

2019年8月14日、インド、インパールで、トウナオジャム・ニランジョイ・シン（インド）は、片手と片足で自身を支えながら、腕立て伏せを36回行った。

フラフープ100m走最速記録

2019年5月18日、アメリカ、フロリダ州セント・ジョンズで、トーマス・ギャラント（アメリカ）は、フラフープをしながら100mを15秒97で走った。この挑戦中に、**フラフープ50m走最速記録**8秒08も達成した。

後ろ向きで200m走最速記録

2019年7月30日、スペイン、トレドでクリスチャン・ロベルト・ロペス・ロドリゲス（スペイン）は、後ろ向きで200mを30秒99で

▶ プランク最長時間（女性）

2019年5月18日、アメリカ、イリノイ州ネイパービルで、ダナ・グロワッカ（カナダ）は、このきついポーズを4時間19分55秒間、保ち続けた。

▷**プランク最長時間**は、2020年2月15日、同所で記録された、元海兵隊員のジョージ・フッド（アメリカ）による8時間15分15秒。

ルームランナーで100マイル走最速記録

スレッシュ・ヨアキム・アルラナンタム（カナダ、スリランカ生まれ）は、2004年11月28日、カナダ、オンタリオ州ミシソーガのスクエア・ワン・ショッピングセンターにおいて、ルームランナーで100マイル（160km）を13時間42分33秒で走った。下の写真は、**エスカレーター乗り最長距離**のギネス世界記録認定証をもったスレッシュ。1998年にオーストラリアで、エスカレーターで225.44kmにあたる距離を上り下りした。

スレッシュの、もうひとつの風変わりな偉業は、**ロッキングチェアを前後に揺らす最長時間**の75時間3分だ。

1時間にペニーファージング（旧型自転車）で移動した最長距離（屋内）

2019年9月17日、イギリス、ダービー・アリーナ競技場で、クリス・オーピー（イギリス）は、ペニーファージングで34.547kmを走破。クリスは、少し前に記録されたマーク・ボーモントの33.865kmを僅差で破った。挑戦後、クリスは、「とてもきつかった」と語った。

おかしな特技

逆立ちしてバイクにのる最速スピード

2019年8月17日、イギリス、ノースヨークシャー州エルヴィングトン飛行場で、マルコ・ジョージ（イギリス）は、バイクに逆立ちして時速122.59kmで走行するスタントをひろう。彼は、5年間競技スタントライダーとして活躍しており、この挑戦のために7カ月間練習を重ねた。

最も高いビリヤードボールのジャンプショット

2019年10月13日、アメリカ、ウェストバージニア州パーカーズバーグで、テオ・ミヘリス（アメリカ）は、63.5cmの高さに設置されたバーにビリヤードボールを飛び越えさせ、ポケットに入れた。

最も高い立ち高跳び

2019年9月2日、アメリカ、テキサス州フォートワースで、ブレット・ウィリアムス（アメリカ）は、立った状態から1.65mの高さまでジャンプした。

足の指の関節で歩いた最長距離

2019年9月20日、ネパール、ビールガンジで、ナラヤン・アチャリヤ（ネパール）は、中足趾節関節で31.5m歩いた。

あごに手押し芝刈り機をのせて歩いた最長距離

2019年6月27日、イギリス、サマセットで開催されたグラストンベリー・フェスティバ

釘のベッドの上で重なり合った最多数

2019年10月23日、インド、グジャラート州で9人が釘のベッドの上に重なり合った。参加者は、ヴィスビー・カラディ、ジャッキー・パテル、バベシュ・パンワラ、クシュル・カドワ、ジャムシッド・バテナ、マナン・パテル、アブバカール・カドディア、ダライアス・クーパー、ラミーズ・ヴィラミ（全員インド）。

ルで、ジェームズ・"ジェイ"・ローリングス（イギリス、右ページ）は、手押し芝刈り機を逆さにし、あごの上にのせて279.1m歩いた。

ひげにつけたデコレーションボール最多数

2019年12月7日、アメリカ、ワシントン州オリンピアで、ジョエル・ストラッサー（アメリカ）は、自身のひげに302個のデコレーションボールをつけた。ひげにつけた箸最多数（520本、右下写真）、ひげにつけたつまようじ最多数（3,500本）の記録保持者でもある。

ジョエルは、ギネスワールドレコーズがカテゴリーを廃止する前に、ひげに挿しこんだストロー最多数（312本）の記録も保持していた。

マスコットによるトランポリンでのダイブロール最長距離

2019年9月12日、アメリカ、ルイジアナ州で、NBAチーム、ニューオーリンズ・ペリカンズのマスコットのピエール・ザ・ペリカンは、小さいトランポリンを使って、フロント・

30秒間で切った頭上にのったパイナップル最多数
2019年12月15日、インド、ケーララ州で、格闘技のインストラクター、ハリクリシュナン・S（インド）は、30秒間に日本刀で、集まったボランティアの人々の頭上にのせたパイナップル61個を半分に切った。

（バングラデシュ）は、手の甲に卵を15個のせた。ファルクルル・イスラム（バングラデシュ）、ロッコ・メキュリオ、シルビオ・サッバ（ともにイタリア）も、同年に同記録を達成した。

▶ **1分間に首で曲げた鉄の棒最多数**
2019年10月23日、インド、スーラトにて、インド人の格闘家ヴィスピー・カラディは、1分間に、素手で全長1mの鉄の棒を首の後ろにまわし、合計21本曲げた。

1分間に輪郭だけで識別した国最多数
2019年10月8日、パキスタン、カラチで、アイマアズ・アリ・アブロ（パキスタン）は、1分間に国の輪郭だけで57カ国を識別した。

頭の上にのせた最も重い車
1999年5月24日、イギリス、ザ・ロンドン・スタジオズにて、ジョン・エヴァンス（イギリス）は、重さ159.6kgの元祖ミニクーパーを33秒間頭の上にのせた。その2年前に、101個のレンガで、頭の上にのせた**最重量188.7kg**を記録した。

フリップをしながら、チアリーダーの列の上を4.26m飛んだ。

▶ **空気吸引で缶を頭につけた最多数**
2019年9月1日、東京都で、菅野俊一は、飲料缶9本を頭にくっつけた。

手の甲にのせた卵最多数
2019年8月11日、バングラデシュのチッタゴン、ノアカリで、コノック・カルマカール

1マイルを片足松葉杖で走った最速記録
2019年8月6日、マイケル・キンタニーヤ（アメリカ）は、アメリカ、テキサス州ポートランドにある彼の高校の運動場にて、松葉杖で跳び歩き、1マイル（1.6km）を11分17秒で完走した。足を骨折したマイケルは、再び陸上競技に戻ることを切望し、この記録のために練習をした。

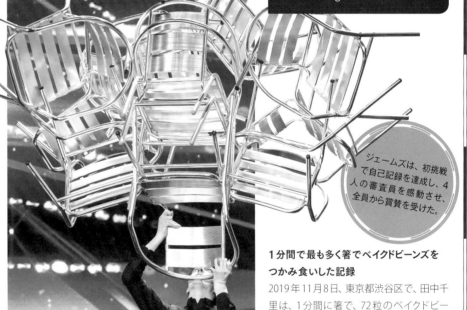

ジェームズは、初挑戦で自己記録を達成し、4人の審査員を感動させ、全員から賞賛を受けた。

あごの上にのせたいす最多数
2019年1月23日、イギリス、ロンドン・パラディアムにて、ジェームズ・"ジェイ"・ローリングスは、鉄製いす11脚を10秒間あごにのせた。**いすをあごの上にのせた最長時間**は、2019年10月19日、バングラデシュ、チッタゴン、ノアカリで達成された、コノック・カルマカールの35分10秒。

1分間で最も多く箸でベイクドビーンズをつかみ食いした記録
2019年11月8日、東京都渋谷区で、田中千里は、1分間に箸で、72粒のベイクドビーンズを1粒ずつ食べた。

サッカーボールを目の上で左右に転がした連続最多回数
2019年5月18日、東京都江東区で、吉永勇希は、サッカーボールを片方の目からもう片方の目に連続で766回転がした。

最も早く紙飛行機を折って投げた時間
2019年8月4日、東京都江東区で、服部明道は、紙飛行機を7秒03で折って飛ばした。この挑戦のガイドラインでは、先端が尖った7つ折りの紙飛行機を、少なくとも2m飛ばす必要があった。

ジャグリング芸

チェーンソーのジャグリング最多連続キャッチ数

2019年9月6日、カナダ、ノバスコシア州トゥルーロで、イアン・スチュワート（カナダ）は、作動しているチェーンソーでジャグリング105回を記録した。2017年、イアンは、3つのチェーンソーをジャグリングしながら移動した最長距離50.9mを記録した。この命がけのチャレンジの難関のひとつは、チェーンソーの重さだ、とイアンはいう。

5つの物体をジャグリングしながら走る100m走最速（男性）

1988年7月、アメリカ、コロラド州デンバーで開催されたインターナショナル・ジャグリング・アソシエーション・フェスティバルで、オーウェン・モース（アメリカ）は、5つの物体をジャグリングしながら100mを13秒8で走った。1年後、オーウェンは、3つの物体をジャグリングしながら100mを11秒68で走った。この記録はウサイン・ボルトの100m走とわずか2.1秒差。

3つの物体をジャグリングしながら走る100m走最速（女性） は、1990年7月、アメリカ、カリフォルニア州ロサンゼルスで記録されたサンディ・ブラウン（アメリカ）の17秒2。

7つの物体を頭上でジャグリング最多連続キャッチ数

2019年5月30日、アメリカ、カリフォルニア州ラグーナ・ヒルズで、マイケル・フェレーリ（スペイン）は、7個のボールで連続キャッチ71回を達成した。記録達成には、すべての動作を肩より高い位置でする必要があった。

▶1分間の火つきむちジャグリング最多キャッチ数（むち3本）

2019年9月7日、アーロン・ボンク（アメリカ）は、1分間に火のついたむちをジャグリングしながら82回打った。アメリカ、ニューヨーク市、タキシード・パークで開催されたニューヨーク・ルネッサンス・フェアの最後のショーで、この記録を達成した。

3つの物体をジャグリングしながら走るハーフマラソン最速（男性）

2018年10月21日、カナダ、オンタリオ州のスコシアバンク・トロント・ウォーターフロント・マラソンで記録した、マイケル・ルシアン・バージェロン（カナダ）の1時間17分9秒4。

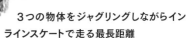

3つの物体をジャグリングしながらインラインスケートで走る最長距離

2019年8月3日、アメリカ、アイダホ州ボイシで、デイヴィッド・ラッシュ（アメリカ）は、ボール3個をジャグリングしながら、インラインスケートで1.2kmを走行した。彼はこれまで、100以上のギネス世界記録を達成してきた。

30秒間のジャグリング最多回転数（クラブ5本）

2019年7月12日、サーカスアーティストのヴィクター・クラキノフ（ロシア）は、30秒間に5本のクラブを508回、回転させた。彼はサウジアラビア、ジッダのオブハー・フェスティバルでパフォーマンスを行った。

アーロンはほかにも、頭の上に剣をのせバランスをとりながら、火がついた斧とチェーンソーをジャグリングした。

3つの物体をジャグリングしながらスキーをした最長距離

2019年3月16日、オーストリア、キルヒバッハで、ルーカス・ピクラー（オーストリア）は、3個のボールをジャグリングしながらスキーで569.2mすべった。

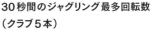

バランスボードの上で懐中電灯ジャグリング最多数

2017年11月3日、アメリカ、ニュージャージー州パターソンにあるアート・ファクトリーで、ジョシュ・ホートン（アメリカ）は、バランスボードの上に立ちながら5つの懐中電灯をジャグリングした。同日に、**日本刀のジャグリング最多数** 4本も記録した。

エジプトの洞窟で紀元前2000年に描かれた、ジャグリングをしている女性の絵が見つかった。

サッカーボールのジャグリング最多数

2006年11月4日、スウェーデン、ストックホルムのガレリアンショッピングセンターで、ヴィクター・ルビラー（アルゼンチン）は、同時に5個のサッカーボールをジャグリングした。この記録を保持するジャグラーは、ほかにも数人いる。エンリコ・ラステリ（ロシア）、トニ・ストルゼンバッハ（ドイツ）、エディ・キャレロ・ジュニア（スイス）、アンドレアス・ウェッセルズ（ドイツ）だ。

▶ **日本刀のジャグリング 最多連続キャッチ数（日本刀3本）**

2019年1月25日、マルコス・ルイス・セバージョス（スペイン）は、スペイン、カディス、サンフェルナンドで、日本刀を191回ジャグリングした。

やや安全だが、引けをとらない偉業は、**1分間に頭上で帽子をジャグリングした最多回数**。2015年7月7日、マルコスは、3つの帽子をジャグリングし、そのうちのひとつを頭の上に71回のせた。

3個のバスケットボールをジャグリングしながら走る最速マイル

2019年8月31日、アメリカ、オレゴン州ウォレントンで、ボブ・エヴァン（アメリカ）は、3個のバスケットボールをバウンス・ジャグリングしながら1マイル（約1.6km）を6分23秒97で走った。彼とその妻はジャグリングのパフォーマーだ。

3分間のジャグリング最多キャッチ数（ボール3個）

2019年6月2日、アメリカ、アイオワ州、ガーナーで、マーク・ハンソン（アメリカ）は、3分間に3個のボールでジャグリング・キャッチ1,320回を達成した。1秒間に7回キャッチのペースだ。

アイテム別のジャグリング最多数

アイテム		個数	ジャグラー	日付
ボール	ジャグリング	11個	アレックス・バロン（イギリス、上写真）	2012年4月3日
	フラッシュ*	14個	アレックス・バロン	2017年4月19日
	パス（2人）	15個	クリスとアンドリュー・ホッジ（ともにアメリカ）	2011年2月
クラブ	ジャグリング	8個	アンソニー・ガット（アメリカ）	2006年8月30日
	フラッシュ	9個	ブルース・ティーマン、スコット・ソレンセン、クリス・ファウラー、ダニエル・イーカー（全員アメリカ）	複数
	パス（2人）	13個	ウェス・ペテン（アメリカ）とパトリック・エルムナート（スウェーデン）	2009年
リング	ジャグリング	10個	アンソニー・ガット	2005年
	フラッシュ	13個	アルバート・ルーカス（アメリカ）	2002年6月28日
	パス（2人）	15個	トニー・ペッツ（アメリカ）とパトリック・エルムナート（スウェーデン）	2010年8月

* "フラッシュ"は、投げるフォームを練習するための技。より多くの物体を一度に投げ上げるのが目的で、投げてキャッチする動作を繰り返すのではなく、キャッチするまでにできるだけ多く投げ上げる。

ヨーロピアン・ジャグリング・コンベンション

1978年、世界最大規模のヨーロピアン・ジャグリング・コンベンションが初めて開催された。2019年は、8月3〜11日の期間、イギリス、ノッティンガムシャー州ニューアークで開催された。常に、刺激的で才能のある挑戦者を探し求めているわたしたちは、大会に参加してさまざまな挑戦を審査してきたよ。ジャグラーやパフォーマーたちの活躍は、以下でチェックしてね。

▶ **1分間のコリアンクレイドル宙返り最多数**

ロワシン・モリス（アイルランド）とマッシミリアーノ・ロセッティ（イタリア）は、1分間にコリアンクレイドルの上で宙返り16回を成功させ、自分たちの世界記録を2回差で更新した。高台の上に立つ投げ手のマッシミリアーノは、宙返りの合間にロワシンをキャッチした。コリアンクレイドルは、空中サーカスの道具で、ふたり1組で行う。

▶ **バランスボードの上で目隠ししてのジャグリング最多キャッチ数**

別名"ジャック・フラッシュ"の、サイモン・ウェスト（ニュージーランド）は、74回を記録。

▶ **5本フラフープ・スプリット最長時間**

イヴ・エバラード（オーストラリア）は、5本のフラフープを、体の別々の箇所で5分2秒34の間回した。イヴは、パフォーマンスで世界中を回った。

アーバンスポーツ

▶ **ポゴスティック乗り最高跳躍**
2018年11月20日、イタリア、ローマで、ドミトリー・アルセーニエフ（ロシア）は、記録に狙いを定め、ポゴスティックで3.40mの高さに設置されたバーを飛び越えた。
▷ **ポゴスティックでの最長ジャンプ**は、2019年5月18日、東京都で記録された、複数の世界記録をもつダルトン・スミス（アメリカ）による5.52m。

男性の記録は、ビルジよりも約2m短い、セルタン・アイドゥン（トルコ）による79.94m。

30秒間で最多の
パルクール壁蹴り後方宙返り
2018年1月14日、ネパール、カトマンズで、ディネッシュ・スナー（ネパール）は、30秒間で壁蹴り後方宙返りを16回達成した。2019年3月11日、30秒間で最

息継ぎ1回のみの最も長い水中歩行
2019年3月25日、トルコ、イスタンブールで、フリーダイバーのビルジ・シンギギレイ（トルコ）は、1回の息継ぎで、スイミングプールの底を81.60m歩いた。その長さは、ボウリングレーンの4倍に匹敵する。ビルジは、体が水面に浮上しないようダンベルをもち、約2分30秒間、水中にいた。2017年に達成し、塗り替えられた記録を奪い返した。

自転車で最も高いバニーホップ
2017年7月29日、イギリス、ロンドンで開催されたプルデンシャル・ライドロンドン・フリーサイクルにおいて、リック・クーク（オランダ）は、1.45mの高さに設置されたバーをバニーホップ・ジャンプした。

多のパルクール壁蹴りツイスト・バックフリップ12回も達成した。

一輪車での最も高い
高跳び（男性）
2018年8月3日、韓国、アンサンで開催されたユニコン・XIXにて、マイク・テイラー（イギリス）は、一輪車に乗ったまま高さ1.48mの台に跳び乗った。記録がカウントされるためには、国際一輪車連盟のガイドラインにしたがい、マイクは台の上に3秒間乗っている必要があった。

▶ **命綱ありハイライン歩き最長**
（ISA承認済）
2019年7月24日、カナダ、ケベック州アスベストスで、ルーカス・イルムラー（ドイツ）とミア・ノブレ（カナダ）は、1,975mのハイラインを歩いた。地上250mをルーカスは58分、ミアは2時間10分で歩き終えた。

命綱なしロングライン歩き最長
（女性、ISA承認済）
2019年9月17日、スイス、ベルン付近の野原で、アナリサ・カシラギ（イタリア）は、305mのスラックラインを歩いた。

ハンド・スケート50m走最速記録
2017年11月16日、ドイツ、ノルトライン＝ヴェストファーレン州ボホルトにおいて、ミルコ・ハンセン（ドイツ）は、ハンド・スケートで50mを8秒55で移動した。4年間の練習の末、ミルコは、スラロームやバックフリップ、ランプジャンプも習得した。

アーバン・ダウンヒル・
バイクレース最長距離
2018年12月2日、コロンビア、メデジン・コミューン13につくられた2.274kmの過酷なコースで、26人のバイカーが競い合った。PX・スポーツ（メキシコ）主催のザ・ダウンヒル・チャレンジ・メデジン2018のコースには、階段やヘアピンコーナーが使われた。優勝者は3分49秒でペドロ・フェレイラ。

ダウンヒル・バイク階段レース最長距離2.40kmも、2019年2月16日、同国のボゴタ、"デボトス・デ・モンセラーデ"で開催された。

ギネス世界記録の達成を祝して、スラックライナーたちは夜もハイライン歩きをした。

▶ **都市部で行われた最も高い**
命綱ありハイライン歩き（ISA承認済）

2019年9月8日、ロシア、モスクワで行われたスラックライン・トライブ・アンド・モスクワ・シーズンズ（ロシア）のイベントで、地上350mにハイラインが張られた。命知らずの7人、アレクサンダー・グリバノフ（上写真）、マキシム・カギン、ウラジーミル・ムルザエフ、グナディ・スクリプコ（全員ロシア）、ミア・ノブレ（カナダ）、フリーディ・クーン（ドイツ）、ネイサン・ポーリン（フランス）は、全長216mのハイラインを歩き、国際スラックライン連盟（ISA）が承認した。

スラックラインは1980年代に、アメリカで登山家のアダム・グロソフスキーとジェフ・エリントンが生み出した。

121

まとめ

炎をまとって歩いた最長距離

2019年9月27日、ハンガリー、ヴァシュで、サバ・ケレケス（ハンガリー）は、炎をまとって200m歩いた。

花火でつづった最大文字（リレー）

2020年1月1日、アラブ首長国連邦、アブダビ、アルワスバで、シェイク・ザイード・ヘリデージ・フェスティバル（アラブ首長国連邦）は、320発の花火で"ハッピー・ニュー・イヤー2020"とつづった。

最大の雪の結晶型オーナメント

2019年10月28日、大阪府のユニバーサル・スタジオ・ジャパンは、全長3.196mの雪の結晶の装飾をひろうした。また、人工クリスマスツリーに飾られた電飾の最多数59万1,840個も同時期に記録された。

柱の頂上の樽のなかで滞在した最長時間

南アフリカ、ムプマランガ州ダルストルームで、ヴァーノン・クルーガー（南アフリカ）は、2019年10月から12月までの75日間、高さ25mの柱の頂上に留まった。1997年、同じくダルストルームで達成した自身の記録、67日と14分を更新した。

▶ 最も大きい鉄道模型セット

ミニチュア・ワンダーランド（ドイツ）には、2019年8月14日、ドイツ、ハンブルクで承認された全長15.7kmの鉄道模型セットがある。縮尺1/87の模型は、▶最も大きい鉄道模型セット（スケールの長さ）でもあり、実世界の長さにすると1,367.2kmにおよぶ。

1分間で最多の火吹き後方宙返り

2019年6月21日、イギリス、アントリムで、ライアン・ルーニー（イギリス）は、1分間に17回、後方宙返りをしながら同時に火吹きをした。同日、さらに難しい1分間で最多の火吹きコークスクリュー回転を11回で達成した。

最大規模のライトセイバー戦

2019年11月2日、アメリカ、ミシガン州カラマズーで、カラマズーウィングス（アメリカ）は3,889人の戦闘員を集め、『スター・ウォーズ』をまねたライトセイバーで戦い合った。

最も高く飛んだ発泡錠剤ロケット

2018年12月12日、アメリカ、フロリダ州のケネディ宇宙センターで、BYUロケットリー（アメリカ）は、発泡性タブレットのロケットを269.13mの高さまで打ち上げた。

走行中の2台の車の間に張られたスラックライン上でバランスを保った最長時間

2019年12月14日、中国、北京で、シボレーに後援されたルー・アンミン（ともに中国）は、動いている2台の車の間に張られたスラックラインの上で、1分57秒28の間バランスを保った。

ライブ配信最長時間（動画）

2019年5月13〜20日の間、アメリカ、カリフォルニア州にあるHulu（アメリカ）のサンタモニカ本社で、Huluのソーシャルチームとゲストが交代で、161時間11分32秒の『ゲーム・オブ・スローンズ』の全編を2回視聴した。

このミニチュアは、ドイツ人の双子、フレドリックとジェリット・ブラウンによる作品だ。

ハイヒールでハーフマラソン最速記録

2019年9月8日、ホリー・ファーガソン（イギリス）は、イギリス、タイン・アンド・ウィアで開催されたグレート・ノース・ランで、ハーフマラソンを3時間35分52秒で完走。10cmのヒール（下写真）を履いて、スーパーヒーローや悪役に扮した同僚と一緒に走った。

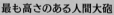

ゾービングで 100m最速記録

2019年9月8日、アイルランドで、ジェームズ・ダガン（アイルランド）は、巨大な透明のボールのなかに入って転がるゾービングで100mを23秒21で移動した。

下駄を履いて走ったマラソンの最速記録

2019年12月1日、大阪マラソンで、福浪弘和は、下駄を履いてマラソンを3時間58分43秒で完走した。

トイレに使われたダイヤモンド最多数

2019年10月22日、中国、香港で、アーロン・シャム・ジュエリー・リミテッド（香港特別行政区）は、スイスコロネットと共同で、4万815個のダイヤモンドで便座を飾った。このトイレは、128万8,000ドル（約1億4,040万4,400円）の価値がある。

セキュリティーを強化するために、便座のダイヤモンドは防弾ガラスのなかに埋めこまれている。

モンスタートラックで飛び越えたモンスタートラック最多

2019年5月11日、アメリカ、フロリダ州オーランドで、コルトン・アイコルバーガー（アメリカ）は、巨大な大車輪で7台のモンスタートラックを飛び越えた。

最初の一文から連続で識別した最多書籍数

2019年12月12日、イギリス、ボルトンで、小学生のモントゴメリー・エヴァラード・ロード（イギリス）は、最初の一文から、連続で129冊のタイトルをあてた。

同時に開梱した最多人数

2019年12月21日、アメリカ、ニューヨーク市で、シャオミ（アメリカ）は703人を集めて一斉に梱包を開いた。

最も高さのある人間大砲

2019年11月26日、サウジアラビア、リヤドで、デイヴィッド・スミス・ジュニア（アメリカ）は、27.12mの高さまで放たれ、観覧車を飛び越えエアベッドに無事着地した。前年の3月13日には、デイヴィッドは、アメリカ、フロリダ州タンパで、人間大砲の最も長い飛距離を59.43mで達成した。

デイヴィッド・スミス・ジュニアは、人間大砲パフォーマーとして20年のキャリアがあり、これまでに8,000回以上飛んでいる！

記録マニア

○殿堂入り：アーロン・フォーザリンガム

飛びぬけたスキル。揺るぎない決意。根性。アーロン・"ウィールズ"・フォーザリンガム（アメリカ）は、間違いなくこれらすべてを兼ね備えている。素晴らしいリンガム（アメリカ）は、スポーツマンの象徴となった。

アーロンは生まれつきスキルで、足が動かせない。8歳のとき、夢中だった兄のブライアンといっしょに背骨椎裂症で、車いすに乗ったままスケートパークBMXに夢中のフリースタイルコンテストで遊ぶようになられた。アーロンは上達するまで何度も挑戦し、とても難しい180度の宙返りを成功させた。2008年には、彼の最初のギネス世界記録タイトルとなる、初の車いすでのバックフリップを獲得した（右写真）。

2012年、アーロンは、イタリア、ローマで、サイドウォリーでのバックフリップを保録長時間を18秒22で記録。さらに2018年7月20日、アメリカ、カリフォルニア州で、デバチャビでのワッドワード・ウェストで、▶車いすで最も高いバンドロブランドで8.40mで記録した。

2016年、リオデジャネイロ・パラリンピックで壮大なランプジャンプをひろうした（右下写真）。は、衝撃的なランプジャンプで車いすをモデルにしたポトウィールというおもちゃもつくられた（左写真）。また、彼のバイスペックを車いすをモデルに、トウィールというおもちゃもつくられた（左写真）。

「僕は車いすに乗っているだけだ。監獄のなかにいるわけじゃない」

1

1：2018年7月20日。▶車いすで最も長いランプジャンプ21.35mを達成する場面。アクションスポーツのニトロ・
2：2013年11月、アクションスポーツの技をひろうする。アメリカ、ネバダ州ラスベガスとのツアーで命知らずのニトロ
3：2008年10月25日。アメリカ、ネバダ州でのツアーで。彼のバックフリップをスベガスで、初の車いすでのバックフリップを成功させた瞬間。▶車いすで最も高いクォーターパイプ・ドロップインを8.4mで記録
4：2018年7月20日。▶車いすで最も高いクォーターパイプ・ドロップインを8.4mで記録したとき。
5：2016年、リオデジャネイロ・パラリンピックの開会式の壮大なランプジャンプ。

2

3

www.guinnessworldrecords.jp/2021

アーロンの殿堂入りの記録をチェック！

ボックス・ウィー
ルチェアーズがつくる
アーロンの特注車いすに
は、補強フレーム、特別車
輪、そして前後にサスペ
ンションが装備され
ている。

5

CERTIFICATE
GUINNESS WORLD RECORDS
The highest wheelchair
hand plant (WCMX)
was achieved by
Aaron Fotheringham (USA)
in Los Angeles, California
on 20 July 2018
OFFICIALLY AMAZING

RECORD HOLDER

強い意志は第一として、アーロンの成功は、あ
くなき練習のたまものであり、当然多くの事故
も伴う。安全確保のため、保護パッド、ヘルメッ
ト、ネックブレースを着用している。

4

最も大きい墓地

イラクのナジャフの街にある、「平和の谷」とも呼ばれるワディ・アル・サラームは、広さ9.17km²もある墓地だ。この墓地は7世紀からずっと使用され続けている。イラク、イラン中のシーア派のイスラム教徒をはじめ、最近ではそのほかの地域の人々が、葬儀の祈りを捧げるとともに、イマーム・アリ・モスクの近くでもあるこの聖なる街の中心地に埋葬されることを望んでいる。イマーム・アリ・モスクにはシーア派の最初の指導者、アリー・イブン・アビー・ターリブの墓がある。

この墓地には数万もの地下聖堂、霊廟、地下埋葬所がある。一部の墓は50体もの遺体を収容できる。

目次

考古学

最大のピラミッド
メキシコ、プエブラにあるチョルーラの巨大ピラミッド、別名トラチウアルテペトル（「人がつくった山」）は高さ66m、土台の面積だけで16ヘクタールもある。合計体積は330万m³あると推測されている。これはエジプトにあるクフ王のギザの大ピラミッドよりも約100万m³大きいことになる。

最も高い標高にある遺跡
1999年3月16日、アルゼンチンのユーヤイヤコ山の頂上付近、標高6,736mの地点で、3体のインカ帝国時代のミイラが発見された。この凍った遺体は、500年前に生贄の犠牲になった子どものものとされている。考古学チームはヨハン・ラインハルト博士

最大の円型競技場
イタリア、ローマにある有名なフラビアン・アンフィシアター（コロッセオとも呼ばれている）は面積が2ヘクタールもあり、長径187mで短径は157mだ。西暦80年に完成したコロッセオは剣闘士のコンテストや、動物狩り、演劇を最大8万7,000人の観客へ向けて上演した。

（アメリカ）とコンスタンザ・セルチ博士（アルゼンチン）によって指揮され、ナショナル・ジオグラフィック協会によって資金提供された。いっぽうで**最も低い標高にある遺跡**は、デイル・アイン・アバタにあるビザンチン時代の修道院だ。こ

最古のミイラ
最も古い人工ミイラは、紀元前7020〜1110年の間にアタカマ砂漠（現代ではペルーとチリ）の周辺に暮らしていた沿岸民族、チンチョロまでさかのぼる（比較として、現在知られている最も古いエジプトのミイラは紀元前4500年のものだ）。より高度な技術が開発される前の初期の段階では、チンチョロ文化は遺体を自然保存するうえで、この地域の乾いた環境の恩恵を受けていた。これには、遺体を木や植物、粘土ではり替える前に、遺体の皮膚、筋肉、内臓をのぞくという作業が含まれていた。その後、皮膚はマンガン、赤黄色土や泥などの物質からできたこね土でとり替えられおおわれた。顔も粘土のマスク（上写真）でおおわれ、同じ方法で塗られた。

最も多く訪問した歴史的な難破船の数
海洋考古学者のアレジャンドロ・ミラバル（キューバ）は1986年12月から2017年8月までの間に、世界中にある243隻の難破船の残骸を探索した。

なぜ海洋考古学に興味をもったのですか？
14歳のとき、スキューバダイビングに熱中しました。そのころは、考古学についてはよく知らず、ただダイビングをしたくて、1698年にキューバの西海岸沖で沈没したティエラ・フィルメ商船隊のガレオン船「ヌエストラ・セニョーラ・デ・ラ・メルセデス号」の発掘チームに参加しました。それから夢中になり、翌年には海洋考古学を専攻しました。

今までに見つけたなかで最も貴重な人工遺産はなんですか？
考古学者にとっては、すべての人工遺産が貴重です！我々のチームは、想定額2億2,000万ドル（約238億9,646万6,000円）相当のものを発見したことがあります。

今後潜ってみたい難破船は？
クリストファー・コロンブスがアメリカへ渡ったときに使用した船の、どんな残骸でも見つけてみたいです。たとえばサンタ・マリア号やビスカイーナ号など。またはパナマ沖の海中に埋められた、フランシス・ドレイクの鉛の棺なども見つけたいです。

難破船ダイバーをめざしている方にアドバイスはありますか？
責任感、道徳心、尊敬の気持ちをもってください。海の下にある文化遺産は再生不可能な資源であり、多くの場合、そのなかにある歴史を発見するのに、たった一度のチャンスしか与えられません。

古代の味：最も古いもの

残り物 紀元前40万〜20万年	パン 紀元前1万2380年	食べ物用の植物栽培 紀元前9500年	アルコール飲料 紀元前7000年	ワイン 紀元前6000〜5800年	ビール 紀元前3500年	チョコレート 紀元前3280年
イスラエルのケセム洞窟で鹿の骨髄が発見された。皮膚と骨の外側を乾かし、将来への蓄え用として保管されていた。	1万4440年前の、こんがり焦げたフラットブレット。コペンハーゲン大学（デンマーク）の考古学者たちによって、ヨルダンの黒い砂漠で発掘された。	新石器時代の「元祖」農作物である8種の作物は、南西アジアの肥沃な三日月地帯で、初期完新世の農業共同体の人々によって栽培されていた。	新石器時代に中国、河南省黄河にあったジアフーの村で発掘された陶器の壺のなかに、アルコール飲料を示す化学的な証拠が見つかった。	ジョージアのガダチリ・ゴラとシュラベリス・ゴラで、古代の器に酒石酸が見つかった。ワインがつくられていた証拠だ。	1973年のロイヤル・オンタリオ博物館（カナダ）による探索作業で、イラン、ゴディン・テペで見つかった器に、付着した残留物が発見された。	初期のカカオ製造は5450〜5300年前ごろに行われていたという証拠が、エクアドル、サンタ・アナ・ラ・フロリダの遺跡で発見された。

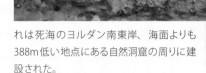

れは死海のヨルダン南東岸、海面よりも388m低い地点にある自然洞窟の周りに建設された。

最も新しい人類

2019年4月10日、後期更新世（6万7000〜5万年前）に生息していた新しい人類が『ネイチャー』誌で紹介された。ホモ・ルゾネンシス（Homo luzonensis）と名づけられており、この発見はフィリピンのルソン島で発掘された遺骸がもとになっている。ホモ・ルゾネンシスは曲がった指をもっており、これは樹上性（木の上にすむこと）の行動をしていたことを示している。

最も長く続いている発掘

イタリア、ナポリの南にある古代ローマの街ポンペイは、79年に起きたヴェスヴィオ山の噴火で火山灰と軽石に埋もれてしまった。1748年に本格的に発掘が始まり、以来この遺跡での発掘作業はなんらかの形でずっと続いている。

最古の具象美術

2019年12月11日、『ネイチャー』誌の記事に、インドネシアのスラウェシ島にある長さ4.5mの洞窟画が紹介された。この絵画には、人間のような姿と4頭の小さなバッファロー（おそらくアノア）、2頭の野生の豚が描写されている。ウラン系列年代測定法によって調べられた堆積した炭酸カルシウムは、この絵画上の元素が少なくとも4万3900年前のものだということを示している。

最も多い鉄器時代のコインの埋葬物

2012年、イギリス、ジャージー島で紀元前50年から西暦10年まで使われていた6万9,347枚ものコインが、金属探知機愛好家であるリチャード・マイルスとレグ・ミード（ともにイギリス、左写真はレグ）によって発見された。埋蔵品の価値は推定1,610万ドル（約12億8,462万7,000円）とされている。

最も長く生息していたヒト族

2019年12月に出版された『ネイチャー』誌の研究によると、インドネシア、ジャワの中部で11万7000〜10万8000年以上前に生息していたホモ・エレクトス（Homo erectus）の化石がボーン・ベッド（骨を含んだ堆積物）のなかで見つかった。最も古いホモ・エレクトスの遺骸はアフリカで発掘されたが、これは190万年以上前のものとされている。つまり、ホモ・エレクトスはわたしたち人類（ホモ・サピエンス）の約9倍も長く地球上で生息していたことになる。

最古の難破船

初期青銅器時代の遺物である“ドコスの難破船”とは、海底20mで発見された紀元前2200年ごろの、ふたつの石製のアンカーと土器のコレクションだ。この遺物は海洋考古学の古代ギリシャ研究室のピーター・スロックモートンによって、1975年にエーゲ海にあるギリシャのドコス島のそばで発見された。

存続する最古の木造建物

奈良県にある法隆寺は607年につくられたもので、ユネスコによって保護されているその地域の48個の建物のうちのひとつだ。この寺の五重塔の中心にある柱を分析したところ、この木は594年に切り倒されたものと判明した。

最古のピラミッド

エジプト、サッカラにあるジェゼル王の階段状ピラミッドは、紀元前2630年にファラオ・ジェゼルの王家の建築家、イムホテプによって設計された。最近の研究では、同時期の紀元前2700〜2600年ごろ、ペルーのカラルに20個のピラミッドが建設された古代の街があったことがわかっている。

ケーキ
紀元前2200年
エジプトのパピオンカ王の墓から、密封で包装された状態で発見された。現在は、スイスにあるアリメンタリウム・フード博物館で展示されている。

1杯の麺
紀元前2050年
中国、青海にある喇家遺跡で、茶碗型の器のなかに保存された粟からできた麺が、地下3mの地点から発見された。

チーズ
紀元前1300〜1201年
エジプト、メンフィスの街の市長が眠るプタヒメスの墓のなかから見つかった。

放浪

横断（女性）の記録を達成した。彼女が移動した距離は7,831km。

足での最速のアメリカ横断

2016年9月12日、ピート・コステルニック（アメリカ）は、カリフォルニア州にあるサンフランシスコ・シティホールを出発し、同年10月24日にニューヨーク市のシティホールに到着した。彼の壮絶な旅は42日と6時間30分続いた。

足での最速のアメリカ横断（女性）は69日と2時間40分で、1978年3月12日から5月21日にメイヴィス・ハッチソン（南アフリカ）によって達成された。

足での最速のニュージーランド縦断

2020年1月1日〜2月5日、メーナ・イヴァンス（イギリス）はノース・アイランドにあるケープ・レインガとサウス・アイランドにあるブラフまでの2,090kmを、35日と27分で走った。

主権国をすべて訪問した最速記録

テイラー・デモンブリアン（アメリカ）は2017年6月1日〜18年12月7日の間に、1年と189日かけて地球を一周した。彼女はドミニカ共和国から出発してカナダで旅を終え、ギネス世界記録のガイドラインに記載されている195カ国を訪れた。

最も長い継続中の巡礼

キリスト教伝道者のアーサー・ブレシット（アメリカ）は、1969年12月25日に出発してから2013年4月24日時点で、南極大陸を含む七大陸、6万4,752kmを歩いた。彼は高さ3.7mもある木製の十字架をもち運び、行く先々で聖書を伝道している。

足での最速のカナダ横断

アル・ハウイー（イギリス）はニューファンドランド・ラブラドール州にあるセント・ジョンズから、ブリティッシュ・コロンビア州の州都であるビクトリアまで、7,295.5kmを72日と10時間23分で完走した。彼は1991年6月21日に走り始めて、9月1日に終わらせた。

2002年4月17日〜9月8日に、アン・キーン（カナダ）は、セント・ジョンズからブリティッシュ・コロンビア州のトフィーノまでを143日で移動して、足での最速のカナダ

すべてのミュンヘン地下鉄駅を訪れた最速記録

2019年9月17日、ドイツのミュンヘンにある96カ所の地下鉄の駅をニルス・シュマルバックとアレサンドロ・ディ・サノ（写真左、ともにドイツ）が4時間55分34秒でまわった。しかし、同年10月23日にアダム・フィッシャー（イギリス）が4時間48分53秒で記録を塗り替えた。

足での最も速いピーターパッド・トレイルの達成

ウーター・フイジング（オランダ）は、距離492kmもあるオランダのピーターパッド・トレイルを、4日と2時間16分かけて2019年4月23日に通過した。トレイルはフローニンゲンの北側で始まり、南に向かい、セイント・ピーター山にあるマーストリヒトの南に位置する街で終わった。

足での最速のアイスランド縦断

トム・ウィットル（イギリス）は2018年10月4日から14日までの間、10日と13時間14分かけて、アイスランドの北から南を縦断し700kmほど走った。

足での最速のカタール縦断

ジャド・ハムダン（フランス）は2019年12月6〜8日に、アル・ルワイスからサルワまでを1日と23時間56分で縦断した。

足での最速のレバノン縦断

アリ・ワビ（レバノン）は2018年3月31日から4月2日の間、1日と15時間49分でレバノンを縦断した。アリはアリダから出発し、ナクーラで旅を終えた。

飛行機以外の公共交通機関による、すべての国・地域を訪れた最速記録

グレアム・ヒューズ（イギリス）は2009年1月1日から2013年1月31日の間に、4年30日かけてすべての主権国を飛行なしでまわった。

すべてのNFLスタジアムを訪れた最速記録

2019年9月5日から11月28日の間に、ジェイコブ・ブラングステッド・バーノォー（イギリス）は84日と3時間24分かけて、アメリカに31カ所あるNFLのスタジアムで開催された、すべてのアメフトの試合を見た。

NFLは32チームあるがスタジアムは31カ所で、ニューヨーク・ジャイアンツとニューヨーク・ジェッツはスタジアムを共同で使用している。

すべてのディズニー・テーマパークを訪れた最速記録

リンジー・ネメス（カナダ）は2017年12月6日に千葉県浦安市にある東京ディズニーシーを訪れ、75時間6分かけて、世界中にある12のディズニー・テーマパーク巡りを完了させた。

すべてのロンドン地下鉄駅を訪れた最速記録

2015年5月21日、スティーブ・ウィルソン（イギリス）とAJ（本名と国籍は非公表）は、270カ所あるロンドンの地下鉄の駅を急ぎ足で15時間45分38秒かけてまわった。

すべてのパリ地下鉄駅を訪れた最速記録

2016年2月23日、クリーブ・バーゲスとサイモン・フォード（ともにイギリス）はフランスの首都にある303カ所の地下鉄の駅を、13時間23分33秒かけてまわった。

1日に訪れた大陸最多数

2017年4月29日、トル・ミカルセンと彼の息子ソンドレ・モーアン・ミカルセン（ともに

▶ **24時間以内に時刻表通りの公共交通機関を使用して訪れた主権国の首都最多数**

2018年11月25～26日に、アダム・レイトン（写真左）とクリス・フレッチャー（ともにイギリス）は、飛行機、電車、バスを使って9つの首都を訪れた。

2019年3月、レクシーは「地獄の門」と呼ばれる天然ガス田でマシュマロを焼いていた。

すべての主権国を訪れた最年少人物

レクシー・アルフォード（アメリカ、1998年4月10日生まれ）は、最後となるモザンビークを2019年10月4日に訪れたとき、21歳と177日だった。彼女は子どものころから両親と旅をしており、18歳の時点ですでに70カ国ほどの国を訪れていた。**男性の記録保持者**はジェームス・アスクイス（イギリス、1988年12月30日生まれ）で、ミクロネシア連邦で2013年7月8日に冒険を終えたとき、24歳と190日だった。

1. アピア
2. オークランド
3. シドニー
4. ホノルル
5. パゴパゴ
国際日付変更線

最も長い日

2019年2月14日、ジュリアン・オーシア（オーストラリア）は国際日付変更線を利用して、カレンダー上での1日が49時間の日を過ごした。サモアのアピアで開始して、オークランド（ニュージーランド）とシドニー（オーストラリア）、ホノルル（アメリカ、ハワイ）に移動し、パゴパゴ（アメリカ領サモア）で終えた。2017年3月13日にマリウス・マジェウスキ（ポーランド）も同記録を達成した。

ノルウェー）は5つの異なる大陸にある国々を飛びまわった。トルコ（アジア）、モロッコ（アフリカ）、ポルトガル（ヨーロッパ）、アメリカ（北アメリカ）、そしてコロンビア（南アメリカ）だ。この功績は、グンナー・ガーファーズ（ノルウェー）とエイドリアン・バターワース（イギリス）に匹敵する。彼らは2012年6月18日にトルコのイスタンブールとベネズエラのカラカスの間を旅した。

24時間以内に自転車で訪れた国最多数

デイビッド・コヴァリ（ハンガリー）は2017年8月23日から24日の間に、7カ国を自転車でまわった。訪れた国はポーランド、チェコ共和国、スロバキア、オーストリア、ハンガリー、スロベニア、クロアチアだ。

24時間以内に訪れた大使館最多数

2019年3月26日、オマー・ウワリリ（モロッコ）はイギリス、ロンドンに駐在している32カ国の大使館を訪れた。彼はポーランドの大使館から開始し、最後にグアテマラ大使館を訪れた。

7日間に自転車で訪れた国最多数

マレック・ジェニシウク（ポーランド）は2018年9月16日から23日の間に、14カ国を自転車で訪れた。彼はギリシャ、ブルガリア、北マケドニア、アルバニア、モンテネグロ（写真）、セルビア、ボスニア・ヘルツェゴビナ、クロアチア、スロベニア、ハンガリー、オーストリア、スロバキア、チェコ共和国、そしてポーランドを通過した。

フランスはヨーロッパ以外にも領土をもつおかげで、**最も多く時差が存在する国**だ。その数12カ所（ある期間では1年で13カ所となる）。

地図

初の相互作用する3D地図

アスペン・ムービー・マップは、1977年10月～1980年9月にアメリカ、マサチューセッツ州ケンブリッジにあるMITメディアラボのチームによって作成された。車に搭載されたストップモーションカメラで写真家たちが撮影した写真をもとにテクスチャマッピングを行い、アメリカ、コロラド州アスペンの街を3Dで再現した。

最古の粘土板の地図

現在はイラク北部となっているヌジで1920年代に、紀元前2300年ごろの粘土板に刻まれた地図が発見された。この地図には、丘や小川、ユーフラテス川を含む川、いくつかの集落が描写されていた。

最古のシルクの地図

1973～74年に中国、湖南省で、紀元前2世紀のものとみられる2枚の地図が発見された。学者はこの地図が、湖南省も含まれた王国である長沙の、王に仕える地図製作者によるものだと信じている。

最古のツアーガイド

「イチネラリウム・ブルディガレンセ」とは、フランス、ボルドーから聖なる都エルサレムまでのキリスト教巡礼者向けの旅のガイドだ。西暦330年に匿名の旅人によって製作されたこの地図には、ホテルや、巡礼者が水や馬やロバの交換ができる場所が書かれている。

最古のペリプルス

ペリプルスとは、航海の旅路での港や目印が書かれている船乗りのためのガイドだ。ハンノのペリプルスには、紀元前5世紀初期から中期にカルタゴ人の船乗りハンノによって記された西アフリカへの航海の記録がのっている。現在残っているもので、最も古い版は9世紀のビザンチンの写本だ。

現存する最も大きい中世世界の地図（マッパ・ムンディ）

「ヘレフォード図」の大きさは1.58×1.33m。この地図は1300年ごろにイギリスで製作され、中世の学者に知られていた世界を描写している。人、場所、生き物のほかに歴史や古典神話のできごとなど、500もの絵が含まれている。エデンの園は炎に包まれた島として描かれている。

最年少のドローン地図作成者

2019年4月15日、ナーサン・リュー（アメリカ、2004年9月25日生まれ）はアメリカでデジタル・マッピングサービスを提供するSoarに、14歳202日で最初のアップロードを行った。彼はアメリカ、カリフォルニア州ロスモアでサッカー場の写真を高さ113.8mの地点から、彼が所有するDJI Mavic Airを使って撮影した。

最古の新世界の地図

ファン・デ・ラ・コサ（スペイン）によって1500年に描かれた地図では、アメリカは地図の左余白部分へ伸びている緑色の広大な土地として描かれている。

残存する最古の地球儀

Erdapfelという最古の地球儀は、1492年に地図製作者で冒険家でもあるマルティン・ベハイム（ドイツ）によって製作された。この地図は、コロンブス号がアメリカへの航海の旅へ出たという知らせがヨーロッパに届く数カ月前に、ゲオルク・グロッケンドンによってリネンの布に描写された。この地球儀は現在、ニュルンベルクにあるゲルマン国立博物館に展示してある。

Erdapfelには聖ブレンダン島という、北大西洋に存在したと信じられていた中世の幻の島がのっている。

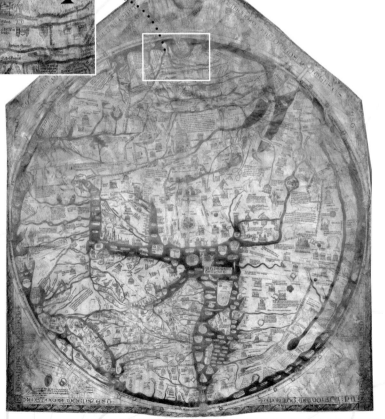

最も大きい街の平面図

「フォルマ・ウルビス・ロマエ」は、ローマ帝国の首都の地図だ。西暦203年から211年の間に150個の大理石の板に彫られ、ローマにあるウェスパシアヌスのフォルム（広場）の内部に貼られている。この地図は幅18m、高さ13mで、小さな店、部屋、階段など、街にあるすべての建築物の平面図が描かれている。

現存する紙に描かれた最古の星図

西暦649〜684年ごろの敦煌の天文図には、ベラム紙の巻物に天空の地図が連続して描かれており、北半球から見える星座が描写されている。この天文図は1907年にハンガリー生まれの考古学者であるオーレル・スタインによって中国、甘粛省敦煌にある千仏洞で発見された。

最も長く存在した幻の島

メキシコ湾にあるユカタン半島の北西に位置していると伝えられたベルメハ島は、1539年に初めてスペイン人の地図製作者のアロンソ・デ・サンタ＝クルスによって紹介された。最後にベルメハ島が記載された重要な地図は1921年に編集された「アトラス・オブ・ザ・メキシカン・リパブリック」だが、これは382年後のことだ。この島の発見はおそらく、初期の過程での手違いによるものだと思われるが、ベルメハ島はもしかしたら海の下に沈んでしまったという可能性も考えられる。

最も高価な地図

2001年7月23日、アメリカ議会図書館は、ヴァルトゼーミュラー地図の現存する唯一の複製を1,000万ドル（約12億1,528万9,000円）で購入した。1507年に、マルティン・ヴァルトゼーミュラー（ドイツ）が製作したこの地図は、新世界を「アメリカ」という言葉で表した初めての地図だ。

最も大きい彫刻が施された地図帳

クレンケの地図帳の高さは1.78m、幅1.05m、閉じた状態で厚さ11㎝、開いた状態では幅2.31mだ。41枚の地図はそれぞれ、手描きの銅版画から印刷されたものだ。クレンケの地図帳はオランダ人の商人の団体によって依頼され、1660年に君主制が復旧した際にイギリスのチャールズ2世に贈られた。

チャールズ2世は贈られたクレンケの地図帳をとても気に入り、珍しいものや当時人気だったものを保管する、自身の"驚異の部屋"に飾った。

若き達成者

▶ **ポゴ・スティックに乗りながらルービックキューブをそろえた最速記録**
12歳のジョージ・ターナー（イギリス）は、2019年3月29日にイギリス、バッキンガムシャーのジェラーズ・クロスにて、ポゴ・スティックに乗りながら22秒89で3×3×3のルービックキューブをそろえた。

ジーの不思議に触れることをうながす非営利の教育団体であるSTEMキッズ・ロックの創設者であり、科学者の兄妹であるエイダンとキーレイ・アード（ともにカナダ）によってつくられた。

▶ **1枚の紙を折った最多回数**
16歳のブリトニー・ガリヴァン（アメリカ）は、2002年1月27日にアメリカ、カリフォルニア州ポモナにて長さ1,219mのティッシュペーパーを12回も半分に折った。それまでは8回が最多回数だとされていた。

3-6-3スポーツスタッキング最速記録
13歳のチャン・ケン・イアン（マレーシア）は、2018年8月23日にマレーシア、ニライで3-6-3のカップ・スタッキングを1秒713で組み立てた。彼は2019年5月19日にマレーシア、スバンジャヤで**スポーツスタッキング個人サイクルスタック最速**4秒753を記録。さらに2019年6月9日に、**ダブルスでのサイクルスタック最速**の5秒798をウォン・ジュン・シーアン（マレーシア）とともに達成した。

最大の水ロケット
2017年6月10日、カナダ、オンタリオ州トロントで、長さ4mの水ロケットが地上22.8mの地点まで打ち上げられた。水を動力源とする発射体は、若者たちが科学とテクノロ

▶ **最年少のクラブDJ**
アーチー・ノーブリー（イギリス、2014年11月20日生まれ）は、2019年3月30日に中国、香港特別行政区のバンガローで演奏したとき、わずか4歳130日だった。

ボールを頭にのせたまま行った1分間で最も続いたフットボールのタッチ
2019年11月14日、ナイジェリアのウォリーで、エチェ・チノソ（ナイジェリア）がサッカーボールを足と膝で111回のタッチを行いながら60秒間空中に保ち、その間、別のボールを頭にのせていた。

2017年、シュリスティは氷上で、**最も低い10mのリンボーアイススケート**を達成した。その低さは17.8cmだった。

▶ **距離25m以上の最も低いリンボースケート**
2015年10月7日、11歳のシュリスティ・シャルマ（インド、上写真）は、インド、マハーラーシュトラ州ナグプールで、わずか17cmの高さに設定されたバーの下を25m滑走した。

最年少の雑誌編集者

8歳のロクサーヌ・ダウンズ（オーストラリア）は、2017年の初めに『イット ガール』誌の編集者としての役割をはたした。彼女が在職中に発行された最初の号は、2017年4月6日にオーストラリアとニュージーランドの店の棚に並べられた。

最年少のプロの音楽プロデューサー

山崎このみ（2008年8月18日生まれ）は、彼女のデビューアルバム『ブルグミュラー25の練習曲』が2019年4月9日にリリースされたとき、10歳234日だった。このアルバムは25個の楽器を使用して構成されており、すべて彼女がアレンジした。

最多のスクリップス・ナショナル・スペリング・ビーの勝者

1925年に設立された、アメリカを本拠地とするスクリップス・ナショナル・スペリング・ビーでは、2019年5月30日に8人の競技者が、主催者から与えられたすべての単語を正しく綴ることができた。「オクトチャンプス」と呼ばれる集団（全員アメリカ）は、リシック・グンダサリ（13歳）、エリン・ハワード（14歳）、アビジュイ・コダリ（オクトの最年少、12歳）、シュルティカ・パディ（13歳）、ローハン・ラジャ（13歳）、クリストファー・セラオ（13歳）、ソーハン・スクタンカー（13歳）、サケス・サンダー（13歳）だ。

プロゴルフトーナメントの最年少優勝者（男子）

ジョシュ・ヒル（イギリス、2004年3月27日生まれ、上写真左）は、2019年10月23日にアラブ首長国連邦のMENAツアーのアルアインオープンで優勝したとき、15歳210日だった。

▶ 1分間での最多指鳴らし

2018年9月13日、14歳のニコラス・ナダシディ（ドイツ）は、ドイツ、ヴァイセノーエで60秒の間に334回、指を鳴らした。

最年少のプロの映画監督

サウガット・ビスタ（ネパール、2007年1月6日生まれ）は、2014年12月12日に『ラブ・ユー・ババ』（ネパール）が発表されたとき、7歳340日だった。ネパールの国家映画賞でふたつの賞を受賞したとされている。

▶ 核融合を成功させた最年少人物

核融合ではふたつ以上の原子が集まり、大きな原子を形成しエネルギーも生成する。 2018年、13歳の誕生日の数時間前にジャクソン・オズワルト（アメリカ、2005年1月19日生まれ）は、アメリカ、テネシー州メンフィスにある家族の家のプレイルームに設置した原子炉を使用して、ふたつの重水素原子を融合させた。彼は次のように語った。「僕は幼いころ、祖父の木材店に出入りして、人形などをつくっていました。このころの創造性が、最終的にこのようなものをつくることにつながりました」

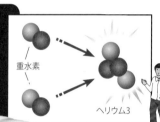

重水素

ヘリウム3

ジャクソンは大人になったら、若い科学者やエンジニアへの資金提供や支援を行う組織の設立を望んでいる。

スパイ活動

訳注：黒ベタの字消しは原著にもとづいたデザインによるものです。

スパイ行為や謀略は、隠された秘密の世界で行われる。ほとんどの場合、機密作戦や高度な監視技術、■■■■■■■■■は長い時間がたってから、わたしたちの耳に届く。正式な秘密保護法は、政治的に重要な情報や資料が公にさらされるのを守る。これらを考慮すると、このページにのっている記録は、組織や秘密の■■■■■■■■■の代わりに行われる■■■■■■■、そして陰の多い政府機関のほんの一面でしかないということだ。もしかすると、わたしたちはあまり深入りしないほうがいいのかもしれない。

最初の写真偵察衛星
1960年9月16日、アメリカ空軍のC-119「フライング・ボックスカー」はアメリカ、ハワイ州の近くで、パラシュートで降下中の写真フィルムを空中で回収した。これは、ディスカバラー14号（実はコロナ計画で使われたスパイ衛星だった）から発射されたもので、旧ソ連にある核施設、■■■■そして軍事基地の写真を撮って戻ってきた。

情報に対して支払われた最高額
FBIは、"ラモン・ガルシア"（のちにFBI捜査官のロバート・ハンセンだと判明、左写真）として知られるスパイについての情報に対して、元KGB捜査官のアレクサンドル・シェルバコフ（ロシア）に700万ドル（約7億5,435万円）を支払った。この情報書類は、2000年11月4日にモスクワにあるアメリカの情報機関に引き渡された。

スパイ活動の罪で起訴された最高位のアメリカ将校
2001年6月14日、退役した陸軍予備軍の大佐であるジョージ・トロフィモフ（アメリカ）が、旧ソ連とロシアのために機密資料の販売を含めたスパイ活動を行った罪で有罪判決を受けた。彼は1969〜94年に、ドイツの諜報機関であるニュルンベルク合同尋問センターのアメリカ陸軍分隊の文民長官を務めていたころに、この罪を犯した。2001年9月28日、彼は終身刑を宣告された。

スパイ活動の罪で服役した最も長い刑期
元国家安全保障局のアナリストであるロナルド・ペルトン（アメリカ）は、1986年12月16日の有罪判決から2015年11月24日までの28年と343日間、刑に服した。FBIによって1985年11月25日に逮捕され、アメリカの情報収集活動の詳細情報を旧ソ連へ渡したと供述した。彼には3つの終身刑がいい渡された。

スパイ罪での最も長い刑期
2002年5月10日、FBI捜査官でありロシアのスパイでもあったロバート・ハンセン（アメリカ）は、仮釈放の可能性なしの15回の終身刑をいい渡された。彼は1979年から旧ソ連（のちのロシア）に情報を渡していた。予想外の二重スパイだった彼は、超保守的なカトリック信者であり、懲戒処分の記録も一切ない、献身的なキャリア役人だった。

最初の公式の国家暗号学者
チッコ・シモネッタ（1410〜80年）は、中世後期で最も注意深いとされた都市のひと

最大のスパイ博物館
アメリカ、ワシントンDCにある国際スパイ博物館には、スパイ活動に使われるコレクション9,241点が展示されている。これらは、秘密を盗んだり、情報分析をしたり、秘密作戦を行うためのものだ。博物館に展示されている多くの品は、個人が集めたスパイ関連品最大のコレクションからきたもの。スパイ歴史家のH・キース・メルトン（アメリカ、左写真）が集めた、7,000点以上の道具、資料、写真などだ。

つ、ミラノ公国（現在のイタリア）の国務長官だった。15世紀の後半に彼は、ミラノ公国の秘密の裁判所とその暗号作成を担当した。

最初のスパイ衛星

1960年6月22日に打ち上げられたSOLRAD 1は、アメリカ海軍調査研究所で███████████が設計したビーチボールほどの大きさの衛星だ。表向きは太陽観測衛星とされていたが、その主な目的は旧ソ連の航空防衛レーダーネットワークの座標を知ることだった。

最初のサイバー・スパイ事件

1986年9月から87年6月までの間に、ドイツのコンピュータハッカーの集団が、アメリカ国防総省と契約している組織、大学、軍事基地のネットワークにアクセスして、███████████の詳細などを含んだ情報を旧ソ連のKGBへ売った。このハッカーのリーダーであるマークス・ヘスは、1987年6月29日に逮捕され、1990年2月15日にスパイ活動で有罪判決を受けた。

旧ソ連の侵略に対して、アメリカが支援した闘争に関与した多くの人物は、悪名高いテロリストの指導者となった。

最も高価な秘密作戦

サイクロン作戦とは、アフガニスタンで旧ソ連軍と戦うイスラム系武装勢力グループ（ムジャヒディンとして知られている）を、武装させ訓練するためのCIAのプログラムだった。1979年から1989年までにCIAは武器、輸送支援、訓練に約20億ドル（約2,759億2,880万円）を投入した。この作戦は、ジミー・カーター大統領の国家安全保障アドバイザーである、ズビグネフ・ブレジンスキーの発案によるものだった。彼はムジャヒディンを武装させることで、旧ソ連またはその代理グループを、長引いて結論の出ない対ゲリラ運動に引きこめると信じていた。1987年2月25日に撮影された上の写真は、この計画の支持者であるチャールズ・ウィルソン下院議員（正面、中央）とムジャヒディン。

最初の空飛ぶロボット昆虫

この昆虫飛行機は最高高度200mまで飛行できる。アメリカ、テキサス州ダラスにあるヴォート・コープ・アドバンスト・テクノロジー・センターの███████████によってCIA用に設計された。プロジェクトは1970年代初期に始まり、1974年よりあとに完了した。現場にいるスパイが昆虫飛行機をターゲットに向けて操縦し、目に装備されている反射板をレーザー・マイクの的（跳ね返ってきたビームの歪みから音を検出する）として使用することが望まれていた。しかし、このロボットは脆弱すぎて実用には至らなかった。

ほぼ 100%

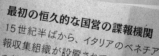

最も長い間見つからなかったスパイ

旧ソ連の諜報機関には "エージェント・ホラ" として知られるメリタ・ノーウッド（旧姓サーニス、イギリス）は、1935年に機密情報をNKVD（KGBの前身）に渡し始め、1937年に完全なスパイとなった。彼女は1972年に引退するまで約37年間、KGBの職員として情報を渡し続けた。ノーウッドは、イギリスの核兵器プログラムや███を含む防衛プロジェクトに関連する研究を監視していた。

最初の恒久的な国営の諜報機関

15世紀半ばから、イタリアのベネチアに専門の情報収集組織が設置されていたという証拠が残っている。その起源は、同国の元首を国家安全保障の問題で支援するために1310年に設立された十人委員会までさかのぼる。その権限は、秘密の作戦、情報分析、暗号化を含む。やがて、その情報提供者の人脈は、監視への取り組みを整備するドージェ宮殿（右下写真）を拠点とするプロの集団に置き換えられた。

災害

最初の人工衛星衝突
2009年2月10日、ひんぱんに使用されていた商業用人工衛星であるイリジウム33に、捨て去られていたロシアの軍事用人工衛星コスモス2251が追突。相対速度が時速4万2,120kmにもおよぶこの衝撃により、地球の低軌道上に約1万個の破片が散乱した。

雹嵐による最悪の被害
2001年4月10日、雹嵐がアメリカのミズーリ州、カンザス州、イリノイ州に被害をもたらした。いくつかの小さな竜巻と小さな洪水が起きたほか、最悪の被害は、直径約7cmの雹の嵐によって引き起こされ、保険損害は15億ドル（約1,822億9,335万円）に上った。

自然災害が最大の経済的損失をもたらした年
スイス再保険会社のデータによれば、2011年に自然災害によって受けた世界的な損失は3,620億ドル（約28兆8,901億3,400万円）であると、『エコノミスト』誌が2012年3月31日に発行したレポートで明らかになった。最も経済的損失をもたらした単一での出来事は、3月11日に日本の太平洋沖で発生した地震だ。

最悪の飛行船事故
1933年4月4日の午前1時ごろ、飛行船のアクロン（ZRS-4）がアメリカ、ニュージャージー州の沖合で墜落し、76人の乗組員のうち73人が死亡した。ほとんどの大型飛行船と同様にアクロン（左下写真、アメリカ、ニューヨーク市のダウンタウンにて）は、制御が難しく、高所の突風の影響を受けやすかった。有名な飛行船に、イギリスのR100とR101、アメリカのアクロンとメイコン、ドイツのLZ130とヒンデンブルクがある。LZ130とヒンデンブルクは重量213.9トンで、最大の飛行船だ。

最初の交通死亡事故
1869年8月31日、科学者のメアリー・ワード（アイルランド）がアイルランド、オファリー州バーの路上で、蒸気自動車の実験中に事故に巻きこまれて亡くなった。彼女のいとこの天文学者ウィリアム・パーソンズによってつくられたこの車は、でこぼこ道で揺さぶられ、メアリーは車輪の下に放り出されたのだ。

テロ攻撃で最多死者数
2021年は、世界に衝撃を与えたテロ事件から20年となる。公式発表では、2001年9月11日にアメリカ、ニューヨーク市にあるワールドトレードセンタービルへの攻撃により、2,753人が死亡した。東部標準時8時46分、ハイジャックされたアメリカン航空11便はノース・タワーに突っこんだ。そしてテロリストたちはユナイテッド航空の175便を9時3分にサウス・タワーへ激突させた。同日、ハイジャックされた航空機がアメリカ、ワシントンDCのペンタゴンを襲撃。ペンシルベニア州でも飛行機が墜落し、多くの命が奪われた。

最悪の宇宙船飛行中の事故
スペース・シャトルのチャレンジャーとコロンビアは1986年1月28日と2003年2月1日にそれぞれ空中分解事故を起こした。各事故で7人の乗組員が亡くなった。

最も経済的損失をもたらした自然災害

『エコノミスト』誌の推定によると、2011年3月11日に東北地方の太平洋沿岸を襲った地震と津波は、2,100億ドル（約16兆7,594億7,000万円）の経済的損失をもたらした。350億ドル（約2兆7,932億4,500万円）のみが保険により支払われた。同年の自然災害による世界の死者数の2/3は、この地震とその余波によるものだ。

海上での最大の石油流出事故

2010年4月20日、メキシコ湾にあるディープウォーター・ホライズンの石油掘削場での爆発後、約7億7,900万Lの原油が海に流出した。イラステック/アメリカン・マリン社（アメリカ）は2010年5月19日に、油を清掃するために意図的に火をつけ、11時間48分の最も長く続いた流出石油の燃焼が引き起こされた。

最も高い地点での空中衝突

1958年2月5日の明け方、アメリカ空軍の爆撃機B-47が戦闘機F-86と試験飛行中にアメリカ、ジョージア州上空の高度1万1,582mで衝突した。なんとこのとき、B-47は3,450kgの核爆弾を搭載していたが、驚くべきことに死者は出なかった。

最初の鉄道死亡事故

1821年12月5日、デビッド・ブルック（イギリス）という大工がイギリス、ヨークシャー州リーズからミドルトン鉄道の線路に沿って、視界の悪いはげしいみぞれのなかを歩いていた。彼は向かってきた石炭貨車列車にひかれ、亡くなった。

戦争中で最悪の海上災害

1945年1月30日、難民と軍人を輸送中だったドイツの船MV・ヴィルヘルム・グストロフ（上写真は1938年のもの）に向けて、ソ連の潜水艦S-13がダンツィヒ（現在はポーランド、グダニスク）から魚雷を発射させ、少なくとも7,000人が死亡した。生存者は約900人しかいなかった。

最悪のパンデミック

1347〜51年にピークを迎えたペストにより、世界中で約7,500万人が亡くなった。これにより当時のヨーロッパの人口の約1/4が亡くなったとされている。今でも年間で1,000〜3,000人がこの病気に感染しているが、現在では治療可能だ。

現時点では、WHO（世界保健機関）は新型コロナウイルス感染症のまん延を注視している。2020年3月11日、WHOはこのウイルス感染症の流行を世界的なパンデミックとして公式に宣言した。

最悪の原子炉災害

1986年4月26日、ウクライナ、キエフ州北部にあるチェルノブイリ原子力発電所の爆発で、31人が死亡した。最初の爆発による負傷と、放射線被ばくによるものだ。いくつかの研究では、2065年までに、放出された放射線の影響により約3万人が早死にするだろうとされている。

故障した原子炉の周りをとり囲む約2,600km²のチェルノブイリ原子力発電所の立入禁止地区は、最も大きな放射性立入禁止地区だ。上写真は、人々が退避したあとの風景だ。

まとめ

最年少の首相

サンナ・マリン（フィンランド、1985年11月16日生まれ）は、2019年12月10日にフィンランドの首相に就任したとき、わずか34歳24日だった。以前、フィンランド社会民主党の交通大臣だったマリンは、党首の4人がまだ30代という、とりわけ若い5党の連立政権を率いている。

最も多くの言語が話されている国

2019年に発行された『エスノローグ：世界の言語』の第22版によると、パプアニューギニアでは現在、合計840の言語が話されている。これらの言語には、トク・ピシン語、モツ語、英語が含まれている。

最も多くブルーフラッグを受賞したビーチ

ブルーフラッグは、環境、安全性、交通の便利さに対して厳しい基準を満たした場所（ビーチ、ヨットハーバーなど）のみに授与される国際認証だ。2019年8月30日現在、スペインにはブルーフラッグが授与されたビーチが566カ所ある。

最大の階段壁画

"50階建ての世界一周"は、イタリア、ミラノのアリアンツ・タワーの壁に描かれた2,980.59㎡にもおよぶ階段壁画だ。実際には、この絵画は53階まであり、象徴的な街の輪郭が描かれている。このプロジェクトは保険会社アリアンツのイタリア支社とストリートアーティストのOrticanoodlesが共同で制作し、

最も住みやすい都市

オーストリアの首都であるウィーンは、2019年に2年連続で最も住みやすい都市の称号が授与され、『エコノミスト』誌のグローバル・リバビリティ・インデックスで100点中99.1点を獲得した。このレポートでは安定性、医療、文化と環境、教育、インフラストラクチャーなどの5つの主要分野で30項目以上の要素が評価される。

2019年3月5日に世界記録として認定された。

一緒に食事をした最多人数

2019年10月4日、ホームレス救済グループのザ・ジャーニー・ホーム（アメリカ）は、アメリカ、メリーランド州ボルチモアで478人の人々を集め、パンを一緒に食べるイベントを開催した。

消防員が常駐してきた最も古い消防署

アメリカ、ミシガン州マニスティーにある消防署は、2019年6月17日に130周年を迎えた。医療従事者のフレッド・ラポイントは地元の文書を調べあげ、1889年に開署してからこの消防署には365日24時間、常に人が勤務していたことを証明した。現在、ギネス世界記録の称号をたたえる看板が屋外に飾られている。

最も多くの人によって再現されたキリスト降誕の場面

2019年12月20日、フィリピン、ブラカン州にあるサン・ホセ・デル・モンティに

最も大きいマ二車

マニ車は、仏教の真言（マントラ）のレプリカが心棒の周りに巻かれた中空の円筒だ。輪を回す動作は、唱えられた祈りの言葉（経典）を倍に増やすとされている。中国の甘粛省にあるニンマ寺院には、高さ35.81m、直径12.43mのマニ車があることが、2018年8月31日に承認された。内部には1万1,000枚もの経典が保管されている。

オークションで売られた最も高価なカーディガン

2019年10月26日、かつてニルヴァーナのフロントマンだったカート・コバーンが着用していたグレーのモヘア製のカーディガンが、アメリカ、ニューヨーク市のオークションで33万4,000ドル（約3,611万3,100円）で販売された。『MTV アンプラグド』（写真）でバンドが演奏した際、コバーンがこの服を着ていたのが有名だ。

オークションで販売された現在生きているアーティストによる最も高価な美術品

2019年5月15日、アメリカ、ニューヨーク市のクリスティーズで美術品のラビット（1986年）が9,107万5,000ドル（約100億489万円）で販売された。3つセットのうちのひとつであるこのステンレス鋼の彫刻は、アーティストのジェフ・クーンズ（アメリカ）による作品だ。

ひとつの指輪に最も多くセットされたダイヤモンド

ラクシカー・ジュエルズ（インド）は、2019年5月7日、インド、ムンバイで7,777個のダイヤモンドで飾られた指輪を発表した。12人の職人と、宝石商、デザイナーで構成されたチームが18カ月間かけて製作した。

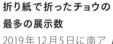

ほぼ100%

折り紙で折ったカエルの最多の展示数

2019年9月16日、日本ホスピタル・クラウン協会が神奈川県横浜市に展示した3,542個の折り紙のカエルが世界記録を達成した。

折り紙で折ったチョウの最多の展示数

2019年12月5日に南アフリカ、ケープタウンにて、ジャンヌ・ピエール・デ・アブレウ（南アフリカ）が折り紙で折ったチョウ、2万9,416個を展示し、世界記録を達成した。

て、合計2,101人が市政府によって主催されたキリスト降誕の場面に参加した。これは、以前の記録である1,254人を打ち破った。

最大規模のメレンゲ・ダンス

メレンゲとは、ドミニカ共和国で生まれたダンスだ。2019年11月3日、計844人の参加者（422組のカップル）が、同国の首都サントドミンゴにあるスペイン広場で5分18秒間踊った。この挑戦はAZフィルム・プロダクションズ（ドミニカ共和国）によって主催された。

剣をもって踊った最多人数

ラージコートの名誉君主であるHHタコレ・サヘブ・マンダータシンヒ・ジャデハの戴冠式のお祝いの一環として、2020年1月28日にイン

ド、ラージコートで2,126人の剣舞の踊り子たちがパフォーマンスを行った。

最も古い王室・皇室

2019年5月1日に皇位を継承した今上天皇（徳仁）は126代目で、初代の神武天皇は紀元前660年に即位したとされている。皇位継承に際して、新しい元号「令和」が制定された。

初めて『ヴォーグ』の表紙を飾った背の低い人物

活動家で放送アナウンサーのシネイド・バーク（アイルランド）は、2019年9月号のイギリスの『ヴォーグ』誌の表紙を飾った。この表紙は、イギリスとアイルランドから13人の「先駆的な変化を起こす人」を選んだゲスト編集者の、メーガン公爵夫人によって決定された。シネイドは低身長症の一種である軟骨無形成症で生まれた。シネイドは「小さな人」（または「LP」）という言葉を好んで使うが、一部の人々は「低身長の人」または「成長が制限された人」と自分たちのことを表現する。シネイドが自身の主張で指摘しているように、各個人の好みが尊重されることは重要だ。

シネイドは『ヴォーグ』誌の表紙を飾ったことについて「気分が高揚するような、とても感情に響くものでした」と話している。

殿堂入り：
グレタ・トゥーンベリ

スウェーデンの環境活動家、グレタ・トゥーンベリは2018年半ばに注目を集めるようになったばかりだが、この勇敢な10代の若者はすぐに世界の舞台に大きな影響を与えるようになった。

2003年1月3日に誕生した。彼女は気候変動に対して積極的に活動したいと思い、まずは家族に、二酸化炭素排出量を減らすように思い、とを知った。世界の無関心に関して、8歳のときに気候変動のことを知った。世界の無関心に関して、消極的な態度に落胆したグレタは、今でれば、やっていいためにわたる学校ストライキを行った。

2018年に1カ月にわたる学校ストライキという抗議運動へと発展した。環境政策に関して、世界の無関心に関して、消極的な態度に落胆したグレタは、温室効果ガ世界規模の「未来のための金曜日」という抗議運動へと発展した。グレタは2050年までに温室効果ガ

2018年に1カ月にわたる学校ストライキという抗議運動へと発展した。グレタは2050年までに温室効果ガスをゼロにする誓約するよう数十カ国を説得してきた。世界規模の「未来のための金曜日」という抗議運動へと発展した。グレタは数約することを誓約するよう数十カ国を説得してきた。多くの政治家や宗教指導者に会って自身の運動が始まって以来、グレタは数約することを誓約するよう数十カ国を説得してきた。多くの政治家や宗教指導者に会ってスをゼロに削減することを誓約するよう数十カ国を説得してきた。多くの政治家や宗教指導者に会って

彼女はこの抗議運動の間に、多くの政治家や宗教指導者の大統領選候補だった。彼女は教皇フランシスコやアメリカ民主党の大統領選候補だった。この活動のスをゼロに削減することを誓約することを誓約するよう数十カ国を説得してきた。さらにダライ・ラマから、この活動の承認を得た。バーニー・サンダース、さらにダライ・ラマから、この活動のきた。バーニー・サンダース、さらにダライ・ラマから、この活動の

承認を得た。彼女には数々の名誉の賞が授与されてきたが、「気候変動抗議運動」はこれ以上の賞を必要とでの大惨事」を回避するにはあと少ないとし、2019年に北欧理事会の環しないとし、2019年に北欧理事会の環境賞を拒否した。グレタは2019年の「今年の人」になった。境賞を拒否した。グレタは2019年の「今年の人」になった。

12月23日、16歳354日で最年少の

『タイム』誌の「今年の人」になった。

2020年の初めにグレタは、「気候での大惨事」を回避するにはあと8年しかないと警告した。彼女の使命はまだ終わっていない。

1

2

3

4

5

TIME
PERSON *of the* YEAR
GRETA THUNBERG
THE POWER OF YOUTH

COP25 CHILE MADRID 2019

ほぼ 100%

1：ワシントンDCで、グレタと面会する元アメリカ大統領のバラク・オバマ。オバマ元大統領はグレタを大いに支持しており、彼女のことを「未来の擁護者のひとり」と書いている。

2：多くの気候変動抗議活動のひとつをツイッターで呼びかけ、活動している。つは、スウェーデンの首都ストックホルムで行われている。2019年3月15日だけで、125カ国で合計2,200件の気候変動デモが開催され、世界で合計100万人以上の人々が参加した。

3：グレタは『タイム』誌の「今年の人物」だ。グレタは、最年少の人物だ。

3：グレタは、アメリカの公民権運動家のローザ・パークスのことを、自分に影響を与えた最初のひとりであると述べた。「パークスを、最初のひとりのインタビューで、彼女は述べた。「ローザ・パークスのインタビューで、こんなにも大きな影響を与えたことに

4：グレタは、自分に影響を与えた人物のひとりであると述べた。「パークスは、ひとりの人間が、こんなにも大きなことができるのだと教えてくれました！」と明らかにした。

5：国連気候変動枠組条約第25回締約国会議 COP25（チリからスペインのマドリードに変更）で、グレタは2019年12月11日に国連高官へ向けて演説を行った。

グレタが定期的に着ている黄色いレインジャケットは、彼女のシンボルのひとつとなった。

文化と社会の殿堂入り！ www.guinnessworldrecords.jp/2021

グレタは2019年にノーベル平和賞にノミネートされたものの、エチオピアの首相アビー・アハメドに敗れた。

新たに発見された小さなカブトムシ（Nelloptodes gretae）「ネロプトデス・グレタエ」は、2019年10月にダービー博士がグレタにちなんで命名した。その角は、活動家グレタの象徴的なおさげ髪に似ているといわれている。

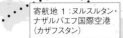

寄航地 1：ヌルスルタン・ナザルバエフ国際空港（カザフスタン）

発着地：アメリカ、ケネディ宇宙センター

寄航地2：サー・シウサガル・ラングーラム国際空港（モーリシャス）

寄航地3：プンタ・アレーナス国際空港（チリ）

飛行機で最速の南北両極経由世界一周

2019 年 7 月 9 日、カタール・エグゼクティブ・ガルフストリーム G650ER ジェットで出発したハミッシュ・ハーディング機長（イギリス、下写真右から 3 番目）とクルーたちは、46 時間 40 分 22 秒で世界一周をはたした。彼らの挑戦は 7 月 11 日、アメリカのケネディ宇宙センターで認定された。この試みは、NASA の月面着陸 50 周年と、最初の世界一周 500 周年を記念して企画された。右上写真は、ハーディング機長（右）とプロジェクトのパートナーであるカタール航空の CEO、アクバル・アル・バクル（中央）。

映画製作者のヤニク・ミケルセン（右写真）は、この挑戦の機内ライブストリームを監督した。

世界一周に成功したクルーをここに紹介する。写真左から：マグダレーナ・スタロビッツ（ポーランド／アメリカ、客室乗務員）、エフゲン・バシレンコ（ウクライナ、パイロット）、ジェイコブ・オベ・ベック（デンマーク、パイロット）、ジェレミー・アスコフ（南アフリカ、パイロット）、テリー・バーツ大佐（アメリカ、宇宙飛行士、映画製作者）、ハミッシュ・ハーデイング（パイロット）、ベンジャミン・ルーガー（ドイツ、リードエンジニア）、ヤニク・ミケルセン（ノルウェー、映画製作者）。

最初の世界一周

2019年、ポルトガルの探検家フェルディナンド・マゼラン（右図）が最初の世界一周となる航海に乗り出して500周年を迎えた。スペインを出航したマゼランを含む239人の男たちの多くはヨーロッパに戻ることはなかったが、1隻の船が1522年に帰還した。最初の世界一周の陰で見過ごされていた開拓者たち、勇敢なマゼランの後継者や、乗組員たちをたたえる。

1519年9月20日、スペイン、アンダルシア州サンルーカル・デ・バラメーダを出航①。5隻の遠征隊は1520年10月21日、船員たちの反乱や壊血病に耐え、チリ南部の、のちにマゼランの名がつけられた海峡に到達した②。1隻は難破し、もう1隻はスペインに帰還した。

残りの船は太平洋横断に成功したが、1521年4月27日、マゼランと乗組員の多くは、現在のフィリピン領マクタン島での争乱中に殺害された③。人員不足となった一行は1隻を沈没させ、乗組員を残りの2隻に集めた。11月8日、ついに当初の目的地だったインドネシア、マ

ルク諸島に到達した④。船団はスパイスを買いとり、帰路についた。しかし旗艦トリニダード号が水漏れを起こしたため、乗組員を置き去りにしなければならなくなった。1522年5月19日、スペインの航海士フアン・セバスティアン・エルカーノは、アフリカの喜望峰をまわって⑤、わずかに生き残った乗組員を率い、ビクトリア号でヨーロッパに向けて帰還した。しかし7月9日、船がカーボベルデ諸島に到着したあと⑥、12人の船員が捕虜となってしまった（数カ月たって釈放されたあと、彼らも旅を成しとげたので、認めるに値する）。わずか18人の乗組員がスペインに向かい、1522年9月8日セビリアに到着⑦。ほぼ3年前に始まった航海を終えた。

エルカノ財団は現在、この偉業の500周年記念を祝うとともに、乗組員の多国籍と多様性をたたえている。財団のウェブサイトには、その歴史的な旅の行程をたどる年表を掲載している。詳しくはelkanofundazioa.eus/en（スペイン語／英語）を見てみよう。

最初の世界一周旅行者たち

氏名	国籍	職業
フアン・セバスティアン・エルカーノ	スペイン	航海長／船長
フランシスコ・アルボー	ギリシャ	水先案内人
ミゲル・デ・ロダス	ギリシャ	操舵手
フアン・デ・アキュリオ	スペイン	水先案内人
マーティン・デ・フディチバス	イタリア	チーフスチュワード
ヘルナンド・デ・バスタマンテ	スペイン	理髪師
ハンス・アウス・アーヘン	ドイツ	射撃手
ディエゴ・ガレーゴ	スペイン	海士長
ニコラス・エル・グリーゴ	ギリシャ	海士長
ミゲル・サンチェス・デ・ロダス	ギリシャ	海士長
フランシスコ・ロドリゲス	ポルトガル	海士長
フアン・ロドリゲス	スペイン	海士長
アントニオ・ヘルナンデス・コルメネーロ	スペイン	一般船員
フアン・デ・アラティア	スペイン	一般船員
フアン・デ・サンタンドレス	スペイン	一般船員
バスコ・ゴメス・ガレーゴ	ポルトガル	給仕
フアン・デ・スピレタ	スペイン	補助要員（航海記録係）
アントニオ・ピガフェッタ・ロンバルド	イタリア	
マーティン・メンデス	スペイン	公証人／会計士
ペドロ・デ・トローサ	スペイン	船員／スチュワード
リカルテ・デ・ノルマンディア	フランス	大工
ロルダン・デ・アルゴーテ	ベルギー	射撃手
フェリペ・デ・ロダス	ギリシャ	海士長
ゴメス・ヘルナンデス	スペイン	海士長
オカシオ（ソカシオ）・アロンソ	スペイン	海士長
ペドロ・デ・チンドゥルサ	スペイン	給仕
バスキート・ガレーゴ	スペイン	給仕
フアン・マルティン（マルティネス）	スペイン	補助要員
マエストレ・ペドロ	スペイン	補助要員
シモン・デ・ブルゴス	ポルトガル	補助要員

最後の12人は1522年7月にカーボベルデで逮捕、投獄された乗組員で、釈放後に旅を成しとげることができた。

1511年に現在のマレーシアでマゼランが買収した奴隷であるマラッカのエンリケは、世界一周を成しとげた最初の人物だったかもしれない。しかし1521年5月1日、フィリピンで目撃されて以降、彼の消息は不明だ。

ビクトリア号がもち帰った381袋のクローブには、5隻の船の遠征総費用の2倍以上の価値があった！

乗組員は、パタゴニアで"巨人"と遭遇したと語った。"巨人"は、彫像のようなテウェルチェ族だった可能性が最も高い。

航海では、緯度測定に天体を利用するアストロラーベなどの初歩的な機器を使用していた。

マゼランは、マール・パシフィカム（太平洋：平和な海の意）の名づけ親だ。

航海の地図作成

下の地図は、遠征隊がスペインに戻って約20年後の1544年に、ジェノバの地図製作者バティスタ・アグネーゼが作成した、マゼラン―エルカーノの世界一周にほぼ近い地図だ。上の地図は、航海日誌に記された当時の記録の詳細にもとづいた最終的なルートを、最新の手法で表したもので、航海の途中の寄港地点と、マゼラン（赤）とエルカーノ（緑）の航海の区間が示されている。

生還した船

最初の世界一周を達成したビクトリア号は、「ナオ」と呼ばれる、商船や軍隊輸送のために広く使われた頑丈な長距離航行用の帆船で、4つのデッキをもち、長さ約27m、帆は290㎡あった。その高い船体や、船尾と船首楼は、小型船から国境を守るのに役立った。上の図は、1589年製作の「マリス・パシフィック・マップ」に描かれていたビクトリア号だ。この地図はベルギーの地図製作者、アブラハム・オルテリウスが製作した。

ふたりの船長の物語

マゼランがこの世界初の偉業の栄光の多くを受けとったいっぽうで、その最終的な成功は間違いなくフアン・セバスティアン・エルカーノ（下図）によるものだ。彼はコンセプシオン号（当初の艦隊5隻のうちの1隻）の船長として、マゼランの死後を引き継いだ。彼の帰還への褒美のなかには、「Primus circumdedisti me（最初に世界一周したわたし）」の銘入りの紋章があった。

ELKANO

Q：エルカノ財団が設立されたのはなぜ？

A：財団は、バスクのさまざまな団体の同意を得て、フアン・セバスティアン・エルカーノの生誕地であるゲタリアの人々からの呼びかけに応えて設立されました。最初の世界一周の500周年を記念する祝賀は2019年8月に始まり、2022年9月まで続きます。

Q：エルカノ財団は何をするの？

A：わたしたちの目標は過去から学ぶことです。そのためには好奇心を養う必要があります。わたしたちは未来を再考することができるように、歴史を分析し、過去の社会モデルを調べます。

Q：主なプロジェクトはなんですか？

A：500年前の出来事はわたしたちに、その驚くべき航海からひらめいた疑問を反映させるための根拠を示してくれます。海岸沿いの町と海の関係、科学技術が社会の発展に与える影響、文化の共存、そしてグローバリゼーション。最初の世界一周は、地球上に驚くべき結果をもたらしました。

マウンテニアリング／登山

特に明記されていない限り、
酸素補給しながらの登山を示す。

酸素補給なしでエベレスト最年少登頂

2005年5月31日、タシ・ラクパ・シェルパ（ネパール、1985年11月18日生まれ）は、19歳と194日で最も高い山、エベレスト（8,848m）に登頂した。

エベレストに最速で2度登頂（女性）

アンシュ・ジャムセンパ（インド）は、2017年5月16～21日までの5日間で2度、南側のベースキャンプからエベレストに登頂した。1シーズンに2度エベレストに登った最初の女性はチフリム・ドルマ・シェルパ（ネパール）で、2011年にその偉業を達成したが、ジャムセンパの同記録は最速だ。

夫婦でエベレストに最速登頂

パサン・プティ・シェルパと夫のアン・ダワ・シェルパ（ともにネパール）は、2019年5月14日午前3時にエベレストに登り始め、5月16日午前10時36分に頂上に到達。2日と7時間36分で偉業を達成した。

エベレストとK2の最速登頂

ミンマ・ギャブ・"デビッド"・シェルパ（ネパール、右上写真）は2018年5月21日にエベレスト、2018年7月21日に2番目に高

エベレストへの最速登頂（女性）

2018年のシーズン中、プンジョ・ジャンム・ラマ（ネパール）は39時間6分という記録的なタイムでエベレストに登頂。5月15日午後3時20分にベースキャンプを出発し、5月17日午前6時26分に頂上に到着した。ラマはネパールのゴルカ地区で育ち、ヤク飼いから山岳ガイドになった。

8,000m峰を制覇した最年少

ミンマ・ギャブ・"デビッド"・シェルパ（ネパール、1989年5月16日生まれ）は30歳166日までに標高8,000m以上の山14座すべてを制覇した。最初の登山は2010年5月23日のエベレストで、最後は2019年10月29日のシシャパンマ（8,027m）。このプロジェクトには9年159日の月日がかかった。写真はマナスルの頂上の真下で撮影されたもの。

酸素補給なしでマナスル登頂最速

フランソア・カッツァネリ（イタリア）は、8番目に高い、標高8,163mのマナスルの頂上に、ベースキャンプからちょうど13時間で登頂した。2019年9月25日午後9時に出発し、翌26日午前10時に頂上にたどり着いた。彼はグループの一員だったが、経験豊富な登山家だったため、ほかのメンバーよりも速く登ることができた。

ローツェ～エベレスト最速トラバース（女性）

ローツェの頂上（8,516m）からエベレストの頂上を縦走した女性の記録は21時間30分で、2018年5月20～21日の間にシュ・ジャオジャオ（中国、左写真）が達成。逆側からのエベレスト～ローツェ最速トラバース（女性）の記録は22時間40分で、2019年5月23～24日にエリザベス・マリー・ベルナデット・リボル（フランス）が達成した。

8,000m峰すべてを制覇した最初の兄弟

ネパール人の兄弟ミンマとチャン・ダワ・シェルパは、8,000m峰を征覇した最初の兄弟だ。ミンマは2000～11年の間に、ダワは2001～13年の間に達成した。どちらも最も標高の高い4座のみで酸素を補給した。兄弟は現在、遠征旅行会社を運営しており、ネパール、パキスタン、中国全域の登山やトレッキングのサポートを行っている。

冒険の歴史

1522

最初の世界一周

1519年9月20日、スペインを出発したビクトリア号が、1522年9月8日、船長フアン・セバスティアン・エルカーノに率いられてセビリアに到着。

1775

最初の世界一周（女性）

男装したジャンヌ・バレが、1766～69年にかけて、フランス初の世界一周航海で植物学者の助手を務めた。モーリシャスに定住するが、1775年にフランスに戻った。

1903

最初の動力飛行

12月17日、オービルとウィルバーのライト兄弟（ともにアメリカ）は、9キロワット（12馬力）のチェーン駆動のフライヤーIで36.5mを飛行。

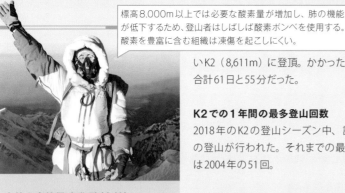

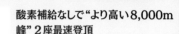

標高8,000m以上では必要な酸素量が増加し、肺の機能が低下するため、登山者はしばしば酸素ボンベを使用する。酸素を豊富に含む組織は凍傷を起こしにくい。

い K2（8,611m）に登頂。かかった日数は合計61日と55分だった。

K2での1年間の最多登山回数

2018年のK2の登山シーズン中、計64回の登山が行われた。それまでの最多記録は2004年の51回。

1シーズンのカンチェンジュンガ最多登山回数

標高8,586mのカンチェンジュンガは3番目に高い山だ。2019年のシーズン中の登山者数は67人で、5月15日だけで、1日のカンチェンジュンガ登山最多数61人を記録した。

8,000m峰の最多登山回数

1994年5月13日から2019年5月21日までの間に、カミ・リタ・シェルパ（別名：タプケ、ネパール）は、エベレスト最多登頂回数も含め、8,000m峰に36回登った。

上位3高峰最速登頂（女性）

ビリディアナ・アルバレス・チャベス（メキシコ）は、729日間で、最も高い山3座に登った。彼女は2017年5月16日の午前9時30分にエベレスト、2018年7月21日の午前9時にK2、2019年5月15日午前4時44分にカンチェンジュンガに登頂し、以前の記録を3日間上回った。

酸素補給なしで"より高い8,000m峰"2座最速登頂

5番目に高い山と"より高い8,000m峰"のカテゴリーに入る6番目に高い山には大きな標高差がある。フアン・パブロ・モール・プリエト（チリ）は、6日と20時間で、8,000m峰の上位2座の頂上に到達した。彼は2019年5月16日午後3時30分にローツェの登頂に成功。その後キャンプ2に下りてから、エベレスト（上写真）に登り、5月23日午前11時30分に頂上に到達した。

すべての8,000m峰最速登頂時間

ニーマル・"ニムス"・プルジャ（ネパール）は、2019年4月23日のアンナプルナ第1峰（8,091m）から2019年10月29日のシシャパンマまで、わずか189日で8,000m峰14座に登頂した。途中、彼は70日間で"より高い8,000m峰"最速登頂の記録を塗り替えた。5月15日にカンチェンジュンガ、5月22日にエベレストとローツェ、5月24日にマカルー（8,485m）、7月24日にK2を制覇した。

1シーズン中のエベレスト登山最多数は872人で、2019年の登山シーズンに達成された。

1日のエベレスト最多登頂者数

2019年5月23日、合計354人の登山家がエベレストの最高点に到達した。5月22日に"ニムス"・プルジャ（左コラム）が撮影した写真で、2019年春のシーズン中、前例のない、憂慮すべき登山者の数が明らかになった。これはヒラリーステップ沿いの登山者の行列を写したもので、約100人が下山しようとし、約150人が狭い尾根を登っている。

最も高い山の最も親しまれている呼び名「エベレスト」は、元インド測量官、ジョージ・エベレスト卿に由来する。ネパール語ではサガルマータ、チベット語ではチョモランマとして知られる。

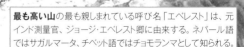

1911

南極に到達した最初の人々

12月14日午前11時、ロアール・アムンセン（写真）率いる5人のノルウェー隊が南極点に到着。イヌぞりで53日間トレッキングした。

1924

航空機による最初の世界一周

4人の米陸軍中尉が4月6日から9月28日まで、アメリカ軍水上飛行機、「シカゴ」と「ニューオーリンズ」で地球を一周した。

車での最初の世界一周（女性）

1927年5月25日、クララ・スティンズ（ドイツ）とカール・アクセル・セーデルシュトレームがドイツ、フランクフルトを出発。1929年6月24日、ベルリンに到着。

1929

オープンウォータースイミング

寒中水泳の最長距離

ハムザ・バクルチョル（トルコ）は、2018年2月7日、ドイツ、ゾントホーフェンに近いバイエルン山脈のゾントホーフェン湖で3.44kmを泳いだ。水泳中の平均水温は4.13℃だった。

女性の記録は3.30kmで、2016年2月21日、イギリス、北アイルランドのアーマーにあるワイルドウォーターの屋外淡水プールで、カーメル・コリンズ（アイルランド）が達成。平均水温は4.63℃だった。いずれの記録もIISA（国際アイススイミング協会）によって承認された。

オーシャンズセブンを制覇した最年少

セブンサミットの登山チャレンジに触発された、このオープンウォーターの大冒険は、WOWSA（世界オープンウォータースイミング協会）が監督しており、世界の七海峡を個人で泳いで横断しなければならない。ダレン・ミラー（アメリカ、1983年4月13日生まれ）は2013年8月29日、30歳138日で、彼にとっての最後の海峡である北アイルランドとスコットランドの間のノース海峡を泳いだ。

エリザベス・フライ（アメリカ、1958年10月28日生まれ）は、2019年8月25日にノース海峡を横断し、**オーシャンズセブンを制覇した最高齢の人物**になった。

ノース海峡は、冷たい水と強力な海流、無数のクラゲにより、地球上で最も泳ぐのが困難な海峡とされている。ミシェル・メイシー（アメリカ）は、2013年7月15日、**ノース海峡を泳いで横断する最速**の9時間34分39秒を記録。

キース・ギャリー（アイルランド）は、2016年8月14日、9時間57分28秒で**男性**の記録を達成。メイシーとギャリーの

最速のアイスマイルスイム（女性）

アイスマイルとはIISAの規則にしたがって、5℃以下の水温で1マイル（1.6km）を泳ぐ挑戦のこと。ジュリア・ウィティング（写真左）とイネス・ハン（ともにドイツ）は、2019年12月20日、ドイツ、バイエルン州ブルクハウゼンのヴェルゼー湖にて、21分33秒でアイスマイルを泳ぎきった。

南極氷床の下を最初に泳ぐ

2020年1月23日、ルイス・ピュー（イギリス）は、凍った大陸の氷河の融解の進行に注目を集めるため、東南極の「氷河下の川」を1km泳いだ。1組のスイムウェアとキャップで氷のトンネルを通過し、0.1℃の水温に10分17秒間耐え続けた。国連の海洋保護者として、気候変動への意識を高めるために、ピューは49日間のイギリス海峡縦断（下の挿入写真、右ページの表を参照）など、これまでに試みられたことのない多くの泳ぎに挑戦している。

最高地点での水泳

2020年1月4日、冒険家ダニエル・ブル（オーストラリア）は、チリ、コピアポの標高6,370m地点で泳いだ。2017年4月27日、彼は当時の**七大陸最高峰と七大陸活火山最高峰に到達した最年少**の記録を打ち立てた際、オホス・デル・サラード火山の東側面で湖を発見した。

オーシャンスイム最長時間（個人）

WOWSAの規定のもと行われた外海での最長ノンストップスイミングの記録は、76時間30分。2018年9月15〜18日に、ネジブ・ベルヘディ（チュニジア、左写真）が達成した。ベルヘディは、チュニジアのガベス湾のスファクス〜ジェルバ島間約120kmを泳いで横断した。**オーシャンスイム最長距離**は、ヴェリコ・ロゴシッチ（クロアチア）が、2006年8月29〜31日に、アドリア海で225kmを泳いだ。

ピューは、東南極周辺の海洋保護区への世界的な支援を得ることを使命としている。2016年にはロス海の大陸の保護に貢献した。

冒険の歴史

1947

最初の超音速飛行

10月14日に、チャールズ・エルウッド・イェーガー（アメリカ）が、ベルXS-1ロケット航空機でマッハ1.06（時速1,127km）に到達。

1949

初の商用ジェット機

7月27日に初飛行したブリティッシュ・デ・ハビランド・コメット1が、1952年5月2日、ロンドン〜ヨハネスブルグ間で、最初の定期旅客飛行を行った。

1953

エベレスト初登頂

5月29日午前11時30分、エドモンド・パーシバル・ヒラリー（ニュージーランド、写真左）とテンジン・ノルゲイ（インド/チベット）が世界最高峰に登頂。

伝説の怪獣がすむというネス湖、タホ湖、メンフレマゴグ湖の3湖をまとめてモンスター湖と呼ぶ。シャレットは、2019年8月1日、68歳180日で、このモンスター湖で三冠を達成した最高齢にもなった。

カウアイ島周辺で最速のステージスイミング

テレンス・ベル（オーストラリア）は、2019年7月1日から19日までの間に27区間に分けて、ハワイで4番目に大きい島を51時間57分で一周した。彼は7万6,532回のストロークで177.48kmの距離を泳ぎ、初の島一周を成しとげた。平均水温は26℃と、とても温かかった。

偉業は、ILDSA（アイルランド長距離水泳協会）の職員によって承認された。

6大陸での最速10km遠泳（女性）

ウルトラスイマー、ジェイミー・モナハン（アメリカ）が、この功績を成しとげるのにかかった日数は、わずか15日と8時間19分。2018年8月13日、コロンビア、カルタヘナ（南アメリカ）で始まり、8月28日にニューヨーク市（北アメリカ）で終わった。
モナハンは、アイスセブンスチャレンジを制覇した最初の人物でもある。

アイスセブンスは、WOWSAとIISAによって考案および管理され、参加者は7つの大陸の5℃以下の海域で泳がなければならない。2017年7月2日、モナハンはアルゼンチン、ウシュアイア近郊のビーグル海峡で、7番目のアイスマイルを29分5秒で泳ぎきった。彼女はウェットスーツも合成ゴムのスイムキャップもつけていなかった。

足かせをつけて最速の5km水泳

2019年10月4日、アメリカ、カリフォルニア州レドンドビーチで、パブロ・フェルナンデス・アルバレス（スペイン）が足かせをつけたまま5kmを泳ぎ、サンタモニカ湾を1時間58分で横断した。

最高高度でスキューバダイビング

2019年12月13日、マルセル・コルカス（ポーランド）は、チリとアルゼンチンの国境の最も高い活火山、オホス・デル・サラード（標高6,887m）にある海抜6,395mの湖でダイビングをした。

オープンウォータースイミング三冠を達成した最高齢

パット・ギャラント・シャレット（アメリカ、1951年2月2日生まれ）は2018年6月30日、67歳148日で、マンハッタン島の周囲45.8kmを泳いだ。彼女は2011年10月18日にカタリナ海峡（32.5km）を、2017年6月17日にイギリス海峡（33.6km）を完泳しており、マンハッタン島と合わせて三冠を達成した。

ホーン岬で泳いだ最初の人々

2011年2月22日、ラム・バーカイ、アンドリュー・チン、キーロン・パルフラマン、ライアン・ストラムルード、トックス・バイバース（全員南アメリカ）は、南アメリカ最南端で泳いだ最初の人々になった。大西洋、太平洋、南極海の合流地点で、荒れた海と「ウィリワウ」と呼ばれる突風や氷山で悪名高いドレーク海峡で、彼らは3.18km泳いだ。

イギリス海峡を泳いだ

最初の人物*	1875年8月24～25日	マシュー・ウェッブ（イギリス）**
最初の人物（女性）	1926年8月6日	ガートルード・キャロライン・エデール（アメリカ）
ふたりのリレーチームによる最初の往復	2018年7月9日	ラグビー・フォー・ヒーローズチーム：ジョン・ロバート・マイヤット、マーク・レイトン（ともにイギリス）
3人のリレーチームによる最初の往復	2018年7月22日	スポーツファナティック・チーム：デジデリ・ペク、オンドレイ・ペク、リチャード・ニャリ（全員スロバキア）
最初のメドレーリレー	2010年9月18日	ジュリー・ブラッドショー（バタフライ）、スーザン・ラットクリフ（背泳ぎ）、ピーター・メイ（平泳ぎ）、キム・オーウェン（自由形）（全員イギリス）
最初の縦断	2018年7月12日～8月29日	ルイス・ピュー（イギリス、左ページ）

*ライフジャケットなし　**1815年7～8月にナポレオン軍の兵士、ジョバン・マリア・サラティ（イタリア）がドーバー沖で監獄船を脱出し、ブローニュまで泳いだ可能性がある。

出典：チャネルスイミング協会、CS＆PF（チャネルスイミング＆パイロッティング連盟）、IISA（国際アイススイミング協会）、ILDSA（アイルランド長距離水泳協会）、WOWSA（世界オープンウォータースイミング協会）

イギリス海峡連続縦断最多

2019年9月15日、ウルトラスイマー、サラ・トーマス（アメリカ）は、イギリス、ケント州ドーバーにあるシェイクスピアビーチを出発し、真夜中過ぎにフランスのグリ・ネ岬に泳ぎ着いた。彼女は往復を繰り返し、スタートから54時間10分泳ぎ続け、2日後のイギリス夏時間午前6時30分にイギリスに戻った。初のイギリス海峡縦断2往復として、CS＆PF（チャネルスイミング＆パイロッティング連盟）に承認された。

1958
南極大陸の最初の横断
ヴィヴィアン・アーネスト・フックス（イギリス）率いる12人が3月2日午後1時47分に完遂。3,473kmの旅は1957年11月24日に始まり、99日間続いた。

1960
有人船でチャレンジャー海淵へ最初のダイビング
1月23日、ジャック・ピカール（スイス、写真後方）とドナルド・ウォルシュ（アメリカ）が、アメリカ海軍の深海探査艇トリエステ号（スイス製）を、水深1万911mまで操縦した。

1961
初めて宇宙に行った人物
旧ソ連の宇宙飛行士、ユーリ・ガガーリンが4月12日にボストーク1号で最初の有人宇宙飛行を行った。地球の単一軌道4万868kmを1時間48分で飛行した。

大海に漕ぎ出す

南太平洋を漕いで横断した最初の人物（西から東）

2018年12月6日から2019年5月9日の間に、探検家ヒョードル・コニュコフ（ロシア、1951年12月12日生まれ）は、ニュージーランド、ポート・チャーマーズからチリ沖のディエゴ・ラミレス諸島に向かって漕ぎ、154日13時間37分で7,475kmを旅した。スタート時、コニュコフは66歳と359日で、大洋を単独で漕いで横断した最高齢の人物となった。

単独手漕ぎでイギリスを一周した最初の人物

2018年11月4日、イギリスの海岸を175日と2時間51分で一周したアンドリュー・ホジソン（イギリス）がロンドン塔に帰還。5月13日、スピリット・オブ・アハブ号で出発したホジソンは、146日間海に出たあと、リンカンシャー州グリムスビーで10日間休止し食べ物を補給したが、下船はしなかった。この旅の最後の数週間で、ホジソンは泳いでイギリスを一周した初めての人物ロス・

エッジリー（イギリス）としょっちゅう出くわした。

中部太平洋を漕いで横断した最年少（東から西）

マイケル・プレンダーガスト（イギリス、1995年4月18日生まれ）は、グレート・パシフィック・レースに出場したとき、23歳50日だった。プレンダーガストは、チームメイトのロバート・ベニー、エヴァン・バックランド、ジョーダン・ゴードイとともに、アメリカ、カリフォルニア州モントレーからハワイ州ワイキキまでイザベル号を漕いだ。彼らは2018年7月27日に到着し、49日と23時間15分のタイムでレースに勝利した。

大洋単独漕ぎ横断最多

2019年6月14日、エマニュエル・コアンドレ（フランス）は、オノフ号でフランス領ギアナのデグラ・デ・カンヌに到着し、7度目の大洋での単独漕ぎを達成した。彼が大西洋を横断したのは今回が5回目で、セネガル、ダカールを出発してから58日かかった。コアンドレは、太平洋とインド洋も漕ぎ、さらにペダルボートで大西洋を横断した。

大洋を漕いで横断した最初の3兄弟チーム

ユアン、ジェイミー、ラクラン・マクリーン（全員イギリス）は、ブロアー号で2019年のタリスカー・ウイスキー・アトランティック・チャレンジに参加し、ラ・ゴメラ島からアンティグア島まで大西洋を東から西に漕いだ。このスコットランドの兄弟は、35日と9時間9分で、3位でレースを終えた。

大洋を漕いで横断した3人組チーム最年少

2018年6月7日、グレート・パシフィック・レースのスタート時点で、ミーガン・ホスキン（イギリス、1983年12月25日生まれ）、キャロライン・ランダー（イギリス、1989年8月21日生まれ）、エレノア・キャリー（オーストラリア、1989年8月21日生まれ）の合計年齢は、3万3,617日（92歳14日）だった。ダニエル号に乗った彼らは、62日と18時間36分の旅の後、2位でレースを終えた。航海の途中、彼らは12mの波、サメ、ハリケーンと戦わなければならなかった。彼らは中部太平洋を東から西へと漕いで横断した最初の3人組チームとなった。

大洋を漕いで横断した最初の兄妹チーム

アンナ（イギリス/アメリカ）とキャメロン・マクリーン（イギリス）は、2019年のタリスカー・ウイスキー・アトランティック・チャレンジに参加した。"ザ・シーブリングス"は、カナリア諸島のラ・ゴメラ島からアンティグア島まで、大西洋を渡って東から西にリリー号を漕ぎ、43日と15時間22分かかって、18位でゴールを通過した。

タリスカー・ウイスキー・アトランティック・チャレンジ（年に1度行われるレース）では、いくつもの記録が生まれてきた。

大洋を横断した最年長ペア	61歳287日（平均年齢）	ピーター・ケトリー、ニール・ヤング（ともにイギリス）
大西洋横断最速	3.59ノット（時速6.64km）	スチュアート・ワッツ、リチャード・テイラー、ジョージ・ビガー、ピーター・ロビンソン（全員イギリス）
最速のペア	2.85ノット（時速5.27km）	マックス・ソープ、デビッド・スペルマン（ともにイギリス）
最速のトリオ（女性）	2.14ノット（時速3.96km）	モーリーン・オブライエン、ブリディ・"バード"・ワッツ、クレア・アリンソン（全員イギリス）
最速の5人乗り	2.96ノット（時速5.48km）	ケビン・ガスケル、ウィリアム・ホリングスヘッド、サミュエル・コクソン、クリストファー・ホジソン、マシュー・ガスケル（全員イギリス）

出典：Ocean Rowing Society オープン/クラシックカテゴリにおけるすべての記録

冒険の歴史

1963
宇宙に行った最初の女性
6月16日、旧ソ連の宇宙飛行士ワレンチナ・テレシコワは、バイコヌール宇宙基地からボストーク6号で離陸。2日と22時間50分、飛行した。

1965
最初の宇宙遊泳
3月18日、旧ソ連軍中佐のアレクセイ・レオーノフが、宇宙船ボスホート2号の外で12分9秒間過ごした。

1969
初めて世界を航海した人物（単独、無寄港）
4月22日、ロビン・ノックス・ジョンストン（イギリス）は、イギリス、コーンウォール、ファルマスに帰還。1968年6月14日に出発した。

1969
最初に月に降り立った人々
7月20日、NASA宇宙飛行士ニール・アームストロングとバズ・オルドリン（ともにアメリカ）が月面を歩いた。

太平洋無寄港単独漕ぎ横断最長時間

2019年6月8日、ジェイコブ・アドラム（アメリカ）は、335日と22時間30分の壮大な単独手漕ぎのあと、オーストラリア、クイーンズランド州トリニティビーチに到着した。アドラムは、2018年7月7日にアメリカ、ワシントン州ネア・ベイを出発し、太平洋を東から西に向かった。

最初に中部太平洋を漕いで横断した視覚障がい者（東から西）

元イギリス海兵隊のスティーブ・スパークス（イギリス）は、ダイビング中の事故で突然、視力を失った。彼は2018年のグレート・パシフィック・レースでマイケル・ドーソンとチームを組み、ボジャングルス号で82日と13時間54分の航海のあと、8月28日にワイキキに到着した。スパークスは空と海は識別できたが、波に気づくことができなかったため、旅はより困難となった。**最初の視覚障がい者の漕ぎ手**は、2008年に大西洋を漕いで横断したア

ラン・ロック（イギリス）だった。

最速で大西洋を漕いで横断（女性、東から西）

2018年12月12日から19年1月31日まで、ジェマ・リックスとローレン・ウッドウィス（ともにイギリス）のチーム"時のクジラ"は、カナリア諸島のラ・ゴメラ島からアンティグア島のイングリッシュ・ハーバーまで、ブーディッカ号を50日と5時間53分漕いだ。レディング大学の学生時代に、ホッケークラブで出会ったふたりは、タリスカー・ウイスキー・アトランティック・チャレンジ・レースに出場し、以前の記録を1時間も上回った。

まだある驚きの手漕ぎ記録

南極海での最初の手漕ぎ		フィアン・ポール（アイスランド）、コリン・オブラディ（アメリカ）、アンドリュー・タウン（アメリカ）、キャメロン・ベラミー（南アフリカ）、ジェイミー・ダグラス・ハミルトン（イギリス）、ジョン・ピーターセン（アメリカ）
南極大陸への最初の手漕ぎ	2019年12月13～25日	
最南の緯度からの手漕ぎ航海のスタート	南緯56.96度	
手漕ぎ船が到達した最も南の緯度	南緯64.21度	
両極地方のオープンウォーターで漕いだ最初の人物	2017年と2019年	フィアン・ポール
極地のオープンウォーターで単独で漕いだ最多回数	3	

出典：Ocean Rowing Society

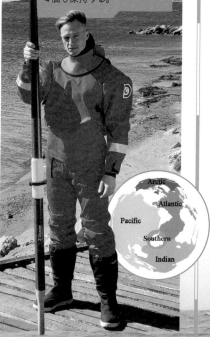

最初の海の探検家グランドスラム達成

フィアン・ポール（アイスランド）は、大西洋（2011年）、インド洋（2014年）、中部太平洋（2016年）、北極海のオープンウォーター（2017年）、南極海（2019年、下写真）でボートを漕いだ。この記録により、**同時に保持される異なる大洋での手漕ぎの速度記録最多**4個も保持する。

最初のドレーク海峡手漕ぎ横断

2019年12月25日、"インポッシブル・ロウ（不可能な手漕ぎ）"チームは、チリ、ホーン岬と南極半島のチャールズポイント間の、悪名高い危険なドレーク海峡を手漕ぎボートで初めて横断した。上の写真は、ギネスワールドレコーズのロンドンオフィスで認定証を受けとる乗組員たち。

1972

大洋を漕いだ最初の女性

1971年4月26日～72年4月22日、シルビア・クックとジョン・フェアファックス（ともにイギリス）は、最初の太平洋手漕ぎ横断を達成した。

北極への初の単独探検

植村直己は、4月29日、770kmにおよぶイヌぞりによる旅を終え、北極点に単独到達。カナダ北部エルズミア島、エドワード岬を3月5日に出発した。

1978

最初のエベレスト単独登頂

6,500m地点のベースキャンプから3日間の登山のあと、ラインホルト・メスナー（イタリア）は8月20日にエベレストの頂上に到達した。

1980

世界一周

最初の世界一周（女性）

ジャンヌ・バレ（フランス）は、1766〜69年に探検家ルイ・アントワーヌ・ド・ブーガンヴィルが率いる世界一周研究旅行に加わった。フランス海軍では当時、女性の乗船を許可していなかったため、バレは遠征隊の植物学者フィリベール・コマーソンの"男性"助手に変装して旅をした。

世界一周航海をはたした
最初の潜水艦

アメリカ海軍原子力潜水艦トライトンは1960年2月24日から4月25日までの間、潜航したままで世界一周を成しとげた。エドワード・L・ビーチ艦長の指揮のもと、中部大西洋のセントピーター＆ポール岩礁を発着し、60日と21時間で4万9,491kmを潜水航海した。

両極経由の最初の世界一周

トランスグローブ探検隊のラヌルフ・フィエンヌ卿とチャールズ・バートン（ともにイギリス）は、1979年9月2日にイギリス、ロンドンのグリニッジから南下し、1980年12月

GEORGE M. SCHILLING,
FAMOUS AMERICAN ATHLETE.

初めての徒歩による世界一周

賭けでそそのかされたジョージ・マシュー・シリング（アメリカ、左写真）は、1897年から1904年までの間に初めて世界を歩いてまわったといわれている。しかしながら、この偉業は認証されていない。徒歩で世界一周した最初の人として認められているのはデビット・クンスト（アメリカ、右写真）で、1970年6月20日から1974年10月5日までに4つの大陸を制覇し、2万3,250kmを歩いた。

気球による最初の単独世界一周

2002年6月19日から7月2日までの間に、スティーブ・フォセット（アメリカ）は、高さ42.6mの混合ガス気球、バド・ライト・スピリット・オブ・フリーダムで世界周遊をした。気球は西オーストラリア州ノーザムを離陸し、クイーンズランド州エロマンガに着陸。総飛行距離は3万3,195km。

航空機による最初の世界一周

1924年4月6日〜9月28日に、2機の米軍ダグラスDWC水上飛行機が57回の離着陸で世界一周をはたした。「シカゴ」は、ローウェル・H・スミス（下写真右）が、「ニューオーリンズ」はエリック・ネルソン（ともにアメリカ）が操縦した。

飛行機はアメリカ、ワシントン州シアトルを発着。総飛行距離は4万2,398kmだった。

車での最初の世界一周

クララ・エレオノーレ・スティンズ（ドイツ、上写真右から3番目）は、カール・アクセル・セーデルシュトレーム（スウェーデン、上写真右端）とともに1927年5月25日にアドラー・スタンダード6でドイツ、フランクフルトを出発し、2年と30日後の1929年6月24日、4万6,063kmを走破してドイツ、ベルリンに帰還した。

冒険の歴史

1986

パトリック・モロー（カナダ）がインドネシア、プンチャック・ジャヤに登頂し、七大陸最高峰を制覇した最初の人物となった。

1986

北極点に単独で到達した最初の人物はジャン・ルイ・エチエンヌ医師（フランス）。イヌの助けなしでそりを引き、補給品を受けとりながら、63日かけて極地に到達した。

1987

7月2〜3日、リチャード・ブランソン（イギリス、写真上）とペール・リンドストランド（スウェーデン、写真下）は、熱気球による最初の大西洋横断をはたした。総飛行距離は4,947km。

オートジャイロによる最初の世界一周

2019年9月22日、ジェームズ・ケッチェル（イギリス）は、マグニM16Cオートジャイロで約4万4,450kmを飛行し、175日間の世界周遊をはたした。オープンコックピットのオートジャイロの最高速度は、時速129km。

15日に南極を、1982年4月10日には北極を横断し、1982年8月29日、グリニッジに帰着し5万6,000kmの旅を終えた。

車での最速世界一周

1989年と1991年に適用されたルールにもとづいて、六大陸を制覇し、赤道の長さ（4万75km）を超える距離を走破したSaloo Choudhuryと妻のNeena Choudhury（ともにインド）は、車で地球を一周した最初で最速の男女の記録保持者だ。その旅は、1989年9月9日から11月17日まで、69日19時間5分を要した。夫妻は1989年製ヒンダスタン社の"コンテッサ・クラシック"を運転。インド、デリーを出発し、同地にゴールした。

ヘリコプターで最速の世界一周（女性）

60歳のジェニファー・マレー（イギリス、アメリカ生まれ）は、所有するロビンソンR44ヘリコプターを操縦し、2000年5月31日から9月6日までの99日間で、単独世界一周を達成。イギリス、サリーのブルックランズ飛行場を発着し、30カ国を横断した。

バイクで世界一周した最年少

ケイン・アベラノ（イギリス、1993年1月20日生まれ）は23歳と365日目の2017年1月19日にイギリス、タインアンドウィア州サウスシールズにあるタウンホールにて壮大な世界一周の旅を終えた。

太陽光発電式ボートによる最初の世界一周

MSトゥラノール・プラネットソーラー（スイス）は、モナコから西航路で2010年9月27日から12年5月4日までの1年220日をかけて、太陽光発電のみを使用し世界を一周した。モナコに帰港するまでに6万23kmを航行した。

最初の人力単独世界一周

エルデン・エリュク（トルコ）は、2007年7月10日～2012年7月21日にボート、カヤック、徒歩、自転車で世界をまわった。5年と11日12時間22分におよぶ旅はアメリカ、カリフォルニア州ボデガ湾で始まり、終わった。彼は三大陸（北アメリカ、オーストラリア、アフリカ）を自転車で横断し、3つの海（太平洋、インド洋、大西洋）を漕いで渡った。

最年少単独世界一周飛行

メイソン・アンドリュース（アメリカ、2000年4月26日生まれ）が2018年10月6日にアメリカ、ルイジアナ州モンローで76日間の世界一周旅行を終えたとき、18歳163日だった。

単独世界一周飛行最高齢の偉業を82歳84日で成しとげたのは、フレッド・ラスビー（アメリカ、1912年5月28日生まれ）。アメリカ、フロリダ州フォートマイヤーズを発着し、1994年6月30日から8月20日までの間に世界を周遊した。

ケイ・コッティ（オーストラリア）は189日間の航海を全長11mのヨット、ファーストレディー号で成しとげ、単独無寄港世界一周航海をした最初の女性となった。

1988

1月17日、シャーリー・メッツとビクトリア・マーデン（ともにアメリカ）は、初めて陸路で南極に到達した女性となった。ふたりは1988年11月27日にロンネ棚氷からヘラクレス湾を出発した。

1989

FROM THE SEA TO THE SUMMIT!

ティム・マッカートニー＝スネイプ（オーストラリア）は、海面レベルからエベレストに登頂した最初の人物。インドの海岸からエベレストの頂上まで3カ月かけて歩いた。

1990

冒険者たち

壮大な旅

電動ヘリ（試作機）による最長の旅

2018年12月7日、ラング・バイオテクノロジーのマーティン・ロスブラット、ティアワンエンジニアリングとリック・ウェブ（すべてアメリカ）は、アメリカ、カリフォルニア州ロスアラミトスにて共同で電動ヘリコプターを56.8km飛行させた。

50ccスクーターによる最長の旅

ホイーリング・フォー・ザ・ワールドコレクティブの創

パラモーターで初めてイギリス海峡を縦断（女性）

2016年12月5日、サーシャ・デンチ（イギリス）は、パラモーターでイギリス海峡を縦断した。フランス、サン＝タングヴェールを午前11時に出発し、午後12時38分にイギリス、ケント州ドーバーに到着した。絶滅の危機に瀕しているコハクチョウ（*Cygnus columbianus*）の、7,000kmにおよぶ冬の渡りの一部を追う旅だった。

設者マイケル・リード（アメリカ）とヨナタン・ベリク（イスラエル）は、2台の50ccのスクーターでアメリカの48の隣接する州をツーリングし、1万5,925.41kmを走行。2019年9月7日に出発し、できる限り脇道を進む旅は11月19日に終わった。

電動スケートボードによる最長の旅

2019年5月19日から31日までの間に、ダニエル・ロドゥナー（写真左）とドウェイン・ケリー（写真右、ともにオーストラリア）は、バッテリー駆動のスケートボードでアメリカ、テキサス州を横断し、1,036.42kmを走った。

スケートボードで24時間以内に訪問した国最多

フェリックス・フレンツェル（ドイツ）は、2019年8月3日、スケートボードで5カ国をまわった。イタリア、モンテスプルガを出発し、スイス、リヒテンシュタイン、オーストリアに立ち寄り、ドイツ、リンダウまで約160kmを巡った。

自転車でカナダを横断した最高齢（女性）

リネア・サルボ（アメリカ、1949年9月21日生まれ）が2018年8月26日、カナダ、ノバスコシア州ローレンスタウンビーチに自転車でたどり着いたとき、68歳339日だった。彼女は6月18日にブリティッシュコロンビア州トフィーノを出発した。

自転車による100km最速単独走行

マルセロ・ダネーゼ（イタリア）は2019年8月23日、100kmを2時間45分35秒で走った。世界ウルトラサイクリング協会が承認。挑戦はイタリア、ヴェローナで行われた。

スタンドアップパドルボード（SUP）でテムズ川を旅する最速

マーク・ホーンとジェームス・スミス（ともにイギリス）は、イギリスで2番目に長い川であるテムズ川を、2日と9時間20分で通り抜けた。2019年7月15日にグロスターシャー州レックレードを出発し、2日後にロンドン南西部のテディントンロックに到着した。

スクーターとサイドカーで最長の旅

2017年7月21日〜2019年1月20日、マット・ビショップ（写真左）リース・ギルケス（写真右、ともにイギリス）は、五大陸35カ国、5万4,962kmをツーリングした。目的は、現代の奴隷制への意識を高め、慈善団体のために資金を調達することだった。旅行前にバイクに乗ったことがなかったふたりは交代で運転した。

冒険の歴史

1994

初めてスリー・ポールズ・チャレンジを達成した人
1990年5月8日に北極点、93年1月7日に南極点に到達したアーリング・カッゲ（ノルウェー）が94年5月8日にエベレストに登頂して達成。

1995

気球による最初の太平洋単独横断
スティーブ・フォセット（アメリカ）は2月17日に韓国、ソウルを離陸し、同21日にカナダ、メンダムに着陸した。

1997

ボートを漕いで大洋を横断した最初の母と息子
ジャニス・ミークとダニエル・バイルス（ともにイギリス）は、10月12日〜翌年1月21日、大西洋を東から西に向かってボートを漕いで横断した。

1998

探検家グランドスラムを達成した最初の人物
1980年、アメリカ、アラスカ州デナリ登頂から始まったデイビット・ヘンプルマン・アダムス（イギリス）の冒険は、98年5月、北極点に到達して終わった。

ランズ・エンドからジョン・オ・グローツまでのパラモーターによる最速飛行

ジェームス・ドゥ・パヴィ（イギリス）は、2019年7月8〜9日にかけて、1日と12時間19分でイギリスを縦断飛行した。

自転車で縦断

・**日本**：2018年7月19日から26日までの間に、永関博紀は北海道の宗谷岬から九州の佐多岬まで、7日と19時間37分で自転車で南下した。

・**インド**：ヴィカス・ルヌ（インド）は、2018年10月25日から11月4日までの間に、インド北部のスリナガルから南部のコモリン岬まで10日と3時間32分でサイクリングした。スフィヤ・カーン（インド）は、2019年4月25日から7月21日までの87日2時間17分で同じ道のりを歩き、**徒歩で最速のインド縦断（女性）**を達成。

バイカル湖を徒歩で最速縦断

マイケル・スティーブンソン（イギリス）は、徒歩とスキーでロシア、シベリアの凍結したバイカル湖を11日と14時間11分で縦断した。彼は2020年2月25日、湖の南側のクルトゥクから66.3kgの物資を引いて652.3kmの単独遠征にのり出し、3月7日に北側のニジュネアンガルスクに到着した。

ランズ・エンドからジョン・オ・グローツまでの3人乗り自転車による最速旅行

ロバート・フェンウィック、アレクサンダー・ロード、ジェームズ・タイソン（全員イギリス、写真左から右）は、2019年6月16日から22日までの間に3人乗り自転車に乗って、6日と9時間35分でイギリス縦断をはたした。学校で知り合った3人は、以前の記録をほぼ4時間も上回った。

モノハルによるオーストラリア単独一周最速

モノハル（単胴のみのヨット）での最速単独無寄港オーストラリア一周がリサ・ブレア（オーストラリア）によって58日と2時間25分で達成されたことをWSSRC（世界帆走スピード記録評議会）が承認した。彼女は2018年10月20日にシドニー港ダルボラマリーナズ・ラッシュカッターズベイを出発し、12月17日に帰港した。

2017年7月25日、リサは183日と7時間21分で南極大陸を周航した最初の女性となった。

1999

最初の単独手漕ぎ大洋横断（女性）

ビクトリア・マーデン（アメリカ）は、9月13日にカナリア諸島を出発し、12月3日にカリブ海のグアドループ島に到着した。

2000

最初の非動力赤道周回

マイク・ホーン（南アフリカ）は、1999年6月2日から2000年10月27日までの513日間で赤道を一周した。自転車、丸木舟、徒歩などで移動した。旅はアフリカ西海岸ガボンで始まり、終わった。

初めて両極に到達した女性

キャサリン・ハートリーとフィオナ・ソーンウィル（ともにイギリス）は、1999年11月5日から2000年1月4日までの間に南極点に向かってスキーで滑走した。2001年5月5日、北極点に到達した。

2001

まとめ

酸素補給なしで 8,000m峰登山最多

デニス・ウルブコ（カザフスタン/ロシア）は、酸素補給なしで 2000 年 5 月 24 日のエベレストから 2014 年 5 月 19 日のカンチェンジュンガまで、8,000m 以上の山に 20 回登頂した。

2019年、彼とアダム・ビエレツキは、近くで遭難した登山家を救助するために K2 遠征を断念したことから、『ナショナル・ジオグラフィック』誌のアドベンチャー・オブ・ザ・イヤーに選ばれた。もし救助を行っていなければ、彼らは初の冬季 K2 登頂をはたしただろう。

陸上の最高地点と 最低地点を制覇

デビッド・テイト（イギリス）は、1 万 910m 離れた地球上の 2 地点を訪れた。彼は 2013 年までに 5 回、エベレスト（8,848m）に登頂。その後、2019 年 3 月 18 日、南アフリカ、ハウテン州のムポネン金鉱山の海面下 2,062m に降り立った（右ページ下の冒険の歴史で地球の最高点と最深点に到達した最初の人物もチェックしよう）。

世界一周単独無寄港航海最高齢（女性）

ジーン・ソクラテス（イギリス、1942 年 8 月 17 日生まれ）は、世界一周航海に出発した 2018 年 10 月 3 日に、76 歳 47 日だった。最高齢の人物はビル・ハットフィールド（オーストラリア、1939 年 1 月 14 日生まれ）。80 歳 145 日で、西回りで世界一周し、2020 年 2 月 22 日、81 歳 39 日でオーストラリア、ゴールドコーストに戻った。

最高高度での...

- **ディナーパーティー**：2018 年 4 月 30 日、中国、チベット自治区ノースコル 7,056m 地点にて。参加したのは（上写真左から）ニマ・カンチャ・シェルパ（ネパール）、ジェーン・チノウェス（オーストラリア）、サディ・ホワイトロックス、ニール・ロートン（ともにイギリス）。

- **ハープリサイタル**：2018 年 9 月 6 日、4,954m、インド、シングラ峠にて。デスモント・ジェントル、アンナ・レイ（ともにイギリス）、シオブハン・ブラディ（アイルランド）による。
- **ダンスパーティー**：2019 年 8 月 4 日、タンザニアのキリマンジャロ山頂 5,892m 地点で 8 人のアメリカチームが主催。

最初の長江徒歩制覇

アッシュ・ダイクス（イギリス）は、2018 年 8 月 26 日から 2019 年 8 月 12 日までの間に、中国の長江（全長 6,437km）を歩ききった。長江は世界で 3 番目に長い川だ。

新型コロナウイルスのまん延により、ふたりはヨーロッパの国境が閉鎖される前に世界一周を終えるため、スケジュールを早めた。

タンデム自転車で最速の世界一周

レイチェル・マースデン（右写真右）と友人のキャサリン・ディクソン（右写真左、ともにイギリス）は、タンデム自転車で、2019 年 6 月 29 日〜2020 年 3 月 18 日までの 263 日 8 時間 7 分で世界を巡った。ふたりはピンク色のふたり乗りの「アリス号」に乗り、五大陸を横断し、2 万 8,960km 以上を走破した。

冒険の歴史

気球による最初の単独世界一周

スティーブ・フォセット（アメリカ）が、高さ 42.6m の混合ガス気球で 6 月 19 日から 7 月 2 日までの間に地球を一周した。

2002

2004

単独無寄港で西方へ航海した最速の世界一周（男性）

ジャン・リュック・ヴァン・デン・ヒーデ（フランス）は、2003 年 11 月 7 日に出発し、翌年 3 月 9 日に 122 日と 14 時間 3 分 49 秒で地球を一周。

山岳グランドスラムを達成した最初の人物

パク・ヨンソク（韓国）は 4 月 30 日に北極点に到達。それ以前に南極点に到達し、七大陸最高峰に登頂した。

2005

2006

単独無寄港で西方へ航海した最速の世界一周（女性）

ディー・カファリ（イギリス）は、2005 年 11 月 20 日にイギリス、ポーツマスを出発し、翌年 5 月 18 日に同地に帰還した。

大西洋を漕いで横断した最高齢（女性）

2019年12月12日、サラ・ブリュワー（1956年1月12日生まれ）は63歳355日で、35歳のローイングパートナーであるアン・プレスティッジ（ともにイギリス）と大西洋を渡り始めた。カナリア諸島を離れ、86日間の航海を経て2020年3月7日、国際女性デーの前夜、カリブ海のアンティグア島に到着しました。

最初のジェット気流へのスカイダイビング

地上6,000～9,000mにあるジェット気流は、時速約400kmで蛇行する気流だ。マーク・ハウザー（スイス）は、2018年6月30日、オーストラリア、フォーブス近郊で、高度7,400mの熱気球からこの流れの速い風にスカイダイブした、最初の人物になった。

「鉄のアイスマン」になる最速

アレクサンドル・フゾー（フランス）は、同年内にアイスマイルスイムとフルアイア

ンマン®トライアスロンを終えた最初の人物だ。偉業の達成には198日かかった。彼は2019年1月18日、オランダ、フォーレンダムにある4.97℃のプールで、IISA（国際アイススイミング協会）の規定にもとづいて泳ぎ、2019年8月4日、ドイツ、ハンブルクにてフルアイアンマン®トライアスロンを完走した。

ヨーロッパの最高地点に登頂する最速記録

アダム・スティーブンソン（イギリス）は2019年4月2日から9月23日までの173日と20時間45分で、ヨーロッパの地理的最高峰に登った。

スキーによる単独南極到達（無支援、無補給）

アーニャ・ブラッハ（ドイツ）は、57日と18時間50分かけてバークナー島から南極点までスキーで行き、2020年1月8日に到着した。1,400kmのトレッキングだった。

▶ 南極に単独到達最年少（無支援、無補給）

マシュー・トルドー（フランス、1991年12月4日生まれ）は、たったひとりでの偉業を達成したとき27歳と40日だった。ヘラクレス入り江から南極点までの彼のトレッキングは2019年1月13日に終わった。トルドーが最も怖かった瞬間は、腰まで穴に落ちたときだ！

南極大陸単独スキー最長距離（無支援、無補給）

リチャード・パークス（イギリス）は、2012年12月18日から2020年1月15日までの、ヘラクレス入り江から南極までの南極遠征中、3,700kmを単独で、スキーで滑走した。

彼のこれまでの4度の冒険には南極点への2回の訪問も含まれており、**無支援、無補給の単独南極大陸旅行最多記録**ももつ。パークスはウェールズのポンティプリッド出身。

極地アスリートになる前、パークスはバーバリアンズなどでプレーするラグビー選手だった。

2006
両足を失ってエベレストに登頂した最初の人物マーク・イングリス（ニュージーランド）は、5月15日、北側から頂上に到達。1982年に凍傷になり、膝から下を切断していた。

2008
ヘリコプターで最速世界一周エドワード・カスプロヴィッチと副操縦士のスティーブ・シェイク（ともにアメリカ）は、8月18日に、11日と7時間5分で地球周回を終えた。

2012

最初の人力単独世界一周2007年7月10日～2012年7月21日、エルデン・エリュク（トルコ）は、ボート、カヤック、徒歩、自転車で、5年11日12時間22分かけて世界一周した。

2019

地球の最高点と最深点に到達した最初の人物4月28日、ヴィクター・ヴェスコヴォ（アメリカ）は、深海潜水艇で太平洋の底にあるチャレンジャー海淵に到達。翌年5月24日にエベレストに登頂。

殿堂入り：
ヴィクター・ヴェスコヴォ

ヴィクター・ヴェスコヴォは、暗い海に挑んできた。

ほんの一握りの探検家だけが暗い海に挑んできた。ヴィクター・ヴェスコヴォ（アメリカ）はそのひとりだ。

チャレンジャー海淵は、太平洋マリアナ海溝の海底にある谷で、地表から約11kmにある地球の既知の最深地点だ。

これまでに海底の辺境に到達したことがある有人潜水艇は、たったの3隻。最初の到達は1960年のトリエステ号。続いては2012年3月25日、映画監督のジェームズ・キャメロン（カナダ）が操縦し、チャレンジャー海淵への最初の単独潜航となったディープシー・チャレンジャー号だ。2019年4月28日と5月1日の2度の潜航で、元海軍将校のヴィクターは潜航艇を平均水深1万925m地点に導いた。これは有人潜水艇の記録で最も深い潜航だ。

ティング・ファクター号のヴィクターは潜航艇の記録で最も深い潜航だ。これは有人潜水艇の最深点調達の一環だった。ヴィクターは5大洋の最深点の底に到達し

この潜航は、5大洋の最深点調達の一環だった。ヴィクターは5大洋の最深点の底に到達した。2019年8月24日に北極海のモロイ海淵の底となった。洋の最深地点を訪れた最初の人物となった。

その功績として真の功績として極海のモロイ海淵を再び訪れ場所に到達することだ。

2020年には、ヴィクターはチャレンジャー海淵を再び訪れ、おそらくさらに深い地点を見つけるだろう。しかし、このような偉業を達成する勇敢な人々にとっ

チャレンジャー海淵を訪れたことにある人々との、リミッティング・ファクター号の外側に置かれたポリスチレン製のカップ。潜水艇の乗組員は地球上でもっとも訪れることのできない場所に到達することだ。

ター号のカップで、深海の圧力の影響を示すため、レン製のカップをよく使用する。このようなカップは深海のカップをよく使用する。

冒険者たちの殿堂入りの記録をチェック！www.guinnessworldrecords.jp/2021

1：潜水地点を確認する調査ミッション「ファイブ・ディープス・エクスペンション」はさまざまな人の努力により進められ、とりわけ科学者、エンジニアの専門隊たちに支えられた。ツアーの左側に立つのは、リミッティング・ファクター号を開発したトライトン・サブマリーンズ社の社長パトリック・レイヒ。

2：ドナルド・ウォルシュはジャック・ピカール（アメリカ）に祝福される。ドナルドは1960年1月23日、ヴィクターらにチャレンジャー海淵へ最初の有人潜水を成しとげた。彼らはアメリカ海軍深海探査艇トリエステ号を操縦し、約5時間かけて潜水した。

3：2010年5月24日、リチャード・ブランソンはスイス製のアメリカ大陸にある最も高い山エベレストの8,848mの頂上に立った。これにより、ヴィクターは地球の人物となった。

4：2019年4月16日、ヴィクターが潜航したとき、インド洋のジャワ海溝の水深7,450m最深点に到達した。ヴィクターは現時点では謎のままだ。

5：マリアナ海溝の底に向かってリミッティング・ファクター号を操縦するヴィクター。記録更新を果たし、記録の案内で。

かつてアメリカ海軍の潜水艦母船だったプレッシャー・ドロップ号が、支援船として再装備された。右の円写真はヴィクターが海の最深地点に到達した潜水艇、リミッティング・ファクター号。船体は厚さ9cmのチタン製で、潜航中に万一一停電した場合には、おもりが解除されて上昇することができる。

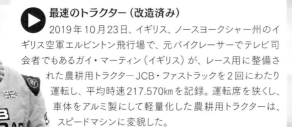

最速のトラクター（改造済み）

2019年10月23日、イギリス、ノースヨークシャー州のイギリス空軍エルビントン飛行場で、元バイクレーサーでテレビ司会者でもあるガイ・マーティン（イギリス）が、レース用に整備された農耕用トラクターJCB・ファストラックを2回にわたり運転し、平均時速217.570kmを記録。運転席を狭くし、車体をアルミ製にして軽量化した農耕用トラクターは、スピードマシンに変貌した。

2019年6月20日、ガイはこの改造したトラクター初の速度測定で、時速166.79kmを記録した。

目次

2014年10月16日、ガイは**最速のソープボックス**（エンジンなどの動力がない車両）に乗り、時速137.78㎞を達成。

ローラーコースター

入場者数が最多のテーマパーク
2018年版グローバル・アトラクションズ・アテンダンス・レポートによると、アメリカ、フロリダ州、ウォルト・ディズニー・ワールド・リゾートのマジックキングダムの同年の入場者数は2,085万9,000人。このパークには4基のローラーコースターがある。

最多のローラーコースター（国）
2019年11月21日時点で、中国には1,518基ものあらゆる種類のローラーコースターがある。826基あるアメリカのほぼ倍の数だ。日本は3番目で、244基。アジアは**最多のローラーコースター（大陸）**で2,549基が

最長のインバート（逆さ）ローラーコースター
アメリカ、オハイオ州メイソンのキングスアイランドにあるバンシーは、長さ1,257m。このタイプのコースターでは、乗客はレールの上側ではなく下側に着席する。バンシーの車両はダイブループやゼロ重力回転を含む7つの回転を、最高時速109kmで走行する。

最速のフライングローラーコースター
大阪府大阪市のユニバーサル・スタジオ・ジャパンにあるザ・フライング・ダイナソーの車両は、最高時速100kmのスピードで走り抜ける。レールの全長は1,124mで、**最長のフライングローラーコースター**でもある。フライングローラーコースターは乗客を車両の下にうつ伏せの状態で乗せて走行し、乗客は空を飛んでいる気分を味わえる。

あり、世界全体の50.5%を占める。対して、アフリカには79基しかない。

完全に修復された最も古いローラーコースター
アメリカ、ペンシルベニア州アルトゥーナにあるレイクモント・パークの伝統的な木製ローラーコースターのリープ・ザ・ディップスは、1902年にエドワード・ジョイ・モリス・カンパニーによって建造された。1985年にクローズ後、修復を経て1999年に再オープンした。

営業し続けている最も古いローラーコースターは、オーストラリア、ビクトリア州メルボルンにあるルナ・パークのザ・グレート・シニック・レイルウェイだ。1912年12月13日に一般向けにオープンして以来、営業を続けている。

最長のマウンテンコースター
マウンテンコースターは、丘や山の地形に沿ったコースを走行し、一般的に小型のソリを使用する。アンドラ、サン・ジュリア・デ・ロリア教区のナチュランディア・リゾートにあるトボトロンクは、コースの全長が5,300m。急速降下する箇所は長さ3,600mあり、垂直距離にして400m下降する。

ローラーコースターの元祖は16世紀のロシアにあった木製のソリ。人工の氷の丘を時速80kmで滑り降りた。

最も急降下する鉄鋼製ローラーコースター

アメリカ、ニュージャージー州イーストラザフォードにあるニコロデオン・ユニバース・テーマパークのTMNTシェルレイザーは、傾斜121.5度のカーブから落下する、43mの垂直リフトヒルが特徴だ。2019年10月25日に一般向けにオープンした。

最速のローラーコースター

フォーミュラ・ロッサは、わずか4秒9で時速240kmまで加速し、高さ52mへ上昇する。アラブ首長国連邦、アブダビにあるフェラーリ・ワールドに、2010年にオープンした。

最速のシャトルローラーコースター

最高スピードが時速161kmに達する記録

最長のシャトルローラーコースター

長さ600mのフューリーは、ベルギー、アントワープにあるボッベジャーンランドに、2019年6月24日にオープンした。シャトルローラーコースターは、途中で車両がスタート地点へと反対方向に進むタイプのコースターだ。

は、ふたつのシャトルローラーコースターがもつ。アメリカ、カリフォルニア州のシックス・フラッグス・マジック・マウンテンにあるスーパーマン：ザ・エスケープ（のちにスーパーマン：エスケープ・フロム・クリプトンに改名）と、オーストラリア、ゴールドコーストのドリームワールドにあるタワー・オブ・テラーだ。どちらも1997年にオープンしたが、同年の1月23日に、先にオープンしたタワー・オブ・テラーが時速161kmに達した最初のローラーコースターになった。

最速のフロアレスローラーコースター

カナダ、オンタリオ州ヴォーンのカナダズ・ワンダーランドにあるユーコン・ストライカーは、最高時速130km。乗客は床のない車両に乗り、足元から下を眺めることができる。このコースターは2019年5月3日にオープンし、時速120.7kmの同型コースター、ヴァルラウンの記録を抜いた。

最も高さのある木製ローラーコースター

韓国、ヨンインのエバーランドにあるT-エクスプレスは高さ56mまで上昇。2008年3月14日に一般向けにオープン。アメリカにあった66.4mのサン・オブ・ビーストが2009年に閉園し、記録保持者になった。

最も長い鉄鋼製ローラーコースター

三重県のナガシマスパーランドにあるスチールドラゴン2000は、全長2,479mを誇る。最高スピードは時速153kmで、地震対策として鉄鋼で強化されている。

最も高さのあるローラーコースター

種類	名称	場所	高さ
鉄鋼製	キンダカ	アメリカ、ニュージャージー州ジャクソン	139m
シャトル	スーパーマン：エスケープ・フロム・クリプトン	アメリカ、カリフォルニア州バレンシア	126.5m
インバート	ウィキッド・ツイスター	アメリカ、オハイオ州サンダスキー	65.5m
フライング	タツ	アメリカ、カリフォルニア州バレンシア	52m
スタンドアップ	リドラーズ・リベンジ	アメリカ、カリフォルニア州バレンシア	47.5m
室内	マインドベンダー	カナダ、アルバータ州エドモントン	44m
吊り下げ式	ボルテックス	カナダ、オンタリオ州ヴォーン	27.7m

車

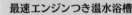

産した、車輪4個で走る4人乗りの蒸気で動く自動車だ。1887年、フランスのパリからヌイイまでの30.5kmを、平均時速26kmで走行した。ラ・マーキーズの所有者は、これまでたったの5人のみだ。

最も長い車
アメリカン・ドリームは、ロンドン・ルートマスターバスの約3.5倍におよぶ、全長30.5m、車輪26個で走るリムジンだ。スイミングプール、ヘリコプターの発着基地などが備わり、角を曲がれるように、車体の真んなかには蝶番がついている。

最速エンジンつき温水浴槽
2014年8月10日、アメリカ、ユタ州ウェンドーバーで記録された、カープール・ダビールの平均速度は、時速84.14kmだった。フィリップ・ワイカーとダンカン・フォースター（ともにカナダ）が、1969年製のキャデラックにファイバーグラス製のタンクをつけて温水浴槽つきの車を製作した。

スリップした最長距離
1964年10月15日、アメリカ、ユタ州ボンネビル・ソルトフラッツにて、ドライバーのクレイグ・ブリードラブ（アメリカ）は、ジェットエンジンを搭載したスピリット・オブ・アメリカで地上最速記録の挑戦後、コントロールを失った。車は、砂漠で約10kmスリップしたあと、電柱にあたり、塩田に落ちた。驚くことに、ブリードラブは無傷だった。

車での最大のループ・ザ・ループ
2019年11月25日、スタントドライバーのテリー・グラント（イギリス）は、サウジアラビア、リヤドでジャガー・Fペースに乗って、直径19.49mのホットウィールズループを走り抜けた。2015年9月14日に記録した、自身の記録19.08mを更新した。

最速の電気自動車（FIA承認済）
2016年9月19日、アメリカ、ユタ州ボンネビル・ソルトフラッツにて、ヴェンチュリーのバックアイ・バレット3は、ロジャー・シュレーヤ（アメリカ）の運転により、往復の平均時速549.21kmを記録した。フランスの電気自動車メーカー、ヴェンチュリーと提携して、オハイオ州立大学の自動車研究センターの学生たちが、設計および製作した。

乗客を乗せた最初の車
1801年12月24日、発明家で鉱山技術者のリチャード・トレビシック（イギリス）は、パフィング・デビルと名づけた、蒸気で動く乗用自動車に7人の乗客を乗せて、イギリス、コーンウォールを走った。

機能する最も古い車
ラ・マーキーズは、1884年にデ・ディオン・ブートン・エ・トレパドゥー（フランス）が生

最も大きいモンスタートラック
ビッグフット5は、全高4.7m、重さが17.2トンある。ボブ・チャンドラー（アメリカ）がつくった21台のモンスタートラックのうちの1台で、1986年に完成した。巨大なタイヤは、高さ3m。ビッグフット5は現在、アメリカ、ミズーリ州セントルイスに、永久的に駐められている。

デモリション・ダービーのドライバーたちは、わざと車に接触しない"サンドバギング"などの行為があった場合失格となる！

最大のデモリション・ダービー
2019年8月3日、カナダ、ケベック州サン＝ラザール＝ド＝ベルシャセで開催されたフェスティバル・デ・ラ・ガレット・デ・サラシンに、125人の参加者が集まり、ほかの車を破壊するデモリション・ダービーが開かれた。イベントの主催者は、ニコラ・トレンブレー、ジュリアン・フルニエ、ポール・モラン（全員カナダ）。

最も車体が低い道路走行可能車両

2010年11月15日に記録されたミライは、地面から車の最も高いところまでで45.2㎝しかない。岡山県浅口市にある、おかやま山陽高校自動車科の生徒と先生たちによってつくられた。

最も毛深い車

マリア・ルシア・マクツアとヴァレンティーノ・スタッサノー（ともにイタリア）は、120kgの人間の髪を、マリアの車、フィアット500の内装と外装につけた。2014年3月15日、イタリア、サレルノにある公共の計量台で量られた。

メルセデス・ベンツの最大のパレード

2019年12月28日、中国、広東省恵州市に384台のメルセデス・ベンツが集まり、IT

ワールドソーラーチャレンジ（クルーザークラス）最多優勝

ワールドソーラーチャレンジのクルーザークラスは、実用的なソーラーカーの開発を推進するために、2013年に導入された。2019年10月21日、アイントホーフェン・ソーラー・チーム（オランダ）は、4人乗りのステラ・イーラで、4度目のクルーザータイトルを獲得した。

時速0kmから160㎞に達する最速芝刈り機

2019年5月6日、ドイツ、クレトヴィッツで、Wシリーズドライバーのジェシカ・ホーキンス（イギリス）は、ミーン・モア・V2に乗り、時速0kmから160㎞までを6秒29で加速した。この芝刈り機は、ホンダとチーム・ダイナミクス（イギリス）が製作した。

最初のハイブリッド車

ローナーポルシェは、1900年にオーストリア、ウィーンにあるヤーコプ・ローナー社とコーチワークス社で組み立てられた。電気ハブモーターの"システム・ポルシェ"2基とガソリンエンジン2基が一緒に搭載されている。

電気自動車でニュルブルクリンク・ノルドシュライフェ（北コース）最速

2019年6月3日、ロマン・デュマ（フランス）は、フォルクスワーゲンの電気自動車のプロトタイプ、ID.Rで、ドイツにある全長20.81kmのサーキットを6分5秒336で走った。ID.Rは、電気モーター2基を搭載し、最大出力は500キロワット。時速0kmから100㎞までを2秒25で加速できる。

企業のユニクラブ（中国）広州支店の主催で、景色のよいナンクン山沿いをパレードした。

ハーレーダビッドソンの最大のパレード

2019年10月5日、アメリカ、テキサス州パリで3,497台がパレードした。バイク乗りのYouTuber、アダム・サンドバル（アメリカ）の呼びかけで、アメリカ中からバイク乗りたちが集まった。

キャンピングカー（RV車）の最大のパレード

2019年5月26日、オーストラリア、クイーンズランド州バーカルディンで868台がパレードした。イベントの主催者は、オーストラリア・モーターホーミング・ライオンズ・クラブだ。

ワールドソーラーチャレンジ最多優勝回数

ワールドソーラーチャレンジは、2年に一度開催される、総延長3,020kmのオーストラリアを横断するソーラーカーレースだ。デルフト工科大学のバッテンフォール・ソーラー・チーム（オランダ）は、2001年から2017年の間に7回優勝している。だが2019年のレースでは、優勝をはたすことはできなかった。

交通機関

最初の超音速輸送機

旧ソ連のツポレフTu-144は、イギリスとフランスが共同開発したコンコルドの初飛行よりも4カ月早い、1969年6月5日に初の超音速飛行を行った。試作機は翌年のテスト飛行中に時速2,430kmを記録し、**最速の旅客機**となった。試験中はうまく機能したツポレフTu-144だが、その後の開発は滞り、1976年1月21日から運用を開始していたコンコルドに**最初の超音速旅客機**の座を奪われた。

最標高のヘリコプター着陸

2005年5月14日、パイロットのディディエ・デルサーユ（フランス）は、ユーロコプターAS350 B3を操縦し、エベレスト（標高

8,848m）山頂に着陸した。高度が高く空気が並外れて薄い場所で飛行し続けることは困難で、重要な貨物の輸送はほぼ不可能だ。

最初の斜め翼飛行機

1979年12月21日に初飛行したNASA AD-1は、機体中心に主翼がひとつだけあり、翼は飛行中0度から最大60度の角度まで回る。翼の片方が前方に、もう片方は後方に移動するのだ。デザイン構想は1940年代に生まれたが、当時は実現しなかった。

最長飛行時間の直行定期便

シンガポール航空SQ21便は、アメリカ、ニュージャージー州ニューアーク・リバティ国際空港とシンガポール・チャンギ国際空港を結ぶ定期便で、飛行時間は18時間30分と最も長い。2018年10月11日に就航し、同18日から定期運航を開始した。2019年10月、カンタス航空QF7879便がアメリカ、ニューヨークとオーストラリ

斜め翼はスピードが速くなるものの、操縦が困難なことがわかった。

橋の下をくぐって飛行した最大の飛行機

1959年4月24日、アメリカ空軍ジョン・ラッポ大尉がRB-47Eストラトジェットに乗り、アメリカ、ミシガン州のマキナック橋の桁下水面から47mの隙間を、時速724kmで飛行した。翼幅は35.3m。このスタントは実は違法だったため、ラッポは軍機を操縦させてもらえなくなった。

ア、シドニー間でテスト飛行を行った。飛行時間は19時間16分だったが定期旅客便の運行にはまだ至っていない。

最長の路面電車・トラム路線（大都市間の交通機関）

カナダ、トロントにある市電501クイーンは、全長24.5km。24時間運行し、路線は市の東西を結ぶ。

最長のバス路線

ペルーのバス会社オルメーニョ社が運行

最大のプライベートジェット機

2007年以来、11機のボーイング・ビジネス・ジェット747-8が販売された。価格は3億6,400万ドル（約390億円）。コックピット以外は一切内装を備えていない状態で納品され、好みで高級なインテリアにすることが可能だ。グリーンポイント・テクノロジーズ（アメリカ）が完成させた最新モデルは、来賓室や応接間、ダイニングルームと広い主寝室（右写真）が自慢だ。

繁忙期のザ・ガン号は、客車44台まで延長が可能。全長は1,096mになり、タイタニック号の4倍の長さだ。

蒸気機関車の最速記録

1938年7月3日、イギリス、ラトランドのエッセンディーン近郊ストーク・バンクで、A4型蒸気機関車4468マラードが時速201kmを記録した。マラードは客車7両をけん引していた。

乗車時間が最も長い旅客列車

寝台列車のザ・ガン号は、オーストラリアのアデレードとダーウィンの間を54時間で旅する。乗客数によって列車の大きさは異なるが、一般的な運行では2台の機関車と30台の客車で全長774mだ。

最も速い磁気浮上式鉄道

磁気のみで物体を浮上させる方法（Maglev）を利用した鉄道、超電導リニアL0系は2015年4月21日、山梨リニア実験線にて時速603kmを記録した。

するバス路線は6,200kmと最長だ。ペルーの首都リマとブラジルのリオデジャネイロを結ぶこの路線は、トランス・オセアニカと呼ばれ、アマゾン川やアンデス山脈を通過して走行時間102時間で標高3,500mまで駆け登る。

最も長さのあるバス

コンゴ民主共和国で走る連結式バス、DAF社スーパー・シティトレインの長さは32.2mで、一度に350人まで乗車が可能。バスの車両重量は28トンある。

最も大きい公共交通ケーブルカー路線網

ボリビア、ラパスの「ミ・テレフェリコ」は、山が多いことで有名なボリビアの首都と姉妹都市エル・アルトを結ぶ、都市型ロープウェイだ。銀色線が開通した2019年3月9日の時点で、33駅10路線、路線の長さは合わせて33kmだ。

最初の太陽光発電列車

バイロン・ベイ鉄道は、オーストラリア、ニューサウスウェールズ州のノース・ベロンギル・ビーチとバイロン・ビーチの3km区間を走行するソーラー列車だ。客車2台に77キロワット時の蓄電池システムを設置し、車両の屋根の上に6.5キロワットの薄型ソーラーパネルを搭載している。

ヘリコプターがもち上げた最重量

巨大なロシアのヘリコプターMi-26は、これまでに永久凍土に眠っていたケナガマンモスや、旅客機ツポレフTu-134など、さまざまなものを輸送した功績がある。Mi-26が運んだ最も重い積み荷は5万6,768.8kgで、1982年2月3日、モスクワ近郊の上空2,000mを飛行した。

ヨットの最速記録

2012年11月24日、ナミビアのウォルビス湾で、ポール・ラーセン（オーストラリア）が65.45ノット（時速121.21km）を記録した。これは、500m以上のコースが規定の水上帆走で打ち立てた最速記録だ。

ユナイテッド・ステーツは1969年に引退し、現在はフィラデルフィアの埠頭に係船されている。

最速の旅客船

旅客船ユナイテッド・ステーツは、海上試験で最速44ノット（時速81.48km）を記録した。1952年には大西洋を平均速度34.51ノット（時速63.91km）で横断した。ほかよりも軽量な船体（製造に大量のアルミ合金が使われた）と強力な18万キロワットエンジンが、高速の実現に貢献した。

UNITED STATES

大西洋を最速で横断した旅客船には、権威ある「ブルーリボン賞」と呼ばれる賞が与えられた。

鮮やかに輝くサイズ880（イギリスのサイズ）の靴は、320枚の青いガラスパネルでおおわれている。

塔

東京都墨田区にある、東京スカイツリーの高さは634m。2012年2月に展望台つきの電波塔として完成した。

双子の建物

マレーシア、クアラルンプールにある88階建てのペトロナス・ツイン・タワーは高さ451.9m。オープンは1996年で、2棟。

レンガづくりの構造物

アメリカ、モンタナ州にあるアナコンダ精錬所の煙突は、高さ169.2m（土台を含めると178.3m）。244万6,392個のレンガでつくられたこの工業用煙突は1918年12月1日に完成した。現在は煙突のみが残されているが、土壌が有害な重金属によって汚染されているため、近寄ることはできない。

建物

アラブ首長国連邦、ドバイで2010年1月4日に正式にオープンしたブルジュ・ハリファ（ハリファ・タワー）は高さ828mで、開発したのはエマール・プロパティーズ。ブルジュ・ハリファの148階には最も高い屋外展望台アット・ザ・トップ・スカイがある。高さは555.7mだ。少し降りると、地上441mに位置する最も高い地点にあるレストラン、アトモスフィアもある。

靴の形をした建物

台湾の嘉義にあるハイヒール・ウェディング教会の寸法は高さ25.16m、幅11.91m。この教会では宗教上の礼拝などは行わず、結婚式場として使われる。この地に言い伝えられる、婚約を破棄された女性を慰めるので建てられた、とされている。

片持ち梁の建物

2016年にタイ、バンコクにオープンした高層ビルのキングパワー・マハナコーンは、78階建て、高さ314.2mの複合施設だ。全床面積の3割が片持ち梁（カンチレバー）構造で、床の支柱から外に向かって10mも延びている。

のタワーは41階と42階でそれぞれに設けられたスカイブリッジ（連絡橋）でつながっている。

煙突

カザフスタン、エキバストスのエキバストス第二発電所には、積み重なるコンクリートでつくられた高さ420mの煙突がある。

ン。エキバストス第二発電所はエキバストスとコクチェタフを結ぶ送電線の始まりで、送電される最も高い電圧である1,150キロボルトを送電する。

穀物サイロ

スイス、チューリッヒのスイスミル・タワーは高さ118mで、3万5,000トンの穀物を保管することができる。この巨大なサイロの建設には3年を要し、2016年4月に完成した。

城

ドイツ、バイエルンにあるノイシュヴァンシュタイン城の高さは65m。この城の頂上からは、ホーエンシュヴァンガウの村を一望できる。廃墟となっていた3つの城跡の上に、19世紀に建てられた。

墓地

ブラジル、サンパウロ近郊サントスにあるメモリアル・ネクロポリ・エキュメニカルは、14階建で、高さ46mの高層墓地だ。常時イルミネーションで彩られている。

外観にLEDイルミネーションパネルが設置された建物

2019年1月1日、アラブ首長国連邦のドバイで、人々はブルジュ・ハリファに映し出された光の祭典を楽しんだ。壁面全体に設置されたLEDの高さは790.8mで、最も大きなLEDイルミネーションパネルで総面積は4万4,956.77㎡だ。

ド（建物正面の外観）が完成したのは1890年だった。

パゴダ（仏塔）

中国、常州にある、2007年に完成した天寧宝塔の高さは153.7m。先端には金の尖塔と青銅の鐘がほどこされ、鐘の音は5km先まで届く。

病院

香港のサナトリウム病院リ・シュ・ファイ棟は高さ148.5mある。38階建ての鋼鉄製建築で、2008年に完成した。中国で最大の私立病院のひとつで、ベッド数は400以上だ。

航空管制塔

マレーシアのクアラルンプール国際空港の管制塔西棟は高さ133.8m。33階建てで、オリンピック聖火トーチの形をしている。新設KLIA2ターミナルの一部として建てられた。

大聖堂尖塔

ドイツのウルム大聖堂は、尖塔を含めて高さ161.5m。施工が開始されたのは1377年だが、西側ファサー

木造のパゴダ（仏塔）

中国、山西省応県の応県木塔は高さ67.3mで、1056年に建設された。ノルウェー、ブルムンダルにあるミョーストーネット（上写真右）は18階建ての複合ビルで、最も高い木造建築だ。高さ85.4mで、設計はヴォル・アーキテクター、建設はヘント社とモエルヴェン・リムトレ社（すべてノルウェー）による。

鋳鉄構造物

フランス、パリのエッフェル塔の高さは竣工当時300mだったが、1950年代に設置されたテレビアンテナにより、先端まで324mとなった。落成式の1889年3月31日から、1931年5月27日にニューヨークのクライスラー・ビルディングが完成するまで、最も高い建物だった。

額縁の形をした建物

アラブ首長国連邦、ドバイにそびえるドバイフレームは、高さ150.2m、幅95.5m。メキシコの建築家フェルナンド・ドニスがデザインを手がけ、最上階の48階で2棟のタワーがガラス床の渡り廊下でつながっている。2018年1月1日に完成し、市の名所になった。

裏庭の発明家たち

最大の水鉄砲
エンジニアのマーク・ロバーと友人のケン・グレイズブルック、ボブ・クラーゲット、ダニ・ユアン（全員アメリカ）が製作した超大型水鉄砲は、2017年11月6日に、高さ1.22m、長さ2.22mと測定された。

ザインした14.3×18.9×10.6mmのコードレス丸ノコを3Dプリントした。12mmの作業用ブレードがとり付けられており、補聴器のバッテリーで作動する。

最大音量の自転車用クラクション
交通渋滞に巻きこまれることにうんざりしたヤニック・リード（イギリス）は、貨物列車の警笛「ザ・ホーンスター」をスキューバダイビングのボンベで鳴るように改造し、自転車のフレームに組みこんだ。警笛は2013年2月13日、イギリス、サリーで136.2デシベルの音圧レベルに達した。150デシベルの騒音は、25mのジェットエンジンに相当する。

最小のヘリコプター
発明家の柳沢源内は、ローターの長さが4m、70kgのヘリコプターGEN H-4を製造した。ひとつの座席とひとつのパワーユニットで構成され、従来のヘリコプターと異なり2組の二重反転ローターを備えているため、テールローター（尾翼回転翼）でバランスをとる必要がない。

ほぼ**100%**

最小の掃除機
工学部の学生、サルベンダル・ガンシード・ババ（インド）は、廃材を集めて小型家電に生まれ変わらせる。彼のつくった小さな掃除機（上写真）は最長軸3.6cmで3.7Vで稼働することが2019年4月9日、インド、ビジャヤワダで検証された。

最小の使用可能な丸ノコ
小さいことは美しいと考えるデザイナー、ランス・アバーネシー（ニュージーランド）は2015年4月23日、自身がデ

道路での走行が可能な最小の車（非生産）
オースティン・コールソン（アメリカ、写真は婚約者のリサ・ストールと）は、高さ63.5cm、幅65.4cm、長さ126.4cmの車を製造。2012年9月7日に測定された。公道での運転を許可されており、制限速度は時速40km。

最も高く飛び出るトースター
14歳のマシュー・ルッチ（アメリカ）は、トースターに毎分1万2,000回転するモーターをつけ足して改良した。2012年11月19日、トーストを高さ4.57mまで飛び出させ、記録を達成した。

▶ **最速のソファ**
2011年9月26日、グレン・スーター（オーストラリア）は、オーストラリア、ニューサウスウェールズ州カムデン空港で、モーターつきのソファを時速163.117kmで運転した。この記録挑戦はオーストラリアのドリンクメーカー、アイスブレイクによっ

組み立て名人たち

最速の乳母車
時速86.04km。コリン・ファーズ（イギリス）が製作。2012年10月14日にイギリス、ウォリックシャー州シェイクスピア・カントリー・レースウェイでテスト。

最速のバスルーム
時速68km。2011年3月10日、イタリア、ミラノにてエド・チャイナ（イギリス）が製作した「ボグ・スタンダード」は、バスルームセットの下に隠されたバイクとサイドカー。

最大のコージークーペ 長さ2.7m。ジョンとジェフ・ビットミード（ともにイギリス）が製作。2016年8月14日、イギリス、オックスフォードシャー州で測定。

最も強力な鉛筆削り
1999年、ピーター・スヴェンソン（スウェーデン）は、戦車からとった499.6キロワットのV12エンジンを追加して、鉛筆削りを再設計した。エンジンは毎分2,500回転したが、削り器がほぼ通常の速度で作動するよう調整された。

て企画された。速度を上げるために気流を切りわける手段として、モバイルソファの前面にコーヒーテーブルがとり付けられた。

▶ **ルービックキューブを解く最速ロボット**
アルバート・ビア（ドイツ）は瞬時にパズルキューブを解くマシンをつくった。2016年11月9日ドイツ、ミュンヘンで開催された電子機器見本市でアルゴリズム、マイクロコントローラー、6つのメカニカルアームの助けを借りたSub1 Reloadedが、0秒637でルービックキューブを解いた。

最速の庭用物置小屋
ケヴィン・ニックス（イギリス）は、フォルクスワーゲン・パサートを、450馬力のV6ツインターボアウディRS4エンジンを再装備した電動小屋に改造した。2019年9月22日イギリス、ウェールズのペンディン・サンズにて、スタートから時速170.268kmに達し、1.6km以上小屋を走らせた。

▶ **最も高さのある乗れるバイク**
ファビオ・レッジアーニ（イタリア）がつくったモンスターバイクは、ハンドルの頂点までの高さが5.10m。重量5トンの「ビッグ・バイク」は5.7LのV8モーターを搭載している。2012年3月24日、この改造バイクはイタリア、モンテッキオ・エミーリアにあるコースを100m以上走行した。

> ビッグ・バイクは、標準的な改造オートバイの6倍のサイズで、産業用掘削機の車輪が使われている。

▶ **最速のジェット駆動のゴーカート**
時速180.72km。2017年9月5日イギリス、ノース・ヨークシャー州ヨークにて、トム・バニャル（イギリス）がテスト走行。

▶ **最速の単輪バイク**
時速117.34km。イギリス・モノホイールチームとドライバー、マーク・フォスター（ともにイギリス）は2019年9月22日、イギリス、ノース・ヨークシャーの飛行場で「トロージャン」に乗った。

最速の電動ショッピングカート
時速113.29km。2013年8月18日、イギリス、イースト・ヨークシャーにてマット・マッケオン（イギリス）が達成。改造したヘリコプターのエンジンと、ホンダ製の250ccエンジンを装備。

まとめ

▶ 最大の鏡張りの建築物
サウジアラビア、アル・ウラーのユネスコ世界遺産アル・ヒジュルにある500席のマラヤ・コンサートホールは、s連続する鏡の壁でおおわれている。アル・ウラー王立委員会（サウジアラビア）が建設し、2019年12月26日に測量された。

初めての雪の結晶の写真
ウィルソン・ベントレー（アメリカ）は、40年間かけて数千の雪の結晶の写真を撮影した。彼が初めて撮影に成功した雪の結晶の写真は、1885年1月15日、アメリカ、バーモントにある彼の家族の農場で撮影された。

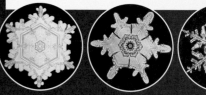

最も深いサルベージ（引きあげ）
2019年5月21日、アメリカ海軍の輸送機の残骸がフィリピン海の水深5,638mの海底から回収された。この作戦は深海調査船RVペトレルを使用し、アメリカ海軍のサルベージ・アンド・ダイビング監督官（SUPSALV）からなるチームによって行われた。

最速のエレベーター
中国、広東省にある広州CTFファイナンスセンター（広州周大福金融中心）には、最高時速75.6kmで移動するエレベーターがあり、最大21人を約42秒でビルの95階まで運ぶことができる。エレベーターの設計は日立ビルシステムによるもので、2019年9月10日、日立電梯（中国）によって設置された。

最大の打ち上げ花火玉
2020年2月8日、アメリカ、コロラド州でのスチームボート・スプリングス・ウィンターカーニバルは、1.26トンの花火玉で幕を閉じた。花火師のジェームズ・カウデン・ウィドマン、エリック・クルーグ、エド・マッカーサー、ティム・ボーデン（全員アメリカ）がつくった花火玉に詰まっていた380個の彗星のような花火が、夜空を赤く染めた。

分子回転の初の映像
国際科学者チームは、125兆分の1秒を超える速度で撮影された651枚の画像から、回転する硫化カルボニル分子のビデオ映像を作成した。FELサイエンス研究センター、ハンブルク大学、マックス・ボーン研究所（すべてドイツ）、オーフス大学（デンマーク）の研究者たちが、2019年7月29日に『ネイチャー』誌で結果を発表した。

電気カートで時速0から60マイルの加速最速
2019年6月9日、ルイス・メングアル（スペイン）は、スペイン、バレンシアの国際カートサーキット場で、全輪駆動の試作カートに乗り、2秒218で時速60マイル（97km）まで加速した。ルイスは2年かかって電動マシンを製作し、以前の記録を0秒417上回った。

接着剤でもち上げられた最大重量
2019年7月12日、接着剤メーカーDELO（ドイツ）は、ドイツ、ヴィンダッハでつくられた特製の接着剤を3gだけ使って、17.48トンのトラックを1時間空中に浮かせた。車両は接着面の半径がわずか3.5cmのアルミニウムシリンダーを介して、クレーンで吊り下げられた。

洗濯機の最多コレクション
引退したエンジニアのリー・マクスウェル（アメリカ）は、

ルイスのカートと最速芝刈り機（167ページ）はどっちが速いか、冗談抜きで見てみたくないかい？

初の古典中国語プログラミング言語

「文言（Wenyan-lang）」は、アメリカ、ペンシルベニア州ピッツバーグの学生リンドン・ファン（中国）が、2019年12月に開発した汎用プログラミング言語。文語体の中国語でプログラムが書ける。

3Dプリントされた最大のボート

3Dirigoは、メイン大学のAdvanced Structures and Composites Center（アメリカ）が作成した、長さ7.72mのボートだ。メイン州の標語、「Dirigo（わたしがガイドする）」にちなんで名づけられた。2019年10月10日、アメリカ、メイン州で、**最大のポリマー3Dプリンター**を使い72時間かけて最大容量343.61㎥のボートをプリントした。

初の機能するレゴ®製の自作義手

デビッド・アーギュラー（アンドラ）は、生まれつき右の前腕がない。彼はレゴ®テクニック・ヘリコプターセット（#9396）のパーツを使って、完全に機能する腕を設計、製作し、2017年に最初のバージョンを完成させた。最新の2019年製MK-IVは指のある電動の義手で、彼はこれを右上腕部の微妙な動きでコントロールしている。

2019年8月5日の時点で1,350台のユニークな洗濯機を所有している。彼は6台をのぞくすべてを正常に作動する状態に修理した。

円周率の最も正確な値

2019年3月14日、岩尾エマはるかは、アメリカ、ワシントン州シアトルのGoogle（アメリカ）のサポートを得て、31兆4,159億2,653万5,897桁の円周率（π）を計算した。Google Cloudのインフラストラクチャの実力を立証するため、円周率の日（パイデー、3月14日）に行われた。

> デビッドの人工装具MK-IVは、レゴ®テクニック・ラフテレーンクレーンセット（#42082）の部品を使用してつくられている。

周連星惑星の最年少の共同発見者

ウォルフ・キュキエ（アメリカ、2002年6月4日生まれ）は、太陽系外惑星TOI 1338bの発見につながった最初の観測を行ったとき、17歳と27日だった。ウォルフはアメリカ、メリーランド州のNASAゴダード・スペースフライトセンターでのインターンシップ中に星のデータベースに目を通し、2019年7月1日にこの惑星を発見した。

最高解像度の電波望遠鏡

EHT（イベント・ホライズン・テレスコープ）は、世界8カ所の電波望遠鏡のデータを組み合わせたもの。43マイクロ秒角の実用解像度があり、月面に置いた幅8cmのディスク（円盤状のもの）をほぼ同じサイズで見ることができる。2019年4月10日に発表された、ブラックホールの初の直接画像（右写真）はEHTが提供した。

このブラックホールは、地球から5400万光年離れたM87銀河にある。

殿堂入り：
アンディ・グリーン

自動車に飛行機、そしてあろうと、速さを求めるならば、イギリスの空軍パイロットであるアンディ・グリーンに操縦を任せるべきだ。

1994年、アンディは、自動車の速度記録を求めるプロジェクトがドライバーを探しているという新聞記事を読んだ。チームリーダーのリチャード・ノーブルは1983年にスラスト2で最速記録を打ち立てており、スラストSSCでさらなる速さを追求していた。プロジェクトが、RAF（イギリス空軍）のパイロットで数学の最高学位をもつアンディ・グリーンがドライバーに選ばれた。

チームは3年の開発後の1997年10月15日、アメリカ、ネバダ州のブラックロック砂漠で、1マイル（1.6km）を時速1,227.985kmで走破。16km先の町で大音響のソニックブームが発生し、音速を超えた最初の車にもなった。▶最も速い車（陸上）

23年後、アンディは再び記録に挑戦した。このとき彼は、時速1,609kmに達することを目的的に設計されたロケット自動車、ブラッドハウンドLSRを試運転した。翌年に公式なLSR挑戦を迎える。

ブラッドハウンドは速度記録を打ち立てるためだけでなく、次世代の子どもたちに科学とエンジニアへの興味をもってもらう目的で設計された。

スラストSSCの
プロジェクトチームで
同車のソニックブームを
聞くことができなかったの
は、運転したアンディー
本人だけだった!

5

テクノロジーの殿堂入りの記録をチェック!
www.guinnessworldrecords.
jp/2021

4

2006年8月23日、アメリカ、ユタ州ボンネビル・
ソルトフラッツにおいて、アンディーはJCBディー
ゼルマックスを時速563.418kmで運転し、最
も速いディーゼルエンジン車を達成した。

3

2

1: ブラッドハウンドLSRを2019年に南アフリ
カで試運転し、時速1,010kmに達した。

2: スラストSSCは、1997年にネバダ州の砂
漠で最高速度 (陸上) を達成した。

3: アンディーはその専用コースとして軍部
というか型の専用コースで開催された軍部
というかで専用コースとして出場した。
4:2006年にJCBディーゼルマックスで最も
速いディーゼルエンジンの車を達成したこと
を祝福するようす。
5:2018年、イギリス空軍博物館でのアンディー

177

eスポーツトーナメントの最高賞金総額（シングルプレイヤー）

2019年7月28日、アメリカ、ニューヨーク市アーサー・アッシュ・スタジアムで、賞金総額1,528万7,500ドル（約16億6,648万5,700円）のフォートナイト・ワールドカップが開催された。16歳の "Bugha" ことカイル・ギアーズドーフ（アメリカ、下写真上）が**最初の『フォートナイト』ソロ世界チャンピオ**ンに輝き、優勝賞金300万ドル（約3億2,702万9,100円）を手にした。前日には "Nyhrox" ことエミル・バーギスト・ペダーセン（ノルウェー、下写真下左）と "aqua" ことデヴィッド・ワン（オーストリア、下写真下右）が最初の『フォートナイト』デュオ世界チャンピオンになった。

"Bugha" は第54回スーパーボウルのハーフタイムの広告に登場し、新たな名声を人々に印象づけた。

スクリーンに大写しされているのは、『フォートナイト』実況配信界のスーパースター "Ninja"（本名リチャード・タイラー・ブレヴィンス）。

目次

eスポーツトーナメントの最高賞金総額は、『Dota2』の世界大会、The International Dota2 Championships 2019の3,400万ドル（約37億632万9,800円）。

スピードラン

Speedrun.comに記録された人気のあるスピードランゲーム60

ゲーム名	カテゴリー	記録保持者	記録タイム
ア・ハット・イン・タイム (PC)	Any%	"Enhu"（アルゼンチン）	36分7秒7
バンジョーとカズーイの大冒険 (N64)	100%; N64	"Stivitybobo"（アメリカ）	1時間57分39秒
ブラッドボーン (PS4)	Any%; All Quitouts	"InSilico_"（アイルランド）	19分54秒
セレステ (PC)	Any%	"Marlin"（ドイツ）	27分0秒7
セレステクラシック (PC)	Any%	"Meep_Moop"（カナダ）	1分43秒
クラッシュ・バンディクー ブッとび3段もり! (PC)	Crash Bandicoot; Any%	"DepCow"（アメリカ）	42分10秒
クロッシーロード (Android)	25 Hops; Mobile	"ENOOPS"（ロシア）	3秒8
カップヘッド (PC)	All Bosses, Regular Difficulty, Legacy Version	"SBDWolf"（イタリア）	23分16秒
デスティニー2 (PC)	Garden of Salvation	"Treezy"（イギリス）、"purdy"（イギリス）、"Intubate"（アメリカ）、"qassimks"（アメリカ）、"Crayonz"（アメリカ）、"Poots"	12分38秒
ディアブロII：ロード オブ デストラクション (PC)	Any% Normal; Softcore; Players 1; SOR	"Indrek"（エストニア）	1時間4分44秒
ファイナルファンタジーVIIリメイク (PS4)	Demo Any%; Normal	"desa3579"（ドイツ）	13分25秒
ゲッティング・オーバー・イット・ウィズ・ベネット・フォディ (PC)	Glitchless	"Blastbolt"	1分13秒2
グランド・セフト・オートV (PC)	Classic%	"burhác"（ハンガリー）	6時間3分27秒
グランド・セフト・オート・サンアンドレアス (PC)	Any%（No AJS）	"Ielreset"	3時間52分7秒
ギルドウォーズ2 (PC)	Spirit Vale; Vale Guardian; Restricted	"Deathlyhearts"（ルーマニア）、"qT Diablo"、"Decados"、"Codzka"、"Tolgon"、"Heldor"、"qT Luigi"、"BDaddl.7105"、"qT Fennec"、"eS Tim"	1分36秒
ホロウナイト (PC)	Any%; No Major Glitches	"fireb0rn"（カナダ）	33分7秒
ヒューマン フォール フラット (PC)	Any%; Solo	"RetrOvirus11"（カナダ）	8分49秒6
ジャンプキング (PC)	Any%	"Ny"（中国）	4分24秒7
カタナ・ゼロ (PC)	All Stages; Normal; Katana	"Lastnumb3r"（ポーランド）	15分57秒7
リーグ・オブ・レジェンド (PC)	Tutorial; Season 10; Part 1	"Xinipas"（ブラジル）	2分7秒
レゴ®スター・ウォーズ コンプリート サーガ (PC)	Any%; Solo	"WiiSuper"（アメリカ）	2時間42分27秒
ルイージマンション3 (Switch)	Any%; Solo	"chris_runs"（オーストリア）	2時間28分39秒
マリオカート8 デラックス (Switch)	Nitro Tracks; Items; 150cc	"HitsujiOmochi"（日本）	40分27秒
マインクラフト Java版 (PC)	Any% Glitchless; Set Seed; Pre 1.9	"Illumina"（カナダ）	4分56秒7
New スーパーマリオブラザーズ Wii (Wii)	Any%	"FadeVanity"（イギリス）	24分28秒3
オリとくらやみの森 DE版 (PC)	All Skills, No Out of Bounds or Teleport Anywhere	"Lucidus"	27分26秒
アウトラスト (PC)	Any%; Main Game; PC	"HorrorDoesSpeedRuns"（アメリカ）	8分12秒2
ペンシル・シャープニング・シミュレーター (PC)	Any%; 100 Pencils	"Jangoosed"（イギリス）	38分8秒

ギネス世界記録×
Speedrun.com

ここで紹介するのは、スピードランのオンライン・リーダーボード Speedrun.com で競われている、人気のあるゲーム60タイトルのスピードラン記録だ。わたしたちは Speedrun.com の協力を得て、スピードランをギネス世界記録データベースのカテゴリーとして正式に採用することにした。詳しくは speedrun.com/gwr で。リーダーボードのトップを飾ったら、証拠としてスクリーンショットを撮って、申請してほしい。

スポンジ・ボブ / スクエアパンツ：バトル・フォー・ビキニボトム (100%)

2020年3月3日、"SHiFT"（アメリカ）はXboxで、ロボットの侵略からビキニボトムを1時間18分26秒で救った。このゲームは2003年発売のアニメーションのスピンオフ作品で、スピードランナーたちにカルト的人気を得た。

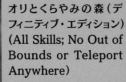

オリとくらやみの森（ディフィニティブ・エディション）(All Skills; No Out of Bounds or Teleport Anywhere)

"Lucidus" は2020年2月12日、2016年発売の『オリとくらやみの森』に新要素が追加された完全版で、精霊オリと仲間のセインを、27分26秒で導いた。

セレステ (Any%)

Any% は達成率を問わず、クリアをめざすこと。ドイツのゲーマー "Marlin" は、マット・メイクス・ゲームズ開発のこのプラットフォームゲーム『セレステ』のPC版を27分0秒7でクリア。2018年1月の発売直後から人気を博し、2020年4月22日現在、Speedrun.comに提出されたラン数は7,049で、5位となっている。

スパイロ・ザ・ドラゴン (Any%)

"ChrisLBC"（カナダ）は2018年6月17日、PS2版のこのプラットフォームゲームを38分31秒で猛攻した。Any% の『スパイロ・ザ・ドラゴン（スパイロ・リイグナイテッド・トリロジー）』最速コンプリートの記録も、ロード時間をのぞいた6分9秒で達成している。

ゲーム	カテゴリー	プレイヤー	タイム
ポケットモンスター 赤・緑・青 (Game Boy Player)	Any% Glitchless; ENG	"pokeguy" (アメリカ)	1時間45分21秒
ポケットモンスター ソード・シールド (Switch)	Any%; ENG	"ringo777" (日本)	4時間4分13秒
ポータル (PC)	Out of Bounds	"Shizzal" (アメリカ)	6分53秒9
ポータル2 (PC)	No Out of Bounds	"CantEven" (アメリカ)	59分47秒4
リファンクト (PC)	Any%; Normal	"xzRockin" (アメリカ)	2分42秒4
バイオハザード2 (PC)	PC; Leon A; Any%; Normal	"Se3cret" (コロンビア)	48分44秒
バイオハザード RE:2 (PC)	New Game (PC); Leon; Standard; 120	"7rayD" (フィンランド)	52分10秒
バイオハザード3 LAST ESCAPE (PC)	PC (TWN); Any%; Original	"Orchlon" (モンゴル)	40分55秒
バイオハザード4 (Console)	New Game; PS4; Professional	"tanoshimu" (日本)	1時間36分3秒
ロブロックス:スピードラン4 (PC)	No Skips; 5 Levels	"kriptopolis" (アメリカ)	1分57秒6
セキロ:シャドウズ ダイ トゥワイス (PC)	Shura Ending; PC; Unrestricted	"LilAggy" (アメリカ)	21分19秒
スポンジ・ボブ/スクエアパンツ:バトル・フォー・ビキニボトム (Xbox)	100%	"SHiFT" (アメリカ)	1時間18分26秒
スパイロ・ザ・ドラゴン (PS2)	Any%	"ChrisLBC" (カナダ)	38分31秒
スーパーマリオ64 (N64)	120 Star; N64	"cheese" (スペイン)	1時間38分54秒
スーパーマリオブラザーズ (NES)	Any%	"Kosmic" (アメリカ)	4分55秒6
スーパーマリオギャラクシー (Wii)	Any%; Mario	"Mr.CloudKirby" (アメリカ)	2時間31分21秒
スーパーマリオメーカー2 (Switch)	Story Mode (Any%); No Luigi Assist	"IamUncleSlam" (アメリカ)	1時間41分6秒
スーパーマリオ オデッセイ (Switch)	Any%; No Assists	"Tyron18" (イタリア)	58分36秒
スーパーマリオサンシャイン (Wii)	Any%; Normal	"Weegee" (アメリカ)	1時間14分13秒
スーパーマリオワールド (SNES)	96 Exit	"Lui" (イタリア)	21分57秒4
スーパーメトロイド (SNES)	Any%	"zoast" (アメリカ)	40分56秒
ゼルダの伝説 (NES)	Any% No Up+A; NES	"rcdrone" (アメリカ)	28分15秒
ゼルダの伝説 神々のトライフォース (SNES)	No Major Glitches; Any%	"RealAlphaGamer" (アメリカ)	1時間23分7秒
ゼルダの伝説 ブレス オブ ザ ワイルド (Switch)	Any%	"sketodara01417" (日本)	27分29秒5
ゼルダの伝説 時のオカリナ (N64)	Any%	"Zudu" (アメリカ)	7分48秒1
ザ・シンプソンズ:ヒット＆ラン (PC)	All Story Missions; PC	"LiquidWiFi" (オーストラリア)	1時間22分45秒
ザ・スポンジ・ボブ/スクエアパンツ ムービー (Xbox)	Any%	"Purple" (イギリス)	1時間9分10秒
タイタンフォール2 (PC)	Any%; Standard	"bryonato" (アメリカ)	1時間19分41秒
レインボーシックス シージ (PC)	Situations; Situation #01 - CQB Basics; Normal	"bezzles" (イギリス)	18秒
アンダーテイル (Linux)	Neutral; 1.00-1.001	"Shayy" (アメリカ)	55分37秒
Untitled Goose Game〜いたずらガチョウがやって来た!〜 (Xbox One)	Any%	"Vitek" (アメリカ)	2分11秒
Wii スポーツリゾート (Wii U)	All Sports	"Alaskaxp2" (アメリカ)	16分35秒

出典:Speedrun.com／数値はすべて2020年3月11日現在

訳注：N64 は NINTENDO64、NES はファミコン、SNES はスーパーファミコンの略。

ポータル2 (No Out of Bounds)

"CantEven"（アメリカ）は2019年7月19日、バルブが開発したパズルプラットフォームゲームを59分47秒4でコンプリートした。1時間を切っているのは彼だけだ。『ポータル2』は支持率97.48％を誇る、Steam で最も評価が高いビデオゲームでもある。

ザ・シンプソンズ：ヒット＆ラン (All Story Missions; PC)

"LiquidWiFi"（オーストラリア）はスプリングフィールドの町を1時間22分45秒で救った。本作は『ザ・シンプソンズ』フランチャイズゲームの22作目で、2003年に発売。『グランド・セフト・オートⅢ』に影響を受けたアクションアドベンチャーゲームだ。

カップヘッド（All Bosses; Regular Difficulty; Legacy Version）

"SBDWolf"（イタリア）は2019年6月13日、2017年に発売されたStudio MDHR開発のラン＆ガンゲームのPC版を、23分16秒で突き進んだ。

スーパーマリオ オデッセイ（Any%; No Assists）

"Tyron18"（イタリア）は2017年に Nintendo Switch で発売されたマリオの冒険を、58分36秒でコンプリートした。『スーパーマリオ オデッセイ』はSpeedrun.comで2番目に人気で、2020年4月22日現在の投稿ラン数は1万2,451。1番人気もマリオだ。

最もスピードランが多いゲームは『スーパーマリオ64』（任天堂、1996年）で、投稿ラン数は1万4,499（2020年4月22現在）。

アクションアドベンチャー

ンムーⅢ』が2015年、クラウドファンディングサイトのキックスターターに登場すると、630万ドル（約7億6,257万7,200円）が集まった。同ゲームは、**クラウドファンディングで100万ドルを最速で集めたビデオゲーム（1時間44分）**の記録も達成した。シリーズ3作目は2019年11月19日についに発売された。

最も売れているアクションアドベンチャービデオゲーム

発売元テイクツー・インタラクティブの2020年2月の発表によれば、『グランド・セフト・オートⅤ』（2013年）は1億2,000万本以上売れている。オンライン版だけでも、最初の4年間で10億ドル（約1,099億7,350万円）以上を売り上げた。

キャストが最も多いビデオゲーム

『レッド・デッド・リデンプション2』（ロックスターゲームス、2018年）には、1,200人の俳優が登場する。

プラチナトロフィー獲得最多

PSNプロファイルズによれば、2020年3月17日現在、18万2,420人がPS4版の『インファマス セカンドサン』（サッカーパンチプロダクションズ、2014年）のプレイでプラチナトロフィーを獲得した。このバーチャルな賞を得るには、少なくともゲームを2回クリアしなければならず、それには20時間ぐらいかかる。

英国アカデミー賞に最多ノミネートされたビデオゲーム（単年）

2020年、英国アカデミー賞ゲーム部門で、『デス・ストランディング』（コジマプロダクション、2019年、上写真上）と『コントロール』（レメディエンターテインメント、2019年、上写真下）が11部門にノミネート。ライブ配信された4月2日の授賞式では、前者が技術賞を受賞した。

セーブ機能のある最初のコンソールビデオゲーム

ファミコンの名作『ゼルダの伝説』（1987年）のNES版は、電池式メモリーチップ内蔵のカセットを起用した、最初のゲームだ。そのためゲーム機本体の電源を切っても、ゲームの状態をセーブできる。

最も評価が高いビデオゲーム

1998年、NINTENDO64用に発売された『ゼルダの伝説 時のオカリナ』は、レビュー収集サイトのメタクリティックで唯一、99のスコアを取得しているビデオゲームだ。壮大な物語が、美しい3Dグラフィックスと融合している。情報サイトのIGNは「このゲームはアクションRPGというジャンルを築くだろう」と予測していた。

キックスターターで集めたビデオゲーム支援金最高額

アクションRPGシリーズ『シェンムー』の開発は2作品発売後の2001年に休止。『シェ

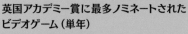

『時のオカリナ』はゲームキューブ（2002年）、Wii版バーチャルコンソール（2007年）、3DS（2011年）用にリマスターされた。

プラットフォームゲーム

Steamで最も評価が高いプラットフォームゲーム

『テラリア』（リ・ロジック、2011年）は2Dのブロック積みゲームで、戦闘やプラットフォームゲームの要素もある。steamdb.infoによれば、2020年3月23日現在のスコアは96.77％。好意的な評価は42万5,831件ある。

ストーリーを伝えるカットシーンを用いた最初のビデオゲーム

京都府の宮本茂がデザインしたオリジナルのアーケードゲーム版『ドンキーコング』は、1981年7月に任天堂から発売。

最初のディズニーの プラットフォームゲーム

横スクロールする『ミッキーマウス 不思議の国の大冒険』はアメリカで1987年に発売。これに『わんぱくダック夢冒険』（1989年）、『アイラブミッキーマウス ふしぎのお城大冒険』（1990年）が続いた。

最も幅広く登場する ビデオゲームキャラクター

2020年4月23日現在、マリオはリメイクや再リリースをのぞく、225本のゲームに登場する。35本のプラットフォームゲームに加え、『ドクターマリオ』では医学、『マリオアーティスト ペイントスタジオ』ではアートに取り組んだほか、テニスやカートレースなどのスポーツものも多い。**最も売れているビデオゲームトップ50への最多登場14本**も記録している。

ツイッターで最もフォローされている ビデオゲームキャラクター

2020年4月30日現在、ソニック・ザ・ヘッジホッグの公式ツイッターアカウント（@sonic_hedgehog）のフォロワー数は、585万3,082だ。

『ヨッシークラフトワールド』 最速コンプリート

2020年3月11日現在、日本のスピードランナー "be_be_be_" が、2019年に任天堂から発売された横スクロールゲー

主役として登場するプラットフォームゲーム数最多の キャラクター

2020年3月26日現在、ソニックは41のプラットフォームゲームで主役を務め、マリオより6本多い。初登場は1991年のメガドライブ版『ソニック・ザ・ヘッジホッグ』。2020年には映画『ソニック・ザ・ムービー』が公開された。

十字ボタンをとり入れた 最初のゲームシステム

1981年発売のアーケードゲーム版『ドンキーコング』のコントロールスティックが、1982年発売のゲーム＆ウオッチ版では十字ボタンに変わった。これにより、『ドンキーコング』のようなゲームが家で楽しめるようになった。

ムを2時間20分57秒でコンプリートした。

最もクロスオーバーキャラクターが多い プラットフォームゲーム

インディーのプラットフォームゲーム『スーパーミートボーイ』（チーム・ミート、2010年）には、『ハーフライフ』（バルブ・コーポレーション、1998年）、『ブレイド』（ナンバー・ナン、2008年）、『グーの惑星』（2Dボーイ、2008年）、『マインクラフト』（モージャン、2011年）ほか、さまざまなゲームシリーズから18のキャラクターがカメオ出演。インディーゲームの開発者たちが連携したことで、大ヒットにつながった。2021年にはミートボーイとバンデージガールが、続編『スーパーミートボーイフォーエバー』で戻ってくる予定だ。

スポーツ

Twitchチャンネルが最も多いスポーツビデオゲーム

2019年9月6日、『NBA 2K20』(2K Sports)は3,029のTwitchチャンネルで同時にストリーミングされた。2020年4月7日現在、出荷数は9,000万本で、VGチャーツによれば最も売れているバスケットボールのゲームでもある。

最も売れているアメリカン・フットボールのビデオゲームシリーズ

2020年3月9日現在、EAの『マッデンNFL』シリーズの出荷数は1億3,000万本。1作目の『ジョン・マッデン・フットボール』は1988年6月1日に登場。最新作『マッデンNFL 20』は1作目から31年と62日後の2019年8月2日に発売され、最も長く続くスポーツビデオゲームシリーズの記録も達成した。

最も評価が高いスポーツビデオゲーム

PlayStation版『トニーホーク プロスケーター2』(アクティビジョン、2000年)のメタクリティックのスコアは98。

最も売れているスポーツビデオゲーム

2006年に任天堂から発売された『Wiiスポーツ』の2020年4月7日現在の出荷数は、8,288万本だ。

最も売れているスポーツビデオゲームシリーズ

2020年4月7日現在、EAの『FIFA』シリーズの売り上げ本数は2億8,240万本。

最もランキングが高い『FIFA 20』eスポーツ選手は"Fnatic Tekkz"、本名ドノヴァン・ハント(イギリス)で、2020年3月9日現在、Xbox版で5,420ポイントを獲得している。

最も長い『FIFA』プレイ時間

クリス・クック(イギリス)は2014年11月5〜7日、イギリス、ロンドンで48時間49分41秒、氷水で手を冷やしながら『FIFA 15』(EAカナダ、2014年)を続けた。

最も評価が高いフィットネスビデオゲーム

2020年3月9日現在、『リングフィット アドベンチャー』(任天堂、2019年)のメタクリティックのスコアは83。リングコンとレッグバンドを用いるアクションRPGだ。

24時間での『FIFA 20』のFUTドラフトモード最多勝利

ブランドン・スミス(イギリス)はイギリス、ウエストサセックス州チチェスターで2020年3月16〜17日の24時間で63勝した。全試合に勝ち、全15ドラフトを獲得。そのようすはチャリティ募金のために生配信された。

最初の公式ワールドカップサッカーゲーム

1986年、US Goldが開発した『ワールドカップ・カーニバル』が発売された。

最も長く続く競馬ビデオゲームシリーズ

2020年3月12日、『ウイニングポスト9 2020』(コーエーテクモ)が、1作目から26年と289日後に登場した。

『マッデンNFL 20』のカバーを飾っているのは、第54回スーパーボウルでMVPに選ばれたパトリック・マホームズだ。

『フットボールマネージャー』の最も長いシングルゲーム

2019年9月25日、セップ・ヘーデル(ドイツ)が『フットボールマネージャー2017』(スポーツインタラクティブ、2016年)で333シーズンを完了。獲得トロフィー数は729、リーグタイトル数は258。1万5,678試合中1万1,217勝し、4万2,672回ゴールをした。

対戦

ライセンスの問題で、キャラクターの多くが日本、メキシコ、アメリカの実在レスラーに似せたものになっている。

格闘ゲームでの最初の隠れキャラクター
『モータルコンバット』（ミッドウェイ、1992年）にレプタイルという隠れキャラが登場。

ギネスワールドレコーズによる『ロケットリーグ』"バウンシング・ショット・チャレンジ"最速コンプリート
『ロケットリーグ』(Psyonix、2015年) はカーレースとサッカーをかけ合わせたゲームで、記録更新者たちのお気に入りのため、彼ら

最も売れているレーシングビデオゲームシリーズ
2020年3月2日現在、EAの『ニード・フォー・スピード』シリーズの出荷数は1億5,000万本。1994年の1作目から2019年発売の最新作『ニード・フォー・スピード ヒート』まで全24タイトルあり、**最も多作のレーシングビデオゲームシリーズ**でもある。

最も評価が高い格闘ビデオゲーム
2020年3月3日現在、ドリームキャスト版『ソウルキャリバー』（ナムコ、1999年）のメタクリティックスコアは98だ。武器による3D対戦型格闘ゲームで、**最も評価が高いドリームキャストのゲーム**でもある。

最も多作の対戦型格闘ビデオゲームシリーズ
1987年のオリジナル版の発売以来、177本の『ストリートファイター』が出ている。

『ストリートファイターV』プレイヤーでの歴代最高ランク
2020年3月4日現在、"ときど"、本名谷口一の2016年発売の『ストリートファイターV』での通算スコアは33万5,813。

登録キャラクターが最も多い格闘ゲーム
『ファ・イプロ・リターンズ』（スパイク・チュンソフト、2005年）には327人のキャラクターが登録されている。

単一トーナメントでのeスポーツ賞金総額最多
『Dota2』の世界大会、The International Dota2 Championships 2019の賞金総額は3,433万68ドル（約37億4,231万円）。ゲーム内課金が加算されたおかげで、もとの160万ドル（約1億7,441万円）から高額に跳ね上がった。会場は中国、上海のメルセデス・ベンツ・アリーナで、2019年8月20～25日に開催された。

の反射神経を試そうと、ギネスワールドレコーズが独自にゲーム内記録を設定。イマニュエル・サンパス（インド）は2019年11月19日、アラブ首長国連邦、ドバイのWAFIモールで "バウンシング・ショット・チャレンジ"を59秒39で終えた。

最も売れている対戦型格闘ビデオゲーム
2020年3月3日現在、『大乱闘スマッシュブラザーズ SPECIAL』（任天堂、2018年）の出荷数は1,768万本。『スーパーマリオ』や『ゼルダの伝説』などのキャラが登場するクロスオーバー作品だ。
最高ランクのプレイヤーは "MkLeo"、本名レオナルド・ロペス・ペレス（メキシコ、下写真）。

『大乱闘スマッシュブラザーズ』シリーズに、1997年発売のNINTENDO64版『ゴールデンアイ 007』の3Dジェームズ・ボンドは、権利の問題で登場しない。

クリエイティブ

ン：インポッシブル」が得た星の数は41万3,323個。

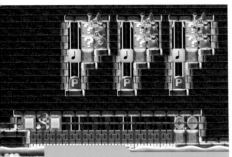

『スーパーマリオメーカー』で最もクリア率が低いコース

『スーパーマリオメーカー』は2015年に登場した任天堂のゲーム作成システムで、プレイヤーがコースをつくって共有できる。2020年2月28日現在、『スーパーマリオメーカー』で最もクリア率が低いステージは、2018年10月29日に"Phenotype"（ニュージーランド）が投稿した「ラッキードロー」で、クリアされたのは1,956万9,423回中、35回のみだ。

『スーパーマリオメーカー』のクリアチェックにかけた最長時間

自分でつくった『スーパーマリオメーカー』のコースをシェアするには、攻略できるかを作り手が示す必要がある。"ChainChompBraden"、本名ブレイデン・ムーア（カナダ）が「トライアルズ・オブ・デス」をつくりはじめたのは2016年1月。すでに2,979時間以上（124日相当！）費やした今も、クリアできていない。

星の数が最も多い『スーパーマリオメーカー』のコース

"MK8"（アメリカ）がつくった「ミッショ

『RPGツクール』を使って制作された最も評価が高いビデオゲーム

2020年3月25日現在、「Rakuen」（2017年）のメタクリティックのスコアは100点満点中84点。シンガーソングライターの鴨原ローラ（日本／アメリカ）が初心者向けゲーム制作ソフト『RPGツクール』でつくった。

最も"いいね！"が多い『ドリームユニバース』作品

2020年2月11日に登場した「アーツ・ドリーム」はインタラクティブな映画のような作品で、2020年2月28日現在、5万2,281"いい

最も売れているビデオゲーム

マイクロソフトの2019年5月の発表によれば、『マインクラフト』は2011年の発売以来、1億7,600万本売れている。これに加え、中国では無料配布されており、ダウンロード数は推定2億回。2019年9月現在、『マインクラフト』の月あたりのアクティブユーザー数は1億1,200万人だ。

『マインクラフト』でつくった最も大きいピクセルアート

"Mysticlloyd"、本名ロイド・ハンコック（オーストラリア）は、『FAIRY TAIL』の魔法使いナツ・ドラグニルのイメージ画を、『マインクラフト』のブロック198万8,532個でつくりあげた。

ね！"を取得している。『ドリームユニバース』はゲーム制作共有プラットフォームで、1点もののキャラクターモデルの制作もできる。最も支持されたキャラクターモデルは"icecreamcheese"が制作した「メカホエール」で、2020年3月25日現在、6,244"いいね！"を取得している。

2020年春、自主隔離中の学生たちが『マインクラフト』を使って休校中の学校をつくったり、バーチャル卒業式を開いたりした。

最も訪問者が多い『ロブロックス』でつくられたビデオゲーム

『ロブロックス』は大規模多人数参加型オンライン（MMO）ゲーム／サンドボックス型ビデオゲームで、ユーザーが作成したゲームをほかの人がプレイできる。2020年2月27日現在、"alexnewtron"が作成した「ミープシティ」の訪問者数は50億5,006万1,127。

*表記がない限り、数値はすべて2020年3月2日現在

パズル

最もスピードランが多い
パズルビデオゲーム

2020年2月28日現在、Speedrun.comに提出された『ポータル』(バルブ、2007年)のラン数は5,171。

Steamでの戦略ゲームの
最多同時プレイヤー数

2019年5月26日、19万2,298人のゲーマーが『トータルウォー：スリーキングダムス』(セガ、2019年)を同時にプレイした。

最初のオートチェス・ビデオゲーム

オートチェスでは、プレイヤーは軍団をそろえ、格子状の戦場で戦う。『ドタオートチェス』はもともと、『ディフェンス・オブ・ジ・エンシェンツ2（Dota 2）』のMODのひとつとして開発され、2019年1月に登場した。

英国アカデミー賞を獲得した
最初のパズルビデオゲーム

Nintendo DSの『脳を鍛える大人のDSトレーニング』は、2006年の英国アカデミー賞ゲーム部門のイノベーション賞を受賞した。プレイヤーの知力を試すゲームだ。

最も多作のパズルゲーム・シリーズ

アレクセイ・パジトノフが開発したパズルゲーム『テトリス』。テトリス社は2017年2月1日、約220のライセンスされた公式ゲームが存在すると明らかにした。

最初のコンソールVRパズルゲーム

2016年10月13日、PlayStation VR版『完全爆弾解除マニュアル：Keep Talking and Nobody Explodes』が発売された。

パズルビデオゲームをもとにした
最初の映画

2009年12月19日、ゲーム『レイトン教授』シリーズがもとになっているアニメ映画『レイトン教授と永遠の歌姫』が公開された。レイトン教授と自称一番弟子のルーク少年が、「永遠の命」の謎を解き明かす冒険物語だ。

最年少の
テトリス世界王者

ジョセフ・セーリー（アメリカ）は2018年10月21日、クラシック・テトリス世界選手権を16歳で優勝した。

ジョセフは2019年12月28日、NES『テトリス』（NTSC版）最高スコアの135万7,428も記録している。

単一の対戦パズルビデオゲームマッチでの
最多プレイヤー数

2019年2月13日に配信されたNintendo Switchの『テトリス99』は、『テトリス』を総勢99人のゲーマーで同時にプレイする、バトルロイヤル形式のゲームだ。列をそろえると、対戦相手を攻撃することができる。

シューティングゲーム

『オーバーウォッチ』世界大会最多優勝
韓国は2016年、2017年、2018年の3回優勝している。2019年は準決勝でアメリカに敗退した。

Twitchチャンネル最多のビデオゲーム
2019年2月2日のピーク時、『フォートナイト バトルロイヤル』（エピックゲームス、2017年）のTwitchチャンネル数は6万6,600あった。

Twitchで1日に視聴されたビデオゲームの最多時間
2020年4月7日現在、発売前の『ヴァロラント』（ライアットゲームズ）ベータテスト版がTwitchで3,400万時間視聴された。プレイ中の有名ストリーマーたちが視聴者へアクセスキーを発行できるようにしたためだ。

最初のFPS（ファーストパーソン・シューター）
『メイズ・ウォー』はアメリカ、カリフォルニア州のNASAエイムズ研究センターで1973年に開発された。

最も売れているFPS
2020年3月9日現在、『カウンターストライク：グローバルオフェンシブ』（バルブ）の出荷数は4,000万本だ。

最も評価が高いFPS
2020年3月31日現在、『メトロイドプライム』（レトロスタジオ/任天堂、2002年）、『パーフェクトダーク』（レア、2000年）、『ヘイロー コンバット エボルヴ』（バンジー、2001年）のメタクリティックのスコアは97。評論家レビュー数最多は『メトロイドプライム』（上写真）の70件だ。

『フォートナイト バトルロイヤル』最多勝利
"Mixer Ship"（アメリカ）は2020年4月1日現在、1万4,540勝している。総マッチ数は3万2,774で、勝率は44.3％。この射撃の名手はこれまでに173日16時間58分を『フォートナイト』に費やしており、19万7,943人もの敵を倒した。

『カウンターストライク：グローバルオフェンシブ』の生涯獲得賞金最高額*
176万4,521ドル（約1億9,044万4,700円）を、"Xyp9x"、本名アンドレアス・ホイスレス（デンマーク）が達成。
*出典：esportsearnings.com／2020年4月29日現在

『オーバーウォッチ』リーグ初の女性
"Geguri"、本名キム・セヨン（韓国）は2018年2月に、上海ドラゴンズに加入。『オーバーウォッチ』（ブリザード、2016年）でタンク（盾役）のヒーローの「ザリア」として活躍した。『タイム』誌は2019年、キムをeスポーツ界を牽引する「次世代リーダー」のひとりに選んだ。

最も売れているFPSシリーズ
2020年2月4日、VGチャーツによればアクティビジョン・ブリザードの『コール オブ デューティ』シリーズの総出荷数は3億本に達したことがわかった。2003年の発売から、戦いの場は第二次世界大戦から宇宙にまで広がっている。『コール オブ デューティ』は**最も多作のFPSシリーズ**でもあり、29タイトルが発売された（追加コンテンツや拡張パックはのぞく）。
2020年、バトルロイヤル形式の『コール オブ デューティ ウォーゾーン』（左写真）がシリーズに加わった。

ロールプレイングゲーム（RPG）

日後の2019年9月27日、『ドラゴンクエストXI 過ぎ去りし時を求めてS』（スクウェア・エニックス）が発売された。

最も多作のRPGシリーズ

『ファイナルファンタジー』シリーズ（スクウェア・エニックス、1987年〜現在）のタイトル数は61ある。

『バテン・カイトス 終わらない翼と失われた海』最速完全コンプリート

2016年12月24日、"Baffan"は2003年発売のこのナムコのゲームを341時間20分3秒でコンプリート。全アイテム、全クエストを制覇した。

最も評価が高いRPG

2020年3月6日現在、Xbox 360版『マスエフェクト2』（バイオウェア、2010年）の98本のレビューをもとにしたメタクリティックのスコアは96。アクション満載のこのRPGは、スミソニアン・アメリカ美術館で2012年に開催された展覧会「アート・オブ・ビデオゲーム」にも登場した。

最も売れているMMOビデオゲーム

2020年3月5日現在、大規模多人数参加型オンライン（MMO）ゲーム『ワールド オブ ウォークラフト』（ブリザード・エンターテイメント、2004年）は3,690万本売れた。
『ワールド オブ ウォークラフト』はTwitchチャンネル最多のRPGでもあり、2019年8月26日のピーク時で1万9,080あった。

最も売れているシミュレーションRPG

2020年3月5日現在、『ファイアーエムブレムif』（インテリジェントシステムズ、2015年）は294万本売れている。

最も長く続くRPGシリーズ

シリーズ第1作目の『ドラゴンクエスト』が発売された1986年5月27日から33年123

最も売れているRPGシリーズ

VGチャーツによれば2020年3月5日現在、『ポケットモンスター』シリーズの売上数は2億9,587万本。これはRPGのみで、スピンオフ作品は含まれない。スマートフォン向けゲームの『ポケモンGO』（2016年）は10億回以上ダウンロードされている。1作目の『ポケットモンスター 赤・緑・青』（ゲームフリーク、1996年）は最も売れているRPGで、3,138万本売れた。

ゴールデンジョイスティックアワード最多受賞のビデオゲーム

CD Projekt REDのアクションRPG『ウィッチャー3 ワイルドハント』（2015年）は、歴史あるイギリスのゲーム賞で7つのトロフィーを獲得。2013年と2014年にモーストウォンテッド賞、2015年にはベストストーリーテリング賞、ベストビジュアルデザイン賞などを受賞している。

『ポケットモンスター』関連商品などの累計売上げは推定950億ドル（約10兆1,927億2,100万円）で、『スター・ウォーズ』を超えている！

殿堂入り：ジェイデン・アッシュマン

ジェイデン・アッシュマン

子どもたちは、ゲームばかりするなといわれがちだ。「同時間も画面に向かって将来なんの役にも立たない」と注意されても、と。

でも、ジェイデン・アッシュマンには役に立ったようだ！

"Wolfiez"ことイギリスのゲーマー、ジェイデンは毎日10時間を費やして『フォートナイト』の技を磨いた。2019年7月27日にアメリカのデュオ部門でアメリカ、ニューヨーク市で開催されたフォートナイト・ワールドカップにデュオ（プレイヤー名"Rojo"）と参加して、準優勝した。225万ドル（約2億4527万1,800円）で1度のeスポーツ・トーナメントで100万ドルを稼いだ史上最年少ゲーマーになったのだ。

そんなジェイデンだが、実はあやらくのイスに食べられていたちほど。ジェイデンのアメリカ行きのビザ申請書が遅れたのだ。出生証明をペットのイスに食べられたため、ジェイデンのアメリカ行きのビザ申請書が遅れたのだ。

昔はいい争いになっていたこともあったが、ジェイデンのプロになるとこうだった。今では息子がeスポーツのカリキュラムに賛成している。ふたりはテレビに出演し、ジェイデン母親リサは、ふたりでテレビに出演したほど。ジェイデン母親リサは、eスポーツ・チームをビリスのラザルスと契約し、毎年6万6,000ドル（約719万4,600円）に近い報酬を得られるようになったものだから、納得ずくだ。

1：ジェイデンと、ギネス世界記録の認定証を手にする母親のリサ。
2：チーム・ラザルスの仲間デイヴ "Rojo"、ヨーダン、"Crimz"、ヘル。（写真左）とジェイデン。（写真右）
3：フォートナイト・ワールドカップが開催されたニューヨーク市のアーサー・アッシュ・スタジアム。参加者に耳トに参加したため、ニューヨーク市のトロフィーの大きさをまざまざといってしてジェイデン。4：銀のトロフィーが大きさをまざまざとしてジェイデンでは歓声が配られた！5：記録を達成したゲームに集中するジェイデン。

「フォートナイト」のオールテレインカートにはシーズン4に初登場し、チーム4人が座れる。

ジェイデンはゲーム中、マウスではなくXbox Oneのコントローラーを使ったことでとくに注目された（一般的にはマウスのほうが精度が高いとされている）。世界中のコントローラープレイヤーが、オンラインでジェイデンを称賛した。

ゲームの殿堂入りの記録をチェック！
www.guinnessworldrecords.
jp/2021

レインボーズ・マッシュコのツルハシは「フォートナイト」に登場する最も高価な収集ツールのひとつで、ジェイデンが手にしているのはレプリカだ。

RESPAWN

WOLFIEZ

RESPAWN

100 | 100

ポップカルチャー

ライオンキング

トニー賞を受賞しているジュリー・テイモアが演出する、ディズニー・シアトリカル・プロダクションズのミュージカル『ライオンキング』は、**最高興行収入のミュージカルであるだけでなく、興行史上最も成功した単一のエンターテインメント作品**でもあり、その額は91億ドル（約9,763億5,538万円）以上。ブロードウェイと海外プロダクション（右写真はロンドンのキャスト）に、各地のツアーを加えた総売り上げだ。

2020年3月1日現在、ブロードウェイだけで16億8,038万9,582ドル（約1,802億9,202万2,900円）を売り上げており、1997年10月のプレビュー以来、**最も成功したブロードウェイミュージカルであり、史上最も成功したブロードウェイ作品**でもある。

ミュージカル版の脚本はロジャー・アラーズとアイリーン・メッキ、作曲はエルトン・ジョン、作詞はティム・ライスほかが担当。

目次

原題の"ザ・キング・オブ・ザ・ジャングル"から現在のタイトルに変わった理由は、ライオンはジャングルにいないからだ！

映画

最高興行収入の映画シリーズ（平均）

『アベンジャーズ』シリーズ（アメリカ、2012～19年）4作の総興行収入は77億6,798万7,269ドル（約8,334億4,988万1,200円）で、1作ごとの平均興行収入は19億4,000万ドル（約2,081億4,822万6,000円）。

最も成功している
スポーツ映画フランチャイズ

『ロッキー』（1976年）、『ロッキー2』（1979年）、『ロッキー3』（1982年）、『ロッキー4／炎の友情』（1985年）、『ロッキー5／最後のドラマ』（1990年）、『ロッキー・ザ・ファイナル』（2006年）、『クリード チャンプを継ぐ男』（2015年）、『クリード 炎の宿敵』（すべてアメリカ、2018年）の2020年3月1日現在の世界興行収入は15億1,393万9,512ドル（約1,624億3,496万円）。

オスカー最多ノミネートの存命人物

2020年1月13日現在、作曲家ジョン・ウィリアムズ（アメリカ）はアカデミー賞で52回ノミネートされ、受賞は5回。初ノミネートは1968年の『哀愁の花びら』（アメリカ、1967年）だった。

最高興行収入の主演男優

ロバート・ダウニー・Jr.（アメリカ）が主演した29作の世界総興行収入は、143億8,070万8,898ドル（約1兆5,429億4,796万1,700円）。

アベンジャーズの仲間のスカーレット・ヨハンソン（アメリカ）は**最高興行収入の主演女優**で、主演した16作の世界総興行収入は136億8,598万8,403ドル（約1兆4,684億938万5,100円）。

最も利益を生む主要脇役男優

The-Numbers.com が採用する、映画関係者が映画にもたらす金銭的価値をランクづけする "バンカビリティ・インデックス" によれば、主要脇役男優1位はクリス・エヴァンス（アメリカ）で、1作ごとの利益は737万1,537ドル（約7億9,090万5,400円）。ほかの部門は以下のとおりで、多くの場合、映画の興行成績と一致する。

最も利益を生む

男優	トム・クルーズ（アメリカ）	2,218万6,586ドル（約23億9,459万8,200円）
女優	エマ・ワトソン（イギリス）	1,015万8,997ドル（約10億9,646万500円）
助演男優	ジョン・ファヴロー（アメリカ）	1,409万2,784ドル（約15億2,103万4,100円）
助演女優	ロビン・ライト（アメリカ）	743万6,541ドル（約8億262万5,800円）
主要脇役女優	スカーレット・ヨハンソン（アメリカ）	848万4,169ドル（約9億1,569万6,300円）
監督	ザック・スナイダー（アメリカ）	1,401万1,010ドル（約15億1,220万8,300円）
プロデューサー	キャスリーン・ケネディ（アメリカ）	1,564万3,296ドル（約16億8,838万900円）
作曲家	アラン・シルヴェストリ（アメリカ）	1,103万6,356ドル（約11億9,115万3,900円）

数値はすべて2020年4月1日現在

最高興行収入のR指定映画

ホアキン・フェニックス主演『ジョーカー』（アメリカ、2019年）の2019年11月25日までの世界興行収入は、10億3,573万1,813ドル（約1,111億2,666万9,800円）。興行収入が10億ドルに達した最初のR指定映画でもあり、2019年11月16～17日の週末に達成した。コメディアンから狂気の悪役へと堕落するバットマンの宿敵ジョーカーの誕生を描いた。アラン・ムーアとブライアン・ボランドによるグラフィックノベル『バットマン：キリングジョーク』（1988年）の一部がもとになっている。

ビデオゲームをもとにした
最高興行収入の映画

2020年4月20日現在、『名探偵ピカチュウ』（アメリカ／日本／イギリス／カナダ、2019年）の世界興行収入は4億3,300万5,346ドル（約464億5,839万9,200円）。同作は最初の実写版ポケモン映画でもあり、ライアン・レイノルズが探偵ピカチュウの声を演じた。

興行収入出典:The-Numbers.com
表記がない限り、すべて2020年3月31日現在

ホアキン・フェニックスは2020年のアカデミー賞で初の主演男優賞を受賞。英国アカデミー賞、ゴールデングローブ賞、全米映画俳優組合賞も受賞した。

オスカー最多ノミネート監督（存命）

2020年、マーティン・スコセッシ（アメリカ）は『アイリッシュマン』（アメリカ、2019年）で9度目のノミネートをはたした。

歴代**最多ノミネート監督**はウィリアム・ワイラー（ドイツ/スイス、1902〜81年）で12回。**アカデミー賞最多受賞監督**はジョン・フォード（アメリカ、1894〜1973年）で4回。

アカデミー賞最多受賞の外国語映画

『ファニーとアレクサンデル』（スウェーデン、1982年）、『グリーン・デスティニー』（台湾、2000年）、『パラサイト 半地下の家族』（韓国、2019年）がそれぞれ4部門で受賞。

最高興行収入の男優（助演）

ワーウィック・デイヴィス（イギリス）が助演を務める映画の総興行収入は、145億2,995万5,906ドル（約1兆5,589億6,110万6,000円）。デイヴィスは大ヒット作『ハリー・ポッター』や『スター・ウォーズ』の映画にも出演している。

最高興行収入の映画

『アベンジャーズ』シリーズ4作目で、マーベル・シネマティック・ユニバース22作目の『アベンジャーズ／エンドゲーム』（アメリカ、2019年）の興行収入は27億9,780万564ドル（約3,001億8,413万6,100円）。世界興行収入が20億ドルを超えたほかの映画には『スター・ウォーズ／フォースの覚醒』（アメリカ、2015年）などがある。

最高興行収入のスパイ映画シリーズ

『007 ドクター・ノオ』（イギリス、1962年）から『007 スペクター』（イギリス/アメリカ、2015年）まで、『007』シリーズ26作の世界興行収入は71億1,967万4,009ドル（約7,638億9,047万1,400円）。新作『007 ノー・タイム・トゥ・ダイ』（上写真）は2020年11月の公開予定。

『007』シリーズ興行収入トップ007

スカイフォール（2012年）	11億1,052万6,981ドル
スペクター（2015年）	8億7,962万923ドル
カジノ・ロワイヤル（2006年）	5億9,442万283ドル
慰めの報酬（2008年）	5億9,169万2,078ドル
ダイ・アナザー・デイ（2002年）	4億3,194万2,139ドル
ワールド・イズ・ノット・イナフ（1999年）	3億6,173万660ドル
ゴールデンアイ（1995年）	3億5,642万9,941ドル

出典：The-Numbers.com。すべてイギリス/アメリカ。数値はインフレ未調整

アカデミー賞で国際長編映画賞と作品賞を受賞した最初の映画

2020年2月9日、『パラサイト 半地下の家族』（韓国、2019年）がアメリカ、カリフォルニア州ロサンゼルスで開催されたアカデミー賞で受賞。ポン・ジュノ（右中写真）監督によるブラックコメディ/スリラー作品で、生活に困窮する一家が裕福な一家に使用人として侵入する物語をとおして、韓国の格差社会を描く。出演者は左からチェ・ウシク、ソン・ガンホ、チャン・ヘジン、パク・ソダム。

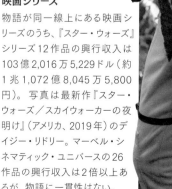

最高興行収入の映画シリーズ

物語が同一線上にある映画シリーズのうち、『スター・ウォーズ』シリーズ12作品の興行収入は103億2,016万5,229ドル（約1兆1,072億8,045万5,800円）。写真は最新作『スター・ウォーズ／スカイウォーカーの夜明け』（アメリカ、2019年）のデイジー・リドリー。マーベル・シネマティック・ユニバースの26作品の興行収入は2倍以上あるが、物語に一貫性はない。

アニメーション映画

アカデミー賞生涯最多受賞

ウォルト・ディズニー（アメリカ）は1932〜69年に、26のアカデミー賞を受賞。**アカデミー賞最多ノミネート**の64も記録している。

アカデミー賞作品賞にノミネートされた最初のアニメーション映画

1992年、ディズニーの『美女と野獣』（アメリカ、1991年）が、長編アニメ映画で初めてアカデミー賞作品賞にノミネートされた。

アカデミー賞外国語映画賞にノミネートされた最初のアニメーション映画

『戦場でワルツを』（イスラエル／ドイツ／フ

最高興行収入のリメイク映画

2019年に公開された、ジョン・ファヴローによるディズニーの『ライオン・キング』（アメリカ、1994年、下画像）のリメイク作の興行収入は、16億5,631万3,097ドル（約1,805億5,419万3,800円）。ほとんどのシーンが、アニメーターたちによってデジタルで制作された。

アカデミー賞を受賞した最初の日本アニメ映画

『千と千尋の神隠し』（2001年）は、2003年3月23日、アカデミー賞長編アニメーション賞を受賞した。2020年1月7日現在、**最高興行収入の日本アニメ映画**は新海誠脚本・監督のロマンチックファンタジー『君の名は。』（2016年）で、その額は3億5,988万9,749ドル（約386億8,900万1,300円）。

ランス／アメリカ、2008年）が2009年にノミネートされた。

最も賞を獲得したアニメーション短編映画

2018年12月31日現在、ペドロ・ソリス・ガルシア（スペイン）脚本・監督作『Cuerdas』（スペイン、2014年）は384もの賞を授与されている。

公開規模最大の映画（公開初週末）

2019年7月19日、ディズニーのリメイク作『ライオン・キング』はアメリカとカナダの

最も高価なカラーのセル画

1999年、『ミッキーの大演奏会』（アメリカ、1935年）の手描きセル画が、42万ドル（約4,784万800円）で売買された。**最も高価な白黒のセル画**は『ミッキーの芝居見物』（アメリカ、1934年）の1枚。1989年5月16日、アメリカ、ニューヨーク市のクリスティーズで、28万6,000ドル（約3,945万7,800円）で落札された。

最高興行収入のアニメーション映画シリーズ

2020年1月現在、『怪盗グルー』シリーズ4作の世界興行収入は37億1,374万2,291ドル（約3,984億5,409万5,100円）。最も成功した作品は『ミニオンズ』（アメリカ、2015年）で11億6,033万6,173ドル（約1,404億5,173万1,700円）。シリーズ5作目も公開予定だ。

10億ドルの興行収入に達した最初のアニメーション映画

2010年6月公開の『トイ・ストーリー3』（アメリカ）は、同年12月までの6カ月間で世界興行収入10億6,317万1,911ドル（約933億2,512万4,000円）を記録。
『トイ・ストーリー』（アメリカ、1995年）は**最初の長編CGアニメーション映画**。1時間21分とシリーズ最短だ。

出典：The Numbers.com。表記がない限り、数値はすべて2020年1月7日現在

最初のアニメーション映画
ヴィタグラフの『ザ・ハンプティ・ダンプティ・サーカス』（アメリカ、1897年）は同社の共同創設者アルバート・E・スミス（アメリカ、イギリス生まれ）が製作。娘のおもちゃを使い、曲芸師や動物の位置を少しずつ変えたストップモーションで撮影した。

最もスピンオフ映画が多いビデオゲームシリーズ
1996年に誕生して以来、任天堂の『ポケットモンスター』に関連した長編アニメ映画が2020年1月7日現在、22本制作されている。2020年冬に新作『劇場版ポケットモンスター ココ』が公開予定。ライアン・レイノルズ主演の2019年の『名探偵ピカチュウ』（アメリカ/日本/イギリス/カナダ）は、**最初の実写版ポケモン映画**だ。

キャラクター名のハンス、クリストフ、アナ、スヴェンは、『雪の女王』の作者ハンス・クリスチャン・アンデルセンの名前からとっている。

4,725の映画館で初公開された。

興行収入が最速で10億ドルに達したアニメーション映画（アメリカ国内）
ピクサーの『インクレディブル・ファミリー』（アメリカ、2018年）のアメリカでの興行収入は、47日で10億ドル（約1,104億2,320万円）に達した。この作品は**最高興行収入のオリジナル・アニメーション**でもあり、その金額は12億4,280万5,359ドル（約1,333億4,282万4,000円）。

最高興行収入のストップモーション・アニメーション映画
『チキンラン』（アメリカ/イギリス/フランス、2000年）のこれまでの世界興行収入は、2億2,779万3,915ドル（約244億4,041万9,100円）。

最も長いディズニーのアニメーション映画
ウォルト・ディズニーの『ファンタジア』（アメリカ、1940年）は124分で、58本あるディズニー・スタジオのアニメーション映画で最も長く、2時間を超えるのはこの作品だけだ。当時としては大がかりな作品で、今ではアニメーションの金字塔として知られている。

最高興行収入のアニメーション映画
『アナと雪の女王2』（アメリカ、2019年、上画像）の興行収入は13億2,478万8,837ドル（約1,421億3,897万8,900円）。**公開初週末の最高興行収入アニメーション映画**で、11月22〜24日の興行収入は3億5,820万ドル（約419億9,053万6,400円）。『アナと雪の女王』（アメリカ、2013年）はジェニファー・リー（アメリカ）による、**10億ドルの興行収入に達した初の女性監督映画**になった。

映画関連品

オークションで落札された最も高額な*小道具、衣装、ポスター、台本に、今すぐ入札を。

*バイヤー手数料込み

ロット1：アコーディオンプリーツの ホルターネックドレス
最も高額な映画衣装
マリリン・モンローの『七年目の浮気』（アメリカ、1955年）の衣装。2011年6月18日、アメリカ、カリフォルニア州で落札された。
552万ドル（約4億4,053万4,600円）

ロット2：アクリルパネル、フレーム、 250個の電球
最も高額な映画のセット
ジョン・トラボルタが『サタデー・ナイト・フィーバー』（アメリカ、1977年）で踊った7.3×5mの台。2017年6月27日、アメリカ、カリフォルニア州で落札された。
120万ドル（約1億3,459万9,300円）

ロット3：人毛ウィッグつきのライオンの 毛皮衣装
最も高額な『オズの魔法使』関連品
バート・ラーが『オズの魔法使』（アメリカ、1939年）で着た衣装。アメリカ、ニューヨーク市で2014年11月24日に落札された。
310万ドル（約3億2,842万8,800円）

ロット4：青字の書きこみが入った140ページの台本。本の隅が一部折れたり、破れたりしている
最も高額な映画の台本
オードリー・ヘプバーンが『ティファニーで朝食を』（アメリカ、1961年）の撮影で使用した台本。イギリス、ロンドンで2017年9月27日、ティファニーによって落札された。
85万1,515ドル（約9,551万1,100円）

ロット5：中古車。不注意な人物が所有
最も高額な『007』関連品
ショーン・コネリー主演作でつくられた1965アストンマーティンDB5。2019年8月15日、アメリカ、カリフォルニア州で落札された。
638万5,000ドル（約6億9,602万6,900円）

**ロット6：柄が木製の消防斧。
斧の刃はいまだ鋭い
最も高額なホラー映画の小道具**

スタンリー・キューブリック監督作『シャイニング』（イギリス／アメリカ、1980年）で、ジャック・ニコルソンが風呂場のドアを打ち破った斧が2019年10月1日、イギリス、ロンドンで落札された。

21万1,764ドル（約2,308万4,300円）

**ロット7：映画関連品。画鋲の穴あり
最も高額な映画ポスター**

『魔人ドラキュラ』（アメリカ、1931年）のポスター。2017年11月18日、アメリカ、テキサス州で落札された。

52万5,800ドル（約5,897万6,900円）

**ロット8：ラテックスのボディスーツ、
ハロウィンに理想的
最も高額な映画のモンスタースーツ**

リドリー・スコットのSFホラー『エイリアン』（イギリス／アメリカ、1979年）のゼノモーフ・スーツが2007年4月5日、アメリカ、カリフォルニア州で落札された。

12万6,500ドル（約1,489万5,800円）

**ロット9：ファイバーグラスのヘッドピース
最も高額な映画のマスク**

俳優のデヴィッド・プラウズが『スター・ウォーズ／帝国の逆襲』（アメリカ、1980年）で着用したダース・ベイダーのヘルメット。2019年9月26日、アメリカ、カリフォルニア州で落札された。

115万2,000ドル（約1億2,557万9,100円）

**ロット10：ロボット、回収部品を組み立てたもの
最も高額な『スター・ウォーズ』関連品**

1977年公開の1作目で使用されたR2-D2ドロイドのひとつ。2017年6月28日、カリフォルニアで落札された。

276万ドル（約3億957万8,400円）

**ロット11：特注の非発砲銃
最も高額な映画小道具の武器**

ハリソン・フォード扮するハン・ソロが『スター・ウォーズ／ジェダイの帰還』（アメリカ、1983年）で使用したブラスター銃DL-44。2018年6月23日にアメリカ、ニューヨーク市で落札された。

55万ドル（約6,073万2,700円）

音楽

スポティファイで最もストリーミングされた曲（現在）

2019年6月21日発売のショーン・メンデス（カナダ）とカミラ・カベロ（キューバ/アメリカ）の「セニョリータ」は2019年、スポティファイで10億回以上再生された。2020年2月26日現在、再生回数は12億6,678万3,415回。

歴代の**スポティファイで最もストリーミングされた曲**はエド・シーラン（イギリス）の「シェイプ・オブ・ユー」で、2020年2月20日現在の再生回数は24億2,688万7,308回。

24時間にスポティファイで最もストリーミングされた曲（男性）もエド・シーランの「アイ・ドント・ケア」で、ジャスティン・ビーバー（カナダ）と共演。2019年5月10日に1,097万7,389回再生された。

最速でダイヤモンドディスク認定を受けたアメリカのデジタルシングル

2019年10月22日、ビリー・レイ・サイラス（上写真左）をフィーチャーしたリル・ナズ・X（上写真右、ともにアメリカ）の「オールド・タウン・ロード」リミックスは、リリースされてから200日後に売り上げ1,000万に達し、アメリカレコード協会がダイヤモンドディスクを認定した。

単年でのビルボード・ラテン・ミュージック・アワード最多受賞アーティスト

"レゲトン界のニューキング"の異名で知られるオズナ（本名フアン・カルロス・オズナ・ロサド、プエルトリコ）は、2019年4月25日に開催されたビルボード・ラテン・ミュージック・アワードで、アーティスト・オブ・ザ・イヤーを含む11の賞を受賞。15部門の23の賞にノミネートされていた。

最高年収のミュージシャン（現在）

『フォーブス』誌によれば、テイラー・スウィフト（アメリカ）は、2019年6月1日までの1年間に1億8,500万ドル（約201億6,679万4,500円）の収入を得ている。2018年のツアーはアメリカ史上最高興行収入のツアーで、2億6,610万ドル（約293億8,361万3,500円）を売り上げた。

最も売れたアルバム（単年）

国際レコード産業連盟によれば、2019年6月26日に発売された嵐のベストアルバム『5×20 All the BEST!! 1999-2019』は2019年に330万枚売れた。

全米シングルチャート最多エントリー

2020年3月21日、89位に初登場した「Oprah's Bank Account」で、ドレイク（カナダ）の全米ビルボード・ホット100入りは208曲目になった。『glee/グリー』のキャストによるナンバーも2009～13年に207曲チャートインしており、**全米シングルチャート最多エントリーのグループ**だ。

全米アルバムチャート初登場最多連続1位

2020年2月1日、ラッパーのエミネム（本名マーシャル・ブルーズ・マザーズ3世、アメリカ）の『ミュージック・トゥ・ビー・マーダード・バイ』が全米ビルボード200アルバムチャートで初登場から連続10週間1位に輝いた。これは**全米アルバムチャート最多連続1位**でもある。

スポティファイで最もストリーミングされたアーティスト（現在）

ポスト・マローン（アメリカ）の楽曲は2019年、スポティファイで65億回以上再生された。「ロックスター」「サンフラワー」「ベター・ナウ」「コングラチュレーションズ」の4曲が10億回以上再生され、2020年2月20日現在、「ロックスター」と「サンフラワー」は**スポティファイで最もストリーミングされた曲**の2位と8位。

ポスト・マローンの指にはエルヴィス・プレスリー、ジョン・レノン、カート・コバーンらの顔のタトゥが入っている。

ビルボード・ホット100入りした 最も長い曲

2019年8月17日、10分21秒ある、トゥール（アメリカ）の「フィア・イノキュラム」が93位にチャートインした。ホット100に10分を超える曲が入ったのは初めてだ。

全米トップカントリーアルバムチャート1位 最多週

2019年11月2日までに、ルーク・コムズ（アメリカ）の『ディス・ワンズ・フォー・ユー』はビルボードのトップカントリーアルバムチャートで50週1位を獲得。シャナイア・トゥエイン（カナダ）の『カム・オン・オーヴァー』と並ぶ記録だ。

全米ホットクリスチャンソングチャート1位 最多週

ローレン・デイグル（アメリカ）の「ユー・セイ」は2018年7月28日〜2019年11月2日の66週間、不連続で1位になった。

24時間にスポティファイで 最もストリーミングされた曲

2019年12月24日、マライア・キャリー（アメリカ）の「恋人たちのクリスマス」が1,202万8,987回再生された。その3日前、この曲は全米ビルボード・ホット100の1位となり、**ソロアーティストによる全米1位シングル最多**の19を達成。

最高興行収入の音楽ツアー

シンガーソングライター、エド・シーラン（イギリス）のディバイド・ツアーは2017年3月16日〜19年8月26日に7億7,620万ドル（約846億1,332万9,100円）の興行収入をあげた。このツアーは6大陸で255公演、888万2,182人の前で演奏した**観客数最多の音楽ツアー**だった。

グラミー賞主要4部門を受賞した最年少アーティスト

ビリー・アイリッシュ（アメリカ、2001年12月18日生まれ）は2020年1月26日に開催されたグラミー賞にて、18歳と39日で主要4部門を受賞。年間最優秀アルバム賞を受賞した『ホエン・ウィ・オール・フォール・アスリープ、ホエア・ドゥ・ウィ・ゴー？』は、**スポティファイで最もストリーミングされたアルバム**（現在）で、2019年に60億回再生された。

アイリッシュは2020年2月13日、18歳と57日で映画『007 ノー・タイム・トゥ・ダイ』のテーマソングをリリース。『007』映画のテーマ曲を録音した**最年少アーティスト**になった。

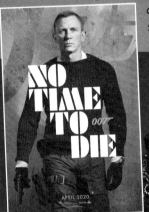

YouTube再生回数が10億回に達した 最も古いミュージックビデオ

クイーン（イギリス）の「ボヘミアン・ラプソディ」の視聴回数が2019年7月22日、10億回に到達した。これは1975年11月10日に撮影、2008年8月1日にYouTubeに投稿されたミュージックビデオだ。

グラミー賞最多ノミネートの 女性アーティスト

ビヨンセ（アメリカ）はグラミー賞に70回ノミネートされ（13回はデスティニーズ・チャイルドとして）、24回受賞。2020年1月26日に開催された第62回グラミー賞では4部門でノミネート。映画『ホームカミング』（アメリカ、2019年）で最優秀ミュージック映画賞を受賞した。

テレビ

最も長く出演しているメロドラマの俳優

俳優ウィリアム・ローチ（イギリス）は1960年12月9日の初放送（右写真）から『コロネーション・ストリート』（ITV、イギリス）のケン・バーロウ役を務め、59年61日後の2020年2月7日に1万話目に出演した。『コロネーション・ストリート』は最も長く続くメロドラマでもある。60周年特別放送が2020年12月に予定されている。

最高年収のテレビ司会者

『フォーブス』誌の推定によれば、フィル・マクグロウ博士（アメリカ）は2018年7月1日〜2019年7月1日に9,500万ドル（約103億5,592万1,500円）稼いだ。エレン・デジェネレス（アメリカ）は最高年収のテレビ司会者（女性）で、同期間に8,050万ドル（約87億7,528万800円）稼いだ。

最も長いゲーム番組の司会役

パット・セイジャック（アメリカ）は2020年2月19日現在、『ホイール・オブ・フォーチュン』の司会を1983年9月5日から36年167日間、担当している。

最も長く続くテレビアニメシリーズ

1969年10月5日に放送が始まった『サザエさん』は、2020年3月現在も放送が続いている。最も長く続くホームコメディアニメーションは『ザ・シンプソンズ』（フォックス、アメリカ）。

プライムタイム・エミー賞最多受賞作品

・最優秀作品賞：『ゲーム・オブ・スローンズ』（HBO、2015〜16年、2018〜19年）、『マッドメン』（AMC、2008〜11年）、

最も長時間のテレビのトークショー（チーム）
2019年11月12〜15日、セバスティアン・マインベルクとアリアン・アルター（ともにドイツ）はドイツで番組『ダス・シャフスト・ドゥ・ニー！』を72時間5分11秒続けた。

『ザ・ホワイトハウス』（NBC、2000〜03年）、『L.A.ロー 七人の弁護士』（NBC、1987年、1989〜91年）、『ヒルストリート・ブルース』（NBC、1981〜84年）がそれぞれ4回受賞している。

・作品賞：2019年9月22日に開催された第71回プライムタイム・エミー賞で『ゲーム・オブ・スローンズ』は12の賞を獲得。同日、1年でのエミー賞最多ノミネート（ドラマ）の32も達成。『ゲーム・オブ・スローンズ』の成功で、放送局のHBOは1年でのエミー賞最多ノミネートのネットワークとなり、その数は137。

ニコロデオン・キッズ・チョイス・アワード最多受賞のテレビアニメ

『スポンジ・ボブ』（ニコロデオン、アメリカ）は、子どもたちお気に入りのテレビアニメ賞を16回受賞。2019年3月23日に開催された第32回でも受賞した。

エドナは1974年公開の映画『バリー・マッケンジー・ホールズ・ヒス・オウン』で"ミセス"から"デイム"になった。当時のオーストラリア首相がこの作品にカメオ出演したとき、エドナに敬称を与えたからだ。

同じ俳優による最も長く続くキャラクター

2019年12月31日現在、コメディアンでトニー賞受賞俳優のバリー・ハンフリーズ（オーストラリア）は64年12日間にわたって、デイム・エドナ・エバレッジというキャラクターを演じている。ハンフリーズは大学の劇団で俳優として活動していた1955年12月19日に、ミセス・エバレッジとしてデビュー。"デイム"の敬称を与えられたエドナは、何度も引退コンサートを開催したものの、今でもテレビ、舞台、映画で活躍している。

メタクリティックのスコアの最も高いテレビシリーズ

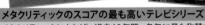

メタクリティックによれば、過去10年間、各年に最も称賛されたテレビ番組は以下のとおりだ。プロの評論家の批評から割り出された平均値（メタスコア）と、それに続くユーザー評価が表示されている。

2020年	ボージャック・ホースマン（Netflix、アメリカ；左上画像）：シーズン6.5	93	9.2点
2019年	Fleabag フリーバッグ（BBC、イギリス；右上写真）：シーズン2	96	8.7点
2018年	プラネットアース：ブループラネットII（BBC、イギリス）	97	8.2点
2017年	LEFTOVERS／残された世界（HBO、アメリカ）：シーズン3	98	9.1点
2016年	レクティファイ 再生（サンダンスTV、アメリカ）：シーズン4	99	8.7点
2015年	FARGO／ファーゴ（FX、アメリカ）：シーズン2	96	9.2点
2014年	ゲーム・オブ・スローンズ（HBO、アメリカ）：シーズン4	94	9.2点
2013年	エンライテンド（HBO、アメリカ）：シーズン2	95	7.6点
2012年	ブレイキング・バッド（AMC、アメリカ）：シーズン5	99	9.6点
2011年	ブレイキング・バッド（AMC、アメリカ）：シーズン4	96	9.5点

出典：Metacritic.com

最も需要が高い新テレビシリーズ

2019年5月6日に初放送された『チェルノブイリ』（HBO、アメリカ）は3.140 DEx/c。1986年4月に起きた旧ソ連の原発事故と後処理を描いた作品だ。

最も需要が高いスーパーヒーローテレビシリーズは『THE FLASH／フラッシュ』（CW、アメリカ）で5.674 DEx/c。グラント・ガスティン演じるヒーローのバリー・アレン（左写真）は放射性の稲妻に打たれ、超人的なスピードを得る。

最も需要が高いテレビシリーズ

ジャンル	番組	DEx/c
本が原作／全般	ゲーム・オブ・スローンズ（HBO、アメリカ）	12.686
デジタルオリジナル	ストレンジャー・シングス 未知の世界（Netflix、アメリカ）	7.357
SFドラマ	ストレンジャー・シングス 未知の世界	7.357
コミックが原作	ウォーキング・デッド（AMC、アメリカ）	5.727
アクションアドベンチャー	THE FLASH／フラッシュ（CW、アメリカ）	5.674
コメディ	ビッグバン★セオリー／ギークなボクらの恋愛法則（CBS、アメリカ）	4.991
ホームコメディ	ビッグバン★セオリー／ギークなボクらの恋愛法則	4.991
ティーンドラマ	リバーデイル（CW、アメリカ）	4.553
医療ドラマ	グレイズ・アナトミー 恋の解剖学（ABC、アメリカ）	4.307
前シリーズのリメイク	シェイムレス 俺たちに恥はない（ショウタイム、アメリカ）	3.978
テレビアニメーション	リック・アンド・モーティ（アダルトスイム、アメリカ）	3.859
法廷ドラマ	SUITS／スーツ（USAネットワーク、アメリカ）	3.694
ホラー	アメリカン・ホラー・ストーリー（FX、アメリカ）	3.471
子ども向け番組	スポンジ・ボブ（ニコロデオン、アメリカ）	3.319
映画をもとにしたテレビシリーズ	ウエストワールド（HBO、アメリカ）	3.263
日本アニメ	ワンパンマン（テレビ東京）	2.990
リアリティ番組	ザ・ヴォイス（NBC、アメリカ）	2.936
バラエティ	ザ・デイリー・ショー（コメディ・セントラル、アメリカ）	2.546
恋愛ドラマ	アウトランダー（スターツ、アメリカ）	2.515
メロドラマ	ダイナスティ（CW、アメリカ）	2.262
ドキュメンタリー	プラネットアース（BBC、イギリス）	1.395

出典：Parrot Analytics、2020年2月18日現在

DEx/cとは？

複数のプラットフォームに対応するテレビシリーズを評価するために、ギネスワールドレコーズはデータ分析を専門とするパロット・アナリティクスと提携した。同社は視聴者の「テレビ・コンテンツ需要測定」を独自に考案。配信動画からハッシュタグ、SNSのいいね！の数まで分析している。DEx/c（ひとりあたりの需要表現）とは、世界の視聴者による毎日の番組とのかかわり方を表す値で、視聴者が番組に費やす時間が長いほど、値が大きくなる。

プライムタイム・エミー賞最多受賞部門と最多受賞数

・リアリティ／リアリティ・コンペティション番組ホスト賞：4、ル・ポール・チャールズ（アメリカ、上写真）。ジェフ・プロブスト（アメリカ）も同数で並ぶ。

・オンライン配信オリジナル番組：16、『マーベラス・ミセス・メイゼル』（プライム・ビデオ、アメリカ）（右写真）。

最も需要が高いテレビシリーズ

『ゲーム・オブ・スローンズ』（HBO、アメリカ）の2019年のDEx/cは12.686で、最も人気の高いテレビ番組に返り咲いた。2011年に放送を開始し、2019年5月に終了した。

ソーシャルメディア

アディティヤ・シン、インド）の「パーガル」が24時間で7,500万回再生された。

視聴10億回を達成した YouTubeビデオ最多のミュージシャン

2019年2月現在、オズナ（本名フアン・カルロス・オズナ・ロサド、プエルトリコ）の音楽ビデオ7本がそれぞれ再生10億回を超えた。**ビルボードのトップ・ラテン・アルバムチャート1位最多週（男性）**の記録ももち、『オディセア』（2017年）は46週1位になった。

オンラインで最も視聴されたビデオ

ルイス・フォンシとダディー・ヤンキー（ともにプエルトリコ）による音楽ビデオ「デスパシート」の再生回数は、67億3,109万5,978回。**50億回再生された最初のYouTubeビデオ**でもあり、2018年4月4日に達成。

24時間で最も視聴された YouTubeビデオ

ホールジー（アメリカ）とコラボレーションしたBTS（韓国）の「ボーイ・ウィズ・ラヴ」は2019年4月12日、YouTubeで7,460万回再生された。3カ月後の2019年7月10日、ラッパーのバードシャー（本名

最も登録者数が多い YouTubeチャンネル

レコードレーベル兼映画製作会社のTシリーズ（インド）は、1億3,800万人の登録者を集めている。SocialBladeが発表したトップYouTuberは次のとおり。
- コメディ：“PewDiePie”（スウェーデン）／1億400万人。
- ゲーム：“Fernanfloo”（本名ルイス・フェルナンド・フローレス・アルバラド、エルサルバドル）／3,590万人。
- 音楽：ジャスティン・ビーバー（カナダ）／5,350万人。

TikTok最多フォロワー数

チャーリー・ダメリオ（アメリカ）は2020年4月22日に**TikTokフォロワー数が5,000万に達した最初の人物**だ。2019年夏にダンス映像をアップし始め、4月30日現在のフォロワー数は5,203万7,851。
TikTokで**最もフォローされている男性**はザック・キング（アメリカ）。フォロワー数は4,202万3,513。

インスタグラムで 最もフォローされているアヒル

ベン・アフクワックと飼い主のデレック・ジョンソン（アメリカ）のアカウント“minnesotaduck”は7万9,068のフォロワーを集めている。
インスタグラムで▶**最もフォローされているネコ**はナラで、436万373。シェルターから引きとられ、ヴァリシリ・“プーキー”・メタチッティパンとシャノン・エリス（ともにアメリカ）と暮らしている。

最も稼いでいるYouTuber（現在）

『フォーブス』誌によれば、ライアン・カジ（本名ライアン・グアン、アメリカ）は、2019年6月1日までの1年間に2,600万ドル（約28億3,425万2,200円）稼いだ。8歳のライアンは商品開封チャンネルで有名になった。2020年5月1日現在の登録者数は2,480万人。

2018～19年に最も稼いだ人気YouTuberトップ10

名前	収入	ジャンル
1.ライアン・カジ（アメリカ）	2,600万ドル	子ども
2.デュード・パーフェクト（アメリカ）	2,000万ドル	スポーツ&スタント
3.アナスタシア・ラジンスカヤ（ロシア、下写真）	1,800万ドル	子ども
4.レット＆リンク（本名レット・マクラフリン＆チャールズ・リンカーン・ニール、ともにアメリカ）	1,750万ドル	コメディ
5.ジェフリー・スター（本名ジェフリー・L・スタイニンガー・ジュニア、アメリカ）	1,700万ドル	メイクアップ
6.“Preston”（本名プレストン・アーセメント、アメリカ）	1,400万ドル	ゲーム
=7.“PewDiePie”（本名フェリックス・シェルベリ、スウェーデン）	1,300万ドル	ゲーム
=7.“Markiplier”（本名マーク・フィッシュバック、アメリカ）	1,300万ドル	ゲーム
9.“DanTDM”（本名ダニエル・ミドルトン、イギリス）	1,200万ドル	ゲーム
10.“VanossGaming”（本名エヴァン・フォン、カナダ）	1,150万ドル	ゲーム

出典：『フォーブス』誌

脳性麻痺で生まれたアナスタシアの健康状態を友人などに伝えるため、両親が動画制作を開始。今では人気のYouTubeチャンネルだ。

表記のない限り、記録はすべて2020年4月24日現在

最もフォローされている Mixerチャンネル

プロゲーマー "Ninja"（本名リチャード・タイラー・ブレヴィンス、アメリカ）のフォロワー数は303万9,855人。2019年8月1日にTwitchからMixerに移ったものの、いまだに最もフォローされているTwitchチャンネルの記録をもち、フォロワー数は1,470万以上。

最も視聴されたMixerチャンネルの記録もあり、再生回数は5,943万2,637回。

Facebookで最も "いいね！" された人物（女性）

シンガーのシャキーラ（本名シャキーラ・イ

インスタグラムのフォロワー数 100万到達の最短時間

ジェニファー・アニストン（アメリカ）は2019年10月15日、5時間16分で100万フォロワーを獲得。最初の投稿は『フレンズ』のリサ・クドロー、コートニー・コックス、マット・ルブラン、マシュー・ペリー、デヴィッド・シュワイマーとの写真だった。2020年2月6日、出演者で最後にインスタグラムを始めたペリー（右上写真）は、1日で440万のフォロワーを集めた。

- ペット＆動物：コヨーテ・ピーターソン（アメリカ）がホストの "Brave Wilderness" ／1,590万人。
- 科学＆技術：マイケル・スティーヴンス（アメリカ）がホストの "Vsauce" ／1,560万人。

インスタグラムで最も "いいね！" された写真

インスタグラムで最も人気の写真は今なお、斑点のある茶色い卵で、2020年4月13日現在の "いいね！" 数は5,430万。2019年1月4日にエッグ・ギャングが投稿した。

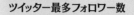

ツイッター最多フォロワー数

元アメリカ大統領バラク・オバマのフォロワー数は1億1,639万7,276で1位。2位はポップスター、ジャスティン・ビーバー（カナダ）で1億1,125万5,013。シンガーソングライターのケイティ・ペリー（本名キャサリン・ハドソン、アメリカ）は3位で1億850万6,809。ツイッターで最もフォローされている女性だ。

サベル・メバラク・リッポール、コロンビア）の "いいね！" 数は9,993万971。

微博（ウェイボー） 最多フォロワー数

微博の2020年4月25日の発表によれば、歌手、女優、テレビ司会者の謝娜（シェ・ナー、中国）のフォロワー数は1億2,533万2,618。

ツイッターで 最多フォロワー数の場所

アメリカ、ニューヨーク近代美術館のツイッター・アカウント（@MuseumModernArt）のフォロワー数は538万1,330。

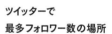

TikTokのフォロワー数 100万到達の最短時間

2019年9月25日、ボーイバンドのBTS（韓国）はわずか3時間31分で、100万のファンをTikTokに集めた。TikTokはユーザーがダンス、リップシンク（ロパク）、手品、パルクールなど、さまざまなセルフィー動画を公開・閲覧できるアプリだ。動画には最大15秒の時間制限があるものの、ループの組み合わせで1分にできる。

インスタグラム最多フォロワー数（女性）

シンガーソングライターのアリアナ・グランデ（アメリカ）のインスタグラムのフォロワー数は1億8,226万250。インスタグラム最多フォロワー数の記録をもつのはユヴェントスのストライカー、クリスティアーノ・ロナウド（ポルトガル）で2億1,494万1,702。Facebookで最も "いいね！" されている人物でもあり、その数は1億2,252万5,916。

おもちゃ＆ゲーム

最も古いボードゲーム

セネト（通過という意味）というゲームに使われた最も古いボードが、エジプト、アビドスにある紀元前3500年の前王朝時代の墓で見つかった。プレイヤーふたりが、最大7個の駒を10マス×3列のボード上で動かすこのゲームは、太陽神と再会する旅を表しているといわれている。相手の駒を越えて自分の駒を移動させ、ボードの外に出したほうが勝ちだ。

最大の鬼ごっこ

YouTuberのフィッシャーズとそのファンは2019年9月16日、大阪府吹田市で1万908人を集めて、鬼ごっこをした。

8時間でつくったレゴ®ブロック縮図都市に集まった最多人数

2019年9月22日、中国、上海で1,025人が38万個のレゴ®ブロックを使って都市風景を

ビックキューブをひろうした。このルービックキューブは完成まで330時間かかった。

最も大きいボードゲーム

DKTは借金を返済する、モノポリーに似たゲームだ。オーストリア、グラーツで2019年11月22日、ユンゲ・ヴィルトシャフト・シュタイアーマルク、ヴィルトシャフトスカマー・シュタイアーマルク、ベルント・リーブミンガー、クリストフ・コヴァチッチ（全員オーストリア）が通常の1万3,400倍の1,006.4m²のDKTをひろうした。

モノポリーの最大コレクション

2018年9月5日現在、ニール・スカラン（イギリス）がモノポリーを2,249セットもっていることがイギリス、ウエストサセックス州クローリーで確認された。

ルービックキューブを解く最少手数

セバスティアーノ・トロント（イタリア）は2019年6月15～16日に開催されたFMC（最少手数競技）で、3×3×3キューブを16手で解いた。

最大のルービックキューブ

トニー・フィッシャー（イギリス）は2019年11月18日、イギリス、サフォーク州イプスウィッチで各辺が2.022mの巨大ルー

オークションで落札された最も高額なチェスの駒

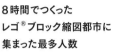

セイウチの牙でできた12世紀のチェスの駒が2019年7月2日、イギリス、ロンドンのサザビーズで93万415ドル（約1億142万4,200円）で落札された。1964年に14ドルで買いとられたものだった。1831年3月にスコットランドで発見されたチェスセットの一部といわれている。

ほぼ100%

制作した。

レゴ®ブロックでつくった最大のジオラマ

エドガラス・ラチンスカス（リトアニア）とアビナヴ・サランギ（インド）がデンマーク、ビルンのレゴ®ハウスで2019年6月23日、21.04m²の作品を制作した。

レゴ®ブロックでつくった最大のノートルダム大聖堂の模型

イワン・アンジェリ（ポーランド）はポーランド、ワルシャワのウィスタワ・クロックワのイベントで2020年1月9日、40万個以上のレゴ®ブロックで2.72×3.78×1.43mの大聖堂を完成させた。

ルービックキューブを片手で解いた最多人数

中国、北京の首都師範大学で2019年12月23日、朝陽小学校（中国）の610人の生徒が3×3×3のルービックキューブを片手で解いた。1年生から6年生までが参加した。ルビク・エルネーが生み出した有名なパズルの解き方を習うのが、この学校の伝統になっている。

世界キューブ協会スピード・キュービング記録

記録	単発	保持者	平均	保持者
3×3×3	3秒47	杜宇生（中国）	5秒53	フェリックス・ゼムデックス（オーストラリア）
2×2×2	0秒49	マチエジ・チェビウースキー（ポーランド）	1秒21	マーティン・ヴェデレ・エグダル（デンマーク）
4×4×4	17秒42	セバスティアン・ヴァイヤー（ドイツ）	21秒11	マックス・パーク（アメリカ）
5×5×5	34秒92	マックス・パーク（アメリカ）	39秒65	マックス・パーク
6×6×6	1分09秒51	マックス・パーク	1分15秒90	マックス・パーク
7×7×7	1分40秒89	マックス・パーク	1分46秒57	マックス・パーク
3×3×3目隠し	15秒50	マックス・ヒリアード（アメリカ）	18秒18	ジェフ・パーク（アメリカ）
3×3×3最少手数	16手	セバスティアーノ・トロント（イタリア）	21手	カール・スホーン（アメリカ）
3×3×3片手	6秒82	マックス・パーク	9秒42	マックス・パーク
3×3×3足	15秒56	モハメッド・アイマン・コーリ（インド）	19秒90	林弘（マレーシア）
クロック	3秒29	孫銘志（中国）	4秒38	娄云皓（中国）
メガミンクス	27秒22	ファンパブロ・ファンキ（ペルー）	30秒39	ファンパブロ・ファンキ
ピラミンクス	0秒91	ドミニク・グルニ（ポーランド）	1秒86	ティモン・コラシンスキー（ポーランド）
スキューブ	0秒93	アンドリュー・ホアン（オーストラリア）	2秒03	ウカシュ・ブルリガ（ポーランド）
スクエア1	4秒95	ジャッキー・ジェン（アメリカ）	6秒54	ヴィンセンツ・ゲリーノ・セチーニ（ブラジル）
4×4×4目隠し	1分02秒51	スタンレー・チャベル（アメリカ）	1分08秒76	スタンレー・チャベル
5×5×5目隠し	2分21秒62	スタンレー・チャベル	2分27秒63	スタンレー・チャベル
3×3×3複数目隠し*		グレアム・シギンズ（アメリカ）	1時間で60キューブ中59を解いた（59分46秒）	

*2020年2月14日現在　　*複数目隠しには平均カテゴリーなし*

オンラインオークションで落札された最も高額な『スター・ウォーズ』のフィギュア

ボバ・フェットのフィギュアが2019年11月7日、ヘイクズ・オークションズで18万5,850ドル（約2,025万9,400円）で落札された。これはケナーが1979年につくった非売の試作品だが、わずかに市場に出回っている。

最も時間が長いチェスゲーム

ハルワルド・ハウグ・フラテビョとシュール・フェルキングスタッド（ともにノルウェー）はノルウェー、ハウゲスンで2018年11月9〜11日、56時間9分37秒もチェスを続けた。

▶ **最長のホットウィールトラック**

エンジニア会社アルフレッド・ベネシュ（ア

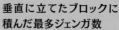

メリカ）がアメリカ、ペンシルベニア州で2019年8月24日、663.3mのトラックを組みあげた。

ホットウィールトラックのループアンドループ最多回数は、アメリカ、イリノイ州のシカゴ・オートショーで2020年2月5日、ジャガー・ランドローバーのモデルカーが、7つのループがある全長10.3mのホットウィールのトラックを走行して達成。トラックをつくったのは、マイク・ザーノック（アメリカ）。

レゴ®ブロックの上を裸足で歩いた最長距離

サラクニブ・"ソニー"・モリーナ（アメリカ）はアメリカ、イリノイ州ウッドストックで2019年11月14日、年の初めに亡くなった父親をしのび、レゴ®ブロックの上を3.86km裸足で歩いた。ソニーは**公式マラソンを裸足で走った最多連続日数**の11日（2018年6月3〜13日）のタイトルも保持している。

垂直に立てたブロックに積んだ最多ジェンガ数

タイ・スター・ヴァリアンティ（アメリカ）はアメリカ、アリゾナ州サフォードシティ・グラハム郡図書館で2019年1月24日、353個のジェンガブロックを、立てた1個のブロックの上に注意深く積み重ねた。手を完全に安定させなければならず、ブロックを積む前に数回、30秒の休憩をとって、タワーを完成させた。

1分間に倒した最多ドミノ数

ロブ・ヴェグテ＝クルゼ（オランダ）はオランダ、ウィンスホーテンで2019年7月14日、1分間に80個のドミノを並べ実際に倒して確認した。**1個のドミノに積み重ねた最多ドミノ数**は1,120個で、クリミア、セヴァストポリでアレクサンドル・ベンディコフ（ロシア）が2019年5月18日に達成した。

最も高いチェスレーティング

2014年5月、国際チェス連盟が発表するレーティングでノルウェーのグランドマスター、マグヌス・カールセンが2,882を記録。2020年2月17日現在、世界ランキング1位だ。マグヌスは10年前に初めて1位になった。

レゴ®の『スター・ウォーズ』ミレニアム・ファルコンを組み立てた最速時間

ヨハネス・レシュ、カティ・シュッツ、ラルフ・ヨハネス、ガブリエル・カブレラ・パラ（全員ドイツ）はドイツ、ヴァルドルフで2019年7月18日、レゴ®の7,541ピースからなるミレニアム・ファルコン（セット番号75192）を2時間51分47秒で完成させた。

ファルコンの正面の脱出ポッドは『ハン・ソロ／スター・ウォーズ・ストーリー』（アメリカ、2018年）でハン・ソロが切り離した。

まとめ

ニコロデオン・キッズ・チョイス・アワード最多受賞

2019年3月23日に開催された第32回授賞式で、歌手・女優のセレーナ・ゴメス（アメリカ）が11回目の受賞をした。最近ではアニメーション映画『モンスター・ホテル クルーズ船の恋は危険がいっぱい?!』（アメリカ、2018年）でメイヴィスの声を演じ、フェイバリット・フィーメール・ヴォイス賞を受賞。彼女は受賞数で男優のウィル・スミスと並んだ。

最も長く続く子ども向けテレビ番組のアワードショー

ニコロデオン・キッズ・チョイス・アワード（バイアコムCBS、アメリカ）は1988年4月18日に開始。最近では、初回から32年と15日後の2020年5月2日に放送された。

最大の検索エンジンのGoogleは毎年末、検索傾向を発表する。以下は2019年の結果だ。

最も検索されている男性と全体：アメフト選手のアントニオ・ブラウン（アメリカ）

最も検索されている女性：ミュージシャンのビリー・アイリッシュ（アメリカ）

最も検索されている映画：アベンジャーズ／エンドゲーム（アメリカ、2019年）

視聴者投票が最も多いテレビ番組

2020年3月29〜31日に『ビッグ・ブラザー・ブラジル20』（グローボ、ブラジル）の視聴者から寄せられたオンライン投票数は、15億3,294万4,337。

ウエストエンドで最長ロングランのミュージカル

ふたつのショーがこの記録をもつ。1986年10月9日初演の『オペラ座の怪人』は、ハー・マジェスティーズ・シアターで32年間、上演が続いている。『レ・ミゼラブル』は1985年12月5日のパレス・シアターでの初演から、上演場所の移動のためにいったん終演した2019年

Songkickで最もトラッキングされているグループ

2020年2月25日現在、384万257人のファンがコールドプレイ（イギリス、写真はヴォーカルのクリス・マーティン）をライブ音楽サイトSongkickでフォローしている。個人はリアーナ（バルバドス）で386万7,117人。

コスプレスーツの機能的な装置数最多

アメリカ、メイン州ポートランドで2019年5月24日、バットマンのコスプレ好きのキース・ディンズモア（アメリカ）が装着している30の装置が完全に機能することがわかった。バタラング、ブルートゥース搭載ヘッドセット、追跡装置、指紋キット、そしてもちろん携帯式バットシグナルを含む。

最年少のハリウッド製作総指揮

コメディ映画『リトル』（アメリカ）が公開された2019年4月12日、主演・製作総指揮のマルサイ・マーティン（アメリカ、2004年8月14日生まれ）は14歳241日だった。テレビシリーズ『ブラッキッシュ』（ABC、アメリカ）出演中に映画のアイデアが浮かんだらしい。

最高興行収入の音楽フェスティバル（現在）

アメリカ、カリフォルニア州サンフランシスコのゴールデン・ゲート・パークで2019年8月9〜11日に開催されたアウトサイドランズ・ミュージック＆アーツフェスティバル（下写真）の興行収入は、2,963万4,734ドル（約32億3,047万3,400円）。ブラジル、サンパウロ市のインテルラゴス・サーキットで2019年4月5〜7日に開催されたロラパルーザ・ブラジル（左写真）は**チケットが最も売れた音楽フェスティバル（現在）**で、24万6,000枚を売り上げた。どちらも音楽誌『ポールスター』のデータによるものだ。

ネイサンは複数の記録保持者で、バットモービルからスーパーヒーロー、ティラノサウルスの骨格まで、レゴ®ブロックを使いなんでも原寸大で再現する。

最も大きい機械式コスプレウィング

アンディ・ホルト（アメリカ）はDCコミックスのホークマンの翼を制作した。翼長5.84mで、リニアアクチュエータをとおして動く。アメリカ、カリフォルニア州アーバインで2019年10月24日に測定された。

最も年収が高いラジオパーソナリティ

ハワード・スターン（アメリカ）は、2019年6月1日までの1年間に9,300万ドル（約101億3,790万2,100円）稼いだ。

最も年収が高い作家

『フォーブス』誌によれば、『ハリー・ポッター』の作者J・K・ローリング（イギリス）の2019年6月1日までの年間収入は9,200万ドル（約100億2,889万2,400円）だ。

曲中で最も長く続いた歌声の音（スタジオ録音）

バーナード・イグナー作曲の「エヴリシング・マスト・チェンジ」をティー・グリーン（イギリス）が2011年3月27日に録音。同じピッチの音を39秒続けて、曲を締めくくった。

レタラーによるコミックシリーズ担当号最多

1992年に『スポーン』（イメージコミックス）でデビューした、トム・オルゼチョフスキー（アメリカ）は第302号が発行された2019年11月6日現在、301号分のレタリングを担当。

最も早い演劇制作

2020年2月16日現在、ラーバチキンシアター（イギリス）は11時間59分のリハーサル後に『ウェディング・シンガー』を上演し、370人がイギリス、スターリング大学のマクロバート・アートセンターで観劇した。

レゴ®ブロックでできた最大の舞台セットのレプリカ

レゴ®アーティストのネイサン・サワヤ（アメリカ）がアメリカ、ラスベガスで2019年10月19日、テレビドラマ『フレンズ』に登場する62.75㎡のセントラルパーク・コーヒーショップを、100万個近いブロックで再現した。

最高興行収入のブロードウェイ作品

舞台『ハリー・ポッターと呪いの子』の2020年3月8日までの累計興行収入は1億7,405万6,581ドル（約186億7,503万5,300円）。ジャック・ソーン、J・K・ローリング（右写真）、ジョン・ティファニー（全員イギリス）が考案し、ソーンが脚本を担当している。左写真は現在主演を務めるジェームズ・スナイダーだ。

2020年3月8日現在、ブロードウェイで783回万の公演が実施され、132万4,815枚のチケットを販売した。

"賞のことは気にかけないが、『ギネス世界記録』の本にのることは、本当にすごい"

殿堂入り:
ザ・シンプソンズ

『ザ・シンプソンズ』(フォックス、アメリカ)は、30年にわたって現代アメリカ社会を皮肉に映し出している鏡のような存在だ。小さな町に暮らすホーマー、マージ、バート、リサの一家は知れわたり、世界を魅了した。

『ザ・シンプソンズ』は1987年、『トレイシー・ウルマン・ショー』内の短編カートゥーンとして始まった。手がけたのはアニメーターとして有名なマット・グレイニング(アメリカ。右写真)。自分の家族の名前を登場人物の名前にした。1989年12月17日、番組内の単独30分番組に昇格し、『シンプソンズのクリスマス』というエピソードが放送された。1997年、『原始家族フリントストーン』を抜いて長く続くコメディアニメーションに輝いた。2020年4月19日現在、31シーズン、680話が放送されている。

2019年9月にはプライムタイム・エミー賞最多のテレビアニメシリーズとなる34回目を記録した。

ケイティ・ペリーからスティーヴン・ホーキング博士まで、ゲストが多いことでとても有名である。2020年4月22日現在、810人のスターが登場しているカメオ出演最多のテレビシリーズだ。

THE SIMPSONS MOVIE

1：『ザ・シンプソンズ MOVIE』（アメリカ、2007年）で初の映画化。

2：2014年の「ハロウィーン・スペシャルXXVI」でシンプソン一家がカメオ出演した。（オープニングの誕生当時の一家のギャグ（ソファーギャグ）には1987年の誕生当時の一家には、キャメロン・ディアン博物館で

3：2008年のスプリングフィールド（オーストラリア）のスプリングフィールドで『シンプソンズ』関連品の最大コレクションである2,580アイテムが収容されている。

4：マイケル・バックスター（オーストラリア）は『シンプソンズ』シリーズの登場人物のタトゥーをもつ。アニメーション史上最多である203の記録をもつ。

5：2019年10月13日、映画『アクアマン』の俳優ジェイソン・モモアが初めてカメオ出演した。

シンプソン一家の声優はダン・カステラネタ（ホーマー、ジュリー・カヴナー（マージ）、ナンシー・カートライト（バート）、イヤードリー・スミス（リサ）、赤ん坊のマギーがおしゃぶりを吸う音はマット・グレイニングが担当している。

ホーマーの口癖である「ドォ（d'oh）」は2001年、『オックスフォード英語辞典』の項目にド英語辞典に加えられた。

『ザ・シンプソンズ』の殿堂入りの記録をチェック！ www.guinnessworldrecords.jp/2021

MATT GROENING

スポーツ

FIFAワールドカップ通算最多ゴール

ブラジルのマルタ（出生名マルタ・ビエイラ・ダ・シルバ）ほど、FIFAワールドカップでゴールをあげているサッカー選手はいない。マルタは通算ゴール数を17に伸ばし、単独1位になった。マルタは2003年9月21日に、わずか17歳でワールドカップデビュー戦においてゴールを決めて得点。2007年大会では7ゴールを決めてゴールデンブーツ賞を獲得しており、カナダのクリスティン・シンクレアと並び、ゴールを決めたFIFAワールドカップ最多大会の記録ももつ。マルタはFIFA女子最優秀選手賞最多受賞6回も記録している（左写真は2018年）。

マルタは、プラス
チックの袋でつくった、
間に合わせのサッカー
ボールを使ったストリート
サッカーで、技術を
磨いた。

サッカー

して FIFA 女子ワールドカップ最年長選手にもなった。

代表通算最多ゴール

クリスティン・シンクレア（カナダ）が、2000年3月14日から2020年2月4日までに186ゴールを記録した。2020年1月29日のセントクリストファー・ネービスとの対戦（上写真）で2得点をあげて、アビー・ワンバックの従来記録を追い抜いた。**男子記録**は、アリ・ダエイ（イラン）の109ゴールだ。

代表最多勝利（男子）

セルヒオ・ラモス（スペイン）が、2019年12月18日時点で代表の公式試合に通算で126勝（PK勝ちをのぞく）している。ラモスは、2005年に国際試合デビューした。2019年6月10日の対スウェーデン戦で、イケル・カシージャスの従来記録121勝を追い抜いた。

FIFA 女子 ワールドカップ 通算最多出場

2019年6月9日、フォルミガ（ブラジル、出生名ミライルデス・マチエル・モタ、1978年3月3日生まれ）が自身通算7度目のワールドカップ出場をはたし、6月23日には41歳112日に

FIFA ビーチサッカーワールドカップ 通算最多出場

GK のマオ（ブラジル、出生名ジェニウソン・ブリート・ロドリゲス）が2006年から2019年までに、FIFA ビーチサッカーワールドカップで50試合に出場している。

ブンデスリーガ最多優勝（個人）

2018/19シーズンに、フランク・リベリー（フランス）が、バイエルン・ミュンヘン所属で9度目のドイツ国内リーグ優勝を達成。バイエルン・ミュンヘンは、2018/19シーズンでチームの**ブンデスリーガ最多連覇**記録を7へと伸ばし、**ドイツ・トップリーグ最多優勝**も29回とした。

ハーランドは、2019年5月30日には、FIFA U-20ワールドカップの対ホンジュラス戦で1試合9ゴールも記録している。

代表最長キャリア（男子）

アンドラ代表チームのキャプテンであるイルデフォンス・リマ・ソラが、2019年11月17日時点で、22年と148日にわたって国際試合での出場をはたしている。1997年6月22日、アンドラにとってわずか2試合目の公式国際試合となった対エストニア戦で代表デビューし、試合には敗れたもののゴールを記録した。

ブンデスリーガ・デビュー後 最速ハットトリック達成

アーリン・ブラウト・ハーランド（ノルウェー、2000年7月21日生まれ）が、2020年1月18日、ボルシア・ドルトムントに所属して初出場した対アウクスブルク戦において19分48秒で3ゴールを決めた。後半から途中出場したハーランドは、わずか10タッチでハットトリックを決め、試合はドルトムントが5-3で勝利した。

FIFA ビーチサッカーワールドカップ 通算最多ゴール

2019年11月22日、マジェール（ポルトガル、出生名ジョアン・ヴィクター・サライヴァ）が、パラグアイ、ルケで行われた対ナイジェリア戦で、FIFA ビーチサッカーワールドカップ通算88ゴール目を記録した。試合はポルトガルが10-1で圧勝した。

UEFA チャンピオンズリーグ 最年少得点選手

2019年12月10日、FCバルセロナのアンス・ファティ（スペイン、2002年10月31日、ギニアビサウ共和国生まれ、上写真左）が、イタリア、ミラノにあるスタディオ・サンシーロで行われた対インテル・ミラノ戦で17歳40日でゴールを記録。同年9月14日には、16歳318日で**ラ・リーガ最年少得点＆アシスト選手**にもなっていた。

バロンドール最多受賞

バロンドールは、『フランス・フットボール』誌が創設した、前年度の年間最優秀選手に贈られる賞（2010〜15年はFIFAと共同）。2019年12月2日、リオネル・メッシ（アルゼンチン）が6度目のバロンドール受賞をはたし、ライバルのクリスティアーノ・ロナウドにひとつ先行した。

FIFA女子ワールドカップ最多優勝

アメリカが、2019年7月7日、フランス、リヨンでオランダを2-0でくだし、女子ワールドカップ4度目の優勝を達成。この試合のMVPに選ばれたミーガン・ラピノー（1985年7月5日生まれ、右写真）は、34歳2日で**女子ワールドカップ決勝最年長得点選手**となった。アメリカは、2019年にはFIFA女子ワールドカップの各種記録、**最多連勝**（ふたつの国際大会にわたって12連勝）、**1大会最多ゴール**26などを次々と塗り替えた。

イングランド・プレミアリーグ
外国人選手通算最多ゴール

マンチェスター・シティのセルヒオ・アグエロ（アルゼンチン）が、2020年3月8日時点で、180ゴールを記録。2020年1月12日には、**プレミアリーグ通算最多ハットトリック**を12回として単独トップに立った。

UEFA女子チャンピオンズリーグ
通算最多ゴール

アーダ・ヘーゲルベルグ（ノルウェー）が、2012年9月26日から2019年10月30日までに、スターベク、トゥルビネ・ポツダム、オリンピック・リヨン女子などに所属して通算53ゴールを記録。出場わずか50試合目で、アーニャ・ミッタークの従来記録51ゴールを追い抜いていた。

UEFA女子チャンピオンズリーグ通算最多出場は、ヘーゲルベルグの現チームメイトであるワンディ・ルナール（フランス）が2007年8月9日から2019年10月16日までに記録している85試合。

イングランド・トップリーグ
最多連勝

リヴァプールが、2019年10月27日から2020年2月24日まで、リーグ戦で18連勝し、2017年8月26日から12月27日までにマンチェスター・シティが達成した記録に並んだ。連勝記録は2020年2月29日に対ワトフォード戦で3-0で敗れて途絶えた。

MLS（メジャーリーグサッカー）
通算最多ゴール

クリス・ウォンドロウスキー（アメリカ）が、2006年8月30日から2019年10月6日までに、ヒューストン・ダイナモとサンノゼ・アースクエイクスの所属で159ゴールを記録した。

中国スーパーリーグ1シーズン最多ゴール

2019中国スーパーリーグで、広州富力足球倶楽部に所属のエラン・ザハヴィ（イスラエル）が29ゴールを記録。

2019年女子ワールドカップで、アメリカは大会を通じての失点がわずか3。試合で相手チームにリードを許すことは、最後までなかった。

スポーツ

アメリカンフットボール

全記録ともNFL（ナショナル・フットボール・リーグ）のもの、また注記がなければ記録保持者はすべてアメリカ。

通算4万パスヤード最速達成QB（クォーターバック）

2019年10月20日、デトロイト・ライオンズのマシュー・スタッフォードが、NFL出場147試合目で通算4万パスヤードを獲得。

1シーズン最少ターンオーバー（チーム）

ニューオーリンズ・セ

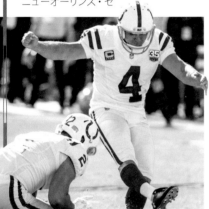

通算最多得点

キッカーのアダム・ビナティエリが、1996～2019年に、ニューイングランド・ペイトリオッツとインディアナポリス・コルツでプレーして2,673得点を記録している。また、**最多FG（フィールドゴール）アテンプト715**の記録をもつ。

インツが、2019シーズンの16試合でターンオーバーわずか8回で従来記録の10回を更新した。

通算最多TD（タッチダウン）パス

ドリュー・ブリーズが、2001～19年に、サンディエゴ・チャージャーズとニューオーリンズ・セインツでプレーして、レギュラーシーズンで547回のTDパスを記録。ブリーズは2019年12月16日、ペイトン・マニングの記録539TDパスを追い抜いていた。ブリーズは、その試合でパス試投30回中29回を成功させ、**1試合最高パス成功率96.7％**も達成した。

1シーズン最多パスキャッチ

WR（ワイドレシーバー）のマイケル・トーマスが、2019シーズンにニューオーリンズ・セインツに所属して149回パスキャッチに成功した。

最長の初パスキャッチ

2019年12月8日、アトランタ・ファルコンズのオラマイド・ザキアスが、40-20で勝利した対カロライナ・パンサーズ戦で、自身NFL初パスキャッチで93ヤードTDを決めた。

50サック達成の最年少選手

2019年12月8日、ダニエル・ハンター（ジャマイカ、1994年10月29日生まれ）が、25歳40日で通算50サックに到達。ハンターは、ロバート・クイン（2015年に25歳167日で達成）の従来記録を更新した。

QBによる1シーズン最多ランヤード獲得

2019シーズンにボルティモア・レイブンズのラマー・ジャクソンが、ランで1,206ヤードを獲得、マイケル・ヴィックが2006年に達成した記録1,039ヤードを更新した。TDパス数36もリーグトップだったジャクソンは、NFLのシーズンMVP（最優秀選手）に史上ふたり目の満場一致で選ばれた。

スーパーボウル勝利のMVP受賞最年少QB

パトリック・マホームズ（1995年9月17日生まれ）は、2020年2月2日に行われた第54回スーパーボウルで、カンザスシティ・チーフスをサンフランシスコ・49ers相手に31-20の勝利に導いてMVPに選ばれた。このときマホームズは24歳138日だった。マホームズは、2020年1月12日には、**ポストシーズン試合の1クォーター最多TDパス**の記録にも、4TDパスで並んだ。

レギュラーシーズン試合でTDパスキャッチした最重量選手

体重157kgのヴィータ・ヴェアが、タンパベイ・バッカニアーズ所属中の2019年11月24日に対アトランタ・ファルコンズ戦でTDパスをキャッチ。**ポストシーズン記録**は、2020年1月19日にテネシー・タイタンズ所属、体重145kgのデニス・ケリーがもっている。

NFL初年度の1920シーズンから現在まで存続しているチームは、アリゾナ・カーディナルスとシカゴ・ベアーズの2チームだけ。

アイスホッケー

全記録ともNHL（ナショナル・ホッケー・リーグ）のもの、また注記がなければ記録保持者はすべてアメリカ。

レギュラーシーズン初出場で勝利した最年長ゴールテンダー

2020年2月22日、デイヴィッド・エアーズ（カナダ、1977年8月12日生まれ）が、42歳194日でカロライナ・ハリケーンズの一員として対トロント・メイプルリーフス戦で夢のようなNHLデビュー

得点王となった最多シーズン

アレクサンドル・オベチキン（ロシア）が、2018/19シーズンで51ゴールを決め、8度目のNHL得点王のタイトルを獲得。7回のボビー・ハルを追い抜いた。オベチキンは、**レギュラーシーズン最多オーバータイムゴール**23の記録も保持している。

をはたし、6-3で勝利した。エアーズは元マイナーリーグ所属で、緊急のバックアップ選手だった。

通算最多フェイスオフ成功

2020年2月17日現在、パトリス・バージェロン（カナダ）が、フェイスオフをNHLが公式に記録し始めた2005/06シーズン以降、ボストン・ブルーインズに所属して通算1万1,976回フェイスオフに成功している。

通算最多ブロックショット

ブレント・シーブルック（カナダ、上写真中央）が、2020年2月17日時点でシカゴ・ブラックホークスに所属して、2005/06シーズンからNHLが公式に記録するようになったブロックショットを通算1,998回記録している。

新人ゴールテンダーによるアウェー試合最多連勝

2019年10月4日から2020年1月31日まで、ワシントン・キャピタルズの新人イリヤ・サムソノフ（ロシア）がアウェーの試合に10連勝。ユニオンデールのナッソー・コロシアムで行われた対ニューヨーク・アイランダースのデビュー戦では、セーブを25回記録してキャピタルズが2-1で勝利した。

1シーズン最多ゴールテンダー起用

フィラデルフィア・フライヤーズが、2018/19シーズンにおいてゴールテンダーを計8人起用し、全員が試合で先発出場した。

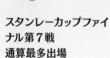

1シーズン最多勝利（チーム）

タンパベイ・ライトニングが、2018/19シーズンに62試合に勝利して、デトロイト・レッドウイングスが1995/96シーズンに達成した記録に並んだ。レギュラーシーズン最多勝ち点チームに与えられるプレジデントトロフィーを初めて勝ちとった。

スタンレーカップファイナル第7戦通算最多出場

2019年6月12日に、ボストン・ブルーインズのズデノ・チャラ（スロバキア）が、NHLのリーグ優勝が決まるスタンレーカップファイナル第7戦に14度目の出場をはたした。しかし試合は、ブルーインズがセントルイス・ブルースに敗れた。

NHLレギュラーシーズン記録（チーム）

最多	記録	チーム名	シーズン
勝ち点	132	モントリオール・カナディアンズ（カナダ）	1976/77
ゴール	446	エドモントン・オイラーズ（カナダ）	1983/84
アシスト	738	エドモントン・オイラーズ（カナダ）	1985/86
引き分け試合	24	フィラデルフィア・フライヤーズ	1969/70
敗戦試合	71	サンノゼ・シャークス	1992/93
シュートアウト試合	21	ワシントン・キャピタルズ	2013/14
シュートアウト勝利試合	15	エドモントン・オイラーズ（カナダ）	2007/08

バスケットボール

1シーズン "50-40-90" を記録した初のWNBA選手

2019年にワシントン・ミスティクスのエレナ・デレ・ダンが、FG（フィールドゴール）成功率51.5％（220/427）、スリーポイントFG成功率43％（52/121）、フリースロー成功率97.4％（114/117）を記録。1シーズン "50-40-90" を達成した選手はNBAで8人いるが、フリースロー成功率は彼女が最も高い。

ポストシーズン最長試合

2019年5月3日、ウェスタン・カンファレンス準決勝シリーズ、ポートランド・トレイルブレイザーズとデンバー・ナゲッツの第3戦で、4度のOT（オーバータイム）の末にトレイルブレイザーズが140-137で勝利。

ポストシーズンの1クオーター最多得点（チーム）

フィラデルフィア・76ersが、2019年4月15日のイースタ

プレーオフ史上最大得点差からの逆転勝利

ロサンゼルス・クリッパーズが、2019年4月15日に行われたウェスタン・カンファレンスのプレーオフ・ファーストラウンドの対ゴールデンステート・ウォリアーズ第2戦で、31点差を逆転し135-131で勝利した。

全記録ともNBA（ナショナル・バスケットボール・アソシエーション）のもの、また注記がなければ記録保持者はすべてアメリカ。

異なるチームでのファイナルMVP最多受賞

カワイ・レナードが、2019年にトロント・ラプターズ所属でNBAファイナルMVPを受賞した。サンアントニオ・スパーズ在籍時の2014年に続く2回目の受賞で、カリーム・アブドゥル＝ジャバー（ミルウォーキー・バックス、ロサンゼルス・レイカーズ）、レブロン・ジェームズ（マイアミ・ヒート、クリーブランド・キャバリアーズ）の記録に並んだ。

途中出場で1試合最多得点

2019年4月9日、フェニックス・サンズのジャマール・クロフォードが、120-109で負けた対ダラス・マーベリックス戦で、先発出場が公式に記録されるようになった1970/71シーズン以降、途中出場選手としては最多の51点をあげた。

ン・カンファレンスのプレーオフ、対ブルックリン・ネッツ第2戦の第3クオーターで51点を記録。

同じ試合に出場した最多兄弟

2019年12月28日、ニューオーリンズ・ペリカンズとインディアナ・ペイサーズの試合で、ジャスティン、ドリュー、アーロンのホリデー3兄弟が全員コートに立った。試合はドリューが所属するペリカンズが120-98で勝利した。

最多勝コーチ

2020年3月10日時点で、グレッグ・ポポヴィッチが、サンアントニオ・スパーズのコーチとして1,442勝（プレーオフ170勝含む）をあげている。彼は、スパーズのコーチに就任して24年目で、1チームでの最長期間コーチでもある。

オールスターゲーム最多先発出場

レブロン・ジェームズが、2005年2月20日から2020年2月16日までに、オールスターゲームに16年連続先発出場して、2020年1月26日にヘリコプターの墜落事故で亡くなったコービー・ブライアント（右上写真）を抜き、単独1位に立った。コービーは、オールスターゲームMVP最多受賞4回の記録（2002、2007、2009、2011年）をボブ・ペティットと分け合っていた。

WNBA（ウィメンズ・ナショナル・バスケットボール・アソシエーション）通算最多ダブルダブル

シルビア・ファウルスは、2019年7月14日、所属するミネソタ・リンクスが75-62でフェニックス・マーキュリーに勝利した試合で、14得点と13リバウンドをあげて自身通算158回目のダブルダブルを達成。

野球

1試合最多本塁打（両チーム合計）

2019年6月10日、アリゾナ・ダイヤモンドバックスとフィラデルフィア・フィリーズが、アメリカ、ペンシルベニア州フィラデルフィアのシチズンズ・バンク・パークで行われた試合で、両軍合わせて本塁打13本を量産。5本のフィリーズに対し、8本のダイヤモンドバックスが13-8で勝った。

最多連続本塁打記録試合（チーム）

ニューヨーク・ヤンキースが、2019年5月26日から、イギリスのロンドン・スタジアムで6月30日に行われた対ボストン・レッドソックス戦まで、31試合連続でチームの誰かが本塁打を記録した。

最高年俸額選手

2019年12月18日、投手のゲリット・コールが9年総額3億2,400万ドル（約353億1,914万2,800円）の契約でヒューストン・アストロズからニューヨーク・ヤンキースへ移籍。1年あたり3,600万ドル（約39億2,434万9,200円）になる。

1,500奪三振達成の最少イニング

ワシントン・ナショナルズのスティーブン・ストラスバーグが、2010年6月8日から2019年5月2日までの1,272回1/3イニングで1,500奪三振を達成。14三振を奪った衝撃的な対ピッツバーグ・パイレーツ戦でのデビュー以後、負傷に苦しんだ時期を乗り越え、史上最速で大台の記録に達した。

全記録ともMLB（メジャー・リーグ・ベースボール）のもの、また注記がなければ記録保持者はすべてアメリカ。

2,000奪三振達成の最少イニング

クリス・セールが、2019年8月13日、ボストン・レッドソックスの投手としてクリーブランド・インディアンスの打者オスカー・メルカドから三振を奪い、通算投球イニング数1,626で2,000奪三振に到達、ペドロ・マルティネスの記録を抜いた。

投手による最多連続無失点試合

ライアン・プレスリーが、2018年8月15日から2019年5月24日まで、ヒューストン・アストロズのリリーフ投手として40試合の38イニングにわたり連続無失点を記録。

ワールドシリーズ最多連続本塁打試合

ヒューストン・アストロズのジョージ・スプリンガーが、2019年10月22日、アメリカ、テキサス州ヒューストンのミニッツメイド・パークで行われたワールドシリーズ第1戦で、ワシントン・ナショナルズの投手タナー・レイニーから本塁打を放ち、レジー・ジャクソンとルー・ゲーリッグの野球殿堂入り選手ふたりを抜いて、ワールドシリーズ5試合連続本塁打を記録。

スプリンガーは、2017年のワールドシリーズでは4試合連続本塁打を打っており、ジャクソン（1977年）とチェイス・アトリー（2009年）とともに、同一ワールドシリーズ最多本塁打5本の記録ももつ。

10本塁打に到達した最少試合

2018年には1打席だったシンシナティ・レッズのアリスティデス・アキーノ（ドミニカ共和国）は、2019年8月1〜16日の間に、シカゴ・カブス戦の1試合3本塁打を含む計10本塁打をメジャー通算たった16試合で放った。

1シーズンに所属した最多チーム

2018年8月4日、オリバー・ドレイクがシーズン5つ目の所属球団ミネソタ・ツインズのマウンドに立った。開幕時のミルウォーキー・ブリュワーズからクリーブランド・インディアンス、ロサンゼルス・エンゼルス、トロント・ブルージェイズを経てツインズに加わった。

新人による1シーズン最多本塁打

ピート・アロンソが、2019年にニューヨーク・メッツの新人として53本塁打を記録。2017年にアーロン・ジャッジが達成した従来記録52本を抜いたのは、レギュラーシーズン最終日前日。アロンソは、アメリカ、ニューヨーク市のシティ・フィールドで時速149kmの速球を約126m先まで弾き返した。

ピート・アロンソは、2019オールスター戦のホームランダービーで優勝した。

ラグビー

香港セブンズ最多優勝

1976年創設の香港セブンズは、ワールドラグビーセブンズシリーズで最も権威ある大会と広く知られている。2019年4月7日、フィジーがフランスを21-7でくだして5連覇し、通算19回目の優勝を達成した。これに次ぐニュージーランドは11回の優勝。フィジーはリオデジャネイロオリンピックで優勝し、7人制ラグビーの現オリンピック王者でもある。

ラグビーワールドカップ 最速ドロップゴール

ダン・ビガー（イギリス）が、ウェールズ代表として、2019年9月29日に東京スタジアムで行われた対オーストラリア戦において、試合開始後わずか36秒でドロップゴールを決めた。

チャンピオンズカップ通算最多トライ

2019年11月24日、クリス・アシュトン（イギリス）が、大会通算40トライを記録。アシュトンは、ノーサンプトン・セインツで8、サラセンズで29、RCトゥーロンで2、セール・シャークスで1トライを決めている。

ラグビーワールドカップ 最多連勝（個人）

セカンドロー、サム・ホワイトロック（ニュージーランド）が、2011年9月9日から2019年10月19日まで、ラグビーワールドカップで18試合連続して勝利。2011年と2015年にはニュージーランドは優勝もはたした。

ホワイトロックは、デビュー戦から8年と67日でラグビーユニオン国際試合代表100キャップ最速達成も記録。

ラグビーワールドカップ通算最多出場

2019年9月22日、セルジオ・パリセ（イタリア）が47-22で勝利した対ナミビア戦で、2003年大会以来、5大会連続ワールドカップ出場を達成。1991年から2007年のブライアン・リマ（サモア）と1999年から2015年のマウロ・ベルガマスコ（イタリア）に並んだ。

パリセは、**ファイブ/シックスネーションズ通算最多出場**も、2019年2月2日の対スコットランド戦に出場してブライアン・オドリスコル（アイルランド）の記録65を抜き、その後69まで伸ばしている。

ナショナルラグビーリーグ 通算最多出場

キャメロン・スミス（オーストラリア）が、2020年3月21日現在、オーストラリアのプロ男子ラグビーリーグのメルボルン・ストーム所属で通算413試合に出場。2019年7月13日に、ストームがクロヌラ＝サザランド・シャークスを40-16でくだした試合で史上初の400試合出場をはたした。

ラグビーワールドカップの同じ試合で トライを決めた最多兄弟

2019年10月2日、ボーデン、ジョーディー、スコットのバレット3兄弟（ニュージーランド）が、大分県で行われた対カナダ戦でそろってトライを決め、63-0で勝利した。3兄弟による先発出場は、1995年5月30日のエリシ、マヌ、フェアオのヴニポラ3兄弟（トンガ）以来となる。

チャレンジカップ決勝最年少出場選手

ホリー・ドッド（イギリス、2003年7月26日生まれ）が、2019年7月27日にイギリス、グレーター・マンチェスターで行われた女子チャレンジカップ決勝に16歳1日で出場している。ドッドは、ラグビーリーグに所属する前はボールルームダンスの国内チャンピオンだった。

ラグビーワールドカップ最多優勝

2019年11月2日、神奈川県横浜市で行われたラグビーワールドカップ決勝で南アフリカがイングランドに32-12で完勝。1995年と2007年にも優勝している南アフリカはニュージーランドの記録3回（1987年、2011年、2015年）に並んだ。

テニス

1大会で獲得した最高賞金額

2019年11月3日、アシュリー・バーティ（オーストラリア）が、中国の深圳湾スポーツセンターで開催されたWTA（女子テニス協会）ファイナルズで、エリナ・スビトリナをくだして優勝。賞金442万ドル（約4億8,182万2,800円）を獲得した。

全英オープンシングルス本戦に予選から勝ち上がった最年少女子選手（オープン化以後）

2019年6月27日、コリ・"ココ"・ガウフ（アメリカ、2004年3月13日生まれ）が、イギリス、ロンドンで開催された全英オープン予選を15歳106日で勝ち上がり、本選出場をはたした。

全豪オープン男子シングルス最多優勝

2020年2月2日、ノバク・ジョコビッチ（セルビア）がメルボルン・パークでドミニク・ティエムを5セットでくだし、8回目の全豪優勝を達成。同時にオープン化後のグランドスラムを3つの異なる年代で優勝した最初の男子選手にもなった。

全英オープンシングルス決勝最長時間

ノバク・ジョコビッチとロジャー・フェデラーが、2019年7月14日、全英オープン決勝で4時間57分におよぶ激闘を繰り広げた。ジョコビッチはファイナルセットがタイブレークになった最初のグランドスラム男子シングルス決勝に勝利した。

グランドスラムシングルス最多連続出場

2020年全豪オープン時点で、フェリシアーノ・ロペス（スペイン）が、2002年全仏オープンから72大会連続でのグランドスラムのシングルス出場を達成した。

ATPマスターズ1000大会シングルス最多優勝

ラファエル・ナダル（スペイン）が、ATP（男子プロテニス協会）ツアーのマスターズ1000大会で35回優勝している。直近では、2019年のロジャーズ・カップ決勝でダニール・メドベージェフ（ロシア）を6-3、6-0でくだして優勝した。

ATPツアー本戦で勝利した最初の聴覚障害選手

2019年8月20日、イ・ダクヒ（韓国）が、アメリカ、ノースカロライナ州のウェイクフォレスト大学で行われたウィンストン・セーラム・オープン1回戦でヘンリー・ラクソネンを7-6、6-1でくだした。

グランドスラム車いす部門最多優勝

国枝慎吾が、2020年全豪オープンと全米オープンの車いす部門男子シングルスで優勝し、グランドスラム通算45回目（シングルス優勝24回、ダブルス優勝21回）の優勝を達成した。シングルスで21回、ダブルスで23回優勝したエステル・フェルヘールの記録を抜いた。

グランドスラムシングルス通算最多勝利

2020年1月28日現在で、ロジャー・フェデラー（スイス）が、ウィンブルドン（全英）、全豪、全仏、全米のグランドスラム4大会のシングルスの試合で通算362勝している。『フォーブス』誌の推定によれば、フェデラーは2019年6月1日までの12カ月で、テニス選手史上最高年収9,340万ドル（約101億8,150万5,900円）を稼いだという。

男子テニスツアー大会通算最多勝利は、ジミー・コナーズ（アメリカ）の109。

グランドスラムシングルス決勝進出の最長期間

2019年9月7日、セリーナ・ウィリアムズ（アメリカ、1981年9月26日生まれ）が、1999年9月11日に初めてグランドスラムでの決勝進出をはたして以来、自身通算33回目となる全米オープンのシングルス決勝に出場。グランドスラムのシングルス決勝の初進出から19年と361日後のことだった。

格闘技

レークフスは、WBO、WBA、IBF、WBCの各女子世界ウェルター級王座を、2014年9月13日以降、2019年11月30日現在まで5年78日間保持し続けており、**ボクシング4団体統一世界王者最長保持**の記録ももつ。

IBJJF世界柔術選手権
個人通算最多金メダル

マーカス・アルメイダ（ブラジル）が、2019年にIBJJF（国際ブラジリアン柔術連盟）世界柔術選手権（通称ムンジアル）で、12個目と13個目の金メダルを獲得。アルメイダは、ウルトラヘビー級で7回、オープンクラスで6回優勝している。

個人通算最多金メダル（女子）は2012〜19年までにライト級で7回、オープンクラスで2回優勝のベアトリス・メスキータ（ブラジル）の9個。

IJFワールド柔道ツアー
通算最多金メダル

2019年10月24日、マイリンダ・ケルメンディ（コソボ）がグランドスラム・アブダビで優

ボクシング最年長ウェルター級世界王者

マニー・パッキャオ（フィリピン、1978年12月17日生まれ）が、2019年7月20日、キース・サーマンに判定勝ちして、40歳215日でWBA世界ウェルター級王座を獲得。パッキャオは、**最多階級制覇8階級**の記録ももつ。

> パッキャオは、10代から40代まで4つの異なる年代において世界タイトルを保持したことがある、唯一のボクサーだ。

ボクシング世界王者の最多無敗試合

2019年10月25日、ワンヒン・ミナヨーティン（別名チャヤポーン・ムーンスリー、タイ）が、シンピウェ・コンコをくだしてWBC世界ミニマム級王座を12度防衛。自身のプロ戦績も通算54戦54勝にした。

ボクシング女子世界王者の最多無敗試合は、セシリア・ブレークフス（ノルウェー、コロンビア生まれ）の36。ブ

ボクシング4団体統一世界王者最速達成

2019年4月13日、クラレッサ・シールズ（アメリカ）が、プロ9戦目にしてWBO女子世界王者クリスティーナ・ハマーをくだして世界ミドル級統一に成功。シールズはプロ4戦で2団体のスーパーミドル級世界王者になったあと、ミドル級に転向した。2020年1月10日には、イヴァナ・ハバジンを破り、空位のWBCとWBOの女子世界スーパーウェルター級タイトルを獲得し、**ボクシング3階級世界王者最速達成**も記録した。

> 女子ボクシング界で圧倒的な力を見せつけるだけでは満足せず、シールズは2020年時点で、総合格闘技への進出も検討している。

IJFワールド柔道ツアー最速一本勝ち

2019年9月21日、シャロフィディン・ボルタボエフ（ウズベキスタン）が、ウズベキスタンで行われたIJFグランプリ・タシュケントの81kg級2回戦で、試合開始後2秒88に完璧な体落としでナイ・リガキに一本勝ちした。シャロフィディンはそのまま同大会で優勝した。

勝し、IJF（国際柔道連盟）ワールドツアー通算18個目の金メダルを獲得。すべて女子52kg級での優勝だ。

IJFワールド柔道ツアー通算最多メダルは36個で、ムンフバット・ウランツェツェグ（モンゴル）が、2010年12月17日から2020年2月8日まで

リ・ブダペスト女子57kg級において、銅メダルを39歳30日で獲得した。

最年長金メダリストは、2018年8月11日に37歳300日で獲得したミクローシュ・ウングバリ（ハンガリー、1980年10月15日生まれ）だ。

フェンシング世界選手権サーブル最多優勝（女子）

2019年7月20日、オリガ・ハルラン（ウクライナ）が、ハンガリー、ブダペストでライバルのソフィヤ・ヴェリカヤを15-14でくだし、2013～14年、2017年に続き4度目の世界選手権優勝をはたした。

に、女子48kg級および52kg級で、金11個、銀11個、銅14個のメダルを獲得している。

IJFワールド柔道ツアー最年長メダリスト

サブリナ・フィルツモザー（オーストリア、1980年6月12日生まれ）が、2019年7月12日、ハンガリーで開催されたIJFグランプ

ONEチャンピオンシップ最多防衛回数

ビビアーノ・フェルナンデス（ブラジル）が、2019年10月13日、ONEバンタム級世界タイトルの8度目の防衛に成功した。

空手1 プレミアリーグ通算最多金メダル

2020年1月24日、WKF（世界空手連盟）が主催する空手1 プレミアリーグの男子形で、喜友名諒が通算19個目の金メダルを獲得。2012年以来、全21試合のうち喜友名が負けたのは、わずか2回だ。2年に一度開催される世界空手道選手権大会の男子形でも2014～18年に連続優勝し、最多優勝回数の3回を記録している。

大相撲横綱最長在位

白鵬翔（モンゴル生まれ）が、2007年7月から2020年3月まで、76場所連続で横綱を続けている。白鵬以前の記録は、北の湖敏満が1974年から1985年の間に達成していた63場所だった。

大阪府で行われた2020年春場所で、白鵬は自身のもつ幕内最多優勝を44回に更新した。

UFC

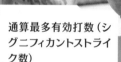

最多勝（女子）

2019年12月14日、アマンダ・ヌネス（ブラジル、上写真右）が、UFC245においてジャーメイン・デ・ランダミーを判定でくだしてUFCでの12勝目をあげ、同時に**最多連勝（女子）**10も記録した。バンタム級とフェザー級両方の現チャンピオンであるヌネスは、**UFC初の2タイトル同時保有女子選手**でもある。

最多勝

ドナルド・"カウボーイ"・セラーニ（アメリカ）が、2011年2月5日～2019年5月4日の間にUFC（アルティメット・ファイティング・チャンピオンシップ）の試合で、23勝している。

2020年2月15日に、ジム・ミラー（アメリカ）が、セラーニがもつ**通算最多出場**の記録34に並んだ。

最多サブミッション勝利

チャールズ・オリベイラ（ブラジル）が、2010年8月1日～2020年3月14日までに、14回相手にタップアウトさせて勝利している。最新のサブミッション勝ちは、ブラジル、ブラジリアで行われたUFCファイトナイト170で、ドナルド・セラーニと並ぶ**最多フィニッシュ勝利**16回となった。

最多勝（タイトル戦）

2020年2月8日、ジョン・"ボーンズ"・ジョーンズ（アメリカ）が、UFC247でドミニク・レイエスに判定勝ちをしてタイトル戦14勝目をあげ、ジョルジュ・サンピエールを抜き歴代単独1位に立った。UFC214でのジョーンズのタイトル戦はアンチ・ドーピング規定に違反していたことで無効になっている。

最多連続KO勝利（女子）

2019年10月18日、メイシー・バーバー（アメリカ）がUFC3戦目で3度目のKO勝ちを決めた。"ザ・フューチャー"の愛称をもつバーバーは、同じくUFCでの最初の3戦でKO勝ちしたクリス・サイボーグ（ブラジル/アメリカ、出生名クリスチアーニ・ジュスチーノ・ヴェナンシオ）と、アマンダ・ヌネスのもつ記録に並んだ。

通算最長試合時間

フランキー・エドガー（アメリカ）が、2019年12月21日現在、試合用のケージであるオクタゴン内で7時間15分51秒間試合をして、26戦で17勝をあげている。

通算最多有効打数（シグニフィカントストライク数）

マックス・ホロウェイ（アメリカ）が、UFCでの出場22試合において、有効打を通算2,071回決めている。フェザー級のホロウェイは、2018年12月8日には、ブライアン・オルテガ相手に1試合最多有効打数となる290回を記録した。

UFC試合最速勝利				
最速	時間	記録保持者	対戦相手	年月日
KO勝利	5秒	ホルヘ・マスヴィダル（アメリカ）	ベン・アスクレン	2019年7月6日
KO勝利（女子）	16秒	ロンダ・ラウジー（アメリカ）	アレクシス・デイヴィス	2014年7月5日
		ジャーメイン・デ・ランダミー（オランダ）	アスペン・ラッド	2019年7月13日
タイトル戦	13秒	コナー・マクレガー（アイルランド）	ジョゼ・アルド	2015年12月12日
タイトル戦（サブミッション）	14秒	ロンダ・ラウジー	キャット・ジンガノ	2015年2月28日

スポーツ

クリケット

は、クリケット・ワールドカップ 1 試合最多ラン（両チーム合計）714 を記録。オーストラリアが 381 ランをあげ、48 ラン差で勝利した。

1 オーバー最多ウィケット奪取
3 人のクリケット選手が、プロ試合において 1 オーバー（6 球）で 5 ウィケット奪取を記録している。オタゴ所属のニール・ワグナー（ニュージーランド）が、2011 年 4 月 6 日のプランケット・シールドで。UCB-BCB XI 所属のアル・アミン・ホサイン（バングラデシュ）が、2013 年 12 月 26 日のビクトリー・デイ T20 カップで。カルナタカ所属のアビマニュ・ミトゥン（インド）が、2019 年 11 月

クリケット・ワールドカップ 1 大会最多センチュリー
インド代表の先頭打者ロヒット・シャルマが、2019 クリケット・ワールドカップの 9 試合で 5 回センチュリーを記録した。最高得点は 6 月 16 日の対パキスタン戦で記録した 140 ラン。1 試合平均で 81 ラン、大会全体で 648 ランは歴代第 3 位の記録だった。

29 日のシド・ムシュタク・アリー杯でそれぞれ記録している。

T20 インターナショナル 1 試合個人最多シックス
ハズラトゥラ・ザザイ（アフガニスタン）が、2019 年 2 月 23 日にインドのデラドゥンで行われた対アイルランド戦で、162 ノットアウトの 62 球でシックス 16 回を記録。

T20 インターナショナル 1 試合ボーラー最高成績
アンジャリ・チャンド（ネパール）が、ネパール、ポカラで、2019 年 12 月 2 日に行われた対モルディブ戦にて、13 球で 6 ウィケット 0 ランを記録。最初の 1 オーバー目で 3 ウィケットを奪取、自身の国際試合デビューをハットトリックで飾った。

T20（トゥエンティ20）インターナショナル 1 試合最多得点（女子）
2019 年 10 月 2 日、アリッサ・ヒーリー（オーストラリア）が、オーストラリア、ニューサウスウェールズで行われた T20 インターナショナルの対スリランカ戦で 148 ノットアウトを記録し、フォー 19 回とシックス 7 回を含む自身初のセンチュリー（100 ラン）を達成した。

クリケット・ワールドカップ 1 大会最多ウィケット奪取
速球ボーラーであるミッチェル・スターク（オーストラリア）が、2019 ワールドカップ 10 試合において、ウィケットあたり平均 18.59 ランで、バッツマン 27 人からウィケットを奪取している。6 月 6 日の対西インド諸島戦と 6 月 29 日の対ニュージーランド戦では、それぞれ 5 ウィケットを奪取。6 月 20 日、オーストラリアとバングラデシュ

テストマッチでハットトリック達成の最年少ボーラー
ナジーム・シャー（パキスタン、2003 年 2 月 15 日生まれ）が、2020 年 2 月 9 日、16 歳 359 日でハットトリックを達成。パキスタンで行われた試合で、ナジュム・ホサイン・シャント、タイジュル・イスラム、モハマド・マムドゥラの 3 人から 3 球連続ウィケットを奪取した。

スーパーオーバー（タイブレーク）で試合が決した初のクリケット・ワールドカップ決勝
2019 年 7 月 14 日、イングランドが、イギリス、ロンドンで行われたクリケット・ワールドカップ決勝でニュージーランドに勝利。50 オーバー終了時に 241 ランで同点だったためタイブレーク "スーパーオーバー" に突入。ここでも同点だったが、バウンダリー超えが 26 対 17 で多かったイングランドが勝者に。同大会 6 月 18 日、イングランドのオーウェン・モーガン（上挿入写真）は対アフガニスタン戦で**ワンデイ・インターナショナル 1 試合個人最多シックス** 17 回を記録。

ボールスポーツ

ファウストボール男子世界選手権最多優勝
ローマ帝国時代にまでさかのぼるヨーロッパ起源のバレーボールに似たこの競技は、ボールをこぶしまたは腕のみで触り（手を開いて打つのは禁止）、プレーヤーがタッチする前にボールがワンバウンドすることは許される。ドイツが、2019年8月17日にスイス、ヴィンタートゥールで行われた決勝でオーストリアをセット数4-0でくだし、12度目の世界選手権優勝を達成した。

女子リアルテニス世界選手権最多連続優勝
2019年1月26日、クレア・フェイヒー（イギ

リス）が、オーストラリア、ビクトリア州にて行われたシングルス決勝でイサベル・キャンディを6-0、6-0でくだし、2011年から同選手権5度目の優勝を達成した。

ITTFワールドツアーのグランドファイナル最多連続優勝（シングルス）
陳夢（中国）が、2019グランドファイナルで王曼昱を4-1でくだして3連覇を達成。2011〜13年に劉詩雯（中国）が達成した記録に並んだ。

世界インドアラクロス選手権最多優勝
2019年9月28日にカナダ、ブリティッシュ・コロンビア州で行われた決勝で、カナダは先住民のイロコイ族代表チームを19-12でくだして5度目のコッカートン・カップを獲得。同選手権創設以来すべての大会に優勝しているカナダは、この大会でまだ1試合も負けていない。

ネットボール・ワールドカップ最多出場
ロンダ・ジョン＝デーヴィス（トリニダード・トバゴ）が、2019年7月12日、76-45で敗れた対南アフリカ戦で、自身6回目のネットボール・ワールドカップ出場をはたした。デーヴィスは、バスケットボールでも同国代表チームでの国際試合出場経験がある。

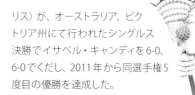

MLL（メジャーリーグ・ラクロス）通算最多得点
ジョン・グラント・ジュニア（アメリカ）が、MLLで2001〜19年に通算631点をあげている。グラント・ジュニアは一時引退したが、3年後の2019年にデンバー・アウトローズ所属でリーグに復帰した。彼は、**MLL通算最多ゴール**387も記録している。

ITTF（国際卓球連盟）ワールドツアーのシングルス最多優勝（男子）
馬龍（中国）がITTFワールドツアーにおいて通算28勝している。"ドラゴン" の愛称をもつ馬は、直近では2019年6月2日に中国オープンで優勝。2008〜09年、2011年、2015〜16年と**グランドファイナル男子シングルス最多優勝**5回も記録。

ワールドカップバレーボール女子大会最多優勝
中国が、2019年9月14〜29日に日本で行われた総当たり戦の大会で11戦全勝し、1981、1985、2003、2015年に続き女子ワールドカップの5度目を制覇。主将の朱婷（上写真、背番号2）は、大会MVPを2度受賞した初めての選手となった。

ハンドボール世界年間最優秀選手賞最多受賞
クリスティナ・ニャグ（ルーマニア）が、IHF（国際ハンドボール連盟）年間最優秀選手賞を2010、2015、2016、2018年の4回受賞している。CSMブカレスト所属でレフトバックのニャグは、2017/2018EHF（欧州ハンドボール連盟）チャンピオンズリーグにおいて110ゴールを決めて大会ゴール王になった。

ゲーリックフットボールのオールアイルランド・ファイナル最多連続優勝
2019年9月14日、アイルランドのダブリンで行われた決勝再試合でダブリンがケリーを1-18対0-15でくだして5連覇。いっぽうのケリーは**オールアイルランド・ファイナル最多優勝**37回を1903〜2014年の間にあげている。

ニャグは、欧州女子ハンドボール選手権での通算最多ゴール記録237ももっている。

225

オートスポーツ

F1（フォーミュラ・ワン）最速ピットストップ

レッドブル・レーシング（オーストリア）が、2019年11月17日に行われたブラジルグランプリでマックス・フェルスタッペンのピットストップを1秒82で完了。同シーズンのイギリスグランプリとドイツグランプリに続き記録更新をはたした。

F1ポイント獲得の最長間隔

2019年7月28日、ロバート・クビサ（ポーランド）が、ドイツグランプリで10位に入り、2010年11月14日以来8年256日ぶりにF1ポイントを獲得。クビサの競技生活は、2011年にラリー大会のロンド・ディ・アンドラにおける大ク

インディカーレース最年少優勝者

2019年3月24日、コルトン・ハータ（アメリカ、2000年3月30日生まれ）が、アメリカ、テキサス州オースティンで行われたインディカー・クラシックを18歳359日で優勝。2019年6月22日には、アメリカ、ウィスコンシン州エルクハート・レイクで行われたREVグループグランプリで、**インディカーでポールポジション獲得の最年少人物**（19歳84日）にもなっている。

ハミルトンが新たな高みに到達

ルイス・ハミルトン（イギリス）は、メルセデス所属で2019年に自身6度目のF1タイトルを獲得し、ミハエル・シューマッハ（ドイツ、上挿入写真）がもつ**F1最多チャンピオン**7回の記録を追っている。シューマッハの記録でハミルトンが視界にとらえているものは、**レース最多優勝**91回、**同一GP最多優勝**8回などがある。すでにハミルトンは、**最多ポールポジション獲得**88と**最多連続出走**250の記録をもっている。

MotoGP史上最多ポールポジション獲得

マルク・マルケス（スペイン）が、2009年5月16日から2019年10月19日までに、グランプリレースで90回ポールポジションを獲得。世界チャンピオン8回のマルケスは、MotoGPで62回、Moto2で14回、125ccクラスで14回ポールポジションをとっている。

ラッシュ事故により、右前腕に重度の複雑骨折を含む重傷を負ったことで、中断を余儀なくされていた。

コンストラクターのF1最多出走

2019年シーズン終了時点で、スクーデリア・フェラーリ（イタリア）がF1レースに991回出走している。そのロゴから"跳ね馬"の愛称をもつ同チームの初出走は、1950年のモナコグランプリだった。

フェラーリは、**F1最多優勝**238をあげている。1951年イギリスグランプリをホセ・フロイラン・ゴンザレスの運転で初優勝。直近では2019年シンガポールグランプリをセバスチャン・ベッテルの運転で優勝している。

MotoGPポールポジション獲得の最年少人物

2019年5月4日、ファビオ・クアルタラロ（フランス、1999年4月20日生まれ）が、スペ

NHRA（全米ホットロッド協会）レース最多優勝

2020年2月3日時点で、ジョン・フォース（アメリカ）がNHRAドラッグレースのファニーカー部門のレースに151回優勝。フォースは最初の9シーズン1勝もできなかったが1987年6月に初優勝し、その後ファニーカー部門のチャンピオンに16回輝く。フォースは、150勝目を2019年8月4日にノースウェスト・ナショナルズ（左写真）で達成した。

NHRA初の公式レースは、1953年4月、アメリカ、カリフォルニア州ポモナの駐車場で開催。

カ）は、トップ・フューエル部門のチャンピオンである。2019年11月1日、アメリカ、ネバダ州ラスベガスで行われたドッジNHRAナショナルズで時速544.23kmを記録している。

ブリタニーは、2019年9月14日、アメリカ、ペンシルベニア州モーントンでの開催時には、**NHRAトップ・フューエルレース最短タイム**3秒623も達成している。

NHRAプロ・モッドレース最速記録

2019年6月22日、エリカ・エンダース（アメリカ）が、アメリカ、オハイオ州ノーウォークで行われたNHRAナショナルズの予選で時速420.39 kmを達成。エンダースは、運転していたシボレー・カマロが走行後に炎上したため車から脱出する羽目になった。

NHRAプロ・モッドレース最短タイムは、スティーブ・ジャクソン（アメリカ）

NASCAR（全米自動車競争協会）レース最多優勝

カイル・ブッシュ（アメリカ）が、2004年5月14日から2020年2月21日までに、NASCARストックカー部門で計209回優勝し、1960年2月28日から1984年7月4日の間に**カップ・シリーズレース最多優勝**の200勝をあげたリチャード・ペティ（アメリカ、上挿入写真）の記録を抜いた。ブッシュは、**エクスフィニティ・シリーズ最多優勝**96、**トラック・シリーズ最多優勝**57を記録している。

Wシリーズ初のチャンピオン

ジェイミー・チャドウィック（イギリス）は、女性限定のF3レベル選手権で6戦中2勝し、Wシリーズ2019年シーズンで優勝した。彼女はその後、F1チーム、ウィリアムズの開発ドライバーに加わる。現在までにF1レース出走の資格を得た女性ドライバーはふたりだけで、**最多出走（女子）**は1975年3月1日から1976年8月15日の間に、GP戦に12回出走したレラ・ロンバルディ（イタリア）。

インのヘレス・デ・ラ・フロンテーラで行われたスペイングランプリでポールポジションを20歳14日にして獲得。決勝では、従来記録をもっていたマルク・マルケスが予選の雪辱をはたして優勝した。

NHRAプロ・ストック・モーターサイクル最多優勝

プロ・ストック・モーターサイクル部門のチャンピオンに6度輝いたアンドリュー・ハインズ（アメリカ）が、2002年から2019年10月14日までに通算56レースで優勝している。

NHRAトップ・フューエルレース最速記録（1,000フィートトラック）

NHRAのレジェンドであるジョン（左ページ下写真）の娘、ブリタニー・フォース（アメリ

スーパーバイク世界選手権最多タイトル獲得

カワサキレーシングチームのジョナサン・レイ（イギリス）が、2019年に5年連続で世界選手権を制覇した。レイは、2009年6月21日から2020年3月1日までに、**スーパーバイク世界選手権レース最多優勝**89も記録。

が、2019年3月17日にアメリカ、フロリダ州ゲインズビルで記録した5秒643。

マン島TTレース　サイドカー最速記録

ベンとトムのバーチャル兄弟（ともにイギリス）が、2019年6月3日にマン島TTコース3周を57分24秒005で完走。ふたりが乗っていたマシンはホンダ600 LCRだった。

フォーミュラEレース最多優勝

2019年7月13日、セバスチャン・ブエミ（スイス）が、ニューヨークシティe-Prixに優勝して、電気自動車のフォーミュラカーレースで通算13勝目を達成。ブエミは、フォーミュラE創設後3レース目でシリーズ初勝利をあげている。2015年1月10日から2019年7月13日までに、**フォーミュラE最多ポールポジション獲得**14も記録。

ターゲットスポーツ

世界女子スヌーカー選手権最多優勝

リアン・エバンス（イギリス）が、2019年6月23日、タイ、バンコクのハイエンド・スヌーカー・クラブで行われた決勝でヌチャルット・ウォンガルタイを6-3でくだし、12度目の世界制覇を達成した。

アーチェリーアウトドアターゲット50m36射リカーブ最高得点（男子）

キム・ウジン（韓国）が、2019年10月6日、韓国のソウルで開催された第100回全国体育大会で360点満点中352点を記録。22年間破られていなかったキム・ギョンホの従来記録351点を更新した。

アーチェリーアウトドアターゲット70m72射リカーブ最高得点（女子）

2019年6月10日、カン・チェヨン（韓国）が、オランダ、スヘルトーヘンボスで行われた

ISSF（国際射撃連盟）10mエアライフル最高得点（男子）

余浩楠（中国）が、2019年8月30日、ブラジル、リオデジャネイロで行われたISSFワールドカップの男子10mエアライフル決勝で252.8を記録して、ワールドカップ初優勝を飾った。余は当時20歳だったので、世界ジュニア記録も更新した。

PBAツアーイベント最年長出場者

カーメン・サルヴィーノ（アメリカ、1933年11月23日生まれ）が、2020年2月6日、アメリカ、オハイオ州フェアローンのAMFリビエラ・レーンズで行われたPBA（全米プロボウラーズ協会）トーナメント・オブ・チャンピオンズに、86歳75日で出場。サルヴィーノ（下写真は2019年撮影）にとって、734回目の出場だった。

スヌーカー　プロ1試合最多センチュリーブレーク（個人）

ジャッド・トランプ（イギリス）が、2019年5月5〜6日に行われた世界スヌーカー選手権のジョン・ヒギンズに18-9で勝った決勝で、センチュリーを7回記録。1994年にスティーブン・ヘンドリー（イギリス）、2016年に丁俊暉（中国）が達成した記録に並んだ。トランプとヒギンズの両者でセンチュリーを合わせて11回記録し、**1試合最多センチュリーブレーク（両者合計）**も達成。

アーチェリー世界選手権のランキングラウンドで720点満点中692点を記録。アーチェリーアウトドアターゲットにおける72射は、マッチプレーラウンドでのシード順を確定する予選となる。

パラ射撃男子10mエアピストル最高得点（SH1）

ラーフル・ジャカル（インド）が、2019年7月28日、クロアチア、オシエクで行われたパラ射撃ワールドカップで240.1を記録して金メダルを獲得した。SH1は、自力でライフルまたはピストルの重量を支えて射撃可能なアスリートたちのクラスだ。

アーチェリーワールドカップ最多優勝

男子リカーブで2010〜11年、2014年、2016年、2019年に優勝したブレイディ・エリソン（アメリカ、上写真）と、女子コンパウンドで2014〜15年と2017〜19年に優勝したサラ・ロペス（コロンビア、下写真）は、アーチェリーワールドカップで5回優勝。エリソンは、2019年8月7日にペルー、リマで行われたパンアメリカン競技大会で**アーチェリーアウトドアターゲット70m72射リカーブ最高得点（男子）**702も達成。

初期のオリンピックでは、アーチェリーの選手たちは、ポールの上に置かれた標的、ときには生きた鳥さえ標的にして競技を行っていた！

インドアボウルズ世界選手権最多優勝

アレックス・マーシャル（イギリス）が、1995〜2019年の間にインドアボウルズ世界選手権で、**シングルス最多優勝**6回と、男子ダブルス優勝6回、混合ダブルス優勝2回の合計14回優勝した。マーシャルは2019年1月21日、イギリス、ノーフォーク州グレート・ヤーマスで行われた男子ダブルス決勝で、ポール・フォスターとのペアで自身通算14度目の優勝を飾った。

サラ・ロペスは、**1,440ラウンド最高得点（コンパウンド、女子）**1,424点を含む世界記録を3つもつ。

ゴルフ

LPGA ツアー年間最多優勝

ミッキー・ライト（アメリカ）は、1963年の LPGA（全米女子プロゴルフ協会）ツアーでメジャー大会2勝を含む13勝をあげた。ライトは、ツアー通算82勝、メジャー大会では **LPGA選手権最多優勝**4回、およびベッツィ・ロールズ（アメリカ）と並ぶ **全米女子オープン最多優勝**4回を含む通算13勝をあげて、1969年に34歳で引退した。

ゴルフ最速ホールアウト（個人）

2019年6月25日、ルーベン・ホルガド・ゲレロがもっていた最速ホールアウト記録1分33秒4に、4人のゴルファーが挑戦。ギネス世界記録と認定されるには、ホールが最低500ヤードあり、プレイヤーがスタート時と同じ本数のクラブを最後まで携行し続けるのが条件。スペイン、マルベーリャのレアル・クラブ・デ・ゴルフ・グアダルミナのパー5の10番ホールで行われた挑戦で、トーマス・デトリー（ベルギー）が1分29秒62の新記録でホールアウトした。

最多連続ボギーなしホール数

コ・ジンヨン（韓国）が、2019年8月3〜29日にかけて、プロゴルフ試合114ホール連続ボギーなしを達成。2000年にタイガー・ウッズが樹立した110ホール連続ボギーなしの従来記録を更新した。

PGA ツアー最多優勝

2019年10月28日、タイガー・ウッズ（アメリカ）が、千葉県で開催されたZOZO CHAMPIONSHIPでPGAツアー82勝目を記録。ウッズは、1996年にラスベガス・インビテーショナルで初優勝してから23年目で、1936〜65年の間にサム・スニード（アメリカ）が樹立した記録に並んだ。

全米プロゴルフ選手権最少スコア（前半36ホール）

ブルックス・ケプカ（アメリカ）が、2019年5月16〜17日、アメリカ、ニューヨーク州ロングアイランドのベスページ・ブラックコースで開催された2019全米プロゴルフ選手権の前半を、63と65の計128ストロークで回った。初日スコアは16人の選手が分けあう **全米プロゴルフ選手権最少ラウンドスコア** に、前年度に続き並ぶものだった。ケプカはそのまま大会に優勝し、PGAツアーわずか6勝目ながらメジャー4度目の制覇を飾った。

アマチュア選手の全米オープン最少スコア

2019年6月16日、ヴィクトル・ホヴランド（ノルウェー）が、アメリカ、カリフォルニア州ペブルビーチGLで行われた全米オープンで280（69、73、71、67の4アンダー）を記録し、1960年にジャック・ニクラウスが樹立した従来記録282を更新。ホヴランドはその後まもなくプロに転向した。

ソルハイムカップ最大差勝利（フォアボール）

2019年、ソルハイムカップのフォアボール形式のマッチプレーで、アリー・マクドナルドとエンジェル・イン（ともにアメリカ）がアンナ・ノルドクビストとキャロライン・ヘドウォルを7&5でくだし、1998年にパット・ハーストとロージー・ジョーンズ（ともにアメリカ）がリサ・ハックニーとソフィー・グスタフソンをくだしたときの記録に並んだ。

ソルハイムカップ最少差勝利

2019年9月5日、ワイルドカード枠出場のスーザン・ペターセンが最後に約2mのパットを沈め、ヨーロッパがアメリカに勝利をおさめた。14.5対13.5の1ポイント差勝ちは、2015年ソルハイムカップでのアメリカ（これも14.5対13.5での勝利）と並ぶ最少差の勝利だった。

全英オープン最少スコア（最初の54ホール）

2019年7月18〜20日、シェーン・ローリー（アイルランド）が、イギリス、北アイルランドのロイヤル・ポートラッシュGCで開催された全英オープンの最初の3ラウンドで、197ストローク（67、67、63の16アンダー）を記録。各メジャー大会での72ホール最少スコアは、下記を参照。

メジャー大会最少スコア				
メジャー大会名	優勝者	年度	アンダーパー	スコア
マスターズ	ジョーダン・スピース（アメリカ）	2015	-18	270 (64,66,70,70)
	タイガー・ウッズ（アメリカ）	1997		270 (70,66,65,69)
全米プロゴルフ選手権	ブルックス・ケプカ（アメリカ）	2018	-16	264 (69,63,66,66)
全米オープン	ローリー・マキロイ（イギリス）	2011	-16	268 (65,66,68,69)
全英オープン	ヘンリク・ステンソン（スウェーデン）	2016	-20	264 (68,65,68,63)

全英オープン最多開催 はイギリス、スコットランドのセント・アンドリュースの29回。

陸上競技

世界陸上競技選手権大会

2年に1回開催される世界陸上競技選手権の第17回大会は、カタールのドーハを開催地に、2019年9月27日から10月6日まで行われた。

最年長メダリスト

2019年9月28〜29日、ジョアン・ビエイラ（ポルトガル、1976年2月20日生まれ）が、43歳221日にて男子50km競歩で銀メダルを獲得。暑さのため午後11時30分スタートとなったそのレースを、ビエイラは「地獄だった」と表現した。

通算最多出場

ヘスス・アンヘル・ガルシア（スペイン）が、1993年以来、

世界陸上50km競歩に13回出場している。2019年9月28〜29日のレースに、49歳で8位に入ったガルシアは、通算では金メダル1個、銀メダル3個を獲得している。

通算最多出場（女子）は、1991〜2011年に、10kmと20kmの競歩で計11大会に出場したスザナ・フェイトル（ポルトガル）。

最年少メダリスト（フィールド競技）

ヤロスラワ・マフチク（ウクライナ、2001年9月19日生まれ）が、2019年9月30日に18歳11日にして女子走り高跳びで銀メダルを獲得。マフチクは、これ以前の2019年3月3日には、17歳226日で

ダイヤモンドリーグ

世界陸上競技選手権男子ハンマー投げ通算最多金メダル
2019年10月2日、パヴェル・ファジェク（ポーランド）が、世界陸上4連覇を達成。ファジェクの4回の有効試技は、いずれも2位以下の選手の記録を上回るものだった。世界陸上で圧倒的な強さを誇るファジェクだが、オリンピックの決勝戦に進んだことはまだない。

最年少優勝者（女子）になっていた。
マフチクをおさえて世界選手権の走り高跳びで優勝したのは、マリア・ラシツケネ（ロシア）。記録2m04で大会3連覇を達成し、**走り高跳び通算最多金メダル（女子）**を3とした。

同一個人種目通算最多金メダル（女子）

2019年9月29日、シェリー＝アン・フレーザー＝プライス（ジャマイカ）が、女子100m走で4度目の世界陸上制覇を達成した。2007〜13年にヴァレリー・アダムス（ニュージーランド）が砲丸投げ（4連覇）で、2009〜13年と2017年にブリトニー・リース（アメリカ）が走り幅跳びで、2009年と2013〜17年にアニタ・ヴォダルチク（ポーランド）がハンマー投げでそれぞれ達成した記録に並んだ。
同一個人種目通算最多金メダル（男子）は、

世界陸上競技選手権通算最多金メダル
アリソン・フェリックス（アメリカ）が、2005年から2019年までに世界陸上で金メダル13個を獲得。2019年9月29日に4×400m混合リレーで優勝してウサイン・ボルトの記録を抜いた。その後、女子4×400mリレーでも優勝したフェリックスは、**世界陸上通算最多メダル**18（銀メダル3個、銅メダル2個）の記録ももつ。

カシャファリは、2017年5月24日、パラアスリートとしての初めてのレースで、100m競走（T12）の世界記録を打ち破っていた。

100m競走 最速記録（T12、男子）

2019年6月13日、サルム・アゲゼ・カシャファリ（ノルウェー、コンゴ民主共和国生まれ）がノルウェーのオスロで行われたビスレットゲームで10秒45を記録。パラアスリートの100m競走としての世界最速記録となった。

1マイル競走（女子）最速記録

シファン・ハッサン（オランダ、エチオピア生まれ）が、2019年7月12日にモナコで行われたダイヤモンドリーグで、女子1マイル走を4分12秒33で優勝。2019年2月17日には、同じくモナコで**5km競走（女子限定レース）最速記録**14分44秒も達成した。

日にロシアのモスクワで行われた第14回世界陸上の男子4×400mリレーに出場した、ジョナサン、ケヴィン、ディランのボルリー兄弟（全員ベルギー）の達成した記録に並んだ。

世界パラ陸上競技選手権大会

第9回世界パラ陸上競技選手権大会は、アラブ首長国連邦、ドバイで2019年11月7～15日に開催された。パラリンピックのクラス分けについては、*guinnessworldrecords.com*（英語）をチェック！

棒高跳び最高記録

アルマンド・デュプランティス（スウェーデン、アメリカ生まれ）が、2020年2月15日、イギリスのグラスゴーで行われたミュラー屋内グランプリで6m18の新記録を達成した。デュプランティスは、ルノー・ラビレニのもっていた棒高跳び室内記録と屋外記録6m16を更新した。

100m競走最速記録（T47、男子）

ペトルシオ・フェレイラ・ドス・サントス（ブラジル）が、2019年11月12日の100m予選で10秒42を記録。決勝でも10秒44の記録で金メダルを獲得し、ブラジル勢が表彰台を独占した。

車いす100m競走最速記録（T34、女子）

2019年11月10日、ハンナ・コックロフト（イギリス）が、16秒77の世界記録を達成し、世界パラ陸上で自身11個目の金メダルを獲得した。

走り幅跳び最長記録（T62、女子）

フルアー・ヨング（オランダ）が、2019年8月30日、フランスで行われたワールドパラアスレティックスグランプリ・パリ大会で5m21を記録。この大会でヨングは、100m競走最速記録（T62、女子）13秒16も達成したが、2019年11月12日にサラ・アンドレス・バリオ（スペイン）が12秒90を記録して更新されている。

女子400mハードルで、オリンピックと世界陸上の金メダルを樹立しているのは、ムハンマドとサリー・ガネル（イギリス）だけだ。

400mハードル最速記録（女子）

2019年10月4日、ダリラ・ムハンマド（アメリカ）が、ドーハ世界陸上にて52秒16の記録で金メダルを獲得。ムハンマドは、ワールドアスレティックス（世界陸連。旧IAAF国際陸上競技連盟）の2019年世界最優秀選手（女子）に輝いた。

200m競走最速記録（T36、女子）

史逸婷（中国）が、2019年11月9日、世界記録を同じ日に2度更新。予選では28秒54、決勝で28秒21を記録した。

400m競走最速記録（T12、男子）

アブデスラム・ヒリ（モロッコ）が、2019年11月9日、フィニッシュラインで元世界王者の同国選手マーデイ・アフリをわずかにかわして、47秒79の記録で金メダルを獲得した。

1983～97年に6連覇した棒高跳びのセルゲイ・ブブカ（ウクライナ）の6個。

同種目に同時出場した最多兄弟

2019年9月30日、ヤコブ、フィリップ、ヘンリクのインゲブリクトセン兄弟（全員ノルウェー）が男子5,000m競走決勝にそろって出場。兄弟のなかで最先着したのはヤコブで、メダルは逃したものの5位だった。インゲブリクトセン兄弟は、2013年8月15

ダイヤモンドリーグ最多タイトル獲得（男子）

2010～16年に棒高跳びで優勝したルノー・ラビレニ（フランス）と、2012～17年、2019年に三段跳びで優勝したクリスチャン・テイラー（アメリカ、右写真）のふたりが、ダイヤモンドリーグでタイトルを7回獲得している。

マラソン

50㎞走最速記録（女子）*
2019年9月1日、アリソン・ディクソン（イギリス）が、ルーマニアのブラジョフでのIAU（国際ウルトラランナーズ協会）50㎞世界選手権で、3時間7分20秒を記録。1989年以来世界記録だったフリス・ファンデルメルウェの3時間8分39秒を更新した。

マラソン最速記録（T46、男子）
右腕の下部を生まれつき欠いているマイケル・ローガー（オーストラリア）が、2020年1月19日、アメリカ、テキサス州で行われたヒューストンマラソンを2時間19分33秒の記録で優勝した。

100マイル走最速記録（男子）*
2019年8月24日、ザック・ビター（アメリカ）が、アメリカ、ウィスコンシン州ミルウォーキーで行われた大会で100マイルを11時間19分13秒で完走。この記録更新後、さらに40分走り続けたビターは、自身がもつ**12時間走最長記録（男子）***も168.792㎞に伸ばした。

24時間走最長記録（女子）*
2019年10月26～27日、カミーユ・ヘロン（アメリカ）が、フランス、アルビで行われたIAU24時間走世界選手権で270.116㎞を走行、自身がもっていた記録を8㎞ほど更新した。ヘロンは、**12時間走最長記録（女子）***149.130㎞および**100マイル走最速記録（女子）**12時間42分40秒ももっている。

*IAU（国際ウルトラランナーズ協会）の公認待ち

マラソン最速記録（女子）
2019年10月13日、ブリジット・コスゲイ（ケニア）が、シカゴマラソンを2時間14分4秒でゴール。2003年以来ポーラ・ラドクリフがもっていた記録2時間15分25秒を更新。2位以下を7分近く引き離しての優勝だ。

東京マラソン最速記録（女子）
2020年3月1日、ロナチェムタイ・サルピーター（イスラエル、ケニア生まれ）が、新型コロナウイルスの影響により200人のエリート選手のみで行われた東京マラソンで、従来記録を2分以上上回る女子マラソン歴代6位の2時間17分45秒で優勝した。

LONDON MARATHON 2020
Virgin money

2020年ロンドンマラソンは、新型コロナウイルス感染症の拡大により延期された。ギネスワールドレコーズはロンドンマラソンの12年間のパートナーとして、仮装したランナーたちが樹立した記録を振り返ることにした。

明記されていない限り、全員イギリス

- **本の登場人物（男性）** デヴィッド・ストーン（ドラキュラの格好）、2012、2時間42分17秒
- **妖精（男性）** マーティン・ハルバート、2012、2時間49分44秒
- **学校の制服（男性）** スティーブン・ニモ、2014、2時間50分17秒
- **水兵（男性）** スティーブン・リチャードソン、2013、2時間52分32秒
- **ライフガード（男性）** テリー・ミッドグリー、2015、2時間55分54秒
- **ローマ帝国の兵士** デヴィッド・トムリン、2012、2時間57分
- **バイキング（男性）** ポール・リチャーズ、2017、3時間3分11秒
- **スター・ウォーズの登場人物（男性）** マシュー・ラヴェドリン（X-ウイング操縦士の格好）、2018、3時間5分27秒
- **ボトル（男性）** チャーリー・ロング、2016、3時間9分37秒
- **警察官の制服** ポール・スワン、2011、3時間9分52秒
- **医師（女性）** ヴィクトリア・カーター、2015、3時間13分23秒
- **郵便ポスト** マシュー・コリンズ、2019、3時間14分32秒
- **学校の制服（女性）** ソフィー・ウッド、2013、3時間14分34秒
- **結婚衣装を着て（女性）** サラ・ダッジョン、2014、3時間16分44秒
- **サーカスの力持ち（男性）** スティーヴン・リーディング、2016、3時間19分30秒
- **クリケットの用具をもって** サブハシス・バスー、2015、3時間20分46秒
- **二人組衣装** ミカエル・オデル（スイス）とガイ・ダンスコム（馬とジョッキーの格好）、2018、3時間25分17秒

IRONMAN®（アイアンマン）世界選手権最速記録

2019年10月12日、ヤン・フロデノ（ドイツ）が、アメリカ、ハワイ州で行われたアイアンマン世界選手権で、水泳3.8kmを47分31秒、自転車180kmを4時間16分3秒、マラソン42.1kmを2時間42分43秒、計7時間51分13秒で3度目の優勝を飾った。

ボストンマラソン車いす部門最年少優勝者（男子）

2019年4月15日、20歳255日のダニエル・ロマンチュク（アメリカ、1998年8月3日生まれ）が、ボストンマラソン車いす部門を1時間21分36秒で優勝。1897年4月19日に初めて開催されたボストンマラソンは、**最も古い毎年開催されるマラソン大会**だ。

ロマンチュクは、2018年6月16日には**車いす800m最速記録（T54、男子）**1分29秒66を、2019年6月2日には**車いす5,000m最速記録（T54、男子）**9分42秒83も達成している。

マラソン最速記録（T12、男子）

エル・アミン・チェントゥーフ（モロッコ）が、2019年4月28日に行われたロンドンマラソンで、自身の従来記録を10秒短縮し、2時間21分23秒を記録。T12は、視覚障害をもつ選手のクラス。

グレートノースラン最多優勝

モー・ファラー（イギリス、ソマリア生まれ）が、2019年9月8日、イギリスで開催されたこのハーフマラソン大会において、自己ベストの59分7秒で6連覇を達成した。

ハーフマラソン最速記録

2019年9月15日、ジェフリー・カムウォロレ（ケニア）が、デンマークのコペンハーゲンハーフマラソンを58分1秒で優勝。記録挑戦を優先して世界陸上競技選手権を見送ったかいもあって、従来記録を17秒更新した。

マラソン距離最速記録

2019年10月12日、エリウド・キプチョゲ（ケニア）が、オーストリア、ウィーンで行われた「イネオス1:59チャレンジ」において、42.1kmを1時間59分40秒で走り、新たな歴史をつくった。しかし、マラソンの公式ルールにのっとっていなかっため、**マラソン最速記録**は、依然として彼が2018年9月16日にドイツ、ベルリンで達成した2時間1分39秒のままだ。

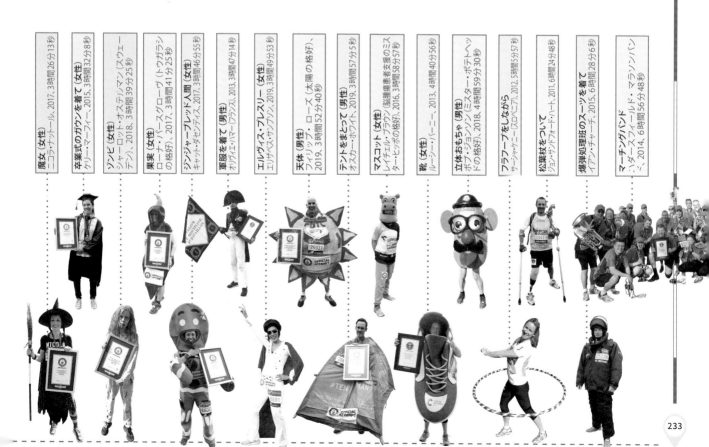

魔女（女性）　ニコラ・ナバロール、2017、3時間26分13秒

卒業式のガウンを着て（女性）　ジェリー・マーティーン、2015、3時間32分8秒

ゾンビ（女性）　シャーロット・オステルドマン（スウェーデン）、2018、3時間39分25秒

果実（女性）　ローナ・パースクローヴ（トウガラシの格好）、2017、3時間41分25秒

ジンジャーブレッド人間（女性）　キャサリン・ダセンティス、2017、3時間46分55秒

軍服を着て（男性）　オリヴィエ・エバロー（フランス）、2013、3時間47分14秒

エルヴィス・プレスリー（女性）　エリザベス・サブソン、2019、3時間49分53秒

天体（男性）　フィリップ・ロース（太陽の格好）、2019、3時間52分40秒

テントをまとって（男性）　オスカー・ホワイト、2019、3時間57分5秒

マスコット（女性）　レイチェル・ブラウン（脳性麻痺患者支援のミスターヒップの格好）、2016、3時間58分57秒

靴（女性）　ルーシー・バーリー、2013、4時間40分56秒

立体おもちゃ（男性）　ボブ・ジョンソン（ミスター・ポテトヘッドの格好）、2018、4時間59分30秒

フラフープをしながら　サーシャ・ケニー（スロベニア）、2012、5時間5分57秒

松葉杖をついて　ジョンサンド・フォードハート、2011、6時間24分48秒

爆弾処理班のスーツを着て　イアン・アディーチャー、2015、6時間28分6秒

マーチングバンド　???、2014、6時間56分48秒

水泳

S8 100m 背泳ぎ最速記録（女子）

2019年、イギリス、ロンドンで行われた世界パラ水泳選手権で、アリス・タイ（イギリス）が、S8 100m 背泳ぎを1分8秒04の記録で優勝。この大会で合計7個の金メダルを獲得した。タイは、2019年6月6〜9日、ドイツのベルリンで行われた競技会では、**S8 50m 自由形最速記録（女子）** 28秒97を含む7つの世界記録を一度に達成していた。タイは、重度の先天性内反足をもって生まれ、十数回にわたり矯正手術を受けてきた。

長水路4×200m フリーリレー最速記録（女子）

2019年7月25日、アリアン・ティットマス、マディソン・ウィルソン、ブリアナ・スロッセル、エマ・マキオンからなるオーストラリアチームが、世界水泳選手権で7分41秒50の記録で金メダルを獲得。2009年に中国チームが樹立した記録を更新した。

長水路200m バタフライ最速記録（男子）

2019年7月24日、クリストフ・ミラーク（ハンガリー）が、韓国、光州にて1分50秒73の記録を出し、世界水泳選手権で自身初の金メダルを獲得。10年間記録が破られなかったマイケル・フェルプスの1分51秒51を更新した。

この光州での世界水泳選手権では、ほかにも、7月26日にアントン・チュプコフ（ロシア）が**長水路200m 平泳ぎ最速記録（男子）**を2分6秒12で、7月28日にはレーガン・スミス（背泳ぎ）、リリー・キング（平泳ぎ）、ケルシー・ダリ

ア（バタフライ）、シモーネ・マニュエル（自由形）からなるアメリカチームが長水路4×100m メドレーリレー最速記録（女子）を3分50秒40で更新した。

短水路100m 背泳ぎ最速記録（女子）

2019年10月27日、ミナ・アサートン（オーストラリア）が、ハンガリーのブダペストで行われたISL（国際水泳リーグ）の大会で、短水路コースの100m 背泳ぎで54秒89を記録。短水路は25m、長水路は50mコースの競泳プールのことを指す。

2019年12月20日に行われたISLグランドファイナルでは、エナジー・スタンダード・チームの瀬戸大也が**短水路400m 個人メドレー最速記録**3分54秒81を樹立した。

ピーティは、2017年7月25日には、**長水路50m 平泳ぎ最速記録（男子）** 25秒95も達成している。

長水路200m 背泳ぎ最速記録（女子）

レーガン・スミス（アメリカ）が、2019年7月26日、韓国、光州で行われた世界水泳選手権で2分3秒35を記録。7月28日には**長水路100m 背泳ぎ最速記録（女子）** 57秒57も達成した。**長水路4×100m メドレーリレー最速記録（女子）** を達成したアメリカチームの一員でもあった。

FINA（国際水泳連盟）公認世界記録最多保持（現在）

2020年2月19日時点で、ケーレブ・ドレッセル（アメリカ）がFINA公認の競泳世界記録を7つ保有している。ドレッセルは、2019年7月26日には**長水路100m バタフライ最速記録（男子）** 49秒50、翌日には**長水路4×100m フリーリレー最速記録（混合）** 3分19秒40を記録。さらに2019年12月20日には、アメリカ、ネバダ州ラスベガスで行われたISLグランドファイナルで**短水路50m 自由形最速記録（男子）** 20秒24も樹立した。

短水路4×50m メドレーリレー最速記録（混合）

2019年12月5日、クリメント・コレスニコフ（背泳ぎ）、ウラジミール・モロゾフ（平泳ぎ）、アリーナ・スルコワ（バタフライ）、マリア・カメネワ（自由形）からなるロシアチームが、イギリスのグラスゴーで行われたヨーロッパ短水路選手権において、1分36秒22の新記録で金メダルを獲得した。

長水路100m 平泳ぎ最速記録（男子）

2019年7月21日、アダム・ピーティ（イギリス）が、世界水泳選手権の男子100m 平泳ぎ準決勝で56秒88を記録し、57秒の壁を破る最初の選手となった。ピーティは、この種目において2016年のオリンピックで金メダルを獲得し、歴代最速記録上位18回を保有したほか、世界記録更新5回と圧倒的な強さを誇っている。

ウォータースポーツ

女子セーリング最速記録（1海里）

2019年6月10日、ハイディ・ウルリック（スイス）が、フランスのラ・パルムで行われたプリンス・オブ・スピード大会で37.62ノット（時速69.67km）を記録し、WSSRCに公認された。

フリーダイビング ダイナミックアプネア・ウィズフィン最長記録（女子）

2019年10月13日、マグダレナ・ソリッチ＝タランダ（ポーランド）が、オーストリアのウィーンで開催のハイドロ・ダイナミック大会において、257mを水平に潜水した。

水球世界選手権最多優勝（女子）

2019年7月26日、韓国、光州にて、アメリカがスペインを11-6でくだして6度目の女子世界一に輝き、世界水泳選手権の水球で3連覇した最初の国になった。アメリカは、2004年から2019年までに水球ワールドリーグ最多優勝（女子）13回も記録している。水球ワールドリーグ最多優勝（男子）は、2007年から2019年までに10回優勝したセルビアだ。

男子カイトサーフィン最速記録（1海里）

ロベルト・ダグラス（アメリカ）が、2019年6月10日、フランスのラ・パルムで1海里を39.04ノット（時速72.30km）の記録で走行した。
同じイベントでマリーン・トラットラ（フランス）が、6月22日に女子記録35.86ノット（時速66.41km）を達成。両記録ともWSSRC（世界セーリングスピード記録評議会）に公認された。

FINA（国際水泳連盟）世界水泳選手権通算最多金メダル（女子）

アーティスティックスイミングのスベトラーナ・ロマシナ（ロシア）が、2005年以来、25個の金メダルを世界選手権で獲得。2019年大会で、ソロフリー、デュエットフリー、デュエットテクニカルで金メダルを獲得したロマシナは、世界選手権とオリンピックすべての決勝で優勝している。

パラボート シングルスカル2,000m最速記録（男子）

2019年9月1日、ロマン・ポリアンスキー（ウクライナ）が、オーストリアのリンツ・オッテンスハイムで行われた世界ボート選手権のPR1 M1X決勝を、9分12秒990で優勝。
パラボート男女混合舵手付きフォア2,000m最速記録は、エレン・バトリック、ギエドレ・ラカウスカイト（リトアニア生まれ）、ジェームス・フォックス、オリヴァー・スタンホープ、舵手のエリン・ワイソッキ＝ジョーンズ（全員イギリス）が、2019年8月29日に同選手権で6分49秒240を達成した。

カヌースラローム世界選手権通算最多金メダル（女子）

ジェシカ・フォックス（オーストラリア、フランス生まれ）が、2013年から2019年までにカヌースラローム世界選手権でタイトル10個を獲得。個人通算最多金メダルの7個をカヌー（C1）およびカヤック（K1）のソロ種目であげ、3個はC1のチーム種目でのものだ。

ユニバーシティ・ボートレース最年長出場者

1829年以来、オックスフォード大学とケンブリッジ大学は、毎年イギリス、ロンドンのテムズ川でボートレースの対抗戦を行っている。2019年4月7日、ジェームス・クラックネル（イギリス、1972年5月5日生まれ）が、46歳337日でケンブリッジ大学チームの一員として出場して、従来の最年長記録を10歳更新した。レースはケンブリッジ大学が16分57秒の記録でオックスフォード大学に勝ち、ユニバーシティ・ボートレース最多優勝を84とした。

フリーダイビング コンスタントウェイト・ビーフィン最深記録（男子）

両足それぞれにフィンを装着する「ビーフィン」は、フリーダイビングの世界組織AIDAが、2019年1月1日にコンスタント・ウェイト部門に創設した新種目。2019年8月6日、アレクセイ・モルチャノフ（ロシア）が、ホンジュラスのロアタン島で行われたカリビアンカップで110mを潜水。女子最深記録は、アレンカ・アルテニック（スロベニア）が、2019年6月11日、フィリピンのパングラオ島で達成した92m。

フォックスは、カヌースラローム世界選手権史上、最も成功した女子選手だった自身の母ミリアムを、この大会でついに追い抜いた。

ウインタースポーツ

FIS アルペンスキー・ワールドカップ 回転最多勝

ミカエラ・シフリン（アメリカ）は、2012年12月20日〜2019年12月29日に、FIS アルペンスキー・ワールドカップの回転種目で43レースに勝利している。
2019年11月23日、フィンランド、レヴィでの勝利で、インゲマル・ステンマルク（スウェーデン）のもつ**男子記録**40勝を追い抜いた。

FIS ワールドカップ最多勝

アメリー・ウェンガー＝レイモンド（スイス）が、2007

FIS（国際スキー連盟）フリースタイルスキー・ワールドカップ最多総合優勝（男子）

ミカエル・キングズベリー（カナダ）が、2019/20シーズンにフリースタイルスキー・ワールドカップの10大会中7大会で優勝して、9年連続の総合優勝を達成。
彼は、2019年2月9日には**FIS フリースタイルスキー世界選手権通算最多金メダル**も、2001〜03年のカーリー・トロー（ノルウェー）、2007〜11年のジェニファー・ハイル（カナダ）の記録4個に並んだ。

アルペンスキー世界選手権 最多金メダル（男子）

2019年2月17日、マルセル・ヒルシャー（オーストリア）が、スウェーデン、オーレで行われた男子回転種目で優勝し、世界選手権通算7個目の金メダルを獲得。1956〜58年にアントン・"トニー"・ザイラー（オーストリア）が達成した記録に並んだ。
ヒルシャーは、回転で3回、大回転で1回、複合で1回、団体で2回優勝している。
2019年9月に引退を発表したヒルシャーは、2011/12〜2018/19シーズンに、FIS アルペンスキー・ワールドカップ最多総合優勝となる8連覇も達成している。

FIS スキージャンプワールドカップ個人最多出場

スキージャンプの葛西紀明（写真は2019年）が、1988年12月17日〜2020年2月2日に、FIS ワールドカップの569大会に出場し、通算17回優勝。表彰台に63回上っている。葛西は**冬季オリンピック最多出場**8回も、1992年アルベールビルから2018年平昌までで記録。

年3月18日〜2020年2月8日に、FIS ワールドカップのレースで147回勝利している。

スピードスケート5,000m最速記録（女子）

2020年2月15日、ナタリア・ボロニア（ロシア）が、アメリカ、ユタ州ソルトレイクシティで行われたISU（国際スケート連盟）世界距離別スピードスケート選手権大会の5,000mを6分39秒02の記録で優勝。同種目で先に滑ったマルティナ・サブリコバの記録6分41秒18を塗り替えた。
同選手権大会では、2月14日にグレアム・フィッシュ（カナダ）が、従来記録を3秒近く短縮する**10,000m最速記録**12分33秒86を達成した。
同じ2月14日に、髙木美帆、髙木菜那、佐藤綾乃からなる日本チームも、**女子チームパシュート最速記録**2分50秒76を達成している。

ISU 世界フィギュアスケート国別対抗戦 最多優勝

2009年創設の各国8選手のチームで競う国別対抗戦で最多優勝しているのは、2019

ショートトラックスピードスケート500m 最速記録（女子）

2019年11月3日、キム・ブタン（カナダ）は、アメリカ、ユタ州ソルトレイクシティで行われたISU スピードスケートワールドカップのショートトラック準々決勝を41秒936で勝った。会場のユタ・オリンピックオーバルは、標高が高く空気抵抗を受けにくいため、記録が出やすい。

ショートトラックは20世紀初頭にアメリカとカナダで始まり、1992年、オリンピック公式競技になった。

を記録して大会3連覇。**フリースケーティング最高得点（男子）** 224.92点も、4回転ジャンプを5回決めて達成した。この大会で2位の羽生結弦は、2020年2月7日に韓国のソウルで**ショートプログラム最高得点（男子）** 111.82点を記録している。

IBSFワールドカップスケルトン最多優勝（男子）

2008年2月8日～2020年2月15日に、マルティンシュ・ドゥクルス（ラトビア）がワールドカップのレースで54勝を記録。ドゥクルスは、2019/20シーズンに9度目のワールドカップ総合優勝を達成。2009/10～2016/17シーズンには8連覇をはたしている。

アイスダンス最高総合得点

2019年11月22～23日、ガブリエラ・パパダキスとギヨーム・シゼロン（ともにフランス）が、北海道札幌で行われたNHK杯で総合得点226.61点を記録。**リズムダンス最高得点90.03点とともに、『フェーム』の音楽にのせたルーチンでフリーダンス最高得点** 136.58点も記録した。

年4月13日に福岡県で4度目の優勝をはたしたアメリカだ。

IBSF（国際ボブスレー・スケルトン連盟）世界選手権スケルトン個人最多優勝（女子）

ティナ・ヘルマン（ドイツ）が、2020年2月29日、ドイツのアルテンベルクで行われたIBSF世界選手権の女子個人で通算3回目の優勝を達成。ヘルマンは、2015年と2016年には混合種目でも金メダルを獲得している。

フィギュアスケート最高総合得点（女子）

2019年12月6～7日、アリョーナ・コストルナヤ（ロシア）がイタリア、トリノで行われたISUグランプリファイナルで総合得点247.59点を記録。**ショートプログラム最高得点（女子）** 85.45点も達成した。

同じくトリノで、ネイサン・チェン（アメリカ）が最高総合得点（男子）335.30点

フィギュアスケート競技会で初の4回転フリップ（女子）

2019年12月7日、15歳のアレクサンドラ・トルソワ（ロシア）がイタリアのトリノで行われたISUグランプリファイナルで4回転フリップに成功。トルソワは、難度の高いジャンプを多く跳んでフィギュアスケートに革命をもたらしている若手選手のひとりだ。

スピードスケート1,000m最速記録

2020年2月15日、パベル・クリズニコフ（ロシア）が、アメリカ、ユタ州ソルトレイクシティで行われたISU世界距離別スピードスケート選手権の男子1,000mを1分5秒69の記録で優勝。クリズニコフは、銀メダルを獲得したキエルド・ナウシュから、「違う次元にいる」と称賛された。

トルソワは2019年9月21日、シニアデビュー戦のフリーで、4回転ジャンプを3回決めた。

フィギュアスケート4回転ジャンプ初成功

4回転ジャンプの種類	年月日	選手	場所
トウループ（男子）	1988年3月25日	カート・ブラウニング（カナダ）	ハンガリー、ブダペスト
サルコウ（男子）	1998年3月7日	ティモシー・ゲーブル（アメリカ）	スイス、ローザンヌ
サルコウ（女子）	2002年12月14日	安藤美姫	オランダ、ハーグ
ルッツ（男子）	2011年9月16日	ブランドン・ムロズ（アメリカ）	アメリカ、コロラドスプリングス
フリップ（男子）	2016年4月22日	宇野昌磨	アメリカ、スポケーン
ループ（男子）	2016年9月30日	羽生結弦	カナダ、モントリオール
トウループ（女子）	2018年3月10日	アレクサンドラ・トルソワ	ブルガリア、ソフィア
ルッツ（女子）	2018年10月12日	アレクサンドラ・トルソワ	アルメニア、エレバン

自転車競技

同レースに参加した年は、少なくとも1回はステージ優勝を続けている。

200mタイムトライアル最速記録（女子）

ケルシー・ミッチェル（カナダ）が、2019年9月5日、ボリビア、コチャバンバで行われたパンアメリカン自転車競技選手権において、フライングタイムトライアルで10秒154を記録し優勝した。

翌日にはニコラス・ポール（トリニダード・トバゴ）が、標高2,558mのコチャバンバの空気抵抗の少なさを利用して、**200mタイムトライアル最速記録（男子）** 9秒100を達成した。

750mチームスプリント最速記録（男子）*

2020年2月26日、オランダ（ジェフリー・ホーフラント、ハリー・ラブレイセン、ロイ・ファンデンブルク）が、ドイツ、ベルリンで行われたUCI（国際自転車競技

スタンディングスタートからの1時間走最長記録

2019年4月16日、ヴィクトール・カンペナールツ（ベルギー）が、メキシコ、アグアスカリエンテスにおいて1時間に55.089km走行し、ブラッドリー・ウィギンスが2015年6月7日に記録した距離を563m上回った。

ツール・ド・フランスのポイント賞最多受賞

ツール・ド・フランスでは、1953年以来、各ステージでの最終順位および一部中間スプリント地点での通過順位に応じて、ポイントが与えられている。ペーター・サガン（スロバキア）が、このポイントを2012～16年と2018～19年に最も多く獲得し、計7度ポイント賞に輝いている。

サガンは、2019年6月17日には**ツール・ド・スイス最多ステージ優勝**も17回に伸ばし、

4kmチームパシュート最速記録（男子）*

2020年2月27日、デンマークのラーセ・ノーマン・ハンセン、ジュリアス・ヨハンセン、フレデリック・マドセン、ラスムス・ペデルセンが、ドイツ、ベルリンで行われたUCI世界選手権自転車競技大会トラックレース決勝を3分44秒672の記録で優勝。デンマークチームは前日の予選と1回戦でも世界記録を出していた。

UCIワールドツアー最年少優勝者

レムコ・イヴェネプール（ベルギー、2000年1月25日生まれ）が、2019年8月3日、スペインで行われたクラシカ・サンセバスティアンで19歳190日にして優勝。クラシッククロードレースにおいては、ヴィクター・ファストル（18歳362日）とジョルジュ・ロンス（19歳102日）に次ぐ、3番目に若い優勝者になった。

連合）世界選手権自転車競技大会トラックレースにおいて41秒225でコース3周を走り終えた。

C1 200mタイムトライアル最速記録（男子）*

2020年1月31日、リカルド・テン・アグエイエス（スペイン）が、カナダ、オンタリオ州ミルトンで行われたUCIパラサイクリング・トラック世界選手権にて、12秒325の記録で優勝をはたした。

UCI世界選手権マウンテンバイク＆トライアル男子クロスカントリー最多優勝

ニノ・シューター（スイス）が、UCI世界選手権マウンテンバイクの男子クロスカントリー種目で2009年、2012～13年、2015～19年の8度優勝している。

2019年には、ジュリアン・アブサロンのもつ**UCIマウンテンバイクワールドカップ**のクロスカントリー最多優勝7回に並んだ。

*UCI（国際自転車競技連合）の承認待ち

C3 3km個人パシュート最速記録（女子）

2019年3月14日、ペイジ・グレコ（オーストラリア）が、オランダ、アペルドールンで行われたパラサイクリング・トラック世界選手権C3女子個人パシュート予選で4分0秒026を記録。3月15日の**C3 500mタイムトライアル最速記録（女子）**39秒442を含む3つの世界記録を達成した。

X Games

BMX・ストリート通算最多金メダル
ギャレット・レイノルズ（アメリカ）が2008年から2019年までにBMX・ストリートで通算11個の金メダルを獲得した。18歳で初出場した大会でいきなり優勝し、以降すべてのX Games同種目の表彰台に立っている。

ンダーソン（アメリカ）が、2007〜08年、2012〜13年、2018年に続き、スノーボード・スロープスタイル通算6回目の優勝をはたした。アンダーソンは、**X Games通算最多メダル（女子）** 17個を獲得。男女を通じての記録では、3個差でマーク・マクモリス（下写真）に迫る。

夏季競技種目通算最多メダル（女子）
スケートボードのレティシア・ブフォーニ（ブラジル）が、2010年から2019年までに、金5個、銀3個、銅3個、計11個のメダルを、1個をのぞいてすべてスケートボード・ストリートで獲得。2019年6月1日、中国で行われたX Games上海で、通算11個目のメダルとなる5個目の金メダルを勝ちとった。ブフォーニは、**スケートボード・ストリート通**

モトX最多連続金メダル
2019年8月1日、ジャリド・マクニール（オーストラリア）が、X Gamesミネアポリスで高さ12.1mをクリアして、ステップアップ種目4連覇を達成。
モトX通算最多メダルは、ネイト・アダムス（アメリカ）が2003年から2015年の間に記録した19個。

スケートボード初の1260成功
2019年8月3日、ミッチー・ブルスコ（アメリカ）が、アメリカ、ミネソタ州のUSバンク・スタジアムで行われたX Gamesミネアポリス2019のスケートボード・ビッグエアで、1260（3回転半）に成功。しかし、優勝はエリオット・スローンに譲り、銀メダルに甘んじることになった。
初の900成功（2回転半）は、スケートボードのレジェンドであるトニー・ホーク（アメリカ）が、1999年6月27日、アメリカ、カリフォルニア州サンフランシスコで行われたX Games5で記録している。
初の1080成功（3回転）は、トム・シャー（アメリカ）が、2012年3月26日、アメリカ、カリフォルニア州テハチャピのウッドワード・ウェストにおいて、当時わずか12歳で記録した。

スノーボード・スロープスタイル
通算最多金メダル
X Gamesアスペン2020で、ジェイミー・ア

冬季競技種目通算最多メダル
2020年3月7〜8日に開催されたX Gamesノルウェーにおいて、マーク・マクモリス（カナダ）がスノーボードのビッグエアで金メダル、スロープスタイルで銀をとり、X Gamesでの通算19個目と20個目のメダルを獲得。ショーン・ホワイト（アメリカ）の記録を抜いた。ホワイトは、**冬季競技種目通算最多金メダル** 13個の記録をもっている。マクモリスの記録達成は、2017年に死に瀕する大事故に遭ったことを思うと驚異的な偉業だ。

算最多金メダル（女子）4個の記録も、この種目で2004〜06年と2008年に優勝したエリッサ・スティーマー（アメリカ）と分けあう。

スケートボード・ストリート
通算最多金メダル
2019年6月2日、ナイジャ・ヒューストン（アメリカ）が、X Games上海で最終ラウンド94.00のスコアを出し、2011年からの通算でスケートボード・ストリート10回目の優勝を達成。ヒューストンはリアルストリート（ロサンゼルス2012）とベストトリック（ミネアポリス2019）でも金メダルを、ストリートでは金以外に銀4個と銅2個のメダルも獲得している。

最年少出場選手
ギィ・クーリ（ブラジル、2008年12月18日生まれ）は、2019年7月31日にX Gamesミネアポリスのスケートボード・バートの予選ラウンドに、わずか10歳225日で出場。クーリは、8歳のときに成功させた900（2回転半）をミネアポリスでも決めた。

最年少メダリスト
2019年8月2日、開心那（ひらきここな）（2008年8月26日生まれ）が、10歳341日にしてX Gamesミネアポリスの女子スケートボード・パークで銀メダルを獲得。開は、13歳の岡本碧優に次いで2位だった。

まとめ

フロアボール女子世界選手権最多優勝
2019年12月15日、スウェーデンは、スイス、ヌーシャテルで、スイスを延長戦でくだし、9度目の世界制覇をした。同大会でスウェーデンのFWアンナ・ウェイクが**フロアボール女子世界選手権通算最多得点88**の新記録も達成。

ソン・イーリンを破り、15mの壁を6秒995でゴール。

バドミントン世界選手権女子シングルス通算最多メダル
P.V.シンドゥ（インド）と張寧（中国）が、バドミントン世界選手権の女子シングルスで、ともに5個のメダルを獲得している。シンドゥは、2019年8月25日、決勝で奥原希望を38分でくだして自身初の金メダルを獲得し、張寧の記録に並んだ。

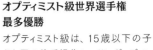

オプティミスト級世界選手権最多優勝
オプティミスト級は、15歳以下の子ども用の片手操作セーリング・ディンギー（ヨット）を指す。マルコ・グラドニ（イタリア）が2019年7月15日、世界選手権で3連覇。この偉業により2019年10月29日、史上最年少の15歳で世界セーラー・オブ・ザ・イヤー賞を受賞した。

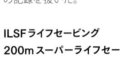

の記録を抜いた。

スピードクライミング 15m最速記録（女子）
2019年10月19日、エリーズ・スーザンティ・ラハユ（インドネシア）が、中国、廈門で行われた国際スポーツクライミング連盟ワールドカップ決勝戦で、従来記録保持者の

世界トランポリン競技選手権最多優勝（男子個人最多連続優勝）
2019年12月1日、高磊（中国）が、東京都で行われた世界選手権の男子個人で4連覇を達成し、1990〜94年に3連覇したアレクサンドル・モスカレンコ（ロシア）

ILSFライフセービング 200mスーパーライフセーバー最速記録（女子）
プルー・デイヴィーズ（オーストラリア）が、2019年11月23日にドイツ、ヴァーレンドルフで行われたILSF（国際ライフセービング連盟）のドイツカップで2分20秒05を記録。この種目では、選手は水中に置かれたマネキンを抱えてゴールまで運ぶ。

IWF（国際ウエイトリフティング連盟）世界選手権1大会最多金メダル獲得国
タイ、パタヤで行われた2019年IWF世界選手権で、中国が金メダル29個を獲得し、1997年の自国の記録に並んだ。6選手がそれぞれスナッチ、クリーン＆ジャーク、トータルで金を獲得。19歳の新星、リ・ウェンウェン（左写真）が**87kg超級トータル最高記録（女子）**332kgを、リ・ファビン（下写真）が**61kg級トータル最高記録（男子）**318kgを達成した。

世界選手権個人通算最多金メダルは、ワシリー・アレクセーエフ（ソ連）とナイム・スレイマノグル（ブルガリア／トルコ）の22個。

世界新体操選手権個人総合最多優勝
ディナ・アヴェーリナ（ロシア）が、2019年に世界新体操選手権の個人総合で3連覇を達成した。マリア・ギゴバ、マリア・ペトロバ（ともにブルガリア）、エフゲニア・カナエワ、ヤナ・クドリャフツェワ（ともにロシア）がそれぞれもつ優勝3回の記録に並んだ。

パラ・パワーリフティング107kg級最高記録（男子）
ソドノムピルジ・エンフバヤル（モンゴル）が、2019年7月18日にカザフスタンのヌルスルタンで行われた世界パラ・パワーリフティング選手権において、新記録の247kgで優勝。この世界選手権では、7月13日に**女子41kg級**で崔哲（中国）が104.5kg、7月17日に**女子79kg級**でボーセ・オモレヨ（ナイジェリア）が142kg、7月18日に**女子86kg級**でフォラシェデ・オルワフェマイアヨ（ナイジェリア）が150kgをリフトして、世界記録を更新した。

バドミントン男子シングルス1シーズン最多優勝

桃田賢斗が、2019年3月3日から12月15日までの間に全英オープンや世界選手権、BWF（世界バドミントン連盟）ワールドツアーファイナルズを含む国際大会で11勝をあげ、2010シーズンにリー・チョンウェイが達成した10勝を抜いた。

競馬障害レース最多連勝

イギリス最優秀障害競走調教師に5回輝いたニッキー・ヘンダーソン厩舎所属のサラブレッド馬アルティオールが、2015年10月10日から2019年4月27日まで、障害レースに19連勝した。イギリス、サリー州のサンダウン競馬場で行われたG1セレブレーションチェイスで優勝して、ビッグバックの18連勝を抜いた。

スカッシュ初の世界チャンピオン夫婦

2019年11月15日、タレック・モーメン（エジプト）がカタール、ドーハにて、PSA（プロスカッシュ協会）2019/20年度の男子世界チャンピオンに輝いた。彼の妻ラニーム・エル・ウェレイリー（エジプト）は、2017年12月17日にPSA女子世界チャンピオンになっている。

フィンスイミング100mサーフィス最速記録（女子）

2019年6月27日、エカテリーナ・ミハイルシキナ（ロシア）が、ギリシャ、イオアニアで行われたCMAS（世界水中連盟）フィンスイミング・シニアヨーロッパ選手権の100mサーフィスで、38秒06を記録。サーフィス種目は、シュノーケル、モノフィンを着用して泳ぐ。同じシニアヨーロッパ選手権で、6月29日にズザナ・ラスコヴァ（スロバキア）も**フィンスイミング400mビーフィン最速記録（女子）**3分44秒65を記録している。

AFLノーム・スミス・メダル最多受賞

AFL（オーストラリアン・フットボール・リーグ）グランドファイナルの最優秀選手に与えられるノーム・スミス・メダルをダスティン・マーティンが、2019年9月28日、2度目の受賞。ゲイリー・エアーズ、アンドリュー・マクロード、ルーク・ホッジ（全員オーストラリア）の記録に並んだ。

イフランドは、クリフダイビングを始める以前は、3年間クルーズ船でアクロバットの飛びこみをひろうして暮らしていた。

レッドブル・クリフダイビングワールドシリーズ最多優勝（女子）

リアナン・イフランド（オーストラリア）が、2019年に史上初の全7戦完全優勝（ポイント対象外のダブリン大会含む）でシリーズ4連覇を達成。元トランポリン選手のイフランドは、ワイルドカード枠で参加資格を得た2016年のデビューシーズンで早くもシリーズ優勝していた。

フィリピンのミニロック島スモールラグーンで行われた2019ワールドシリーズ初戦で、岩頂から飛びこむイフランド。

バイルズⅡの後方宙返りを行う際、シモーネは自分の身長の約2倍の高さまで空中を跳んでいる。

殿堂入り：
シモーネ・バイルズ

シモーネ・バイルズ（アメリカ）はわずか23歳にして、史上最高のスポーツ界の偉人たちの仲間入りをはたしている。体操競技におけるパフォーマンスは、優雅さと爆発的なパワーを兼ね備えた彼女のパフォーマンスは、優雅さだけでなく、このアメリカの英雄は体操競技の限界に挑戦し続けている。

1997年3月14日生まれのシモーネは、6歳で体操競技に初めて挑戦した。16歳のときには、2013年世界体操競技選手権（右写真）で5つの金メダル通算最多通算賞金メダルを19個に獲得した。そのなかには3人目の女性アスリートとなり、世界選手権5回も合わせている。世界選手権史上、人類最多優勝5回を記録しているシモーネは、通算最多金メダル25個もこれまでに獲得。ほかに銀メダル3個、銅メダル3個のながにも3個も獲得している。

これらのメダルに加えて、シモーネは自分の名前が冠せられた技名をすでに4つももっており、体操競技をさらに進化させることにも余念がない。最近では、平均台の後方2回宙返り2回ひねり降りのバイル返りと、床での後方抱え込み2回宙返り2回ひねりのバイルズと、床でのバイルズⅡを成功させている。ルズと、床でのバイルズⅡを成功させている。3回ひねりのバイルズⅡを成功させている。

www.guinnessworldrecords.jp/2021

スポーツの殿堂入りの記録をチェックしよう！

1：シモーネは2016年のオリンピックでライバルたちを圧倒して、オリンピック個人総合最多得点差優勝した。

2：2019年8月11日に行われた全米体操競技選手権（女子）2.100を記録した。シモーネは新体操競技で初の後方抱え込み2回宙返り3回ひねりを行った。

3：同大会で、シモーネは2回宙返り後方2回宙返り2回ひねり降りも成功させた。平均台で初の

4：2017年、ローレウス世界スポーツ賞年間最優秀女子選手賞を手にして自身初の世界体操最優秀女子選手賞を手にしたシモーネ。

5：2013年、16歳にして世界体操競技選手権個人優勝を祝うシモーネ。

シモーネは、2017年、2019年、2020年と3回、ローレウス世界スポーツ賞年間最優秀女子選手賞に輝いている3人の女性アスリートのひとりだ。ローレウス世界スポーツ賞最多回受賞しており、同賞を複数回受賞しているのも珍しい。ローレウス世界スポーツ賞最多受賞（4回）を記録しているうちのひとりだ。シモーネは女子選手間最優秀年間最優秀女子選手賞最多受賞しているのは、テニスのセリーナ・ウィリアムズ（アメリカ）だけだ。

日本各地の記録①

ギネス世界記録の膨大な記録のデータベースから、これまでに日本各地で達成された記録をピックアップ。
ここでは近年達成されたものを中心に、その一部を紹介する。

北海道・東北

	認定日	記録名	記録数	記録保持者	挑戦地
	2019年6月2日	順番に跳び箱を跳んだ最多人数	103人	All白石おやじの会	北海道
	2019年6月29日	リレー形式で3分間に行ったダブルハイタッチ最多数	385回	日本エアフィルター株式会社	北海道
❶	2019年8月31日	8時間で50mリレーを走った最多人数	1,684人	伊達150年記念事業実行委員会	北海道
	2019年9月7日	8人のチームで風船をあおいで100mを完走した最速のリレー	2分11秒33	須藤格、下山圭介、神裕也、奥崎友久、工藤仁則、阿保裕平、小笠原弘幸、加藤正徳	青森県
	2019年9月7日	うちわで作った最大の文章	1,737枚	株式会社青森銀行	青森県
❷	2019年9月14日	ペーパーハンドで作った最大の文章	2,476個	青森県	青森県
	2019年4月29日	クッキーで作った最大の文章	2,535枚	イオンモール盛岡南	岩手県
	2019年3月17日	二枚貝で作った最大の文章	1,012個	#ThankYouFromKAMAISHI実行委員会	岩手県
	2017年3月5日	同時にイチゴ狩りをした最多人数	1,141人	亘理町	宮城県
	2019年3月9日	最大のスープ試食イベント	350人	男鹿市、東日本旅客鉄道株式会社秋田支社、株式会社おが	秋田県
	2018年9月16日	8時間で最も多く提供されたスープ	12,695人	日本一の芋煮会フェスティバル協議会	山形県
	2018年10月27日	煎餅で作った最大の文章	3,803枚	米(こめ)ーラボ	山形県
	2018年11月15日	折り紙で作ったおにぎりの最多展示数	4,306個	株式会社山本製作所	山形県
	2019年8月25日	三角コーンを顎にのせた最多数	35個	横田圭祐	福島県
	2020年3月11日	折り紙で作ったメダルの最多展示数	9,600個	一般社団法人59の世界記録、郡山女子大学、相馬農業高校、関本小学校同窓会	福島県

関東

	認定日	記録名	記録数	記録保持者	挑戦地
	2017年9月29日	最大の水平引きシャッター	69.29m²	首都圏新都市鉄道株式会社、株式会社横引SR	茨城県
	2018年12月8日	最大の肉の試食イベント	360人	一般社団法人石岡青年会議所	茨城県
	2018年11月1日	人文字で地図記号を表した最多人数	466人	日光市立鬼怒川小学校、日光市、鬼怒川小学校自治会	栃木県
	2019年10月27日	同時にかるた遊びをした最多人数	701人	うつのみや百人一首市民大会、宇都宮ブランド推進協議会	栃木県
	2018年11月25日	1時間で最も多く提供されたすき焼き	745人	群馬県	群馬県
	2019年5月5日	インスタントヌードルの最大の試食会	579人	まるか食品株式会社	群馬県
	2017年7月2日	同時にブーケを贈り受け取った最多ペア数	794組	一般社団法人鴻巣北本青年会議所	埼玉県
	2018年9月30日	最大のライスクラッカーモザイク（イメージ）	116.02m²	草加せんべい振興協議会	埼玉県
❸	2019年6月23日	1時間にブックエクスチェンジを行った最多人数	539人	一般社団法人三郷青年会議所、三郷市	埼玉県
	2019年11月23日	折り紙で作った車の最大の展示	5,178個	本田技研工業（株）'19向陽会	埼玉県
	2019年12月3日	縄とびリレーの最多人数（シングルロープ）	310人	川口市立戸塚北小学校	埼玉県
	2019年5月11日	折り紙飛行機の最大の展示	17,507個	イオンモール成田	千葉県
	2018年10月28日	3分間で作られた手巻き寿司最多数（100人のチーム）	694個	キッコーマン株式会社	千葉県
	2018年11月24日	キャンディーの包み紙で作った最大の文章	3,030枚	ニッケコルトンプラザ	千葉県
❹	2019年11月23日	写真で作った最大の文章	41,116枚	第70回津田沼祭実行委員会と千葉工業大学	千葉県
	2020年2月9日	スイッチボックスで作った最大の文章	14,087個	未来工業株式会社	千葉県
	2018年12月31日	連続してけん玉をキャッチした人の最も長い列	124人	三山ひろし、ず〜まだんけ、けん玉ヒーローズ	東京都
	2019年3月26日	連続して行ったバスケットボールティップドリルリバウンド最多数	1,015回	ABBANDONO2009	東京都
	2019年6月6日	花びらで作った最大の文章（造花）	5,844枚	ソフトバンク株式会社プロダクト&マーケティング統括	東京都
	2019年7月27日	リレー形式で3分間に行ったハイタッチ最多数	533回	株式会社コスモスイニシア	東京都
❺	2019年8月15日	折り紙で作ったシャツの最大の展示	3,474個	丸の内キッズジャンボリー	東京都
	2019年9月29日	同時にくぎを打ち込んだ最多人数	470人	東京土建一般労働組合練馬支部	東京都
❻	2019年12月21日	「ライトニング・ボルト」ポーズを同時にとった最多人数	2,682人	Team Our Sports Day	東京都
	2020年8月10日	グリーティングカードで作った最大の文章	3,000枚	Global Financial School	東京都
	2019年1月19日	木のブロックに同時にねじを締めた最多人数	484人	日本ヒルティ株式会社	神奈川県
	2019年2月9日	同時にこまを回した最多人数（複数会場）	967人	伊勢原市商工会青年部	神奈川県
❼	2019年10月5日	シュウマイで作った最大の文章	2,019個	横浜髙島屋、皇朝	神奈川県

日本各地の記録②

中部

認定日	記録名	記録数	記録保持者	挑戦地
2018年7月29日	樽太鼓を同時に演奏した最多人数	1,171人	見附市	新潟県
❽ 2019年9月29日	チームが頭上で大玉を100m運んだ最速タイム	20秒97	一般社団法人新発田青年会議所	新潟県
2017年2月26日	同時にペアでお互いにフェイスマスクをつけ合った最多人数	174ペア	イオンモール新小松、小松市	石川県
2019年3月16日	最大のちらし寿司	375.1kg	高浜町と有志一同	福井県
2019年8月1日	折り紙で作った山の最大の展示	8,179枚	忍野村	山梨県
2016年12月3日	最も長い寒天ゼリー	78.73m	伊那市立美篤小学校たいよう学年の生徒	長野県
2019年5月11日	同時に天体観測を行った最多人数	2,640人	阿智村	長野県
2019年2月2日	最も長い野菜の列	13,618個	JAぎふ	岐阜県
2018年3月3日	最大のクッキー／ビスケットモザイク（イメージ）	310.85m²	八百津町世界記録に挑戦実行委員会	岐阜県
❾ 2019年7月7日	同時に茶摘みをした最多人数	576人	白川茶 de 茶レンジ実行委員会	岐阜県
2019年7月28日	最大のプレートモザイク（イメージ）	163.63m²	一般社団法人土岐青年会議所	岐阜県
2018年6月17日	同時に食べさせ合いをした最多ペア数	1,980ペア	日本大学三島高等学校・中学校	静岡県
2018年3月18日	最大のかき揚げ	7.065kg	蒲原商工会青年部	静岡県
2018年9月16日	最も長い海藻ゼリー	107m	伊浜躍進の会	静岡県
2018年7月1日	最も長い食用魚の列	3,287枚	沼津ひものの会	静岡県
2018年3月11日	最大の女子マラソン	2万1,915人	名古屋ウィメンズマラソン2018	愛知県
2018年3月28日	レゴ®ブロックで作られた最大の桜の木	高さ4.38m、長さ5.42m、幅4.93m	レゴランド®・ジャパン	愛知県
2019年8月4日	ペアで行った雑巾がけリレーの最多人数	141人	トヨタ自動車株式会社 CVカンパニー	愛知県
2019年10月10日	ランニングマンダンスを同時に踊った最多人数	660人	日進中学校	愛知県
2019年10月20日	3分間にマスコットが行ったダブルハイタッチの最多数	293回	大浜にぎわいづくり実行委員会	愛知県

❽

9

近畿

認定日	記録名	記録数	記録保持者	挑戦地
2018年11月18日	最も長いノートの列	1,668.96m	寺村邦子と仲間たち	滋賀県
2017年4月23日	果物・野菜の格好をして集まった最多人数	888人	世界に挑戦！草津川de愛彩菜実行委員会	滋賀県
❿ 2019年12月8日	メッセージタグの最大の展示	51,626枚	灯りでつなぐ、守山2019	滋賀県
2016年11月23日	同時に竹とんぼを飛ばした最多人数	631人	深草竹とんぼ実行委員会	京都府
2016年9月25日	手首をつないだ人の最も長い列	4,052人	西京区制40周年記念事業実行委員会	京都府
2019年6月21日	最大の人間知恵の輪	123人	公益社団法人日本青年会議所 2019年度京都ブロック協議会	京都府
⓫ 2019年4月27日	8時間以内で最も多く売れた揚げたてコロッケ	11,784個	イズミヤ株式会社	大阪府
⓬ 2019年6月22日	1分間にマスコットが行ったハイタッチ最多数	205回	ガラスケ	大阪府
2019年7月26日	3分間にマスコットの背中をぽんと叩いた最多数	330回	エヌ・ティ・ティ・ソルマーレ株式会社	大阪府
2019年8月7日	折り紙で作った家の最多展示数	31,506個	パナソニックホームズ労働組合	大阪府
2019年10月26日	人文字でバットとボールを作り出した最多人数	963人	奥アンツーカ株式会社、奥アンツーカ・とよすぽグループ	大阪府
⓭ 2019年10月28日	人工クリスマスツリーに飾られた電飾の最多数	591,840個	ユニバーサル・スタジオ・ジャパン	大阪府
⓮ 2019年10月28日	最大の雪の結晶型オーナメント	3.196m	ユニバーサル・スタジオ・ジャパン	大阪府
2020年1月22日	リレー形式で3分間に行ったフィストバンプの最多数	364	株式会社ISO総合研究所	大阪府
2019年4月14日	最も長いうんてい	149.992m	株式会社オートバックスセブン	兵庫県
2018年8月11日	同時に手持ち花火をつけた最多人数	1713人	宝塚23万人の花火大会実行委員会	兵庫県
2017年4月17日	最大の複数ホールのゴルフパター練習用グリーン	2,868.18m²	新宝塚カントリークラブ	兵庫県
2016年8月27日	竹樋に麺を流した最長距離	3,317.7m	TUNA-GOSE実行委員会	奈良県
2017年12月23日	箸でナッツを食べさせた最速時間（100人チーム）	6分18秒	地域再生	和歌山県

中国・四国				
認定日	記録名	記録数	記録保持者	挑戦地
2017年2月25日	最も長いちくわ	40.3m	B&C研究同好会	鳥取県
2019年5月19日	最も長いつくね串	20.69m	国立米子工業高等専門学校	鳥取県
2017年4月28日	女性による1分間の懸垂最多数	30回	齋藤祐美	島根県
2019年11月22日	手作りのぬいぐるみの最大の展示	21,911個	NPO法人日本つるし雛協会、Misa Amuri	島根県
2017年3月25日	同時に行ったチアリーディング・バスケットトスの最多人数	103人	環太平洋大学	岡山県
2019年11月17日	チームで100個のおにぎりを作る最速時間	3分21秒	真庭おむすびプロジェクト（真庭おむすびガールズ）	岡山県
2019年3月17日	最も長いバームクーヘン	20.87m	広島みなとフェスタ実行委員会、株式会社ユーハイム	広島県
2019年5月12日	同時にけん玉を皿でキャッチした最多人数	695人	日月ボール生誕100周年実行委員会、一般社団法人グローバルけん玉ネットワーク	広島県
2018年4月29日	最も長いみこし行列	100基	幸せますフェスタ実行委員会	山口県
2018年1月7日	コサージュの最多展示数	7,585個	假屋崎省吾、美馬市民、うだつシンビジウムコサージュクラブ	徳島県
⑮ 2019年11月23日	チームで阿波踊りを踊り続けた最長記録	12時間14分30秒	徳松会こけら連	徳島県
2018年10月13日	3分間に新聞紙で作られた最も長い橋	114.9cm	RNCアナウンサーチーム	香川県
2018年7月28日	折り紙手裏剣の最多展示数	8,934個	四国中央紙まつり、法皇青年会議所	愛媛県
⑯ 2019年9月29日	人文字で地球の形を作りだした最多人数	479人	公益社団法人松山青年会議所	愛媛県
2011年7月17日	最も遠くにニラを投げた距離	15.88m	石崎浩二	高知県

日本各地の記録③

九州・沖縄

認定日	記録名	記録数	記録保持者	挑戦地
2018年6月9日	最も大きなドリンクコースターモザイク（イメージ）	83.37m²	はやめカッパ祭り実行委員会	福岡県
2016年12月25日	トナカイの仮装をして集まった最多人数	505人	小郡市自立支援協議会	福岡県
2019年5月11日	最も長いブランコセット	163.35m	北九州市	福岡県
⑰ 2019年11月23日	同時にクレーンゲームをプレイした最多人数（複数会場）	678人	株式会社ワイドレジャー	福岡県
2017年11月26日	最多人数でつくるポケモンキャラクターのイメージ	994人	株式会社小学館集英社プロダクション	佐賀県
2017年10月8日	ウォーリーの仮装をして集まった最多人数	4,626人	ハウステンボス株式会社	長崎県
2019年2月17日	最大のリース（人工）	6.51m	五島市世界遺産登録推進協議会	長崎県
2016年9月25日	指きりげんまんを行った人々の最も長いチェーン	1,658人	天草地域観光推進協議会	熊本県
2016年11月20日	最も長い巻き寿司	2,844.61m	玉名大俵まつり実行委員会	熊本県
2019年11月3日	最も長いおにぎりの列	153.59m	玖珠町、T&S Ltd	大分県
⑱ 2019年9月15日	最大のから揚げ供給量	1,667.301kg	からフェスプロジェクト協議会	大分県
2016年11月3日	最も長い竹灯籠の列	2万9,503本	いずみマチ・テラス実行委員会	鹿児島県
2017年9月9日	最大の麺づくり教室	324人	公益社団法人浦添青年会議所	沖縄県
2017年9月7日	最大の折り紙レイ	9,775.33m	沖縄市	沖縄県
2019年4月28日	3分間に100人チームで作成した最多の折り鶴	123羽	日本YPO	沖縄県

ワドローを見つけよう！

ギネス世界記録 2021

わたしたちは本年の『ギネス世界記録』の表紙に、何かこれまでと違ったものを求めた。そこで本書のテーマ「ディスカバー・ユア・ワールド（あなたの世界を発見しよう）」を祝して、受賞歴のあるイラストレーターのロド・ハントに依頼して、最上級の都市をつくりあげ、たくさんの記録保持者で埋め尽くしたいと考えた。ロドは、色彩と細部への描きこみに満ちた活気あふれるレトロなイラストでよく知られている。彼は本書のために、200人の記録保持者たちを描きこんだ。そこには、**史上最も背の高い男性**のロバート・ワドロー（アメリカ）も含まれている。ワドローは立った状態の身長が272cmあるが、アイコン化された彼の姿（右）は、すぐに見つけられるだろう！

ここには、本書の表紙と裏表紙に描かれた19人の記録保持者たちが載っている。彼らを見つけられるかな？

最も高いモヒカン
ジョセフ・グリサモア（アメリカ）、108.2cm
83ページ参照

世界体操競技選手権通算最多メダル
シモーネ・バイルズ（アメリカ）、25個
242ページ参照

最高興行収入のスパイ映画シリーズ
『007』シリーズ（イギリス／アメリカ）、71億1,967万ドル（約7,638億9,047万1,400円）195ページ参照

最もうるさいげっぷ
ポール・フン（イギリス）、109.9デシベル
82ページ参照

モノハルによるオーストラリア単独一周最速
リサ・ブレア（オーストラリア）、58日2時間25分
157ページ参照

地球の最高点と最深点に到達した最初の人物
ヴィクター・ヴェスコヴォ（アメリカ）160ページ参照

顔面のひげをすべて伸ばした最年少女性
ハルナーム・カウア（イギリス、1990年11月29日生まれ）、24歳282日　72ページ参照

最も背の低い男性（歩行可能）
エドワード・ニーニョ・エルナンデス（コロンビア）、72.1cm　77ページ参照

車いすで最も長いランプジャンプ
アーロン・フォーザリンガム（アメリカ）、21.35m
124ページ参照

ガムの包み紙でできた最長のチェーン
ゲイリー・ダシュル（アメリカ）、32.55km
98ページ参照

最年少のドローン地図作成者
ナーサン・リュー（アメリカ、2004年9月25日生まれ）、14歳202日
132ページ参照

チャリティウォークで集まった寄付金最高額（個人）
"キャプテン・トム"・ムーア（イギリス）、4,082万ドル（約44億570万2,600円）80ページ参照

最も背の低い女性
ジョティー・アムゲ（インド）、62.8cm
84ページ参照

南極大陸単独スキー最長距離（無支援、無補給）
リチャード・パークス（イギリス）、3,700km
159ページ参照

最も長期にわたる野生霊長類研究
ジェーン・グドール（イギリス）、60年
66ページ参照

最年少出場選手
ギィ・クーリ（ブラジル、2008年12月18日生まれ）、10歳225日
239ページ参照

最速のバスルーム

エド・チャイナ（イギリス）、時速68km
172ページ参照

1度のeスポーツトーナメントで100万ドルを稼いだ最年少ゲーマー
ジェイデン・アッシュマン（イギリス）、15歳229日
190ページ参照

最も身体が長いイエネコ
バリヴェル（イタリア）、120cm
63ページ参照

イラストレーター、ロド・ハント

ロド・ハントは子ども時代、コミック本に夢中だった。そこから描くことへのキャリアを中づいた彼は、イラストレーターとしての技術を磨いてきた。長年にわたり、アートの技術を追い、制作の際、彼はまず、単純なえんぴつのスケッチを描く。次に、イラストを仕上げていく。それからイラストをコンピュータに取りこんで、デジタルのイラスト用ソフトウェアを使って、いくつもの層にするのだ。

ロドや、彼の描いた多くの素晴らしいイラストについてより詳しくは、rodhunt. com（英語）をチェック！

Editor-in-Chief
Craig Glenday

Layout Editors
Tom Beckerlegge,
Rob Dimery

Managing Editor
Adam Millward

Editor
Ben Hollingum

**Proofreading
& fact-checking**
Matthew White

**Head of Publishing
& Book Production**
Jane Boatfield

**Head of Pictures
& Design**
Fran Morales

Picture Researcher
Alice Jessop

Design
Paul Wylie-Deacon
and Rob Wilson
at 55design.co.uk

Production Director
Patricia Magill

Production Coordinator
Thomas McCurdy

Production Consultants
Roger Hawkins,
Florian Seyfert

Cover Design
Rod Hunt

Indexer
Marie Lorimer

Head of Visual Content
Michael Whitty

Original Photography
Mustapha Azab,
Adam Bettcher,
Michael Bowles,
Peter Gaunt,
Paul Michael Hughes,
Craig Mitchelldyer,
Johanna Morales
Rodríguez,
Kevin Scott Ramos,
Alex Rumford

Reprographics
Res Kahraman at
Born Group

Printing & Binding
MOHN Media Mohndruck
GmbH, Gütersloh,
Germany

ギネス世界記録2021
■日本語版編集
編集・制作
岡本晃一、小林響子、亀井洋子、鈴木菜央、
今崎智子、谷川壮祐（株式会社アッシュ）、
村岡直樹（株式会社桂樹社グループ）、
石川恵理、山岸由美子

デザイン・DTP
奥主詩乃、瀧田紗也香、山本円香（株式会社アッシュ）

翻訳
大木 哲（有限会社楽脳）、海野佳南、片岡夏実、五味 葉、
権田アスカ、藤村友子、八尋利恵、金井哲夫

校正
ぷれす

日本語版カバーデザイン
桃子カニーン
（ギネスワールドレコーズジャパン）

制作協力
寺西らら、上房由起、上岡風美、柚平恵里
（ギネスワールドレコーズジャパン）

プロデュース
石川佳織
（ギネスワールドレコーズジャパン）

2020年11月18日 初版発行

編者／クレイグ・グレンディ
（ギネスワールドレコーズ）

発行者／福田 正
発行／株式会社角川アスキー総合研究所
〒113-0024 東京都文京区西片1-17-8
https://www.lab-kadokawa.com/

発売／株式会社KADOKAWA
〒102-8177 東京都千代田区富士見2-13-3
https://www.kadokawa.co.jp/

印刷・製本／大日本印刷株式会社

ISBN:978-4-04-911050-0 C0001
定価はカバーに表示してあります。

アスキーサポート事務局
［電話］0570-00-3030（土日祝日を除く11時～17時）
［WEB］https://ascii.jp/support/

※製造不良品につきましては上記窓口にて承ります。
※記述・収録内容を超えるご質問にはお答えできない場合があります。
※サポートは日本国内に限らせていただきます。
本書の無断複製（コピー、スキャン、デジタル化等）並びに無断複製
物の譲渡および配信は、著作権法上での例外を除き禁じられていま
す。また、本書を代行業者などの第三者に依頼して複製する行為は、
たとえ個人や家庭内での利用であっても一切認められておりません。

Printed in Japan
禁無断転載・複製
角川アスキー総合研究所

Global President: Alistair Richards
Governance
Alison Ozanne
Finance: Jusna Begum, Elizabeth Bishop, Jess Blake, Lisa Gibbs, Lucy Hyland, Kimberley Jones, Maryana Lovell, Sutha Ramachandran, Jamie Sheppard, Scott Shore, Andrew Wood
Legal: Raymond Marshall, Kaori Minami, Mehreen Moghul
People, Culture & Office Management: Jackie Angus, Alexandra Ledin, Stephanie Lunn, Swarna Pillai, Monika Tilani
IT & Operations
Rob Howe
Data Analytics: Kevin Allen
Digital Technology: Veronica Irons, Alex Waldu
IT: Céline Bacon, Manu Bassi, John Cvitanovic, Diogo Gomes, Karen Lean, Benjamin Mclean, Cenk Selim, Alpha Serrant-Defoe
Central Record Services: Lewis Blakeman, Adam Brown, Megan Bruce, Betsy Cunnett, Tara El Kashef, Mark McKinley, Sheila Mella Suárez, Will Munford, Emma Salt, Will Sinden, Luke Wakeham, Dave Wilson

Content & Product
Katie Forde
Brand & Product Management: Lucy Acfield, Juliet Dawson, Rebecca Lam, Emily Osborn, Louise Toms
Demand Generation:
James Alexander-Dann
Design: Fran Morales, Alisa Zaytseva
Visual Content: Sam Birch-Machin, Karen Gilchrist, Jesse Hargrave, Matthew Musson, Joseph O'Neil, Catherine Pearce, Alan Pixsley, Jonathan Whitton, Michael Whitty
Website & Social Content:
Aitana Marín, Dominic Punt, Connie Suggitt, Dan Thorne

Corporate Communications
Sam Fay, Doug Male

Creative
Paul O'Neill

Publishing
Nadine Causey
Editorial: Craig Glenday, Ben Hollingum, Adam Millward

Marketing: Nicholas Brookes, Lauren Johns
PR: Jessica Dawes, Amber-Georgina Gill, Jessica Spillane
Production: Jane Boatfield, Patricia Magill, Thomas McCurdy
Sales: Helene Navarre, Joel Smith

Beijing Consultancy
Marco Frigatti
Brand & Content Marketing:
Echo Zhan
Client Account Services: Catherine Gao, Chloe Liu, Tina Ran, Amelia Wang, Elaine Wang, Ivy Wang, Jin Yu
Commercial Marketing: Theresa Gao, Lorraine Lin, Karen Pan
Event Production: Fay Jiang, Reggy Lu
Legal: Paul Nightingale, Jiayi Teng
People, Culture & Office Management: Crystal Xu, Joan Zhong, Nina Zhou
PR: Yvonne Zhang
Records Management: Ted Li, Vanessa Tao, Charles Wharton, Angela Wu, Alicia Zhao

Dubai Consultancy
Talal Omar
Brand & Content Marketing:
Mohamad Kaddoura
Client Account Services: Naser Batat, Mohammad Kiswani, Kamel Yassin
Commercial Marketing:
Shaddy Gaad
Event Production: Daniel Hickson
People, Culture & Office Management: Monisha Bimal
PR: Hassan Alibrahim
Records Management: Reem Al Ghussain, Karen Hamzeh

London Consultancy
Neil Foster
Client Account Services: Nicholas Adams, Tom Albrecht, Sonia Chadha-Nihal, Fay Edwards, Soma Huy, Irina Nohailic, Sam Prosser, Nikhil Shukla
Event Production:
Fiona Gruchy-Craven
Commercial Marketing:
Stine McNeillis, Iliyan Stoychev, Amanda Tang
PR: Lisa Lambert
Records Management:

Andrew Fanning, Matilda Hagne, Paul Hillman, Daniel Kidane, Christopher Lynch, Francesca Raggi

Miami Consultancy
Carlos Martinez
Client Account Services: John David, Carolina Guanabara-Hall, Ralph Hannah, Jaime Rodriguez
Commercial Marketing: Laura Angel, Luisa Fernanda Sanchez
PR: Alice Pagán
Records Management: Raquel Assis, Maria Fernanda De la Vega Diaz, Joana Weiss

New York Consultancy
Alistair Richards
Brand & Content Marketing:
Nick Adams, Michael Furnari, Claire Elise Stephens, Kristen Stephenson
Client Account Services: Mackenzie Berry, Brittany Carpenter, Justin Frable, Danielle Levy, Nicole Pando, Kim Partrick, Michelle Santucci
Commercial Marketing: Billy George, Morganna Nickoff, Jete' Roach, Rachel Silver
Event Production: Dan Reyes
People, Culture & Office Management: Jennifer Olson
PR: Rachel Gluck, Amanda Marcus, Liz Montoya
Records Management:
Spencer Cammarano, Chrissy Fernandez, Maddison Kulish, Ryan Masserano, Hannah Ortman, Callie Smith, Kaitlin Vesper

Tokyo Consultancy
Kaoru Ishikawa
Brand & Content Marketing:
Masakazu Senda
Client Account Services: Minami Ito, Wei Liang, Takuro Maruyama, Yumiko Nakagawa, Masamichi Yazaki
Commercial Marketing:
Aya McMillan, Hiroyuki Tanaka, Eri Yuhira
Event Production: Yuki Uebo
People, Culture & Office Management: Emiko Yamamoto
PR: Kazami Kamioka
Design : Momoko Cunneen
Records Management: Aki Ichikawa, Mai McMillan, Momoko Omori, Naomi-Emily Sakai, Koma Satoh, Lala Teranishi

**OFFICIALLY
AMAZING**
THE JIM PATTISON GROUP

Picture credits

1 Paul Michael Hughes/GWR; **2** Rod Hunt, Shutterstock, Paul Michael Hughes/GWR; **3** Paul Michael Hughes/GWR, Shutterstock, Alamy, Getty, Hake's Auctions; **4 (UK)** Neal Street Productions/BBC One, Dymond/Thames/Syco/Shutterstock; **4 (US)** Lorenzo Bevilaqua/ABC Entertainment; **5 (AUS/NZ)** John Gadsby/Capture the Light Photography; **5 (MENA)** Emirates Airlines; **5 (UK)** Orchard; **5 (US)** Hulu, Getty; **6 (AUS/NZ)** Alamy, Shutterstock; **6 (UK & US)** Sonja Horsman/GWR, Paul Michael Hughes/GWR; **7 (AUS & NZ)** Ben Beaden/Australia Zoo; **7 (MENA)** The Cool Box Studio, Hywell Waters/Warner Bros., Warner Bros.; **7 (UK & US)** Getty, TikTok, Shutterstock, Emma Sohl/Capture the Light Photography; **8** Rod Hunt, Brett D. Meister; **9** Michael Bowles/GWR; **10** Shutterstock, Alamy; **11** The Lions Share, Olin Feuerbacher/USFWS, Alamy, Shutterstock; **12** Shutterstock; **14** NASA/JPL, NASA, NASA/USGS/Arizona State University/Carnegie Institution of Washington/JHUAPL; **15** JAXA/ISAS/DARTS/Damia Bouic, RISDE, Shutterstock, JPL/NASA; **16** Glenn Schneider, Gregory H. Revera, NASA, Paul van Hoeydonck, Shutterstock; **18** NASA/JPL-Caltech/University of Arizona, NASA/JPL/USGS, Shutterstock, NASA; **19** ESA/DLR/FU Berlin, NASA/Goddard Space Flight Center Scientific Visualization Studio, NASA/JPL/Cornell University, Maas Digital LLC; **20** NASA/JPL, NASA/JPL/DLR, NASA/ESA & John T. Clark; **21** NASA/JPL, NASA, NASA/JPL-Caltech/SwRI/MSSS/Gerald Eichstädt, Seán Doran; **22** NASA/JPL-Caltech/Space Science Institute, Scott S. Sheppard; **23** NASA/JPL-Caltech Space Science, NASA/JPL, NASA/JPL-Caltech/Space Science Institute, NASA/JPL/Space Science Institute; **24** NASA/JPL-Caltech, NASA/JPL/USGS, NASA/JPL/Kevin M. Gill/Jason Major, Alamy, NASA/JPL; **25** NASA/JPL, NASA; **26** JAXA, NASA, ESA; **27** NASA/Johns Hopkins Applied Physics Laboratory, Yulia Zhulikova, NASA/ESA/D. Jewitt/J. DePasquale, Shutterstock; **28** Ranald Mackechnie/GWR, NASA; **29** Christina Korp; **30–31** Shutterstock; **32** Getty, Alamy, Shutterstock, Expedition with Steve Backshall, UKTV Dave; **33** Alamy, Shutterstock; **34** Shutterstock, Alamy; **35** Alamy, Shutterstock; **36** Shutterstock, Yuzhen Yan/Department of Geosciences, Princeton University, Alamy; **37** NASA, Christian Pondella/Red Bull Content Pool, NWS Aberdeen, SD, Alamy; **38** Getty, Alamy, NOAA; **39** Anton Yankovyi, NASA, Getty, Shutterstock; **40** Alamy, Shutterstock, Getty; **41** Getty, Alamy, Shutterstock; **42** Lou Jost, Alamy; **43** Shutterstock, MFdeS, Alamy; **44** Alamy; **45** Shutterstock; **46** Rod Hunt, Alamy, Shutterstock, Getty; **47** Pavel Novak; **48–49** Ben Beaden/Australia Zoo; **50** Alamy, Shutterstock; **51** A. Fifis/Ifremer, B. Trapp/agefotostock, Alamy, Shutterstock, Rod Hunt; **52** Shutterstock, Alamy; **53** Getty, Alamy, Rod Hunt, Shutterstock; **54** Alamy, Shutterstock, Getty; **55** Charles J. Sharp, Shutterstock, Alamy; **56** Alamy, Shutterstock; **57** Alamy, Mark V. Erdmann/BluePlanetArchive.com, Shutterstock; **58** Alamy, Shutterstock; **59** Erin Buxton, Alamy, Shutterstock; **60** Anthony Thillien, Paul Michael Hughes/GWR, Shutterstock, Alamy; **61** Alamy, Shutterstock; **62** Rod Hunt; **63** Kevin Scott Ramos/GWR; **64** Shutterstock, Matthias Wittlinger/Ulm University, Alamy; **65** Amanda Kelley, Anselmo d'Affonseca/Instituto Nacional de Pesquisas da Amazônia; **66** Jane Goodall Institute, Robert Ratzer, Shutterstock, Michael Neugebauer, Alamy; **68–69** Kevin Scott Ramos/GWR, Rod Hunt; **70** Getty, Shutterstock; **71** College of Physicians of Philadelphia, SWNS, Shutterstock; **72** Kevin Scott Ramos/GWR, James Ellerker/GWR, Getty, Paul Michael Hughes/GWR; **73** Getty, Shutterstock; **74** Kevin Scott Ramos/GWR, James Ellerker/GWR, Rod Hunt, Getty; **75** Ranald Mackechnie/GWR, Lorne Campbell/Guzelian, Paul Michael Hughes/GWR; **76** Tom Stromme/Tribune, Paul Michael Hughes/GWR, Getty, Rod Hunt; **77** Richard Bradbury/GWR, Maria Elisa Duque/GWR, Johanna Morales Rodríguez/GWR, Getty; **78** Paul Michael Hughes/GWR; **79** Paul Michael Hughes/GWR; **80** Getty, Ryan Schude/GWR; **81** Alamy, Shutterstock; **83** Getty, Adam Bettcher/GWR, Rod Hunt; **84** John Wright/GWR, Paul Michael Hughes/GWR; **85** Dinore Aniruddhasingh, Daw Photography; **86–87** Paul Michael Hughes/GWR; **88** Ranald Mackechnie/GWR, Shutterstock; **89** Paul Michael Hughes/GWR; **90** Paul Michael Hughes/GWR; **91** Paul Michael Hughes/GWR, Eigil Korsager, Shutterstock; **92** Richard Bradbury/GWR; **93** Paul Michael Hughes/GWR; **94** Mustapha Azab/GWR, Rod Hunt; **95** Paul Michael Hughes/GWR, Shutterstock; **96** Alamy, Paul Michael Hughes/GWR, Getty, Rod Hunt; **97** Kevin Scott Ramos/GWR, Paul Michael Hughes/GWR, John Wright/GWR; **98–99** Kevin Scott Ramos/GWR; **100** Alamy, Stuart Purfield; **101** Shutterstock, Rod Hunt; **102** Harald Stampfer, Paul Michael Hughes/GWR; **103** Paul Michael Hughes/GWR; **104** Shutterstock; **105** Shutterstock; **108** Kevin Scott Ramos/GWR; **109** Shutterstock; **110** Ryan Schude/GWR, John Wright/GWR; **111** Unrah Jones/Courtesy Sotheby's, SCP Auctions, Alamy, Kevin Scott Ramos/GWR; **112** Marialivia Sciacca; **113** Shutterstock; **114** Katie Klercker; **115** Josef Holic, Alex Rumford/GWR; **116** Paul Fishwick; **117** Drew Gardner/GWR, Miguel Quintanilla; **120** Tom Lovelock/Silverhub for Prudential RideLondon, Alp Baranok, Paul Michael Hughes/GWR, Rod Hunt; **122** Getty, Shattner Kanjiranthigal Joy, Richard Bradbury/GWR, Rod Hunt; **123** Getty; **124** Shutterstock, Getty; **126–27** Getty; **128** Alamy, Fabio Buitrago, Reuters, Getty, Shutterstock; **129** Ratno Sardi/Griffith University, Maxime Aubert, SWNS, Shutterstock; **130** Rod Hunt; **131** Alamy, Shutterstock; **132** MIT Architecture Machine Group, Germanisches Nationalmuseum, Shutterstock; **133** Rod Hunt, Bridgeman Images, Shutterstock; **135** Getty, Mark Bowen/Scripps National Spelling Bee, Kevin Scott Ramos/GWR, Shutterstock, Rod Hunt; **136** USAF, Getty; **137** The History Center, Central Intelligence Agency, Shutterstock; **138** NOAA, Alamy, Getty, Shutterstock; **139** Reuters, Getty, Shutterstock, Alamy; **140** Rod Hunt, Shutterstock, Manistee Fire Dept., Getty; **141** Alamy, Shutterstock; **142** The Trustees of the Natural History Museum, *TIME*, Rod Hunt; **143** Getty, Shutterstock, Alamy; **144** Rod Hunt, Shutterstock, Chris Garrison, Lotus Eyes Photography; **146** Alamy, Shutterstock; **147** Shutterstock; **148** SWNS, Kelvin Trautman, U.S. Air Force, Shutterstock; **149** Gabe Souza, Getty, NOAA, Shutterstock; **150** Alamy, Shutterstock; **151** Shutterstock, Alamy, Getty; **152** Ben Duffy, Shutterstock; **153** Shutterstock, Getty, Alamy; **154** Alamy, Getty; **155** Alamy, Shutterstock, Getty; **156** Rod Hunt, Shutterstock; **157** Dean Coopman, Shutterstock; **158** Adrian Lam, Getty, Shutterstock; **159** Talisker Whisky Atlantic Challenge/Atlantic Campaigns, Hamish Frost, Alamy, Tamara Stubbs; **160** The Five Deeps Expedition; **161** The Five Deeps Expedition, Rod Hunt; **162** JCB; **163** JCB; **164** Alamy, Shutterstock; **165** Shutterstock; **166** Richard Bradbury/GWR; **167** Volkswagen, Porsche, STE/Bart van Overbeeke, Shutterstock, Rod Hunt; **168** Shutterstock, NASA, Greenpoint Technologies; **169** Shutterstock, SS United States Conservancy; **170** Shutterstock; **171** Alamy, Shutterstock; **172** James Ellerker/GWR, Rod Hunt, Ranald Mackechnie/GWR, Paul Michael Hughes/GWR, Richard Bradbury/GWR; **173** Richard Bradbury/GWR, Paul Michael Hughes/GWR; **174** The Metropolitan Museum of Art; **175** Lingdong Huang, Pau Fabregat, ESO/C. Malin, EHT Collaboration; **176** Bloodhound LSR, Shutterstock, fotoswiss/cattaneo, JCB; **177** Paul Michael Hughes/GWR, Alamy, Rod Hunt; **178** Getty; **179** *Fortnite*; **180** Speedrun.com; **181** Shutterstock; **183** Alamy; **185** Getty, Matt Schmucker; **188** Riot Games, Rod Hunt, Shanghai Dragons; **190** Paul Michael Hughes/GWR, Alamy; **191** Paul Michael Hughes/GWR, Phil Penman/News Licensing, Shutterstock, Rod Hunt; **194** Brinkhoff-Mögenburg, Deen van Meer, Rod Hunt, Shutterstock, Alamy; **195** Alamy, Shutterstock; **196** Shutterstock, Alamy, Disney; **197** Shutterstock, Disney, Alamy; **198** Courtesy of Bonhams, Shutterstock, Alamy, Courtesy of RM Sotheby's; **199** Shutterstock, Courtesy of Profiles in History, Alamy, Courtesy of Bonhams; **200** Alamy, Getty, Shutterstock; **201** Denise Truscello, Shutterstock, Getty, Alamy; **202** Shutterstock, Alamy, Rod Hunt; **203** Shutterstock, Alamy; **204** Getty, Kevin Scott Ramos/GWR; **205** Getty, Shutterstock; **206** Rod Hunt, Getty, Shutterstock; **207** Shutterstock, Paul Michael Hughes/GWR; **208** Shutterstock, Will Wohler, Josh Withers, Getty; **209** Matthew Murphy, Getty; **210** Alamy; **211** Alamy; **212–13** Getty, Rod Hunt; **214** Getty, Shutterstock; **215** Shutterstock, Getty; **216** Alamy, Shutterstock, Getty; **217** Shutterstock, Getty; **218** Shutterstock, Getty; **219** Alamy, Shutterstock, Getty; **220** Getty, Shutterstock; **221** Getty, Alamy, Shutterstock; **222** Shutterstock; **223** Shutterstock, Getty; **224** Getty, Shutterstock; **225** Getty, Alamy; **226** Shutterstock, Getty, Alamy; **227** NHRA, Getty, Gold and Goose/LAT Images, Alamy; **228** ISSF Sports, Alamy, Alan Petersime, Getty; **229** Getty, Shutterstock; **230** Getty, Alamy; **231** D. Echelard, Getty, Shutterstock; **232** IAU, Athletics Australia, Shutterstock; **233** Shutterstock, Alamy; **234** Alamy, Shutterstock; **235** Marius van de Leur, Getty, Alamy, Alex St. Jean; **236** Getty, World Para Ice Hockey, Shutterstock; **237** Alamy, Shutterstock; **238** Getty, Shutterstock, Simon Wilkinson/SWpix.com; **239** ESPN Images; **240** Getty, Matias Capizzano, IWF, Alamy; **241** Getty, Dean Treml/Red Bull Content Pool; **242** Alamy, Shutterstock; **243** Alamy, Shutterstock; **244** Rod Hunt; **246** Rod Hunt; **248** Rod Hunt; **252** Rod Hunt

Official adjudicators

Camila Borenstain, Joanne Brent, Jack Brockbank, Sarah Casson, Dong Cheng, Swapnil Dangarikar, Casey DeSantis, Brittany Dunn, Kanzy El Defrawy, Michael Empric, Pete Fairbairn, Victor Fenes, Christina Flounders Conlon, Fumika Fujibuchi, Ahmed Gabr, John Garland, Andrew Glass, Sofia Greenacre, Iris Hou, Louis Jelinek, Andrea Karidis, Kazuyoshi Kirimura, Lena Kuhlmann, Maggie Luo, Solvej Malouf, Mike Marcotte, Ma Mengjia, Shaifali Mishra, Rishi Nath, Anna Orford, Kellie Parise, Pravin Patel, Justin Patterson, Glenn Pollard, Natalia Ramirez, Stephanie Randall, Cassie Ren, Susana Reyes, Philip Robertson, Paulina Sapinska, Tomomi Sekioka, Hiroaki Shino, Lucia Sinigagliesi, Tyler Smith, Brian Sobel, Richard Stenning, Şeyda Subaşı Gemici, Carlos Tapia Rosas, Lorenzo Veltri, Xiong Wen, Peter Yang

Acknowledgements

55 Design Ltd (Hayley Wylie-Deacon, Tobias Wylie-Deacon, Rueben Wylie-Deacon, Linda Wylie, Vidette Burniston, Lewis Burniston), After Party Studios (Richard Mansell, Callum McGinley, Joshua Barrett, Matt Hart, Ben Doyle), Agent Fox Media (Rick Mayston), Ahrani Logan, Alexandra Boanta, Andrew Davies, ATN Event Staffing US, Banijay Germany (Steffen Donsbach, Sven Meurer, Sina Oschmann), Banijay Group (Carlotta Rossi Spencer, Joris Gijsbertse, Elodie Hannedouche), Banijay Italy (Gabriela Ventura, Esther Rem, Francesca De Gaetano, Maria Spreafico, David Torrisi, Giulia Arcano, Riccardo Favato, Alessandra Guerra, Giorgia Sonnino, Elena Traversa, Silvia Gambarana, Simona Frau, Silvia Gambarana, Popi Albera), Blue Kangaroo (Paul Richards), Brett Haase, Bruce Reynolds, Campaign UK (Sarah Virani), Canada Running Series, Codex Solutions Ltd, D&AD (Sammi Vaughan), Dan Biddle, Daniel Chalk, Dude Perfect, Entertainment Tonight, FJT Logistics Ltd (Ray Harper, Gavin Hennessy), Games Press, Georgia Young, Gianluca Schappei, Giraffe Insights (Maxine Fox and Sadie Buckingham), Gracie Lewis, Highlights, the Hilditch family (Lorraine, Mirren, Amber & Tony), ICM (Michael Kagan), Inspired Media (Liam Campbell), Integrated Colour Editions Europe Ltd (Roger Hawkins, Susie Hawkins), Jack Lewis, Jonathan Glazier, Jordan Hughes, LA Marathon (Rafael Sands), *Let's Make a Deal*, *Live with Kelly and Ryan* (Photos: David M. Russell, ABC Entertainment; Lorenzo Bevilaqua, ABC Entertainment; Andrea Lizcano, ABC Entertainment), Mariah Carey, Caesar's Palace (Photos: Denise Truscello), Mina Choe, Mohn Media (Theo Loechter, Fynn-Luca Lüttig, Christin Moeck, Jonas Schneider, Jeanette Sio, Reinhild Regragui), Normanno Pisani, Orchard TV (Robert Light, Adrian Jones, Rhidian Evans, Bleddyn Rhys), Orla Langton, Prestige Design, Production Suite (Beverley Williams), Rachael Greaves, Rebecca Buchanan-Smith, Ripley Entertainment (Steve Campbell, John Corcoran, Ryan DeSear, Suzanne DeSear, Megan Goldrick, Rick Richmond, Andy Taylor, Christie Coyle, William Anthony, Sophia Smith), Ripley's Believe It or Not! Times Square, Rob Partis, S4C (Rhodri ap Dyfrig, Tomos Hughes), Sally Wilkins, Science North (Guy Labine, Julie Moskalyk, Ashley Larose, Troy Rainville, Kirsti Kivinen, Michael Tremblay, Roger Brouillette, Emily Macdonald, Darla Stoddart, Bryen McGuire), Stora Enso Veitsiluoto, Tee Green, The Drum (Gordon Young), The Lion's Share, Todd McFarlane and Image Comics, United Nations Development Programme (Boaz Paldi), Victoria Grimsell, *Wheel of Fortune*, YouGov

Country codes

ABW Aruba
AFG Afghanistan
AGO Angola
AIA Anguilla
ALB Albania
AND Andorra
ANT Netherlands Antilles
ARG Argentina
ARM Armenia
ASM American Samoa
ATA Antarctica
ATF French Southern Territories
ATG Antigua and Barbuda
AUS Australia
AUT Austria
AZE Azerbaijan
BDI Burundi
BEL Belgium
BEN Benin
BFA Burkina Faso
BGD Bangladesh
BGR Bulgaria
BHR Bahrain
BHS The Bahamas
BIH Bosnia and Herzegovina
BLR Belarus
BLZ Belize
BMU Bermuda
BOL Bolivia
BRA Brazil
BRB Barbados
BRN Brunei Darussalam
BTN Bhutan
BVT Bouvet Island
BWA Botswana
CAF Central African Republic
CAN Canada
CCK Cocos (Keeling) Islands
CHE Switzerland
CHL Chile
CHN China
CIV Côte d'Ivoire
CMR Cameroon
COD Congo, DR of the
COG Congo
COK Cook Islands
COL Colombia
COM Comoros
CPV Cape Verde
CRI Costa Rica
CUB Cuba
CXR Christmas Island
CYM Cayman Islands
CYP Cyprus
CZE Czech Republic
DEU Germany
DJI Djibouti
DMA Dominica
DNK Denmark
DOM Dominican Republic
DZA Algeria
ECU Ecuador
EGY Egypt
ERI Eritrea
ESH Western Sahara
ESP Spain
EST Estonia
ETH Ethiopia
FIN Finland
FJI Fiji
FLK Falkland Islands (Malvinas)
FRA France
FRG West Germany
FRO Faroe Islands
FSM Micronesia, Federated States
GAB Gabon
GEO Georgia
GHA Ghana
GIB Gibraltar
GIN Guinea
GLP Guadeloupe
GMB Gambia
GNB Guinea-Bissau
GNQ Equatorial Guinea
GRC Greece
GRD Grenada
GRL Greenland
GTM Guatemala
GUF French Guiana
GUM Guam
GUY Guyana
HKG Hong Kong
HMD Heard and McDonald Islands
HND Honduras
HRV Croatia (Hrvatska)
HTI Haiti
HUN Hungary
IDN Indonesia
IND India
IOT British Indian Ocean Territory
IRL Ireland
IRN Iran
IRQ Iraq
ISL Iceland
ISR Israel
ITA Italy
JAM Jamaica
JOR Jordan
JPN Japan
KAZ Kazakhstan
KEN Kenya
KGZ Kyrgyzstan
KHM Cambodia
KIR Kiribati
KNA Saint Kitts and Nevis
KOR Korea, Republic of
KWT Kuwait
LAO Laos
LBN Lebanon
LBR Liberia
LBY Libya
LCA Saint Lucia
LIE Liechtenstein
LKA Sri Lanka
LSO Lesotho
LTU Lithuania
LUX Luxembourg
LVA Latvia
MAC Macau
MAR Morocco
MCO Monaco
MDA Moldova
MDG Madagascar
MDV Maldives
MEX Mexico
MHL Marshall Islands
MKD North Macedonia
MLI Mali
MLT Malta
MMR Myanmar (Burma)
MNE Montenegro
MNG Mongolia
MNP Northern Mariana Islands
MOZ Mozambique
MRT Mauritania
MSR Montserrat
MTQ Martinique
MUS Mauritius
MWI Malawi
MYS Malaysia
MYT Mayotte
NAM Namibia
NCL New Caledonia
NER Niger
NFK Norfolk Island
NGA Nigeria
NIC Nicaragua
NIU Niue
NLD Netherlands
NOR Norway
NPL Nepal
NRU Nauru
NZ New Zealand
OMN Oman
PAK Pakistan
PAN Panama
PCN Pitcairn Islands
PER Peru
PHL Philippines
PLW Palau
PNG Papua New Guinea
POL Poland
PRI Puerto Rico
PRK Korea, DPRO
PRT Portugal
PRY Paraguay
PYF French Polynesia
QAT Qatar
REU Réunion
ROM Romania
RUS Russian Federation
RWA Rwanda
SAU Saudi Arabia
SDN Sudan
SEN Senegal
SGP Singapore
SGS South Georgia and South SS
SHN Saint Helena
SJM Svalbard and Jan Mayen Islands
SLB Solomon Islands
SLE Sierra Leone
SLV El Salvador
SMR San Marino
SOM Somalia
SPM Saint Pierre and Miquelon
SRB Serbia
SSD South Sudan
STP São Tomé and Príncipe
SUR Suriname
SVK Slovakia
SVN Slovenia
SWE Sweden
SWZ Swaziland
SYC Seychelles
SYR Syrian Arab Republic
TCA Turks and Caicos Islands
TCD Chad
TGO Togo
THA Thailand
TJK Tajikistan
TKL Tokelau
TKM Turkmenistan
TMP East Timor
TON Tonga
TPE Chinese Taipei
TTO Trinidad and Tobago
TUN Tunisia
TUR Turkey
TUV Tuvalu
TZA Tanzania
UAE United Arab Emirates
UGA Uganda
UK United Kingdom
UKR Ukraine
UMI US Minor Islands
URY Uruguay
USA United States of America
UZB Uzbekistan
VAT Vatican City
VCT Saint Vincent and the Grenadines
VEN Venezuela
VGB Virgin Islands (British)
VIR Virgin Islands (US)
VNM Vietnam
VUT Vanuatu
WLF Wallis and Futuna Islands
WSM Samoa
YEM Yemen
ZAF South Africa
ZMB Zambia
ZWE Zimbabwe

ギネス世界記録 2021

「ニコニコネット超会議2020夏」で世界記録に挑戦
オンラインで同時に乾杯をした最多人数153人を達成!!

2020年8月9日（日）から8月16日（日）の計8日間にわたって開催された「ニコニコネット超会議2020夏」の最終日、出演者と視聴者が参加して、「オンラインで同時に乾杯をした最多人数」への挑戦が実施された。

この記録は、オンライン会議ツールZoomを使って、乾杯の発声の合図とともに、参加者がそれぞれ用意した飲料で乾杯を同時に行うというもの。司会を務めたタレントの百花繚乱とニコニコ超会議の統括プロデューサー横澤大輔の乾杯に従い、参加者らは手に持っていた飲料をモニターにかかげた。レギュレーションに従い、Zoomの画面で乾杯している参加者を1人ずつ集計した結果、153人の乾杯が認められた。

ニコニコネット超会議2020夏
Supported by ◎NTT